K线技法

K XIAN JIFA

廖海燕◎编著

SPM

南方出版传媒

广东经济出版社

·广州·

图书在版编目（CIP）数据

K线技法／廖海燕编著．—广州：广东经济出版社，2015.5
ISBN 978－7－5454－3987－8

Ⅰ．①K… Ⅱ．①廖… Ⅲ．①股票交易－基本知识 Ⅳ．①F830.91

中国版本图书馆CIP数据核字（2015）第089681号

出版发行	广东经济出版社（广州市环市东路水荫路11号11～12楼）
经销	全国新华书店
印刷	惠州报业传媒印务有限公司 （惠城区江北三新村惠州报业传媒大厦1610室）
开本	787毫米×1092毫米　1/16
印张	22.5
字数	412 000字
版次	2015年5月第1版
印次	2015年5月第1次
印数	1～5 000
书号	ISBN 978－7－5454－3987－8
定价	58.00元

如发现印装质量问题，影响阅读，请与承印厂联系调换。
发行部地址：广州市环市东路水荫路11号11楼
电话：（020）38306055　37601950　邮政编码：510075
邮购地址：广州市环市路水荫路11号11楼
电话：（020）37601980　邮政编码：510075
营销网址：http：//www·gebook．com
广东经济出版社常年法律顾问：何剑桥律师

前言

中国目前的A股有效账户已经达到1.8亿户，证券投资已经是进入千家万户的寻常事情。但证券市场是高度竞争的博弈场所，要在这个充满风险与诱惑的地方生存和胜出，没有一把金刚钻是不可能的。

在这里，有的人听消息，有的人碰运气，有的人听股评，有的人看研报，有的人基于基本面投资，有的人用技术分析。但无论用什么方法，K线图却是无法回避的，几乎所有的软件都在用K线图报价，投资者或多或少都会受到K线图的影响。在这种情况下，对K线分析一窍不通或一知半解，就好比上战场时拿着一支从来没见过的枪一样危险。

所以，我们必须要学习K线分析。而K线分析与其他分析方法相比，通俗易懂、简单明了，学起来并不难，其实战效果又不输于任何方法。这样的理论是值得我们花一定时间来了解的。事实上，就技术分析而言，K线分析是其他分析方法的基础，掌握K线分析的情况下，学习其他技术分析方法会更容易，K线分析的根基不牢，学好其他分析方法无异于建造空中楼阁。

不仅是新入市的投资者很有必要先了解一下K线分析，有经验的投资者，也大可系统地温习一下K线分析，填补知识盲点。本书就是这样一本供投资者选择的基础类书籍。为了让投资者更全面地了解K线分析，笔者将K线理论、缺口理论和形态理论糅合在一起写就本书。希望这本书能给投资者带来切实的帮助。

K线理论讨论的是一根或几根K线所构成的“组合”，缺口理论讨论的是K线与K线没有价格交集所构成的“空当”，形态理论讨论的是一系列的K线所组成的“图形”。这三方面都谈到了，就等于将K线分析的点线面都讲到了。

这样，我们面对一幅 K 线图，无论是微观还是宏观，都能很好地理解。如果说 K 线是证券市场的盘面语言，那么 K 线理论是这个语言的字和词，缺口理论是这个语言的标点，形态理论就是最后大段大段的文章。投资者读懂了市场说的话，就能做出适当的反应。

缺口是一种特殊的 K 线，它其实是“没有 K 线”的意思。但是缺口理论是一种简单而实用的技术分析方法。笔者希望能通过书中“衣服的价格”和“交战双方的战线”两个例子来帮助初学者理解和运用缺口理论。

形态理论同样拥有悠久的历史和经典的著述，笔者并没有什么开创之举。但笔者想起自己初步学习形态理论的时候，先是读了很多书，脑子里堆起了几十种形态，光是记住就费了九牛二虎之力，但运用到实战中却又全然不是那么一回事——V 形底失败可以是 W 底，W 底失败可以是三重底，如果不是底，就什么形态都可能是！等笔者在资本市场浸淫数年之后，才明白，形态理论的作用不是要让我们认出这是什么形态，而是理解形态的演进过程，从而由细微处找到推测最终形态的线索。所以，本书中笔者用形态演变来讲解形态理论，同时也是抢黑马的必备能力，在本书最后一章也为大家介绍了一下抢黑马的一些方法和手段。

由于股票市场本身的变化非常大，并且牵涉的相关知识也非常多，尽管笔者竭尽全力，尽量减少书中的错误，但百密一疏，书中难免有疏漏之处，敬请广大读者朋友批评指正，并多多提出宝贵意见。

目 录

第 1 章　进入 K 线的世界

在股市技术分析领域，K 线分析法是最为重要的一个分支。K 线不仅仅是价格历史走势的体现，它同样也蕴含了市场多空力量的转变情况。本章中，我们结合 K 线的起源、形态、含义等方面，来全方位地认识 K 线，力图为随后的实盘操作打下坚实的基础。

1.1 K线的起源与解读方法

K线图很容易看懂，它蕴含了丰富的市场信息。本节中，我们从最基本的知识讲起，看看K线图的诞生、K线图的表现方法。以此作为铺垫，读者在学习后面的内容时就会更容易理解。

1.1.1 K线的诞生

K线也常被称为蜡烛线、日本线、阴阳烛、棒线、酒井线等，它起源于300多年前的日本，当时的日本处于德川幕府时代（1603—1867年），当时的日本米市异常发达，米价的变动也有着极强的实时性，为了可以更好地观察米价的走势情况，K线这种图形被创造了出来。

起初，K线只是用于记录米价涨跌的一种图表，但由于K线包含了每个交易日中的若干重要价位，且可以很好地体现出价格的涨跌波动情况，因而，当时的米商通过这种形似蜡烛状的图形，可以很清楚地了解米价的历史波动情况，进而分析预测米价的后期走势。

1990年，美国人史蒂夫·尼森以《阴线阳线》一书向西方金融界引进“日本K线图”，由于K线这种表现形式直观、立体，且具有东方人所擅长的形象思维特点，因而，这种K线图立即引起西方金融界的轰动。

提示：史蒂夫·尼森因此被西方金融界誉为“K线之父”，因为英文candle（蜡烛）前面的音节发“k”音，故称为K线图。

1.1.2　每个交易日的四个重要价位

K线图由一根根的K线组合，每一根K线反映了相应时间周期内的价格变动情况，一般来说，以交易日为时间周期的日K线是最常用的K线。每一根K线包含了四个价位信息，它们分别是：开盘价、收盘价、最高价、最低价。下面我们以交易日为时间单位来看看这四个价位的市场含义。

◆开盘价：就是这一交易日正式开盘时（9:30）的第一笔交易的成交价。开盘价由集合竞价确立，在每个交易日的9:15～9:25期间，投资者可以进行买卖申报，这时交易所的主机只接受委托，并不撮合成交，直至9:25之后才开始依据这些买卖申报信息、在双方认可的价位内以最大成交量的原则来确立开盘价。

◆收盘价：是这一交易日收盘时的价位。沪市以每个交易日最后一分钟的平均成交价来确立收盘价，深市则以每个交易日最后三分钟的平均成交价来确立收盘价。

◆最高价：是这一交易日盘中所出现的最高成交价。

◆最低价：是这一交易日盘中所出现的最低成交价。

1.1.3　K线的表现方法

如图1.1为单根K线构成示意图。依据开盘价与收盘价之间的关系，单根K线分为两类：一类是开盘价低于收盘价的阳线形态，阳线多用红色表示；另一类是开盘价高于收盘价的阴线形态，阴线多用黑色或绿色表示。

很明显，阳线这种形态，表明个股在当日开盘至收盘这段时间内处于上涨状态，而阴线则表明个股在开盘至收盘这段时间内处于下跌状态。除此之外，我们还可以依据K线的构成方式，将单根K线分为上影线、实体、下影线三个部分。

实体是开盘价与收盘价之间的矩形实体，它的长短表明多方或空方在当日盘中取得的战果。阳线实体越长，说明在当日收盘时，多方的战果越显著；阴线实体越长，则说明空方的战果越显著。实体以上细线叫上影线，实体以下细线叫下影线，上影线及下影线可以帮助我们更好地辨识价格在当日的盘中的具体波动情况。

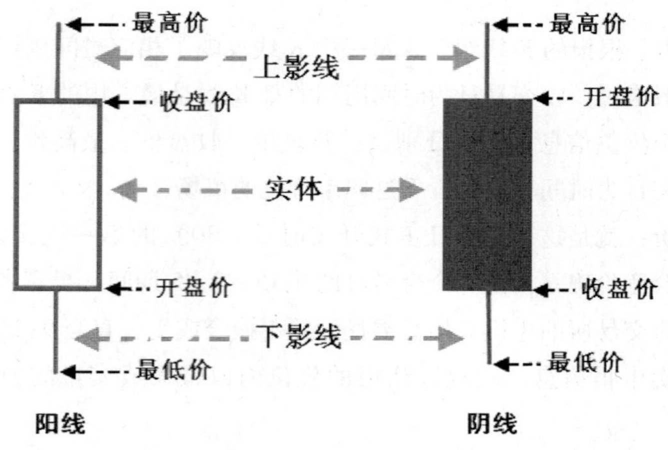

图 1.1　单根 K 线（阳线、阴线）形态示意图

单根 K 线多以“日”为时间单位，此时的开盘价、收盘价、最高价、最低价是这一交易日的，除此之外，单根 K 线还可以“周”“月”“分钟”等为时间单位，例如：以“周”为时间单位，则其开盘价为本周第一个交易日的开盘价、收盘价为本周最后一个交易日的收盘价、最高价与最低价则是全周的最高价与最低价。一般来说，日 K 线最为常用，其次为周 K 线。

提示：将一根根的 K 线以时间为横轴、以价位为纵轴排列在一个二维坐标系中，我们就得到一张 K 线图，透过 K 线图，我们可以清楚、直观地了解个股的历史价格走势情况，也可以从中分析、研究多空力量的转变情况。

1.2　股票软件中调出K线图

在上一节中，我们学习了如何解读单根K线，在了解了单根K线的构成及含义后，我们还应掌握调取K线图的方法。既要学习调取个股的K线走势图，也要学习调取大盘指数的K线走势图。

1.2.1　调出个股K线走势图

虽然不同的股票行情接收软件的界面有所不同，但是它们在基本的使用操作上（例如：调取K线走势图）还是大同小异的。在打开股票行情接收软件后，一般来说，我们有三种调出个股K线图的方法。一是通过股票代码，二是通过股票名称的拼音首字母，三是在动态行情报价表中直接调出。

提示：不但可以调出股票，还可以调出技术分析指标。

打开股票软件后，在键盘上输入股票代码，例如：我们要调出中国石油这只股票，它的股票代码是601857，我们输入“601857”，此时，会弹出一个键盘精灵窗口以显示与我们所输代码相符的股票（如图1.2所示），如果其中显示的股票正是我们要调出的个股，则单击键盘上的Enter回车键即可。如图1.3为所调出的中国石油（601857）日K线走势图。通过键盘上的“上、下”方向

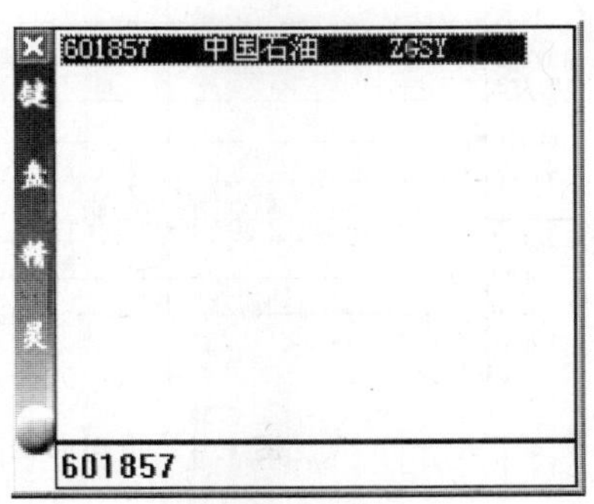

图1.2　键盘精灵窗口

键或者拖动鼠标，我们可以扩大或缩小K线图的时间范围。

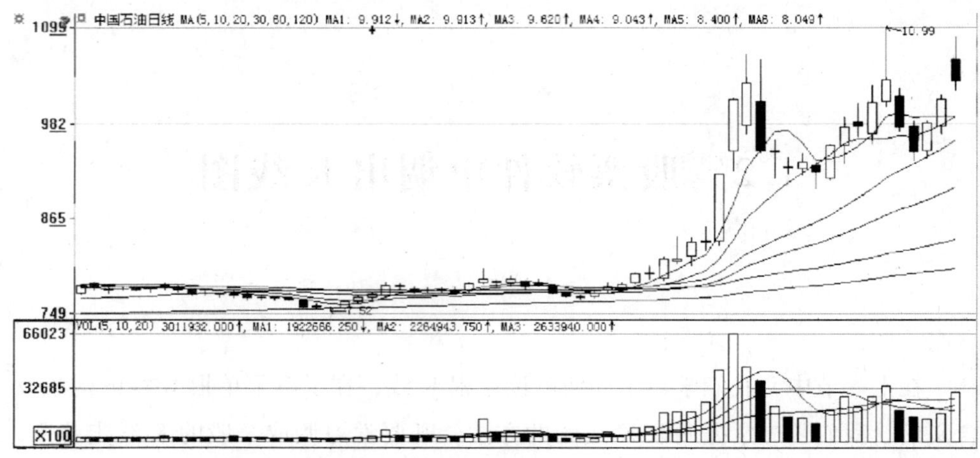

图1.3　中国石油（601857）2014年9月25日至12月29日期间走势图

在调出K线走势图后，我们可以通过双击K线图或是利用键盘上的功能键F5来实现K线图与分时图之间的切换。如图1.4为中国石油2014年12月29日分时图，对于如何解读分时图方面的内容，我们将在下一节中进行讲解。

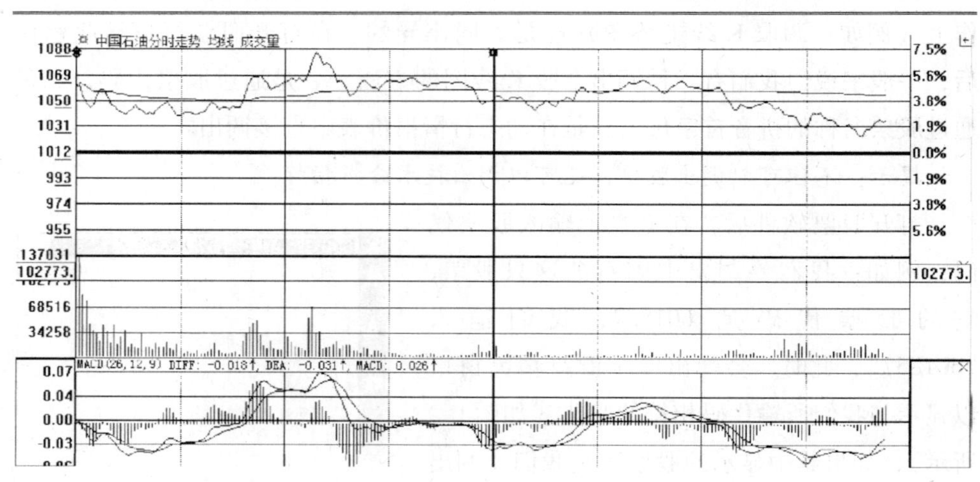

图1.4　中国石油（601857）2014年12月29日分时图

我们还可以采用股票名称拼音首字母的方式来调出K线走势图，由于股票名称更好识记，因而，对于广大新股民来说，这种方式无疑更为常用。例如，对于中国石油这只股票来说，它的股票名称拼音首字母为“ZGSY”。此时，我们只需输入这几个字母，即可以在键盘精灵窗口中看到与所输入字母相对应的股票列出来，通过键盘上的“上、下”方向键选择相应的股票并回车即可打开个股的 K 线走势图。

除了以上两种方法外，我们还可以从动态行情报价表中直接双击相应的股票以打开其走势图。所谓的动态行情报价表，就是以股票的涨幅、振幅、量比等行情数据为索引，将全部股票排序的一张表。

提示：表的纵列为涨幅、振幅等行情数据，每一行则为一只股票，通过单击表最上方的相应行情数据名称，即可以实现对本表中全部股票的排序。

对于境内的股票市场来说，有两个证券交易所，即上海证券交易所、深圳证券交易所，而我们参与的则是这两家交易所中挂牌上市的 A 股股票。这样，我们只需关注两个股票市场，即上证 A 股市场、深证 A 股市场。通过数字快捷键“61”，可以调出上证 A 股市场的动态行情报价表；通过数字快捷键“63”，可以调出深证 A 股市场的动态行情报价表；通过数字快捷键“60”，可以调出沪深两市全体 A 股的动态行情报价表。如图 1.5 为所调出的沪深全体 A 股的动态行情报价表，在这一表中，我们可以通过双击相应的股票来打开其 K 线走势图。

序号	代码	名称 ●¤	振幅	涨跌	涨幅↓	总手	5日换手	现手	总额	昨收	今开
1	002736	N国信 ¤	24.01	▲257	44.08	5765	0.00%	15	483	533	700
2	603588	N高能 ¤	23.97	▲802	43.99	751	0.00%	751	196	1823	2188
3	600227	赤天化 ¤	7.00	▲046	10.07	978747	10.30%	50	48723	457	503
4	002332	仙琚制药 ¤	9.56	▲102	10.05	577119	12.65%	5	63527	1015	1050
5	600048	保利地产 ¤	7.84	▲087	10.03	6162333	5.74%	417	576399	867	900
6	600992	贵绳股份	11.96	▲104	10.03	61364	2.50%	1108	6652	1037	1039
7	600705	中航资本 ¤		▲151	10.03	55354	0.37%	6	9172	1586	1657
8	601628	中国人寿 ¤	7.05	▲307	10.01	2046142	0.98%	40	678073	3066	3217
9	000839	中信国安	7.55	▲106	10.01	1042332	6.65%	31	120229	1059	1110
10	300407	凯发电气	14.47	▲610	10.01	42719	25.13%	30	27283	6095	5919
11	002605	姚记扑克 ¤	8.02	▲166	10.01	133600	5.25%	100	24078	1659	1692
12	002501	利源精制	12.93	▲256	10.00	694569	20.69%	267	189582	2559	2515
13	000024	招商地产 ¤	8.11	▲212	10.00	1453179	18.29%	60	330467	2120	2240
14	000680	山推股份 ¤	10.86	▲070	10.00	2229946	23.35%	36	166612	700	709
15	600376	首开股份 ¤	8.72	▲078	10.00	1384025	6.17%	35	116248	760	800
16	601012	隆基股份 ¤		▲183	10.00	25093	0.81%	25093	5051	1830	2013
17	600113	浙江东日 ¤	2.54	▲134	9.99	55913	1.75%	55913	8179	1341	1452
18	600379	宝光股份 ¤		▲095	9.99	618	0.03%	618	64.67	951	1046

图 1.5　沪深全体 A 股动态行情报价表示意图

1.2.2 什么是成交量

在K线图的下方，我们可以看到一根根的柱状线，就是成交量。所谓的成交量，它代表着个股当日的成交数量。成交量以单向的方式计算，即：成交量=买方买入的股票数量=卖方卖出的股票数量。在股票交易中，最小的成交单位是“手”，而非股票数量的最小单位“股”，其中，1手=100股。这就是说，我们在买卖股票时，所委托单子上的股票数量只能是100股的整数倍。

提示：在技术分析领域，成交量是仅次于K线的第二大盘口数据，在结合价格走势的基础之上，依据成交量的变化形态，我们可以很准确地把握多空力量的转变情况。

1.2.3 调出大盘指数走势图

我们买卖的对象是个股，但是大盘的走势却深深影响，甚至制约着个股的走势。所谓的大盘，就是反映股票市场整体运行情况的指标。在国内股票市场中，上海证券交易所由于上市公司实力更强、数量也更多，因而，它更能代表国内股票市场的表现。对广大普通投资者来说，上证指数（也称为大盘指数）、深成指是我们重点关注的对象。上证指数反映了上海证券交易所中全体股票的综合走势情况，深成指则反映了深圳证券交易所中全体股票的综合走势情况。一般来说，我们所说的大盘指数就是指上证指数。

对于指数而言，我们需了解它的样本空间与计算方法。样本空间是指计算指数时所依据的股票集合，例如上证指数用在上海证券交易所上市的股票作为样本空间。这样，上证指数就可以很好地反映出上证市场的整体表现。指数的计算方法：就目前来说，指数的计算方法多采用加权平均法，即流通股数量越多的股票它在指数中的影响力也越大，这也是大盘股对指数的影响更大的原因所在。上证指数也采用了这种加权平均法进行计算。

调出上证指数走势图的方法很简单，我们可以通过快捷键快速地调出大盘走势图。一般来说，在常用的股票行情软件中，“03”是上证指数走势图的快捷键，“04”是深成指的快捷键。例如：在键盘上输入数字“03”，可以看到一个键盘精灵窗口，如图1.6所示，在键盘精灵窗口中会列出与我们所输入的按键相符的目标，通过小键盘区的上下方向选择键，选择相应的目标，随后按下回车键，即可以进入指数走势图。

03	上证领先	SZLX
203	RMD即时...	RMDJS...
303	创业板...	CYBSDKX
603	创业板涨幅	CYBZFPM
803	创业板综合	CYBZHPM
.+03	买三价买入	MSJMR
.-03	卖三价卖出	MSJMC
BI1038	保障房概念	BZFGN
BI1039	新三板概念	XSBGN
BI1103	上证全指	SZQZ
881203	林业指数	LYZS
885303	核能概念指	HNGNZS
000301	东方市场	DFSC

03

图1.6　键盘精灵窗口示意图1

04	深证领先	SZLX
204	多空对阵	DKDZ
.+04	买四价买入	MSJMR
.-04	卖四价卖出	MSJMC
BI1044	石墨烯概念	SMXGN
BI1045	国际板概念	GJBGN
BI1104	沪企债30	HQZ30
881204	渔业、牧业	YYMYZS
885304	生物质能指	SWZNZS
000400	许继电气	XJDQ
000401	冀东水泥	JDSN
000402	金 融 街	JRJ
000404	华意压缩	HYYS

04

图1.7　键盘精灵窗口示意图2

此外，也可以通过在键盘上输入指数名称的首字母来进入相应的走势图，例如："上证指数"的首字母为"SZZS"。例如在键盘上输入"SZZS"，同样可以找到上证指数走势图的入门点。

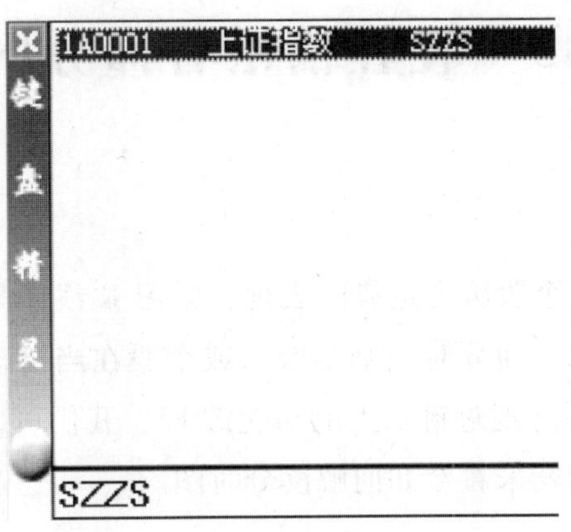

图1.8　键盘精灵窗口示意图3

如图1.9为上证指数2014年9月24日至12月29日期间走势图，从走势图中可以看到，它的显示方式与个股的K线图是一致的，横轴都是时间，所不同的是纵轴。在个股的K线图中，纵轴为个股的股价，而在指数的K线图中，纵轴则是指数的点位。

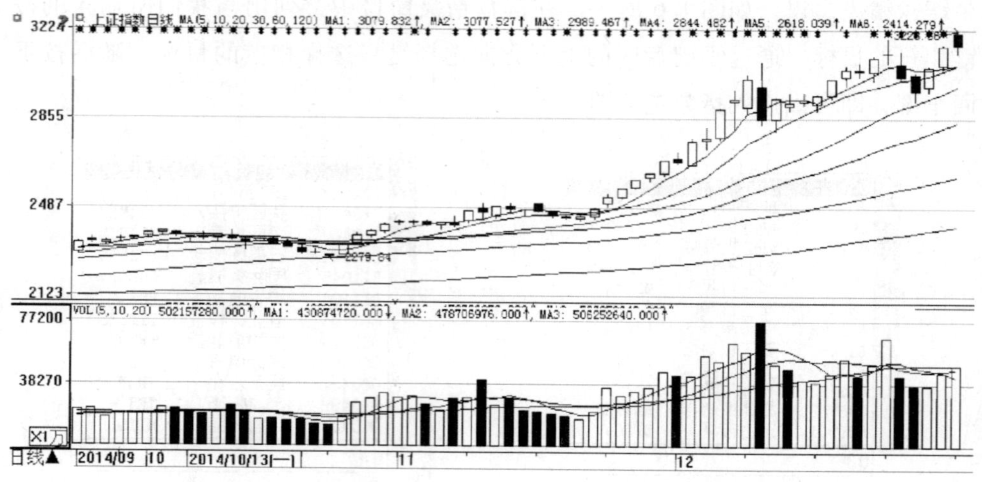

图 1.9 上证指数 2014 年 9 月 24 日至 12 月 29 日期间走势图

1.3 轻轻松松看懂分时图

K 线图是股市或个股历史走势的表现，学习 K 线图是为了从历史走势图中获取有用的多空信息。而分时图则是股市或个股在当日盘中实时走势情况的体现。在打开 K 线图后，通过键盘上的功能键 F5，我们可以切换到相对应的分时图中。本节中，我们就来看看如何解读分时图。

1.3.1 解读个股分时图

在个股分时图中，有三个要素是我们应重点关注的对象：分时线、均价线、分时量。如图 1.10 为大秦铁路（601006）2014 年 12 月 29 日分时图，其中的分时线代表着价格的实时走势情况，均价线则是个股当日开盘后的市场平均持仓成本的体现，分时量则是每一分钟成交量大小的体现。

提示：均价线计算方法为：到目前这一时刻为止的当天成交总金额除以到目前这一时刻为止的当天成交总股数。

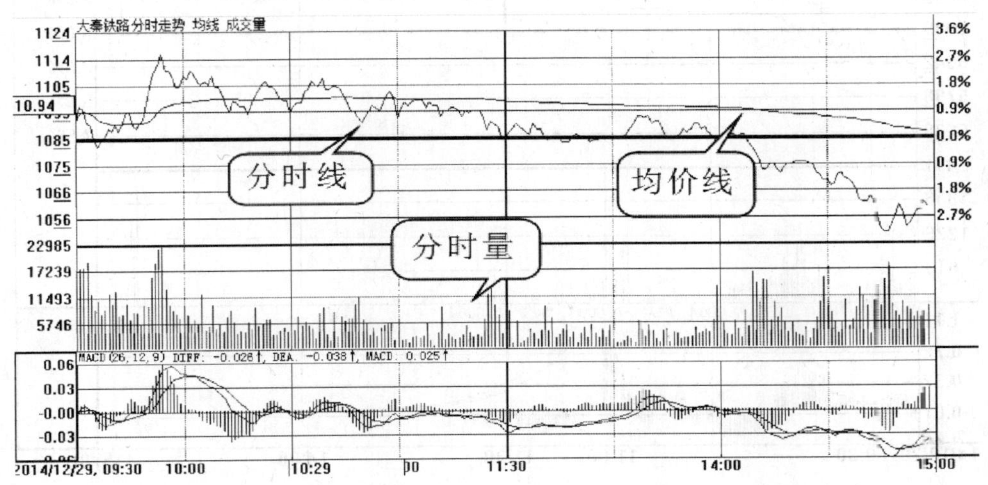

图 1.10　大秦铁路（601006）2014 年 12 月 29 日分时图

1.3.2　强势股的分时图特点

在个股的分时图中，利用分时线的运行形态、分时线与均价线之间的位置关系及分时线与分时量的配合关系，我们可以很准确地把握多空力量的实时转变情况，分时图也是我们进行超短线操作的重要依据。

如图 1.11 为凯发电气（300407）2014 年 12 月 29 日分时图，当日此股开盘之后，股价节节上扬，分时线挺拔有力地运行于均价线的上方，均价线对个股的上涨构成了有力的支撑。这是买盘力量明显强于卖盘力量的体现，也是个股分时图运行形态较为强势的体现。从 K 线走势图来看，当日此股正处突破前期震荡区间的位置，因而，这种强势的分时图运行形态可以看作个股短期内将有反弹上涨行情出现的信号。

提示：可以说，利用分时图，我们可以很好地展开超短线的操作。

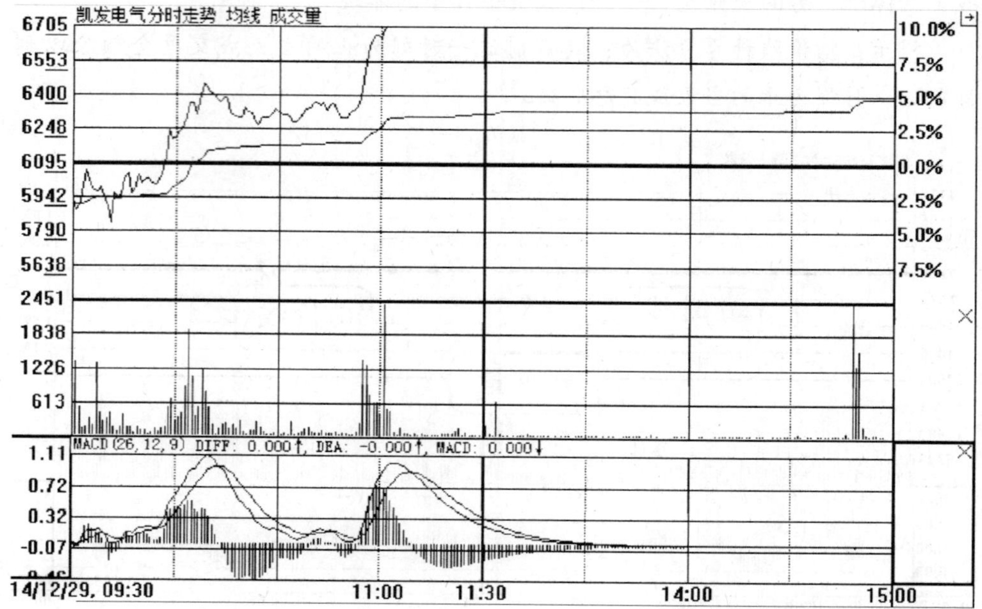

图 1.11 凯发电气（300407）2014 年 12 月 29 日分时图

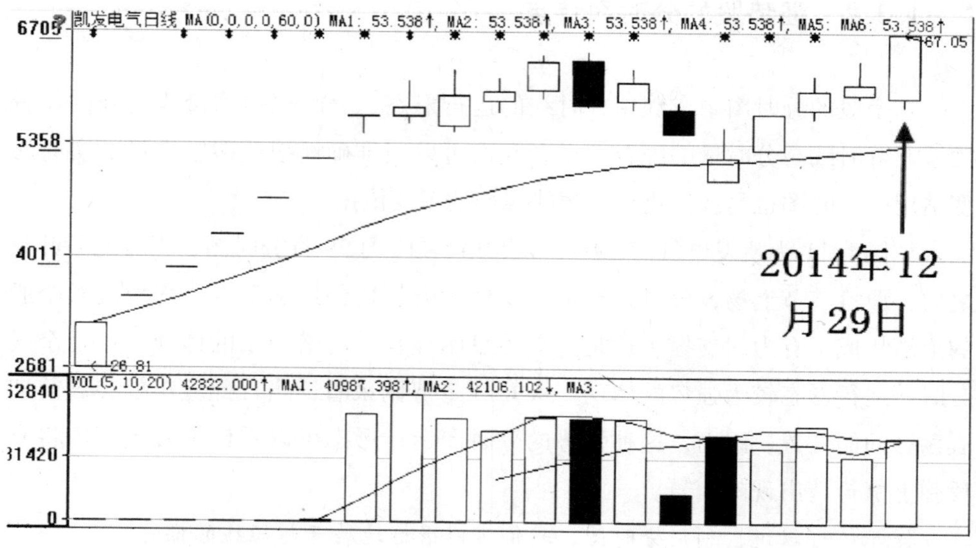

图 1.12 凯发电气（300407）2014 年 12 月 3～29 日期间走势图

如图1.13为日照港（600017）2014年10月29日分时图，图1.14为日照港2014年10月30日分时图。从这两个交易日的分时图可以看到，个股盘中的K线出现了极为流畅的快速上扬，并且在快速上扬时其分时量也明显放出。

提示：一般来说，流畅上扬的K线、同步放出的分时量，是连续大单向上扫盘所致，它往往与主力资金的建仓或拉升行为相关，多预示着个股短期内或有上涨行情出现，但在实盘操作中，为了使我们的操作更为准确，我们还应关注K线图。

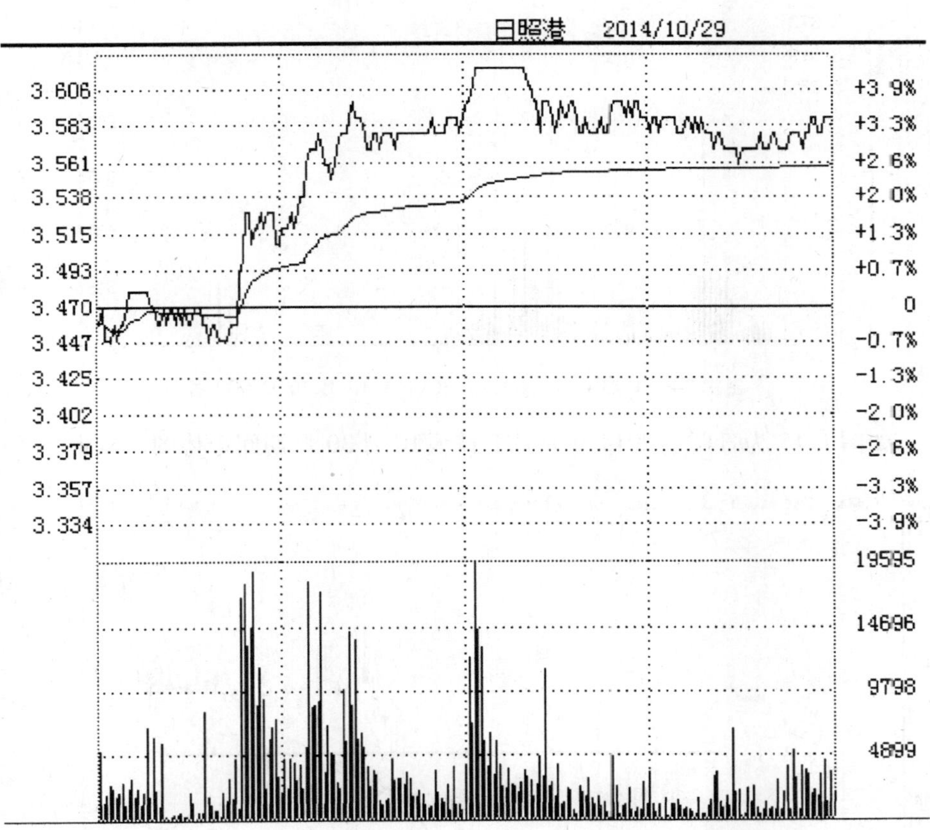

图1.13　日照港（600017）2014年10月29日分时图

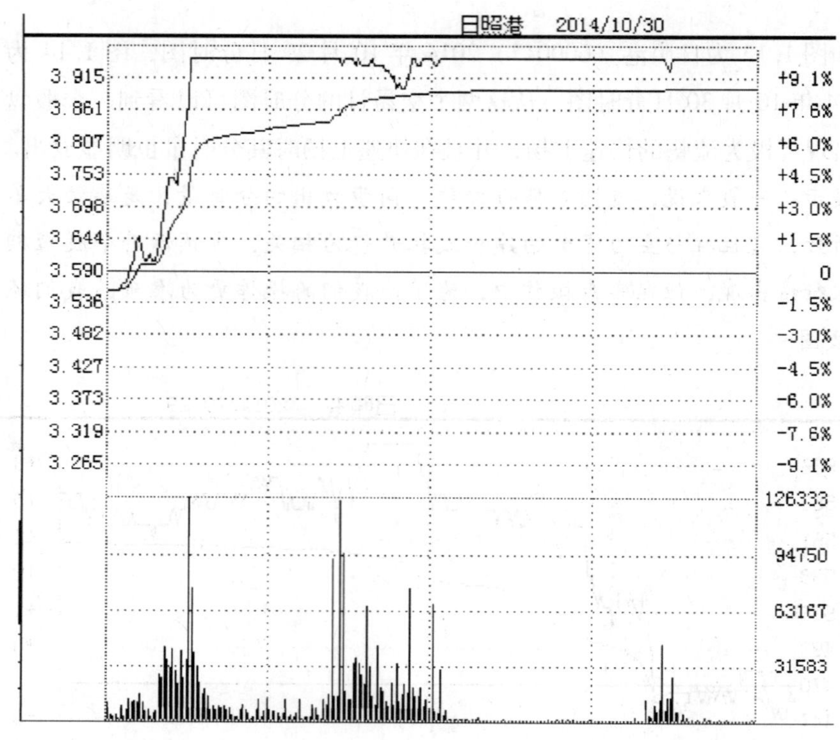

图 1.14　日照港（600017）2014 年 10 月 30 日分时图

如图 1.15 为日照港 2014 年 8 月 7 日至 10 月 30 日期间走势图。从走势图中

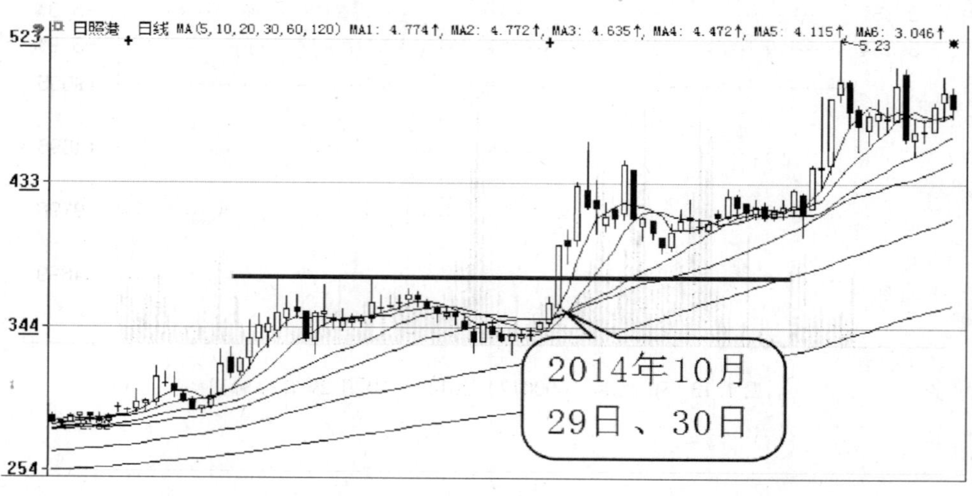

图 1.15　日照港（600017）2014 年 8 月 7 日至 10 月 30 日期间走势图

可以看到，2014年10月29日、30日这两个交易日正处于盘整突破的位置点。结合此股这两个交易日的盘口分时图形态，我们此时应进行短线买股操作。

1.3.3　弱势股的分时图特点

与强势股的分时图特点正好相反，弱势股的分时图特点一般呈现为分时线持久地运行于均价线下方、盘中出现快速的放量跳水等形态。

如图1.16为青鸟华光（600076）2014年12月9日分时图。当日此股在开盘之后就节节走低、分时线长久地运行于均价线下方，均价线对个股的反弹上涨构成了有力的阻挡。这是卖方占据明显优势的体现，也是个股弱势运行的典型特征。从K线走势图来看，当日此股收于大阴线，这使得个股呈破位下行状。

提示：这一盘口分时图形态预示着个股将破位下行、一轮大幅下跌行情将展开。

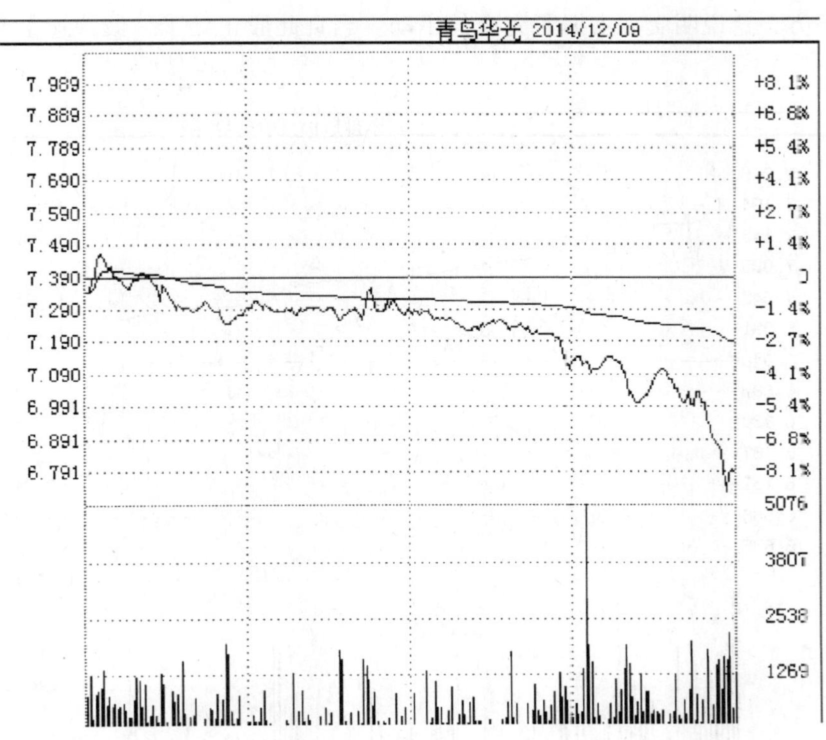

图1.16　青鸟华光（600076）2014年12月9日分时图

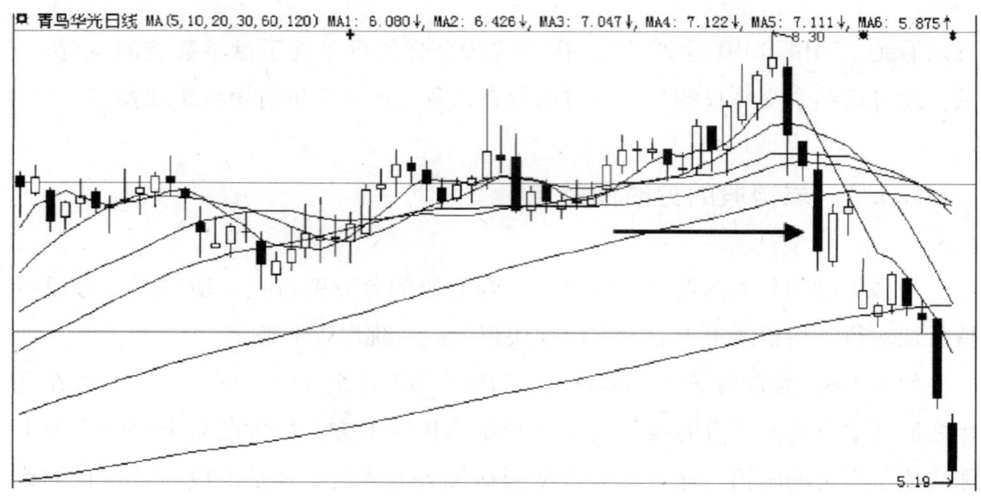

图 1.17　青鸟华光（600076）2014 年 9 月 18 日至 12 月 22 日期间走势图

如图 1.18 为宋都股份（600077）2014 年 11 月 24 日分时图。当日此股在盘中的走势也呈现出了明显的弱势运行特征，可以看到，分时线持续地运行于均价线下方，这说明卖方占据了完全的主动。当日此股正处于一波快速上涨后的高点。

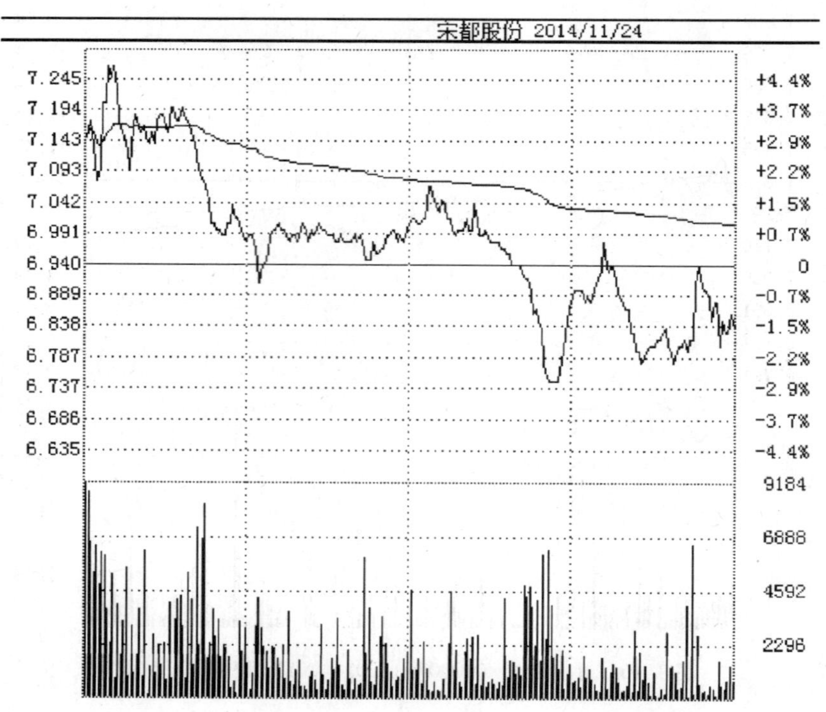

图 1.18　宋都股份（600077）2014 年 11 月 24 日分时图

提示：这一分时图可以看作市场短期内抛压较为沉重的信号，在实盘操作中，我们可以卖股离场。

如图1.19为宋都股份2014年8月12日至12月29日期间走势图。

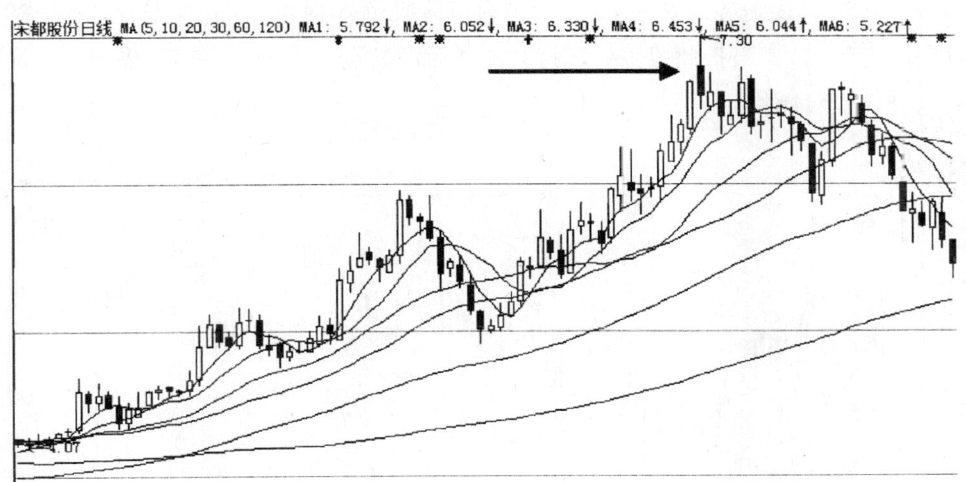

图1.19　宋都股份（600077）2014年8月12日至12月29日期间走势图

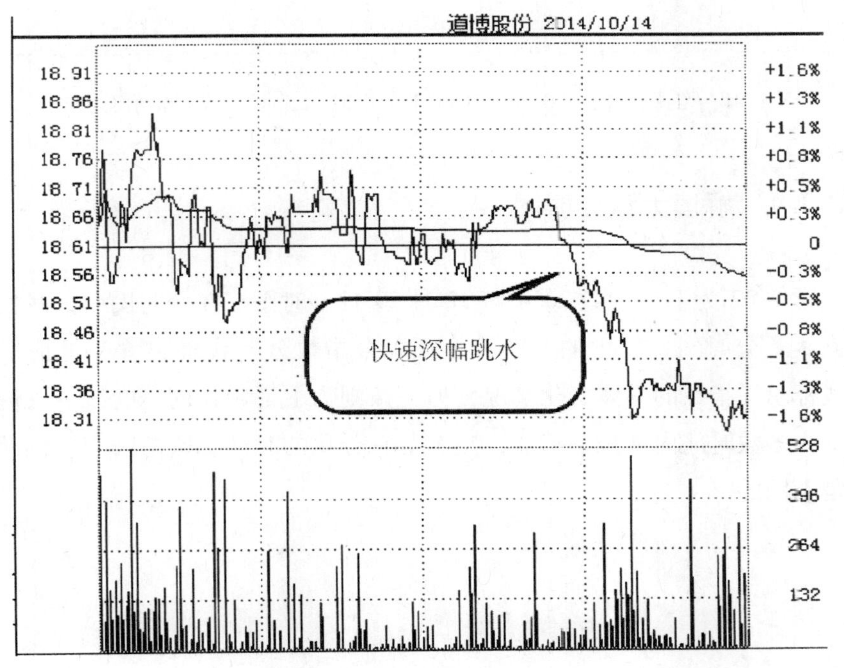

图1.20　道博股份（600136）2014年10月14日分时图

如图 1. 20 为道博股份（600136）2014 年 10 月 14 日分时图。当日此股在盘中出现快速的深幅跳水走势。一般来说，这种盘中的快速深幅跳水走势往往与主力资金的打压式出货行为相关，多预示着个股短期内将有大幅下跌行情出现。结合此股的 K 线走势来看（如图 1. 21 为道博股份 2014 年 3 月 31 日至 12 月 29 日期间走势图），当日此股正处于持续上涨后的高点。因而，在实盘操作中，我们应进行卖股操作。

图 1. 21　道博股份（600136）2014 年 3 月 31 日至 12 月 29 日期间走势图

1. 3. 4　解读大盘分时图

如图 1. 22 为上证指数 2014 年 12 月 29 日分时图。在分时图中，我们可以看到有两条分时线，其中的一条为上证综合指数分时线（也称为上证指数），分时线标示了指数的具体变化情况，另一条则为上证领先的分时线。它们的走势在绝大多数时间内都是一致的，当然也有分化的时候，这是因为它们的计算方法是不同的。

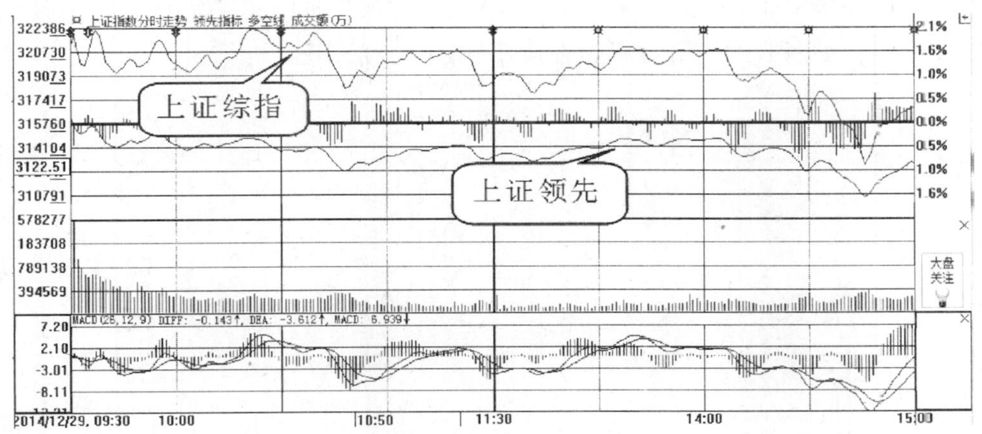

图 1.22　上证指数 2014 年 12 月 29 日分时图

上证综合指数采用加权平均法，在这种计算方法中，那些权重、股本大的大市值股票对指数的影响力就会更大。可以说，上证综合指数更能体现大盘权重股的整体表现情况，而上证领先指数则采用算术平均法，在这种计算方法中，个股的股本并不在考虑的范围之内。股价是唯一考虑的要素，个股的股价越高则它对指数的影响力就越大，由于中小盘股的股价往往要高于大盘股，因而，这一指数能更好地体现中小盘股的整体走势情况。

提示：在绝大多数情况下，上证综合指数与上证领先指数的走势是趋同的，这是市场全体个股表现未见明显分化的体现。但有的时候，由于市场节奏的变换，大盘权重股往往会与中小盘股出现明显的分化，此时，上证综合指数与上证领先指数在盘口走势中就会出现明显的分化。如果此时的股市正处于典型的位置区（例如：快速上涨后的高点，或是快速下跌后的低点），这种分化往往是短期内走势将转向的强烈信号。因而，上证综合指数与上证领先指数在盘口中的走势分化，也是我们短线重点关注的内容。

1.3.5　领先指数与综合指数的背离

如图 1.23 为上证指数某日分时图。在当日的运行中，上证综合指数与上证领先指数在午盘后出现了明显的分离（如图中箭头标注所示），午盘之后，上证综合指数在不断上扬，而上证领先指数则不断下移，这是明显的背离。结合股市前期持续上涨的情况，我们可以认为这种背离是阶段性深幅调整走势将展开的信号。如图 1.24 标示了股市在该日前后的走势情况。

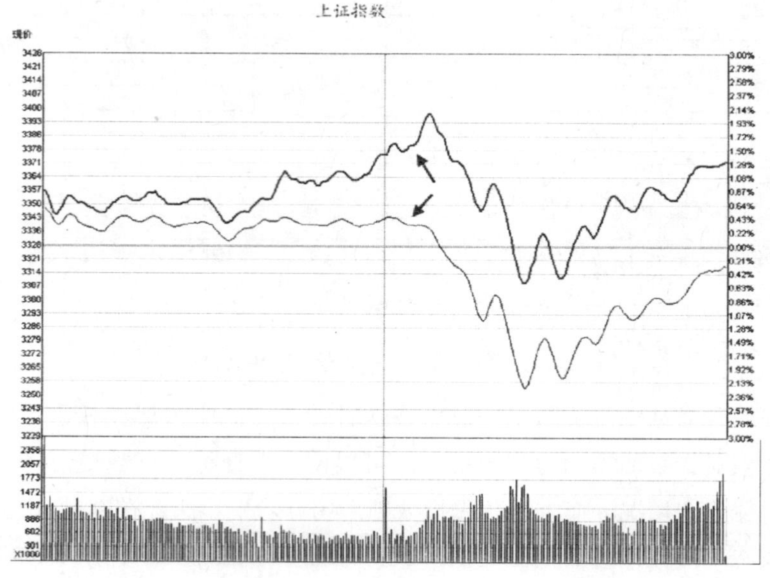

图 1.23　上证指数某日分时图

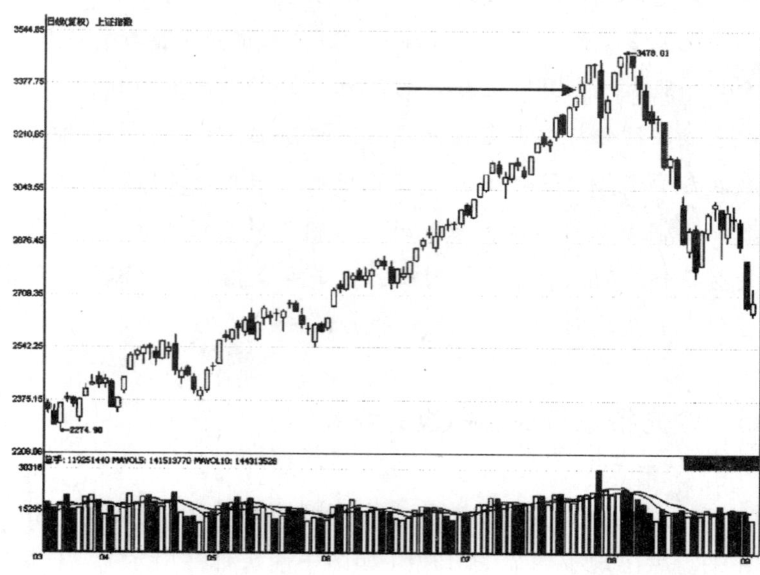

图 1.24　上证指数当日前后走势图

第2章 K线的反转形态

如果我们能找到好的时机，在上升趋势时买入，在下降时卖出，那就可以大量获利了。但笔者所说的时机，是不是一个趋势的最高价与最低价呢？绝不是！时机只是一个趋势的结束与另一个趋势开始的范围。不要妄想去抓最高点与最低点，大师也不能。如果你习惯于抓取最高点与最低点，而不等头部形态或底部形态完备而进行交易，那你被套牢的概率非常大，因为这种行为就是标准的逆势。

所谓反转，就是一个趋势的结束与另一个趋势开始的转折点。找到某一级别趋势的起点，并从这一起点做起，才会使我们的利润相对最大化。

2.1　上吊线

我们先来看下面一组图。图 2.1 最左面的两根 K 线分别为上吊线的基本状态。

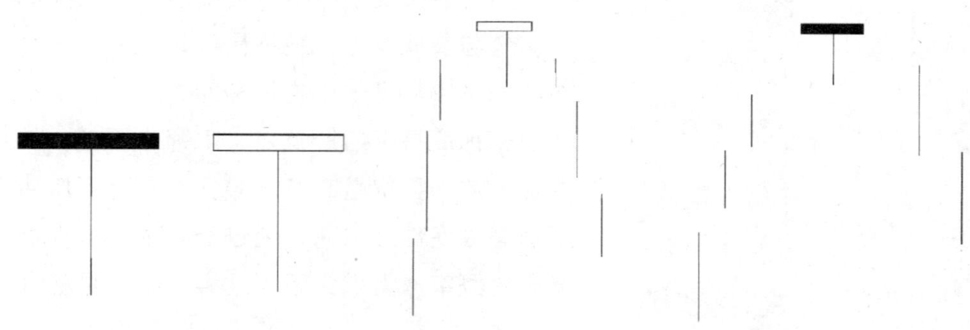

图 2.1　上吊线形态

上吊线一般发生在一段涨势的顶部，上吊线开盘价基本处于当天交易的最高点，继而快速向下打压。而尾盘收市的时候，又收回到基本处于当天交易的最高点。那么在一段牛劲十足的上升趋势中，突然出现盘中的快速打压，预示着空方在试探性地进攻。一旦空方摸清了多方的实力，接下来的打压会使多方不堪一击地溃败，从而引发价格快速向下突破。如果紧接着第二天就发生了打压，那么在前一天所进的多单，就会被牢牢地吊在上面。我们看图也可以想象，在前一天进了多单的投机者们像是被施行了绞刑，高高地吊了起来。

那么一旦发现了上吊线，它就像是一则标语一样写着“嘿，哥们，小心了!”。我们可以根据下面几点来判断我们某一天所看到的是不是上吊线。

◆K 线的实体非常小，而且实体部分一定要处于整根 K 线的顶端。

◆K 线的下影线一定要非常长，越长越好，至少是实体部分的 2 ~ 3 倍。

◆整根 K 线最好没有上影线，如果有，也要短到可以忽略不计的程度。

◆上吊线一定是在一段上涨的趋势后出现。

注意：实体的颜色无关紧要。也就是说，是阴线还是阳线差别不大。

在图 2.1 中，右侧的图就形象地描述了上吊线特征和上吊线出现后随后的走势。好了，我们知道了它们的特征，就开始在图中找一找它们吧。

啊，等等，等等。我们忘了什么？我一再强调的，右侧交易，右侧交易！好吧，我们忘了验证。只有验证了的上吊线才能叫作上吊线形态。如果未经验证，我们只能说它们是“疑似”上吊线。那如何验证呢？

出现疑似上吊线后，第二天的开盘价最好与前一天疑似上吊线有一段向下的跳空的缺口，而收盘价一定要低于前一天上吊线的收盘价，那么我们就可以放心卖出了。

情形 1：成功的上吊线形态

图 2.2 为上证综合指数日 K 线图。我们看到上吊线出现后都不同程度地引发了几天甚至十几天幅度非常大的下跌趋势。图中所列举的每一根成功的上吊线都符合前面我们总结的上吊线的特征：实体的长度、上影线与下影线的长度、在一波上涨趋势后出现等。而第二天的验证也完美地说明了，第二天 K 线的开盘价都有不同程度的向下跳空，而收盘价也低于前一天上吊线的收盘价。

我们来看一下上吊线 1，在经历连续的向上跳空三根大阳线强势上涨后，继而盘中遭到空方快速强烈的打压，在第二天的走势没有确认向下的时候，此次打压为试探性的打击，试探一下多方的动能有多强。在这一天的试探中，空方摸清了多方的力量，在走出上吊线的第二天，平开低走，走出一根阴线，我们就此确认了此次的上吊线的有效性。在上吊线 1 后，连续下探了 7 天。最低幅度下跌了 970 点，跌幅为 16%。

上吊线 2 是在上吊线 1 下跌趋势的基础上进行了一波向上的反弹后，再次走出的上吊线，在上吊线的前一天是一根非常大的长阳线，在走出这根阳线后，我们根本看不出市场要调整的意图。但上吊线出现了，它在对我们说，我来了，小心！上吊线的第二天低开低走，并且对于上吊线有一个向下跳空的缺口，收阴线，这更增大了上吊线成功的概率。我们看到从上吊线 2 出现后连续下挫了 6

图 2.2　上吊线形态　上证综合指数

天，当然这只是回调中的回调，如果你是一小波段交易者，那么规避这 6 天下跌的 397 点、跌幅 7% 的一个小级别趋势中，也可以为你带来不小的利润。

上吊线 3 中，前期是一小排的小阳线推进上涨，出现上吊线后的第二天，平开低走收阴线，而此根阴线的实体部分包住了包括上吊线在内的前一根小 K 线，一天的跌幅包括了两根 K 线的涨幅。我们可以看到后面是一波波澜壮阔的下跌走势。我们还会发现离此根上吊线最近的一次小反弹，都有 1330 点、24% 的跌幅。

这是上证综合指数最高点的阶段。如果你掌握了上吊线的特征与应用，就可以成功地逃顶，赚取前几天飙升的利润。

图 2.3 为中视传媒（600088）2014 年 7 月 10 日至 12 月 29 日的日 K 线走势图。一波角度稳定的上涨趋势的顶端出现一根细小的上吊线，第二天收阴小幅下跌，第三天加速下跌。这是一根成功的上吊线形态，但加速下跌后又出现了回升，最高点击穿了加速下跌的长阴线的实体，这次反弹的上限始终没有超越那根上吊线。从这一点上还可以再次验证这根上吊线是成功的，反弹未果，继而下跌。这根上吊线引发了 4.18 元、17.74% 的跌幅。

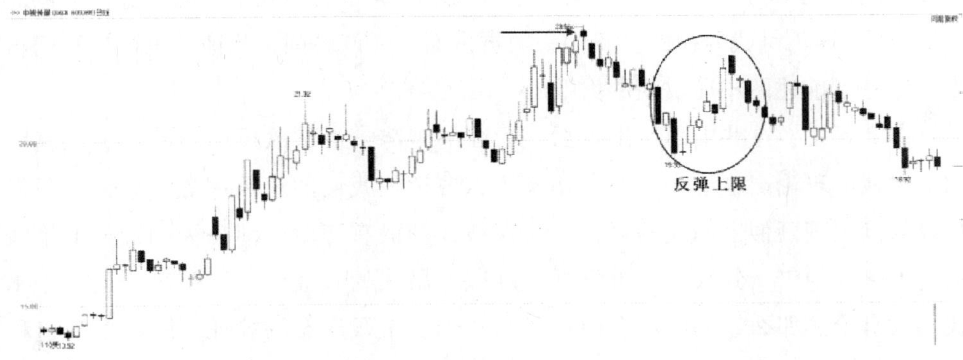

图 2.3　上吊线形态　中视传媒（600088）

图2.4为青海华鼎（600243）2014年4月28日至12月29日的日K线走势图。缓慢上行的青海华鼎收出10.28元新高时出现了一根上吊线。第二天小幅收低，基本验证了这是一根成功的上吊线形态。第四天加速下跌，第八天开始反弹，但反弹的收盘价都没有超过上吊线的收盘价。所以，从这一点上还可以验证上吊线的成功。

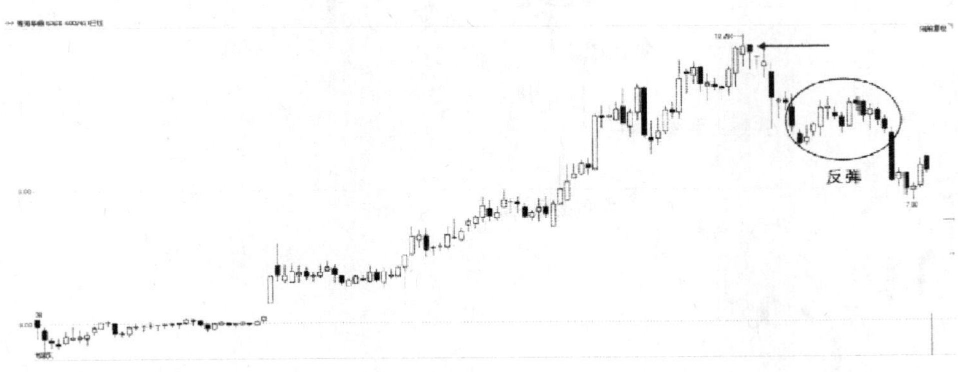

图 2.4　上吊线形态　青海华鼎（600243）

提示：在头部反转形态中，上吊线的反转力量是最大的，绝大部分的中级下跌都会伴随着上吊线的出现。

情形2：失败的上吊线形态

观察仔细的读者一定会看到，在上面所列举的图中，也不乏失败的上吊线，那么疑问出现了："哟，你只举出对你有利的证据。而不利于你的证据你却避而不谈吗?"这正是我要说的。我们一而再再而三强调验证，验证，验证！我们再来列举一下前述图中所出现的失败的上吊线。

图 2. 5 中，这些上吊线出现后，后面的走势，没下跌反而上涨。那么就说明上吊线的理论出现谬误了吗？不不不，要记住我们的最后一点：验证。我们可以看到出现疑似上吊线的第二天的 K 线，即没有相对于前一天的疑似上吊线的向下跳空缺口，其收盘价也没低于疑似上吊线的收盘价，而是高于前一根 K 线的收盘价。那么它们就没有通过我们对于上吊线形态的验证，所以出现这种情况的时候，我们前一天只不过是虚惊一场，可以安安稳稳地抱着你的多单睡大觉了。

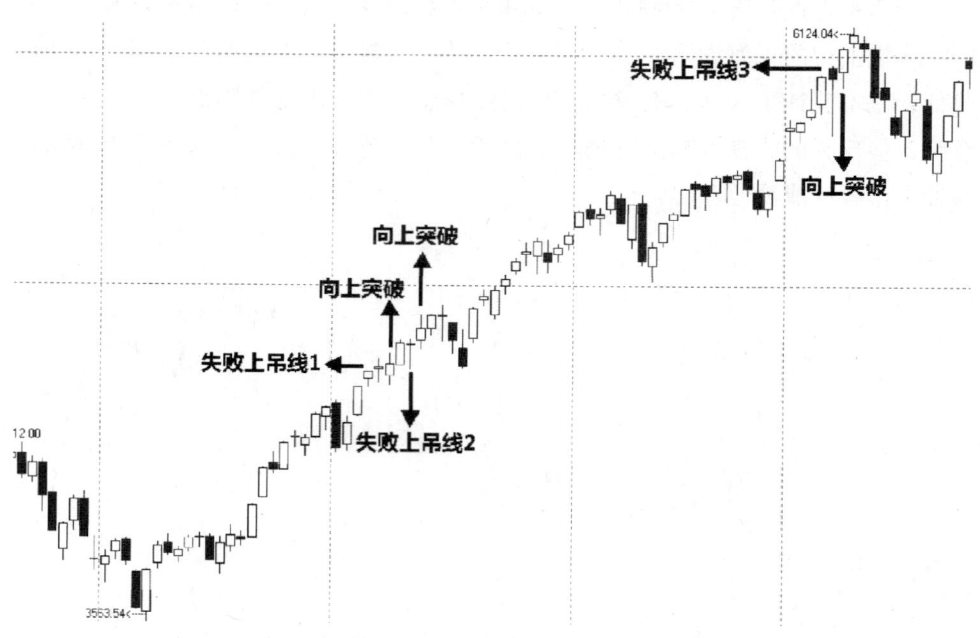

图 2.5　失败的上吊线形态　上证综合指数

在失败上吊线 1 中，前面是一段角度很陡的上涨趋势，从这个上涨的角度我们也不难看出，此次上涨的动能是后劲十足的。上吊线 1 出现了，持仓的交易者们这时候应该小心了，谨慎地等待着第二天的验证，结果第二天收的是一根阳线，低开高走，低开说明上吊线还是有一定的威力的，但后继的多方们把价格再一次抬拉上去，空方认输，尾盘收阳。这样就不符合我们的验证条件，也就是说它是一根失败的上吊线。我们还可以持有原来的多单一路前行。

失败上吊线2还是出现在同一上涨趋势中，还是一样的盘中打压洗盘，我们静静等待第二天的验证，不负众望第二天直接高开高走，尾盘收阳线。不符合我们的验证条件。那么这根K线还是一根失败的上吊线。我们再一次抱着多单继续前行。

失败上吊线3出现在后继涨势中，前面是一段角度陡峭、有着连续向上缺口的一段涨势中。如果强劲的涨势中出现了一根盘中快速的，并且幅度极大的打压，尾盘再次收高，形成一根疑似上吊线，我们还是要等待验证。第二天高开高走，不符合我们的验证条件，所以确定它是一根失败的上吊线，继续持有多单。

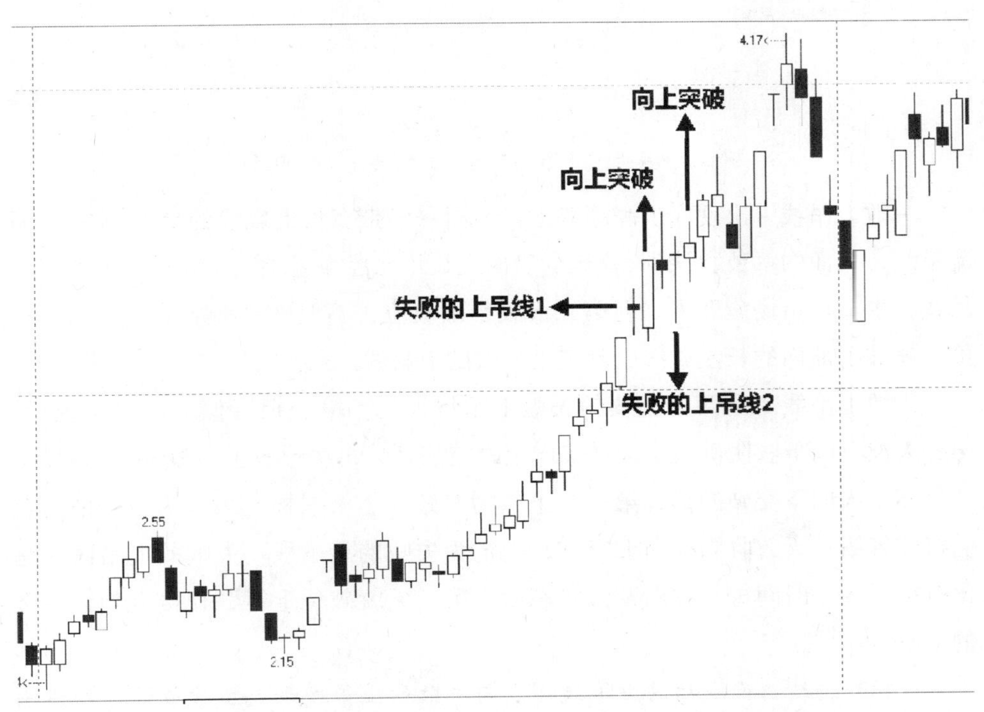

图2.6　失败的上吊线形态　ST东北高（600003）

图2.6为ST东北高（600003）日K线走势图。上涨行情中出现一根向上跳空的疑似上吊线，第二天收长阳线向上突破，验证为失败的上吊线形态。

两天后再次出现一根疑似上吊线，第二天还是收阳线，收盘价高于前一根疑似上吊线的收盘价。验证为失败的上吊线形态。

图 2.7 为武钢股份（600005）日 K 线走势图。

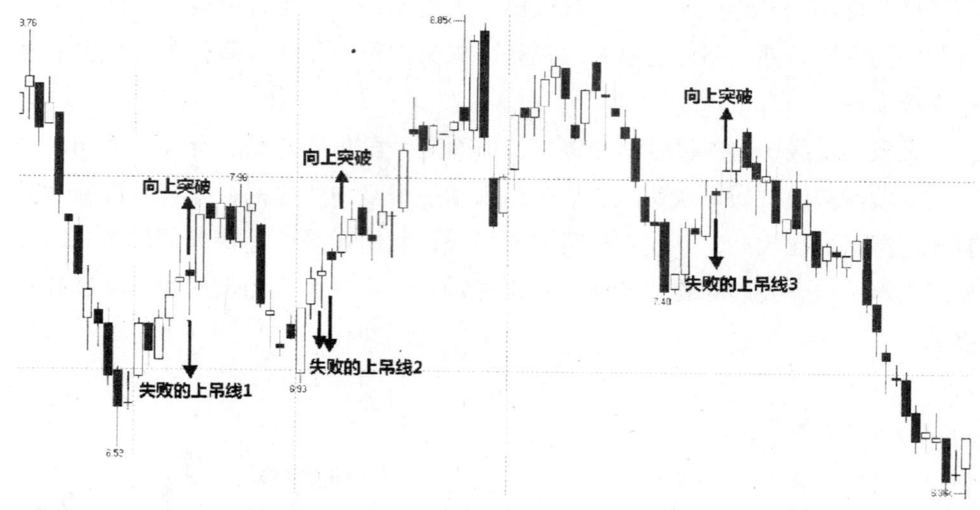

图 2.7　失败的上吊线形态　武钢股份（600005）

失败上吊线 1 出现在上涨趋势中，前面一根带有长上影线的星 K 线（疑似流星线，后面的章节会谈到），至少盘面上显示已经很弱了。又收了一根疑似上吊线，更显得市场疲弱了。但第二天收长阳破位，不但破了失败上吊线的收盘价，还破了前面的长上影线，判定为失败的上吊线。

失败上吊线 2 是两根连续的失败上吊线形态。第一根疑似上吊线出现后，第二天没有向下收阴破位，而是又向上跳空高开，再次形成了一根疑似上吊线。如果第三天向下突破的话，第一根虽然为失败，但第二根上吊线为成功的。我们接着等第三天，收阳线向上突破，判定为失败的上吊线。失败的上吊线 3 是比较简单的，时间短，收出疑似状态后，第二天就破位上行，直接宣判为失败的上吊线。

提示：通过上面成功的上吊线形态与失败的上吊线形态，你或许已经看出了验证的重要性。如果你不等验证而盲目进行频繁的交易，那么你会损失掉很多的利润。

2.2　锤子线

图 2.8 最左面的两根 K 线分别为锤子线的基本状态。

图 2.8　锤子线形态

锤子线一般发生在一段下跌趋势的底部。顾名思义，就是用锤子夯打底部，把底部砸实。有了坚实的基础，开始一段上涨。在锤子线的形成中，开盘价基本处于当天的最高价附近，盘中遭到空方的快速而猛烈的打压。继而多方进行反扑，在形态上形成类似一种“V”形的反转。下影线越长，说明盘中空方打击的压力越大，而多方的反扑越激烈，形成某一级别的底部的动能就越强烈，后市的上涨就会越凶猛。

我们可以根据下面几点来判断，我们某一天所看到的是不是锤子线。

◆K 线的实体非常小，而且实体部分一定要处于整根 K 线的顶端。

◆K 线的下影线一定要非常长，越长越好，至少是实体部分的 2~3 倍。

◆整根 K 线最好没有上影线，如果有，也要短到可以忽略不计的程度。

◆锤子线一定是在一段下跌的趋势后出现。

◆实体的颜色无关紧要。

在图 2.8 中，右侧的图就形象地描述了锤子线特征和锤子线出现后随后的走势。出现疑似锤子线后，第二天的开盘价最好与前一天疑似锤子线有一段向上跳空的缺口，而收盘价一定要高于前一天锤子线的收盘价，那么我们就可以放心买进了。

情形 1：成功的锤子线形态

图 2.9 为沙河股份（000014）2014 年 4 月 8 日至 12 月 29 日的 K 线走势图。我们看到锤子线出现后都不同程度地引发了几天甚至十几天幅度非常大的上涨趋势。图中所列举的每一根成功的锤子线都符合前面我们总结的锤子线的特征，实体的长度，上影线与下影线的长度，在一波下跌趋势后出现等。第二天的验证也完美地说明：K 线的开盘价都有不同程度的向上跳空，而收盘价也高于前一天锤子线的收盘价。

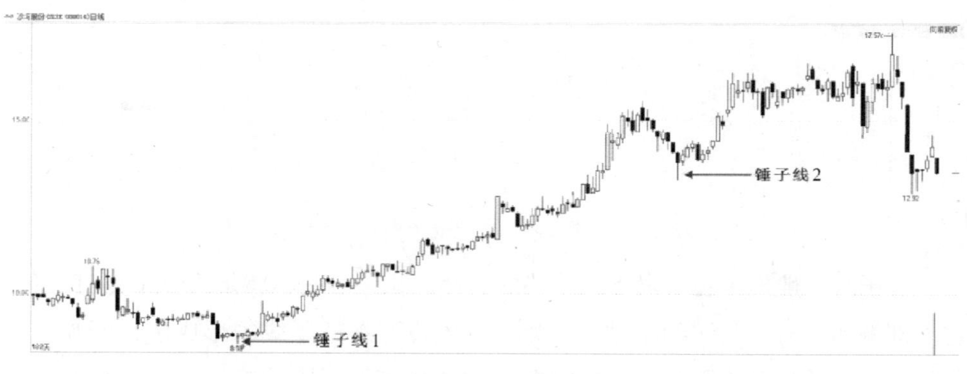

图 2.9　锤子线形态　沙河股份（000014）

股谚云：三日顶，百日底。所以我们在看锤子线的时候，并没有上吊线那么酣畅淋漓，底部要通过长期震荡才能走出一波上涨趋势来。

锤子线 1 出现在一波快速下跌的行情中，它像一杆大旗一样把旗杆深深地插入地中，做了一个坚实的基础。但我们还要等待第二天的验证，而底部的验证不像顶部的上吊线那么简单，因为它需要时间来震荡，当价格突破那一个震荡区间后，就可以确定这根锤子线是不是成功的了。在图中锤子线出现后，5 根小 K 线在锤子挺出的区间内震荡，震荡后是第一次长阳线向上突破，而后又是针对前一小波段上涨的修正，又是 4 天的震荡。但这次震荡也没有穿破前面阳线挺出的区间，两次震荡，两次突破。一旦走出震荡区间，随之而来的是狂风暴雨般的涨势，最高差价为7元，涨幅高达81.49%。

图2.10为三一重工（600031）日K线图。在1.05元之前是一段清晰的下跌趋势，之后走出一根锤子线。这根锤子线不像我们之前举的例子一样迅速上涨，而是在锤子线的K线实体内震荡了6天，其中任何一天的收盘价都没有低于前面那根锤子线。在第7天的时候，一根长阳线突破了震荡区间，开始上涨。这根锤子线引发的差价为0.49元，涨幅为46%。

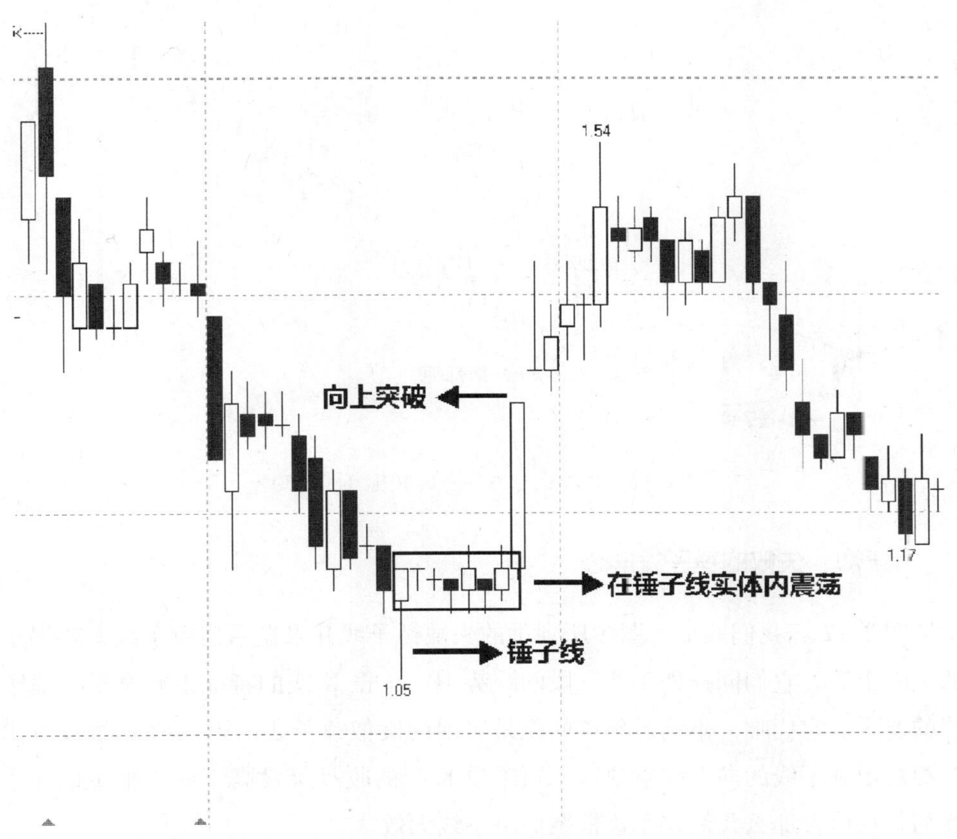

图2.10 锤子线形态 三一重工（600031）

注意：这是值得我们注意的问题，在底部的反转通常不会迅速地上扬，而是要震荡一段时间。经过笔者的观察，绝大多数情况下8天为一个分水岭，如果震荡的时间超过8天，失败的概率会很大，如果小于8天，成功的概率会很大。

图 2. 11 为中国联通（600050）的日 K 线走势图。前面一段下跌后，一根锤子线插在地上，而后是 34 天的在锤子线挺出的区间内震荡，随后向上突破此区间，一路高歌猛进。这根锤子线引发了 7. 04 元、153% 的涨幅，由此可见锤子线的力量！

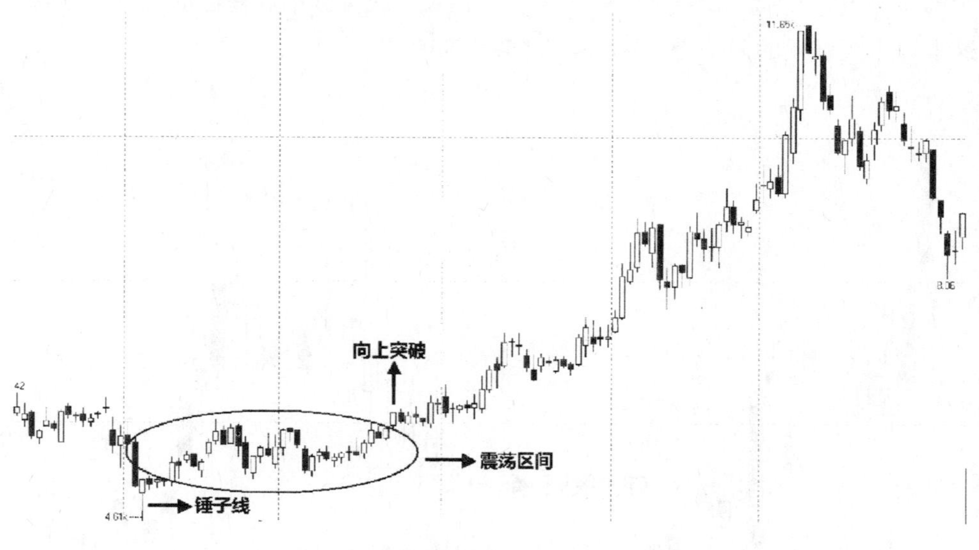

图 2. 11　锤子线形态　中国联通（600050）

情形 2：失败的锤子线形态

图 2. 12 经我们验证，图中所列举的失败锤子线并未显示出锤子线所要揭示的上涨走势。它们同样处于前一段的跌势中，单根 K 线的特征也完全符合锤子线的要求。它们唯一不满足条件的就是出现的疑似锤子线的第二根 K 线没有出现相对于锤子线的向上跳空缺口。第二根 K 线的收盘价没高于前一根疑似锤子线的收盘价，那么我们宣布这根疑似锤子线无效。

锤子线 1 的第二天收阴线，第三天直接穿透了锤子线实体和影线。不符合验证条件，判定为失败的锤子线。

锤子线 2 的后两天都在它的区间内震荡，但第三天突破了实体，第四天向下突破了锤子线的影线。不符合验证条件，判定为失败的锤子线。

图 2.12　失败锤子线形态　上证综合指数

锤子线3第二天突破了它的实体，第三天突破了锤子线的影线。不符合我们的验证条件，判定为失败的锤子线。

提示：当它们没满足我们验证的需求的时候，并不代表多方的反攻开始了。我们可以接着观看它们的表演或是睡大觉了。

图2.13为华润双鹤（600062）的日K线走势图。在下跌趋势中，我们渴

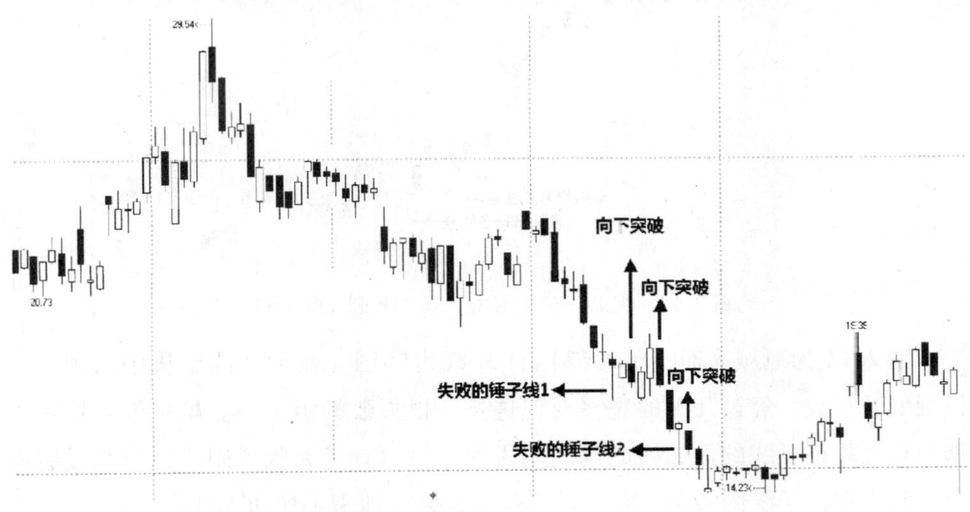

图 2.13　失败锤子线形态　华润双鹤（600062）

望看到一根锤子线来结束下跌的行情。失败的锤子线1出现后，第二天虽然收了一根阳线，可是却太弱了，收盘价都没有高过锤子线的收盘价，第三天收的阴线却击穿了锤子线的实体，从这里基本已经验证这根锤子线为失败的锤子线。第四天与第五天连收两根阳线，收盘价又回到了锤子线的上方。如果我们没有看到后面的走势，会感到后悔，为什么那么早止损呢？在这里说一句，技术分析只是告诉你上升的概率很大或是下跌的概率很大，世界上没有绝对的，当然也包括K线图了，偶尔出现一次假信号是非常正常的。但是后面的走势却告诉我们，虽然连收了两根阳线，可是第六天却是一根阴线又击穿了锤子线的底部，继而再次下跌。

在连续下跌两天后，又一根疑似锤子线出现了，但这次它没让我们等太久，第二天就收了一根阴线，价位击穿了疑似锤子线的收盘价。不符合我们的要求，可以验证它又是一根失败的锤子线。

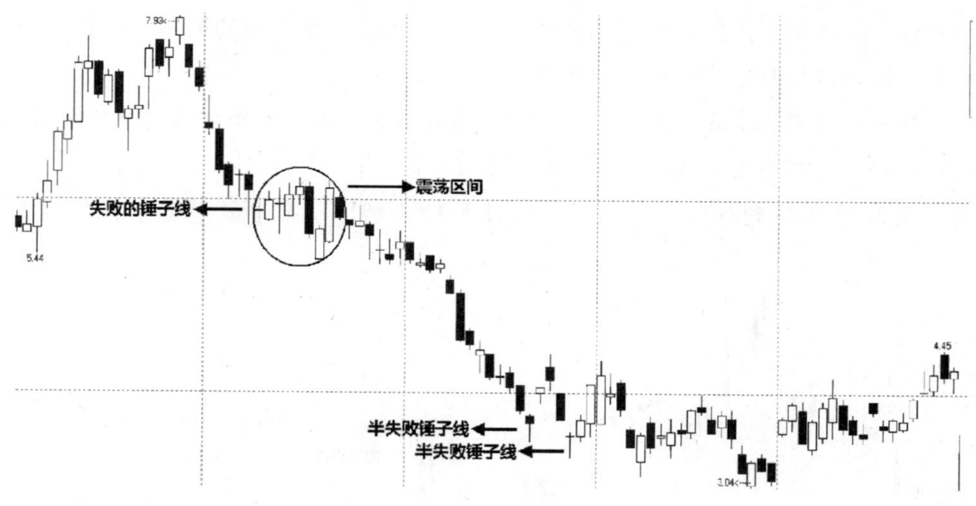

图2.14　失败锤子线形态　冠城大通（600067）

图2.14为冠城大通（600067）日K线走势图。在下跌的走势中出现了一根疑似锤子线，经过几天的观察发现这是一根失败的锤子线。虽然没有快速下跌却在失败锤子线的下影线的范围内震荡，虽然有三天收了阳线，但也没有向上击破失败锤子线的实体。在盘整震荡后，终于迎来了快速下跌。

后面又出现了两次半成功半失败的锤子线，因为它虽然引发上涨，可是时间很短，涨幅很小，而且破位下跌的时间又很快，我们基本没有拉开价差距离的止盈机会，所以，虽然在图表上看着这两次确实有三四天的上涨，但在实际操作中却没有盈利的机会。所以，笔者把它们称为半失败的锤子线。

好了，正面的通过验证的例子，反面的没有通过验证的例子我们都举完了。我们了解了真正的锤子线与上吊线的威力，它们一旦符合了它们所固有的特征，满足了我们验证的条件，那接下来的走势我们就一目了然成竹在胸了。该买的买，该卖的卖，等待下一次开仓或平仓信号的出现。

提示：还有一点更重要的，我们知道了验证的巨大作用。如果我们作为一个左侧交易者，没经过验证，就匆匆忙忙抛出我们的头寸，或是匆匆忙忙地抄底买入，赌错了，我们丧失的不仅仅是后面持续的利润或是被中段套利，付出的代价还有被打乱的交易计划，或是付出换手所带来的成本，因追高补仓或是高位抄底而带来的心态的扰乱。赌对了，相对于K线交易者们仅仅是获得了非常小的一部分多出来的利润。仔细考虑就会发现，左侧交易者不经验证的交易是得不偿失的。

情形3：止损——最后一个简单的问题

我们从失败的锤子线中可以看到，如果出现锤子线后的几天内都没有证明锤子线的失效，可是最终却是证明锤子线被突破，没能走出上涨行情，我们怎么办呢？

一旦发现向下突破了锤子线所挺出区间，果断止损，再次等待买入信号的到来，从上面列举的实例来看，止损的损失是非常小的。只要我们抓住了一次机会，那就是非常大的利润，小输大赢，一次一次地用小错误来试探大的正确，就能获得更大的利润。

2.3 看涨抱线形态

前两节我们讨论的锤子线与上吊线是由单根K线构成的形态，但绝大多数情况下都是由数根K线组合构成的形态，比如我们现在要讨论的看涨抱线形态，就是由两根K线组成的。图2.15显示的就是看涨抱线形态。

图2.15 看涨抱线形态

行情原本处于下降趋势中，根本没有反转的迹象，但第二天突然出现一根大阳线，将前面的阴线从头到脚全部抱在了怀里。因为其形象地把前面一根K线抱在了怀里，而且又是由底部而起，所以叫作“看涨抱线形态”。

提示：突然出现的包头包脚的大阳线是多方的力量压倒性地战胜了空方的力量，继而结束了前面下跌的动能，转而上涨。看涨抱线形态属于“无征兆的反转”。

如果看涨抱线出现在一个超长时期的下跌趋势中，那么市场中潜在的卖家们已经持有空头头寸，但缺乏新的空头进入市场继续推动价格下跌。说明市场已经朝着一个方向走得太远，但力穷之时会出现获利了结平仓的出现，进而引发大规模的获利了结盘的出现。这样，出现的看涨抱线形态的看涨力量会更大。

如果在看涨抱线形态形成的当天伴有大量的成交量，那么看涨抱线形态的看涨力量也会很大。如果看涨抱线形态不单单只覆盖了前一天的K线，而是吞没了前面数根K线，那么看涨形态的看涨力量也会很大。从上面的图中我们可以总结出“看涨抱线形态”的特征：

◆看涨抱线形态必须出现在一段清晰可见的下跌趋势之后。

◆看涨抱线形态必须由两根K线组合构成，而且后一根阳线必须覆盖前一根阴线的实体。影线可以不必包括在内。

◆前后两根K线的颜色必须是相反的，前面是阴线，后面是阳线。当然也有特殊的情况，前后两根都是阳线，但这种特例的条件必须是前一根K线的实体部分非常非常小。

再说最重要的验证，因为看涨抱线形态出现在市场某级别下降趋势的底部，所以常会伴随着一些震荡走势后，再向上突破上涨。看涨抱线形态的阳线实体部分特别长，在走出抱线形态后，随后的走势只要不突破这根阳线的实体部分，那走出的看涨抱线形态就是成功的；反之，则是失败的。在突破了阳线实体后，应该果断止损离场，再次选择时机。

情形1：成功的看涨抱线形态

图2.16为上证综合指数走势图。在图中的左下角，我们还看到我们熟悉的锤子线，这根锤子线引发了411点、15%的涨幅。

再看图中看涨抱线形态，出现在一段小的下降趋势后，随之而来的是一根低开高走极长的阳线。不仅包住了前面三根K线，而且还刺穿了前期下跌的一根长阴线的大半体内。根据前面所说的条件，这种看涨抱线形态的力量是非常强劲的。因为其势之强，并没有进行震荡，而是直接向上跳空高开高走，符合我们判定成功的条件。这根看涨抱线形态引发了438点、15%的涨幅。

图2.17为上海机场（600009）走势图。图中左下角又出现了一根成功的锤子线。锤子线引发14天的上涨后，出现了两天的回调，而后出现了一个“不太

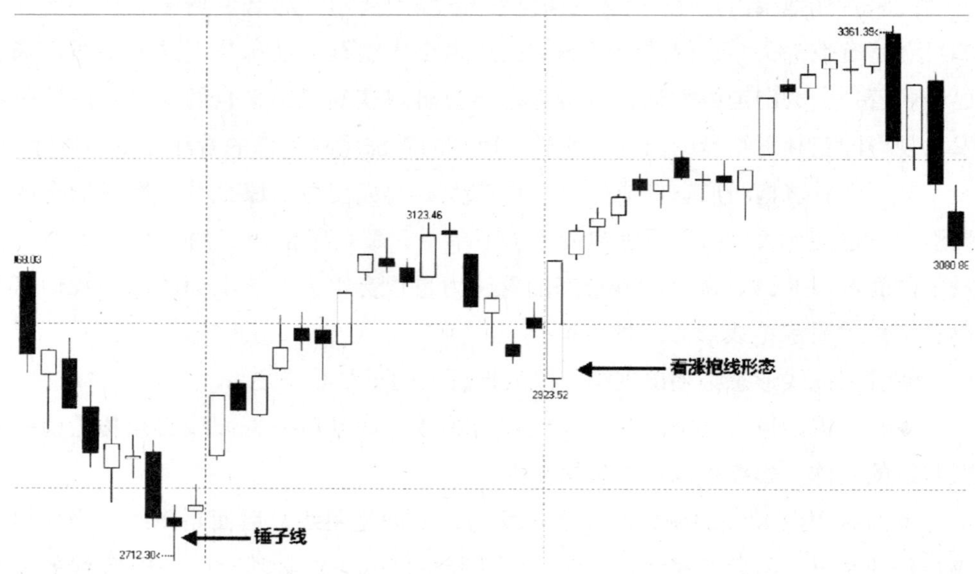

图 2.16　看涨抱线形态　上证综合指数

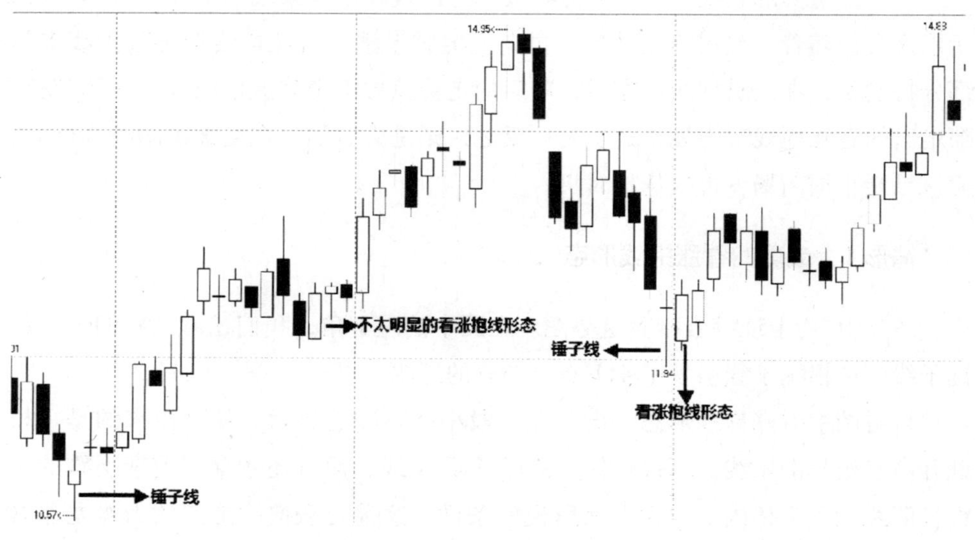

图 2.17　看涨抱线形态　上海机场（600009）

明显的看涨抱线形态”，当然也符合我们上面的条件，只是其出现的位置是处于一小段下跌行情中，其他的条件都符合我们的要求。走出看涨抱线形态后，又在阳线的附近震荡了两天后向上突破继续上涨。这组“不太明显的看涨抱线形态”引发了 14 天 2.78 元、22% 的涨幅。

再看第二组看涨抱线形态，其实这是两个形态组合到了一起，前面是一根经验证成功的锤子线，锤子线又与后面的长阳线组合成了看涨抱线形态。抱线形态出现后的第三天是一根向上跳空的高开高走的阳线，在随后的几天内走出了震荡的行情，但都一直在那根高开高走的长阳线体内震荡，并没有破坏它挺出的区间，震荡结束随即上涨。这根由锤子线组合而成的看涨抱线形态引发了 18 天 2.94 元、24% 的涨幅。

图 2.18 为中江地产（600053）日 K 线走势图。在一大波下跌行情后，出现了一个带有长下影线的看涨抱线形态。可以把它理解为不太规范的锤子线，但重点是这根阳线包住了前面的阴线。因为在底部，开始的启动可能会很慢，在它的实体内震荡了 4 天后，一根长阳线突破了震荡区间，行情上涨。

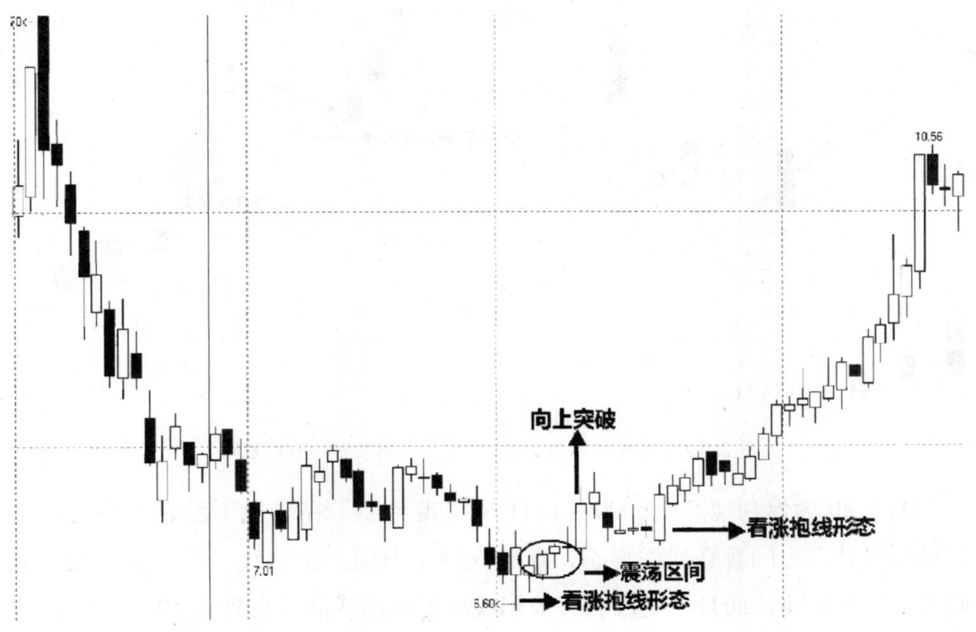

图 2.18　看涨抱线形态　中江地产（600053）

随之而来的是对前面上涨的一个修复，一小段回调后，又出现了一根阳线包住了前面四根调整的小 K 线，构成了一个小级别的看涨抱线形态。这次不是从底部刚刚启动，所以上涨的速度是非常快的。这两组看涨抱线形态引发了 3.96 元、60%的涨幅。

情形 2：失败的看涨抱线形态

图 2.19 为武钢股份（600005）走势图。在一波下跌趋势中，我们还看到一根失败的锤子线，随后又是三天的下跌，出现一组疑似看涨抱线形态。一根阳线低开高走，包住了前面两根阴 K 线，继而又是三天的震荡。正常来说，应该在震荡结束后继续上涨，可第四天一根阴线直接穿透了前面的阳线，破坏了看涨抱线形态，不符合我们的验证要求。当突破阳线实体的一刹那，就应该果断地止损离场，再次寻找做多的机会。在可以做空的市场上，还可以反手做多。

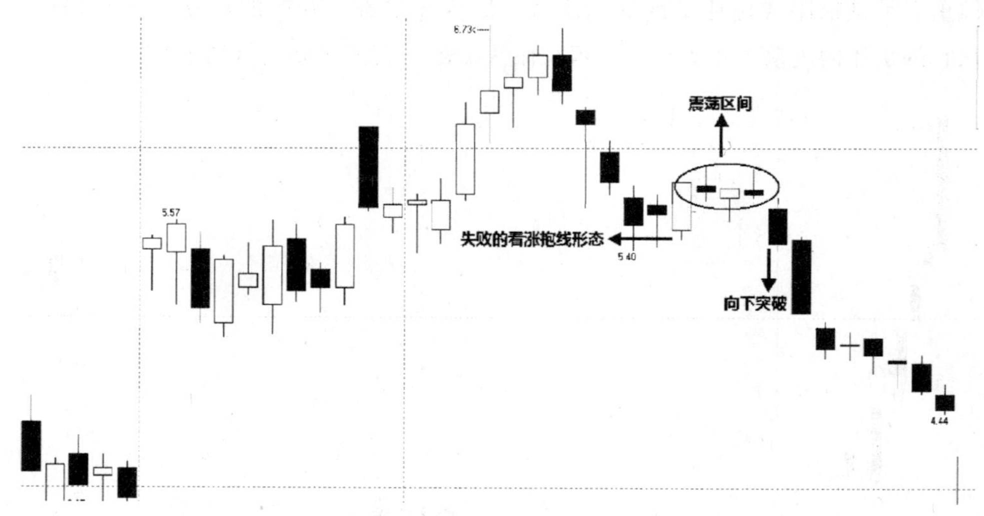

图 2.19　失败的看涨抱线形态　武钢股份（600005）

图 2.20 为保利地产（600048）日 K 线走势图。在一段下跌趋势中走出一组极其强劲有力的看涨抱线形态，连续吃掉了前面三根阴线。后面也是按照我们的条件在震荡，而且一直没有突破阳线所挺出的区间，直到第 19 天的一根阴线向下突破了那根阳线的实体后结束了这失败的看涨抱线形态，甫一突破，即平仓止损，再次寻找进场的机会，规避风险。

图 2.21 为中江地产（600053）日 K 线走势图。短暂但快速的下跌后，出现了一根包住了它前面阴线并且回补了缺口的阳线。如果持续向上，那就结束

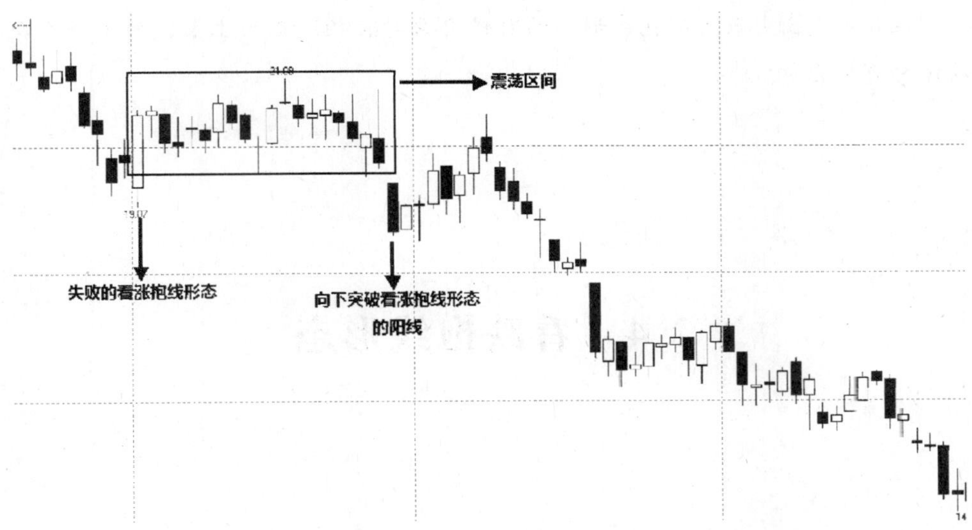

图 2.20　失败的看涨抱线形态　保利地产（600048）

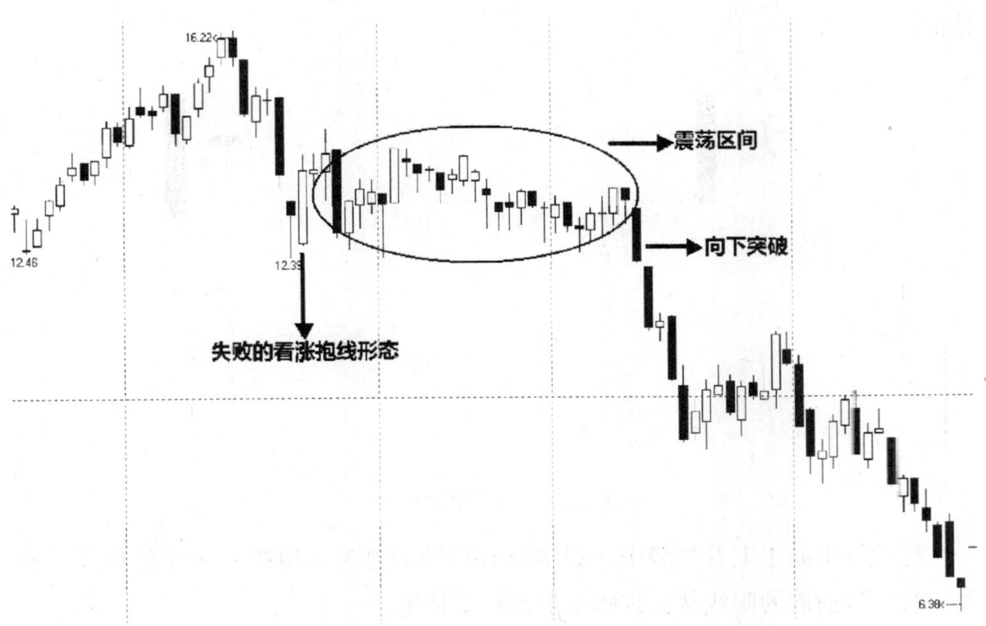

图 2.21　失败的看涨抱线形态　中江地产（600053）

了这短暂的下跌行情。可是在阳线挺出的区间内，共震荡了 28 天却没有向上突破，反而是在第 29 天的时候向下突破，宣告此次的看涨抱线形态失败。

注意：走出失败看涨抱线形态的时候要及时止损，走为上策，为下一次反攻保存有生力量。

2.4 看跌抱线形态

相对于看涨抱线形态来说，看跌抱线形态就是看涨抱线形态的反转，把看涨抱线形态倒置过来看就是看跌抱线形态了。图 2.22 为看跌抱线形态的基本特征。

图 2.22 看跌抱线形态

行情原本处于上升趋势中，根本没有反转的迹象，但第二天突然出现一根大阴线，将前面的阳线从头到脚全部抱在了怀里。

突然出现的包头包脚的大阴线是空方的力量压倒性地战胜了多方的力量，继而结束了前面上升的动能，转而下跌。看跌抱线形态也属于那种“无征兆的反转”。

如果看跌抱线出现在一个超长时期的上涨趋势中，那么市场中潜在的买家们已经持有多头头寸，但缺乏新的多头进入市场继续推动价格上涨。说明市场已经朝着一个方向走得太远，但力穷之时会出现获利了结平仓的出现，进而引发大规模的获利了结盘的出现。这样出现的看跌抱线形态的看跌力量会更大。

如果在看跌抱线形态形成的当天伴有大量的成交量，那么看跌抱线形态的看跌力量也会很大。如果看跌抱线形态不单单只覆盖了前一天的K线，而是吞没了前面数根K线，那么看跌形态的看跌力量也会很大。从上面的图中我们可以总结出“看跌抱线形态”的特征：

◆看跌抱线形态必须出现在一段清晰可见的上涨趋势之后。

◆看跌抱线形态必须由两根K线组合构成，而且后一根阴线必须覆盖前一根阳线的实体。影线可以不必包括在内。

◆前后两根K线的颜色必须是相反的，前面是阳线，后面是阴线。当然也有特殊的情况，前后两根都是阴线，但这种特例的条件必须是前一根K线的实体部分非常小。

提示：因为看跌抱线形态出现在市场某级别上升趋势的顶部，所以看跌抱线形态不会像看涨抱线形态一样在震荡很长时间后再向同一方向突破。当出现顶部的看跌抱线形态的时候，我们最好多单立刻离场，规避风险。当价格再次吃透了这根阴线的时候，再考虑有没有其他的买入信号支持，以确定是否补仓。因为在顶部这样的大阴线出现后，即使是上涨也可能是最后的上涨的衰竭之势了。

情形1：成功的看跌抱线形态

图2.23为上证综合指数的小时K线图。图中我们还看到了一个成功的看涨抱线形态，这根看涨抱线形态引发了419点、8%的涨幅，当然这只是大的下跌趋势中极小的一段反弹罢了。

我们看看跌抱线形态1，前面是一段上升趋势，清晰可见，然后出现了一根光头阴线，完全包住了前面的阳线，接下来的三小时，在阴线的低点附近震荡，三小时后当天收盘价为当日最低价。第二天的直接低开，一波角度极陡的下跌行情就此展开。这不仅符合看跌抱线形态的特征，也符合我们验证的条件。这是一组成功的看跌抱线形态，引发了970点、19%的跌幅。

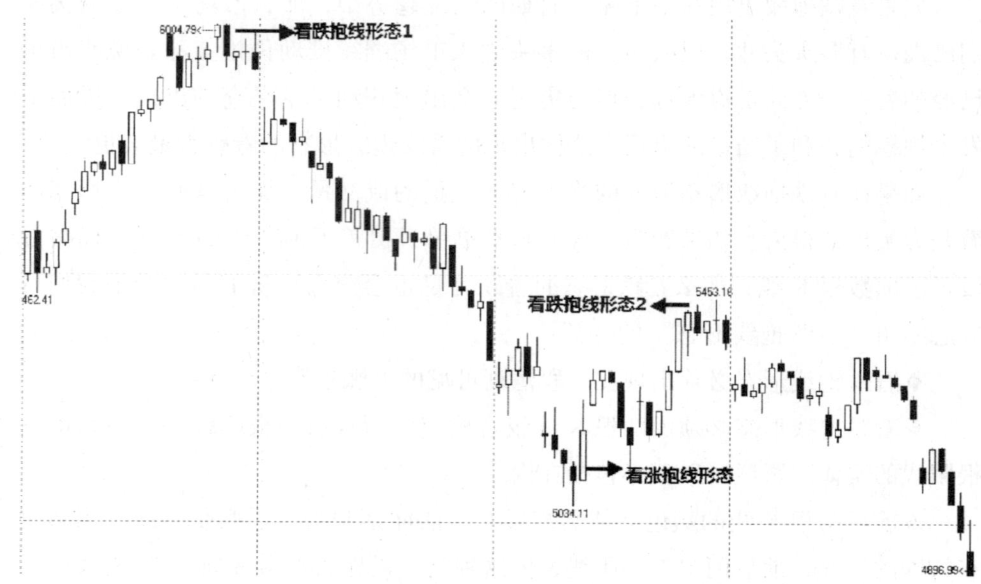

图 2.23 看跌抱线形态 上证综合指数

经过一个成功的看涨抱线形态引发的回调后，又出现了一个看跌抱线形态。与看跌抱线形态 1 的状况如出一辙，也是连续的陡峭的上升趋势后，出现了一根包住了前面阳线的阴线，继而在阴线实体内震荡，当天的收盘价为当日的最低点，第二、第三日的开盘直接跳空低开，我们现在能看到的最近的一个低点有 295 点、5% 的跌幅。

图 2.24 为中信证券（600030）日 K 线走势图。在图的左面出现了一个成功的上吊线形态，引发了 9.19 元、34% 的跌幅。

再看看跌抱线形态，出现在一波回调上涨的末端。从图中可以看到，前面的那根阳线，影线极短，而且实体部分相对于前面 K 线来说也是很长的。重要的是突破了前面的震荡区间，这可能会给很多人带来还要上涨的错觉。当然这么分析也对，只是我们应该如履薄冰，时刻警惕着随时会到来的危险。看跌抱线形态来了。吃掉了前面的突破阳线，当日收盘价在最低价附近，第二天，直接跳空低开，并且收了一根中阴线，看跌抱线形态符合我们总结的特征，验证也符合我们的条件。此处的看跌抱线形态引发了 16.56 元、51% 的跌幅。

图 2.25 为黄山旅游（600054）日 K 线走势图。前面的例子是一个中级趋

图 2.24　看跌抱线形态　中信证券（600030）

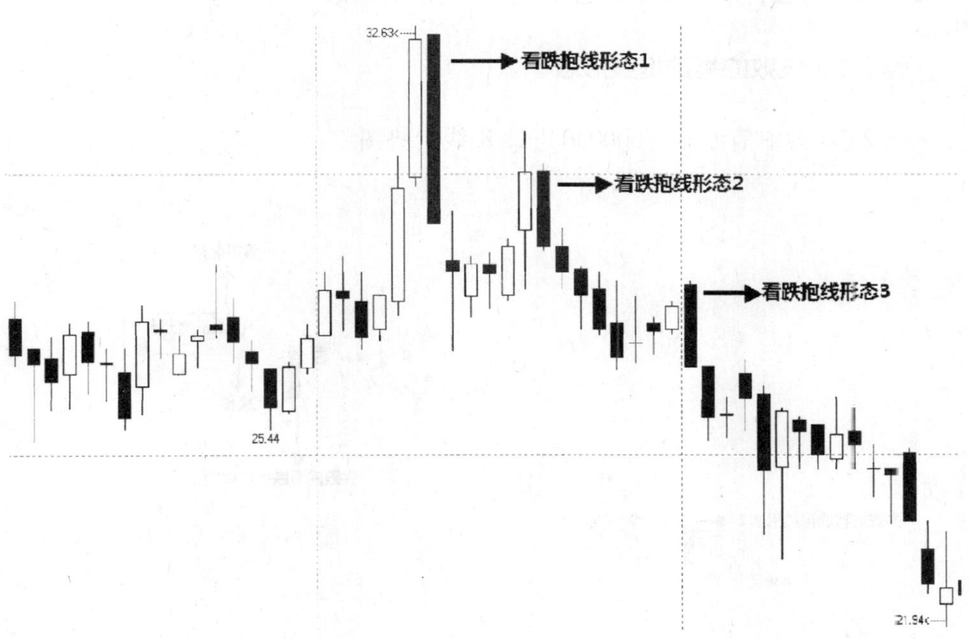

图 2.25　看跌抱线形态　黄山旅游（600054）

势中的看跌抱线形态，其实如果足够细心，我们也可以在一段下跌趋势中，发现更次要一级的下跌抱线形态。

看跌抱线形态1是最典型的形态组合，而且前面的涨势很凶猛，特别是最后两天的长阳线，力道非常之强。但出现的这根抱线形态的阴线，包住了前面如此之长的阳线，又穿透了它前面一根阳线的实体，说明打压之势更强于买方的力量。短暂的下跌后，经过4天的调整，又出现了一组看跌抱线形态2，再次下跌，再次的短暂调整后，又出现了看跌抱线形态3。这3组看跌抱线形态引发了10.69元、32%的跌幅。

不论在中级下跌趋势的顶部时，还是在下跌趋势中的次要级别反弹中，我们都可以看到K线反转信号的影子。所以，活学活用K线，不论趋势的大小，都可以在市场中游刃有余。

提示：我们可以看出看跌抱线形态一旦形成，它的打压速度是非常快的，而且后果也是很严重的。顶部的看跌抱线一旦形成，持仓者应尽快离场，在可以做空的市场里，反手做空，也可以获得更多的利润！

情形2：失败的看跌抱线形态

图2.26为中信证券（600030）日K线走势图。

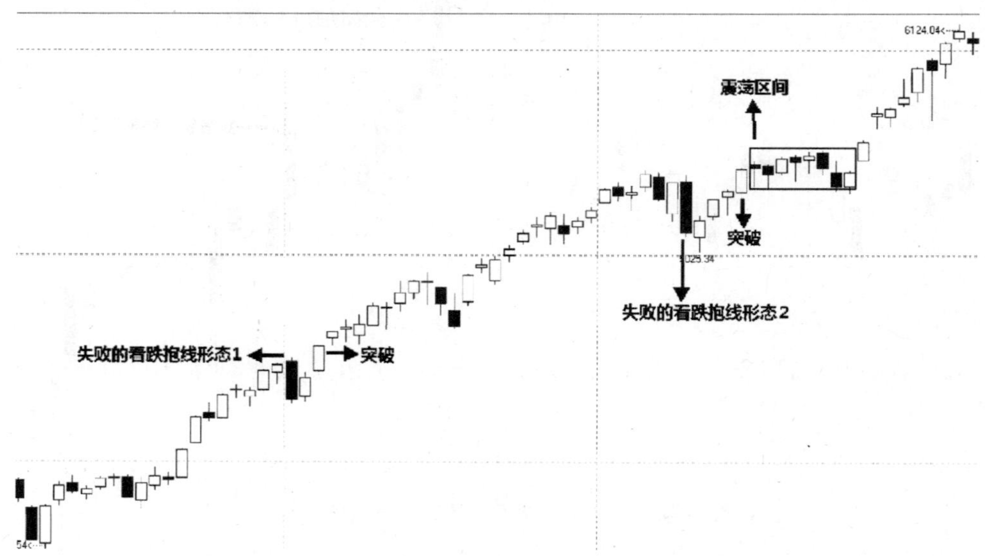

图2.26　失败看跌抱线形态　中信证券（600030）

失败的看跌抱线形态1出现在一波上涨行情中，一根长阴线吃透了前面三根K线实体，如果后面的交易日中继续低走，则可判定它为成功的看跌抱线形态。可是第二天就收了一根光头的长阳线，直接穿透了疑似看跌抱线形态的实体部分与高点，判定其为失败的看跌抱线形态。

第二组失败的抱线形态出现在已经略显颓势的小回调中，一根长阴线吃光了前面的阳线，随后的几天都是小阳线在阴线的实体部分内回调。第四天，一根光头阳线击穿阴线的实体部分与高点，宣告了其为失败的看跌抱线形态。随后那根光头阳线挺出的区间内继续震荡了8天后，向上突破，继续上涨。

图2.27为宁波联合（600051）日K线走势图。

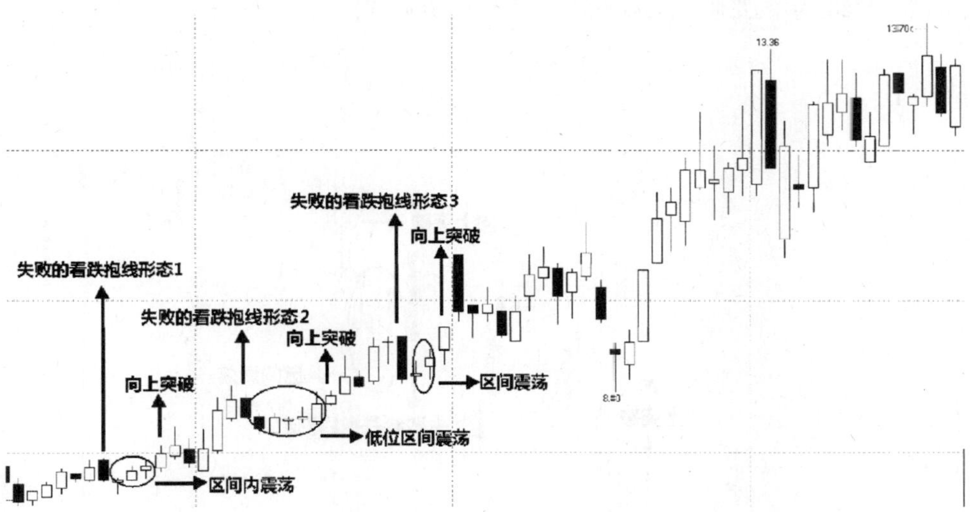

图2.27　失败看跌抱线形态　宁波联合（600051）

从本节的前半部分——成功的看跌抱线形态我们可以看出，出现抱线形态，只要是不拖泥带水的快速向下打压，那基本都是成功的形态。可以放心地平掉手中的多单，并且在可以做空的市场中放心地持有空单。而一旦出现在阴线附近徘徊的情况，那就要小心了。这极有可能是一组失败的看跌抱线形态。图2.27就着重讲了这种情况。

失败的看跌抱线形态1出现了，没有快速打压，反而是连续三天在阴线的实体内窄幅震荡，没有走出既定的快速打压行情。那么我们就要重新审视它了，果然第四天向上突破了阴线的实体部分与高点，判定为失败的看跌抱线形态。

失败的看跌抱线形态 2 的实体很小，勉强吃掉了它前面的阳线，可第二天的小幅收阴，让我们感觉到好像要走出成功的看跌抱线形态了。但第三天到第六天却小幅上扬，在阴线的实体里面窄幅震荡，又重复了前面的过程。第七天，收阳线上破阴线的实体部分和高点，判定其为失败的看跌抱线形态。

失败的看跌抱线形态 3 是和前面的上吊线一同出现的，给我们的感觉不但有了上吊线，还有看跌抱线形态。这样空方的力量应该是非常大的，并且阴线不仅吃掉了上吊线还吃掉了上吊线前面的阳线。后两天的走势却又重演了前两次的剧情，窄幅震荡两天后，第三天向上突破阴线的实体部分与高点，又一次判定为失败的看跌抱线形态。

图 2. 28 为中江地产（600053）日 K 线走势图。

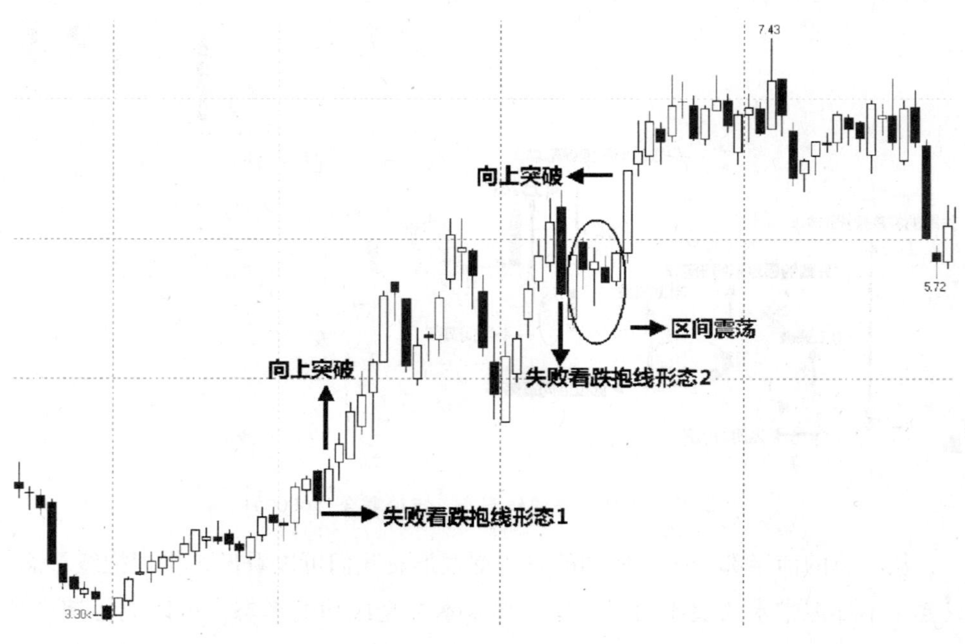

图 2. 28　失败看跌抱线形态　中江地产（600053）

失败的看跌抱线形态 1 很简单，刚刚开始形成疑似看跌抱线形态，第二天就被向上突破了。失败的看跌抱线形态 2 与图 2. 27 所举的例子差不多。形成疑似看跌抱线形态后，却收了一根低开高走的光头阳线将阴线顶了回来，继而在阴线实体部分内窄幅震荡。那就削弱了看跌抱线形态的力量，第五天向上突破，宣告看跌抱线形态的失败。

以上，如果看跌抱线形态形成，没有快速向下打压的行情出现，很大程度上可以判定为失败的看跌抱线形态。一旦开始快速的打压，那是迅速致命的。所以，看到看跌抱线，不论以后它是成功的还是失败的，最后都要回避不必要的风险。如果是成功的形态，那么恭喜你。如果是失败的，也无所谓，它在震荡后突破时，也可以把仓位补回来。

注意：一定不要抱着侥幸心理，这次一定是失败的，没关系了。十次中你可能对了九次，但只要有一次错了，那么你可能损失的是九次的利润。所谓君子不立危墙之下，不论什么时候，都要安全第一！

2.5　乌云盖顶形态

乌云盖顶，从名字上就能看出这是一种顶部反转形态。乌云盖顶也叫乌云线，是由两根 K 线组合而成。乌云盖顶，可以出现在上升趋势的顶部，但多数情况下出现在下跌后的回调区间的顶部。图 2.29 为乌云盖顶的示意图。

在此形态中，第一天是一根长长的阳线，多方控制了主动权，第二天，跳空高开，主动权还是在多方手中，但当天的收盘价却在当日的最低价附近，并且阴线的实体部分深深地插入到了阳线的实体内。插入的程度越深，说明看跌的力度越强。如果全部吃透了前面的阳线，就构成了上一节讲的看跌抱线形态了，看跌抱线形态要比乌云盖顶的看跌力量大。

有些要求严格的技术分析师认为，阴线一定要插入到前面阳线的 50% 才能算是严格意义上的乌云盖顶形态。通过图 2.29，我们来总结一下乌云盖顶的技术特征：

◆必须在一段可见的上涨趋势后形成。

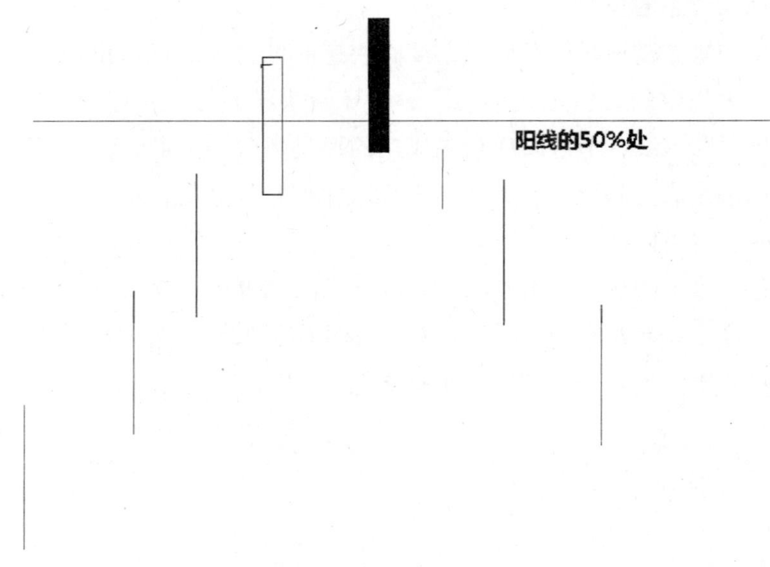

图 2.29 乌云盖顶基本形态

◆必须由两根颜色相反的 K 线组合而成，前方为阳线，后方为阴线。

◆阴线的收盘价，必须在当日收盘价的底部，如果有长下影线，就失去意义了。

◆阴线插入前方阳线越深看跌力量越大。如果不能插入 50% 以下，我们就要再谨慎一些了。

◆如果出现了乌云盖顶形态，却没有向下迅速打压的行情出现，反而往回吃透了阴线，则证明乌云盖顶形态失败。

我们通过实例来仔细研究一下乌云盖顶形态。

情形 1：成功的乌云盖顶形态

图 2.30 为上证综合指数日 K 线走势图。

乌云盖顶形态并没有出现在长期上升趋势的顶端，而是出现在一波段下跌后的回调区间的顶部，这是乌云盖顶形态出现最频繁的位置。仔细看会发现乌云盖顶的阴线插入了前面阳线 50% 以下的位置，说明看跌力度还是很强的。

乌云盖顶出现后，并没有反复验证而是直接向下跳空打压，一路下跌，这是比较简单的形态。这组乌云盖顶形态引发了 256 点、20% 的跌幅。

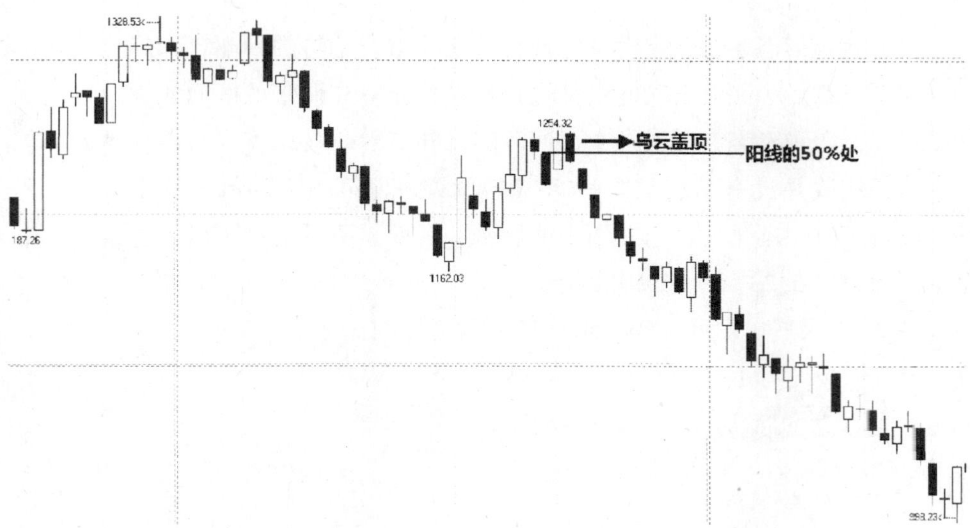

图 2.30　乌云盖顶形态　上证综合指数

图 2.31 为中国医药（600056）日 K 线走势图。

图 2.31　乌云盖顶形态　中国医药（600056）

乌云盖顶形态还是一样没有出现在长期的上升趋势的顶端，在趋势反转的短暂迅速下跌后，又对下跌的走势进行回调修正。在调整的区间顶端，再一次出现了乌云盖顶形态。再说一次，回调的区间高点是乌云盖顶出没最频繁的位置。这根阴线并没有刺穿阳线的 50% 的位置，但第二天的低开低走，收长阴线，弥补了这一不足。我们在图中能看到，后面是更迅速的下跌。这组乌云盖顶形态引发了 5.23 元、23% 的跌幅。

图 2.32 为五矿发展（600058）日 K 线走势图。

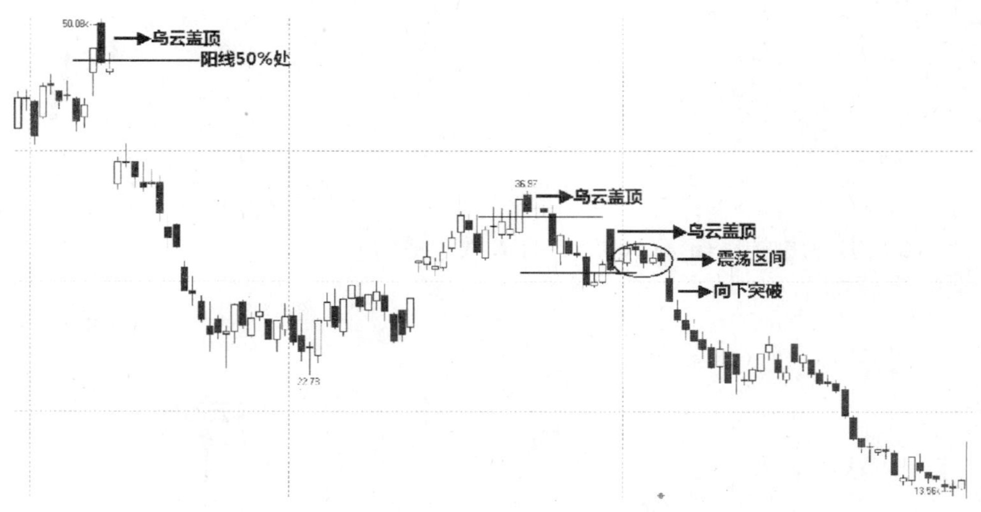

图 2.32　乌云盖顶形态　五矿发展（600058）

图中共出现了三次乌云盖顶形态。第一次出现在长期上涨的趋势的顶端，我们能看到阴线高开的幅度非常之高，预示着打压的力度非常之强，并且穿透了阳线的 50% 的位置。第二天，小幅跳空下跌，然后就是一路角度陡峭的快速下跌。这次的乌云盖顶形态引发了 27.3 元、54% 的跌幅。

第二次乌云盖顶还是出现在它最频繁出现的位置——回调区间的顶端。但这次它没有向下击穿前方阳线的 50% 的位置，力度偏弱，震荡了两天以后，收长阴线向下破位下跌。

一小波段后，又再次出现了乌云盖顶形态，还是一样没有穿透前方阳线的 50% 的位置。在阴线实体内部震荡 6 天后，向下跳空低开低走收长阴线，一路迅速下跌。这组乌云盖顶组合引发了 23.41 元、63.3% 的跌幅。

情形2：失败的乌云盖顶形态

乌云盖顶形态，最重要的就是那根刺入阳线体内的阴线，一旦后市走势将阴线吃掉，整个乌云盖顶形态即宣告为失败形态。我们看几个失败乌云盖顶的例子，图2.33为象屿股份（600057）日K线走势图。

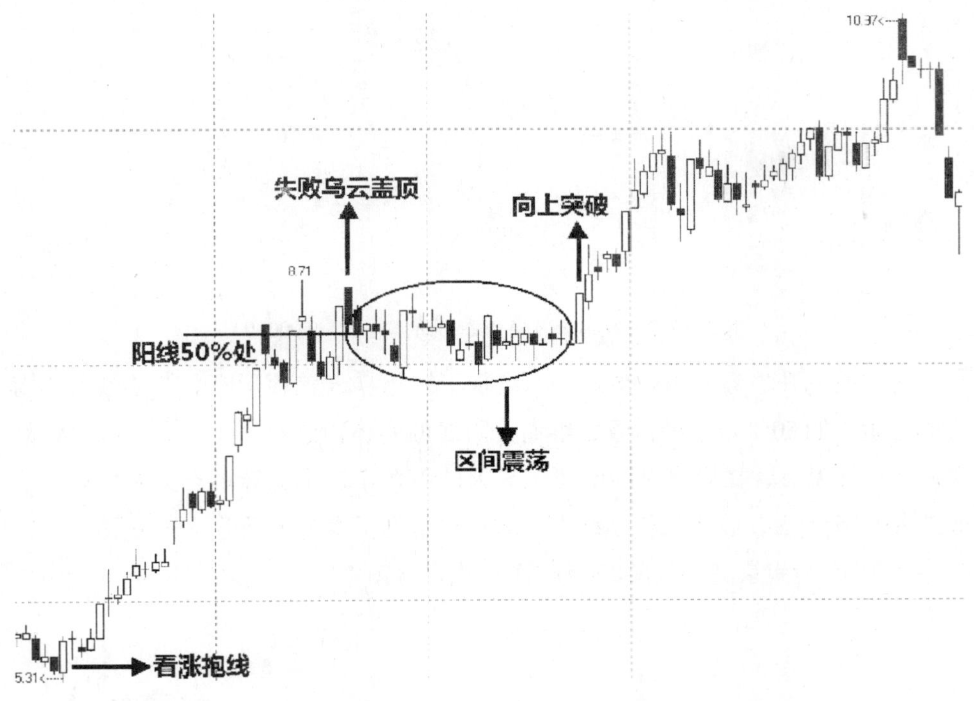

图2.33　失败乌云盖顶形态　象屿股份（600057）

在一个较为长期的上升趋势后，出现了一组乌云盖顶形态。该阴线并未向下击穿阳线的50%以下的位置。后续走势在阴线向下挺出的区间内连续进行了24天的窄幅震荡，我们以前经常说，三日顶百日底，如果它在高位却如此拖泥带水的话，那它一定不是顶部反转形态。24天后，第25天收光头长阳线直接破位上行，宣告了此次乌云盖顶形态的失败。

提示：在前面一些章节也说到了在股票市场中，一般震荡8天以内，再按既定方向突破的话，这种震荡可以忽略；但如果超过了8天，绝大多数情况下，反转形态就会遭到破坏。

图 2.34 为海信电器（600060）日 K 线走势图。

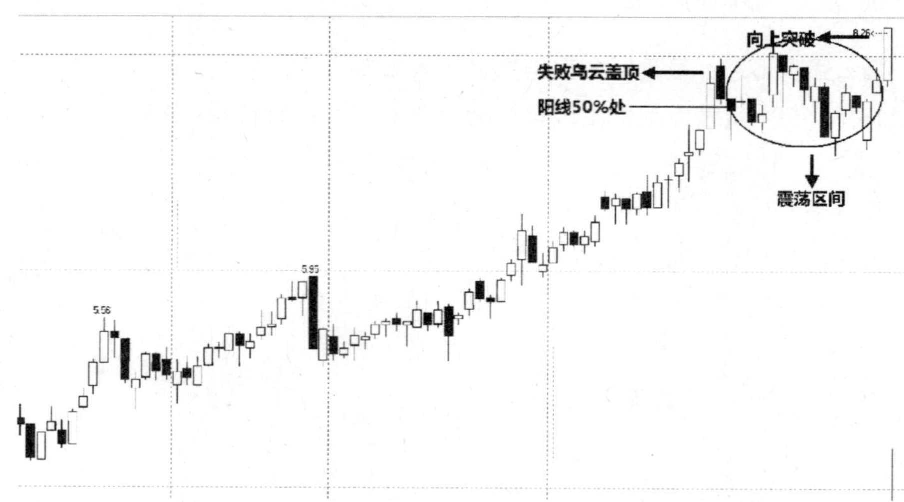

图 2.34　失败乌云盖顶形态　海信电器（600060）

在一波上升趋势中相对高点处，出现了一组乌云盖顶形态。该阴线并未穿透前方阳线的 50% 以下的位置，继而在阴线的实体内进行了 15 天的窄幅震荡。我们在前面说过，在股票市场中超过 8 天的震荡，这个反转形态失败的概率会非常大。15 天后，收光头长阳线上行破位，宣告了本次乌云盖顶的失败。

图 2.35 为南京高科（600064）日 K 线走势图。

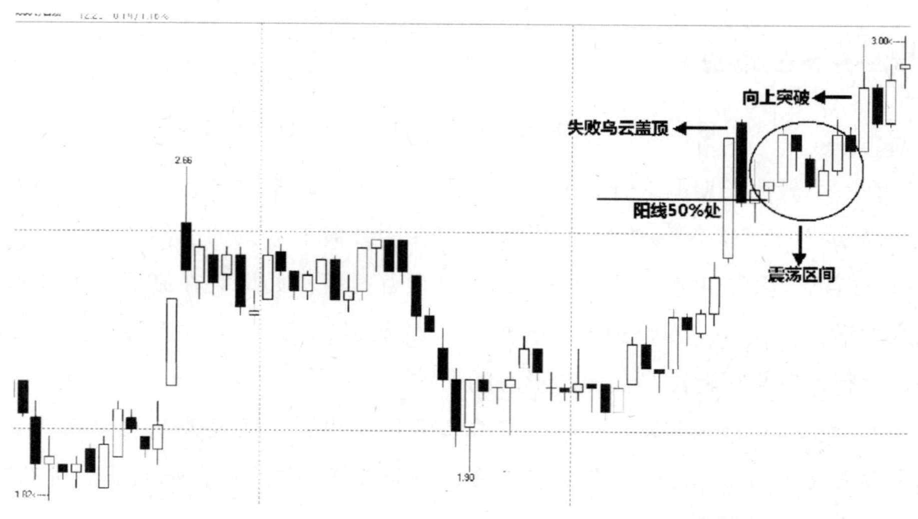

图 2.35　失败乌云盖顶形态　南京高科（600064）

乌云盖顶出现在一波陡峭的上升趋势中，阴线插入了长阳线体内的 50% 以下的位置，看似看跌力量非常大。有意思的是出现了不多不少正好 8 天的震荡，第九天收阳线向上突破，宣告了此次乌云盖顶的失败。

2.6　刺透形态

反转形态都是配对出现的，同样的形态，在顶部反转中有，那么在底部反转形态中也会出现。锤子线与上吊线是一对，看跌抱线形态与看涨抱线形态是一对，与乌云盖顶形态相配的就是本节要介绍的刺透形态了。乌云盖顶为顶部反转形态，刺透形态为底部反转形态。图 2.36 为刺透形态的基本特征。

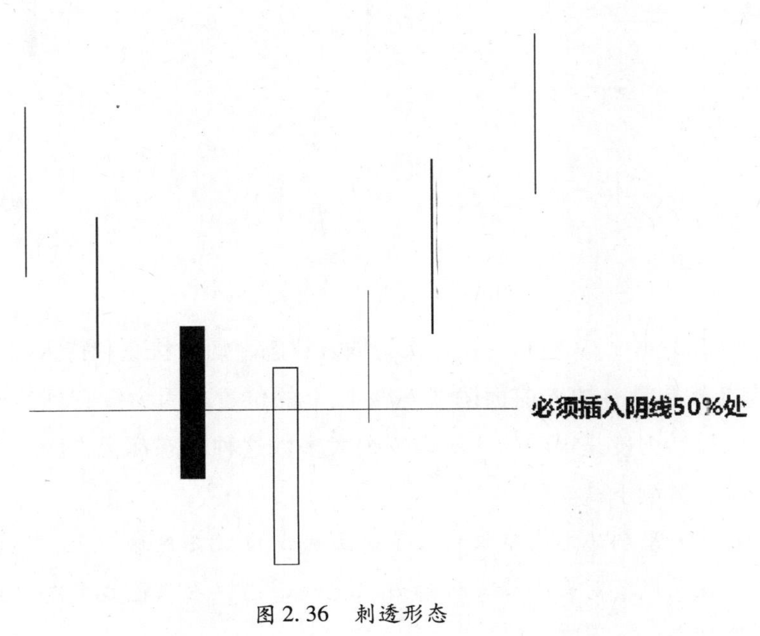

图 2.36　刺透形态

刺透形态与乌云盖顶形态的特征与要求基本类似，只需要把乌云盖顶反转过来就可以了。

◆必须在一段可见的下跌趋势后形成。

◆必须由两根颜色相反的 K 线组合而成，前方为阴线，后方为阳线。

◆阳线的收盘价，必须在当日收盘价的底部，如果有长上影线，就失去意义了。

注意：下面一点极为重要，也是区别于乌云盖顶形态的最重要的一点。

◆刺透形态的阳线必须刺入阴线实体的 50% 以上。如果这一条件不能达成，那么就不是刺透形态。

为了让大家看清没有插入实体的形态与刺透形态的区别，我们来看一下图 2. 37。

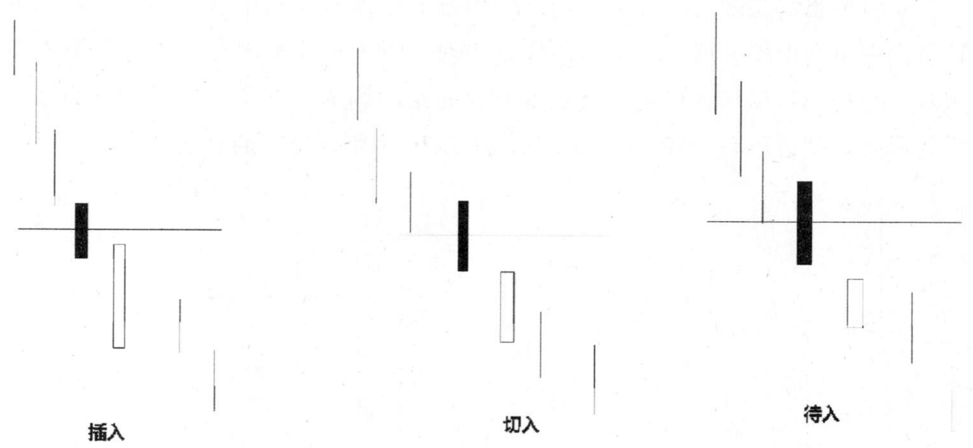

图 2. 37　类似于刺透形态的形态

在图 2. 37 中，从左到右，依次为插入状态、切入状态和待入状态。它们共同的特点就是没有插入前面阴线 50% 以上的位置。因为没有到达中线以上位置，它的反转力度是很弱的，所以，绝大多数这种状态都会作为一个日内反弹简单结束，继续下跌。

提示：如果刺透形态不仅刺入了前面阴线的 50% 区域以上，还包住了前面的阴线，就构成了前面小节里讲的看涨抱线形态，看涨抱线形态的看涨力度要大于刺透形态。

我们来看一些刺透反转形态成功的实例。

情形1：成功的刺透形态

图2.38为宇通客车（600066）日K线走势图。

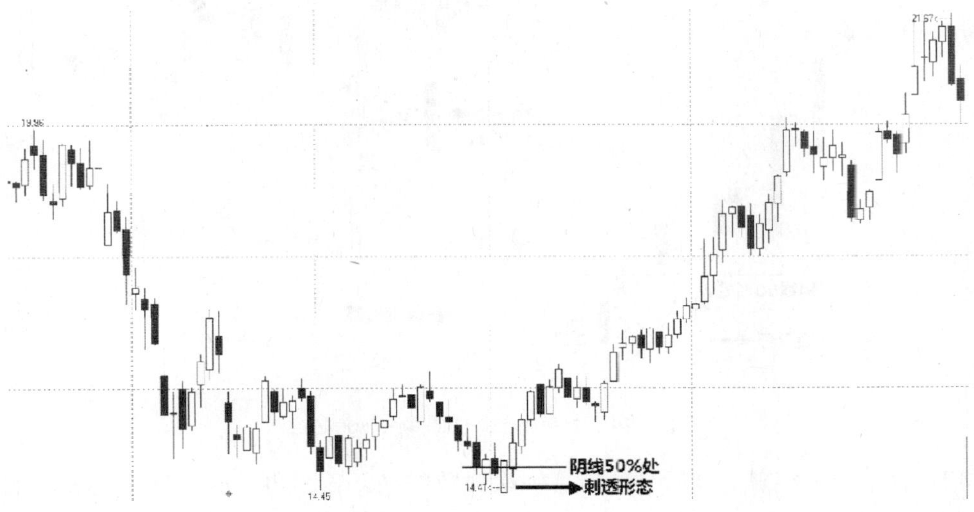

图2.38　刺透形态　宇通客车（600066）

在底部，两次探底形成一个双底的结构，在第二个底部，出现了刺透形态。我们来看一下特征是否符合，它是在一段可见的下跌趋势后出现的形态。形成刺透形态的阳线基本没有上影线，阳线刺入了阴线的50%以上的位置。符合条件，基本没有震荡，直接连收了4根长阳线，向上突破在双底的颈线处。横盘震荡了5天，再次向上突破，说明此次的刺透形态是成功的。此次成功的刺透形态引发了7.26元、50.4%的涨幅。

图2.39为葛洲坝（600068）日K线走势图。

在图中我们可以看到这次的刺透形态的状况有些复杂，不过没关系。如果我们了解了验证的条件和过程，我们就会清晰地看到它是如何演变的。

在连续角度陡峭的下跌后，在一根光头光脚向下跳空阴线后，迎来了一根非常长的阳线，这根阳线几乎吃透了前面的阴线而变成看涨抱线形态。

刺透形态出现后，第二天并未大幅上涨，而是在随后的几天内都对这根快速上扬的长阳线进行了修正。在经历了15天的在阳线实体内的区间震荡后，行

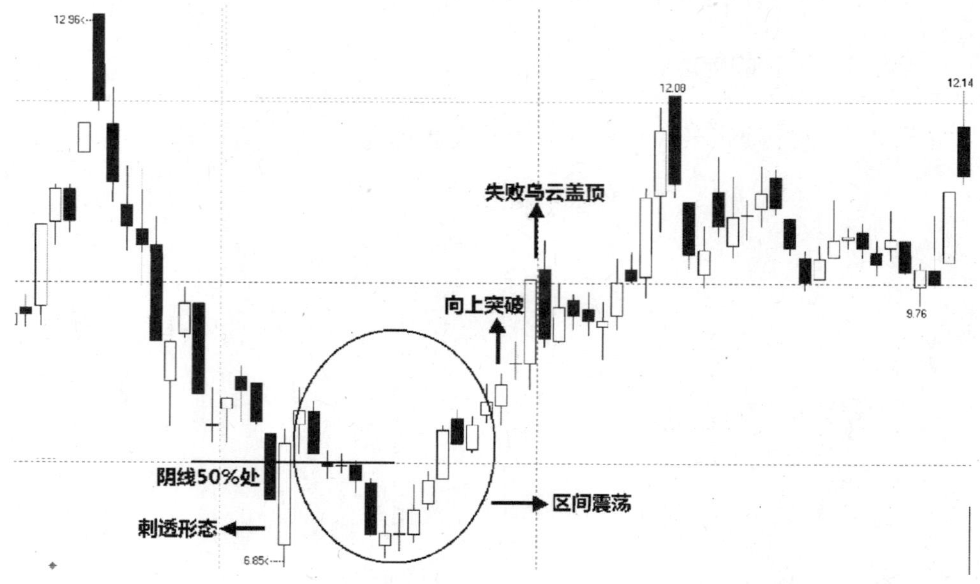

图 2.39　刺透形态　葛洲坝（600068）

情选择了向上突破。其后又经历了一次失败的乌云盖顶再一次上冲，完成了此次的上涨。此次刺透形态引发了 5.23 元、76.35% 的涨幅。

图 2.40 为银鸽投资（600069）日 K 线走势图。

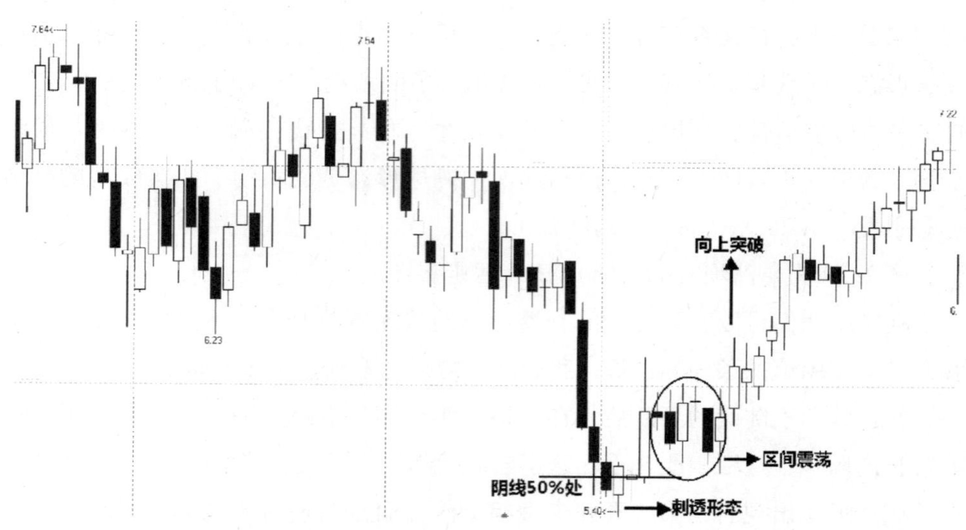

图 2.40　刺透形态　银鸽投资（600069）

看一下是否符合刺透形态的条件：

一、在一段可见的下跌趋势后出现。

二、上影线要短到可忽略的程度。

三、阳线实体向上刺入前一根阴线实体50%以上。

形态形成后，第二天在阳线体内收了一根窄幅震荡的小星后，一根长阳线向上突破。又在这根长阳线的实体内部进行了6天的震荡但都没有超过长阳线的开盘价格，再次向上突破，又在上涨后的一根长阳线体内进行了5天的震荡后再次选择向上突破，完成一波涨势。此次刺透形态引发了1.82元、33.7%的涨幅。

情形2：失败的刺透形态

与乌云盖顶形态一样，乌云盖顶的失败是因为后继走势吃掉了前面的阴线，而刺透形态的失败则是后继走势吃掉了前面的阳线。阳线一旦被吃掉，则要立刻果断地平掉多单，因为从底部抵抗出来的阳线都被吃掉了，那么下面一定是一波凶猛的下跌。不论什么时刻，安全都是第一位的。我们来看图2.41凤凰光学（600071）日K线走势图。

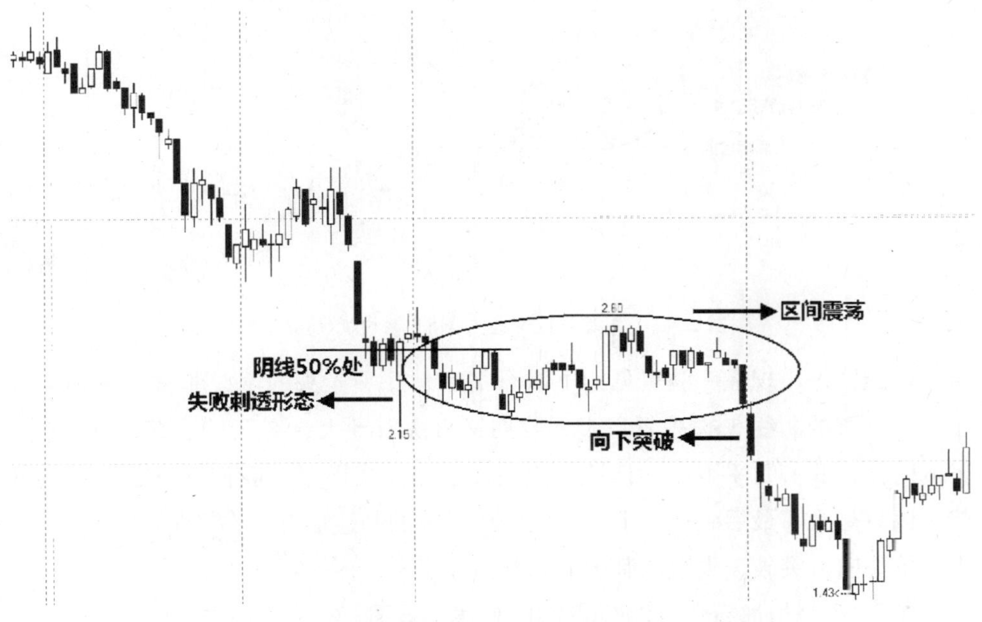

图2.41　失败刺透形态　凤凰光学（600071）

在一波清晰可见的下跌行情后出现了刺透形态，并且这根阳线不仅仅有可以短到忽略不计的上影线，还有长长的下影线，而且刺入了前面阴线的50%以上的位置，一切看起来都那么美好，上涨的力度彰显得很大。

可是出现刺透形态后，并没有直接向上突破，而是开始了窄幅震荡，根据我们前面总结的震荡时机，如果小于8天，那么对形态的影响不是很大。再来看图，时间一过8天，我们心里就没底了。这样的震荡持续了大约30天，一个半月的交易日就被这样磨掉了，然后是一根向下跳空的阴线打破了这样的沉寂，宣告了此次刺透形态的失败。

提示：我们可以在震荡时间超过8天后，考虑多单离场。这样对于止损来说，损失会更小一些，而且还有了更多的时间和机会去挑选那些成功的形态。

再来看图2.42＊ST钢构（600072）的日K线走势图。

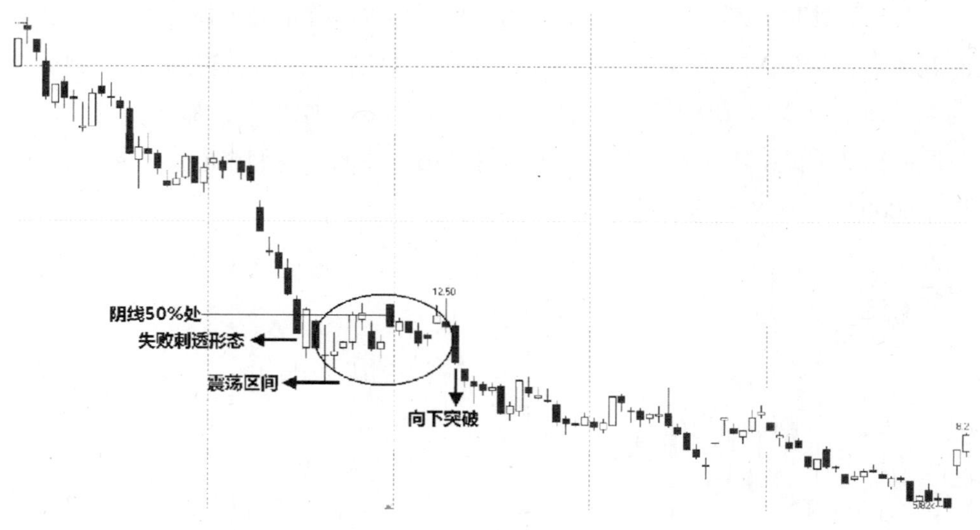

图2.42　失败刺透形态　＊ST钢构（600072）

刺透形态出现在一波可见的下跌行情后，几乎光头的阳线非常果断地刺入了前面光脚的阴线50%位置以上。我们又再次看到大于8天的震荡，在超过8天的时候，我们几乎可以确认此次形态注定是要失败了。我们继续跟踪它的走势，也只是为了最后确认一下，这是一次失败的刺透形态。在第16天的长阴线中，价位向下突破，失败的刺透形态被验证了。

图2.43是恒逸石化（000703）日K线走势图。

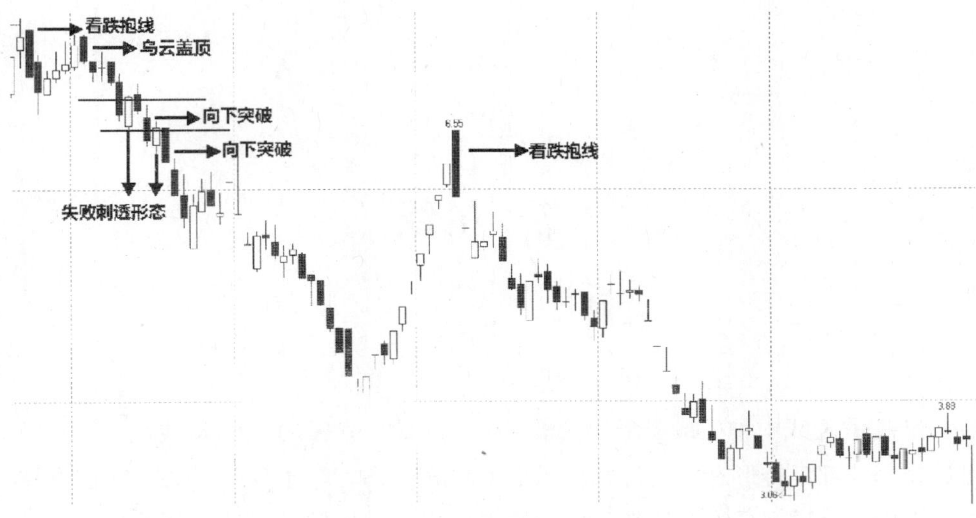

图2.43　失败刺透形态　恒逸石化（000703）

这里连续出现了两次失败的刺透形态。我们从头看起，先是出现了一个看跌抱线形态，快速下跌了两天后是四根阳线对它的修正，但高点都没有吃掉看跌抱线形态的阴线。接着出现了一个乌云盖顶形态，行情继续下行。

多方试图反抗，低开高走收一根阳线，穿越前方阴线的50%的位置以上。可惜的是它并未挽回颓势，第三天便向下突破，宣告了刺透形态的失败。多方再次反攻，再次收一根阳线，穿越前方阴线的50%的位置以上。同样的命运，第二天便被空方向下突破了，再次宣告了刺透形态的失败。

提示：通过如此多的失败的案例，你会发现刚刚走出来的形态并不重要，对于形态的验证才是最重要的。如果我们没验证而是盲目地看到刺透形态就进入了多单，损失是惨重的。等待时机，像狙击枪手一样，伺机而动，一枪毙命，全身而退。

2.7 星线

星线是K线中种类最多，情况最复杂，也最难掌握的一种K线组合。它既可以充当顶部反转形态，也可以充当底部反转形态。除了反转形态，我们在持续形态中还会讲到星线，这就是它的难点所在。是反转形态还是持续形态，就看后面的演化与所出现的位置。我们通过图2.44认识一下星线。

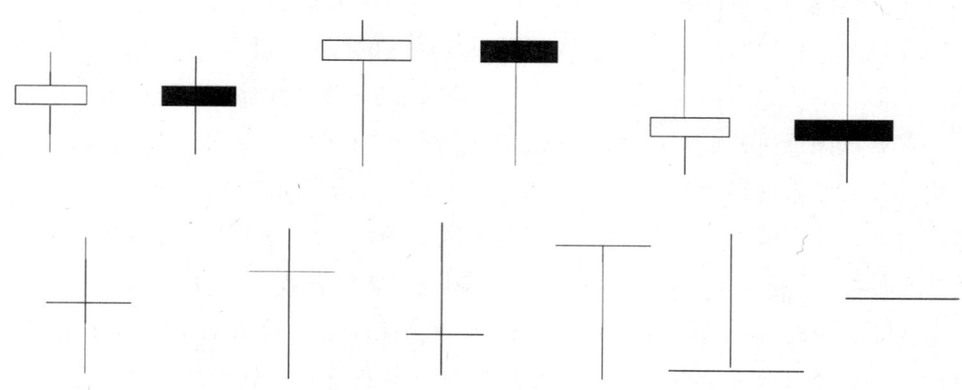

图2.44　星线的种类

星线是指开盘价与收盘价相距非常近，有时甚至开盘价与收盘价相等。实体非常非常小的K线，我们称之为星。星线的实体的颜色无关紧要，阴线实体的星线我们可以叫它为阴星，阳线实体的星线我们可以叫它为阳星，但是阴是阳并不重要。

图2.44的上半部分左侧就是星线的普通形态。中间是我们曾经学过的锤子线与上吊线，其实就是星线的特殊形态，下影线是实体部分的两倍以上。后面是我们将要学习的流星线。

图 2. 44 的下半部分是星线的特殊形态，开盘价与收盘价是相等的。星线的判定是看实体的大小，小的才叫作星线，所以与它的影线的长短没有关系。图 2. 44 的最后一根星线，就是没有上影线与下影线，全天的交易只有一个价，既是开盘价也是收盘价，既是最高价也是最低价。我们把开盘价与收盘价相当接近的星线也叫作“十字星”。

因为开盘价与收盘价十分接近，说明多方与空方的较量已经陷入了僵局，在这一天的交易中，谁也没有打败谁，但如果是在上升趋势中，出现了星线，说明多方的后继力量不足，不再攻占空方一城一地。反之，若是在下跌趋势中，出现了星线，说明空方的后继力量不足，不能再进一步攻打多方。

注意：在这种状况下，我们很容易看出是哪方的力量出现了颓势。知己知彼，百战不殆。我们知道了一方的强势与另一方的弱势，局面就很好判断了，所以，当星线出现的时候，极容易出现反转形态。我们先来学习星线的第一种情况：启明星。

2. 7. 1　启明星

启明星，只看名字就知道早晨离我们不远了。曙光已经初现，这是底部反转的形态。图 2. 45 为启明星的图形。

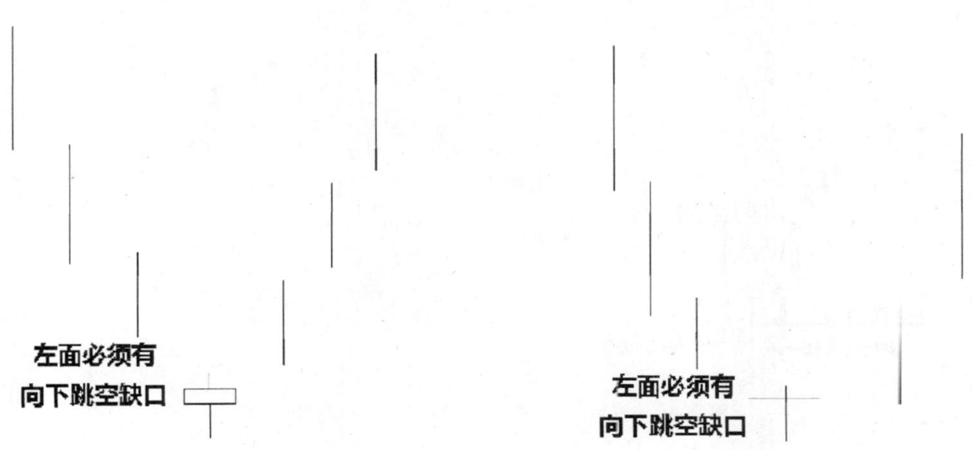

图 2. 45　星线：启明星

通过图 2.45，我们来总结一下启明星的基本特征。

◆必须在一波清晰可见的下跌趋势后出现。

◆星线的左侧必须有向下跳空的缺口，此点至关重要，如果没有缺口，则演变成其他的形态了。

◆星线的实体的颜色并不重要，也就是说是阴星还是阳星无所谓。

◆理想的形态效果是，启明星右面的 K 线也与星线有跳空缺口，不过即使没有也无所谓。只是有了向上的跳空缺口，则形态更加完美。

我们通过一些图例来说明启明星的使用方法。

情形 1：成功的启明星形态

图 2.46 为东风科技（600081）2010 年 6 ~9 月的日 K 线走势图。

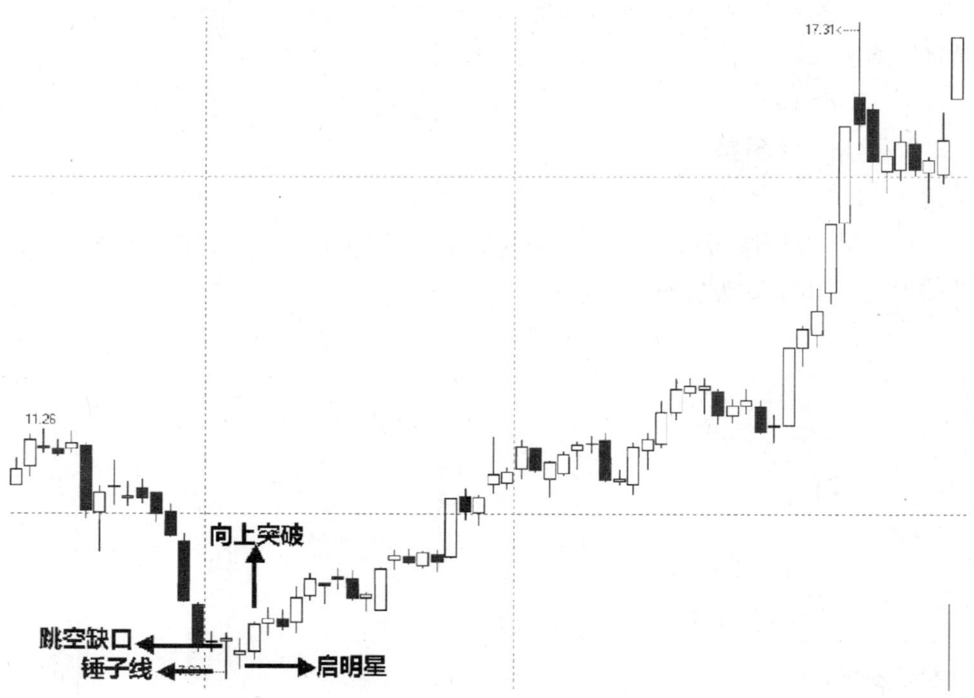

图 2.46 星线：启明星 东风科技（600081）

在一段清晰的下跌趋势后，先出现了一根锤子线，第二天没有结束下跌的趋势向上走，而是向下跳空出现了一根星线，我们可以清楚地看到星线左面的跳空缺口，再加上一根星线，启明星的形态已经初步形成，第二天则向上高开高走收阳线，我们基本可以确认，启明星形态成立了。再加上启明星前面还有一根成功的锤子线，两种信号都反映下跌趋势结束了，继而是底部反转后的上涨趋势。经过计算，此处的启明星引发了9.62元、125%的涨幅。

图2.47为博信股份（600083）日K线走势图。

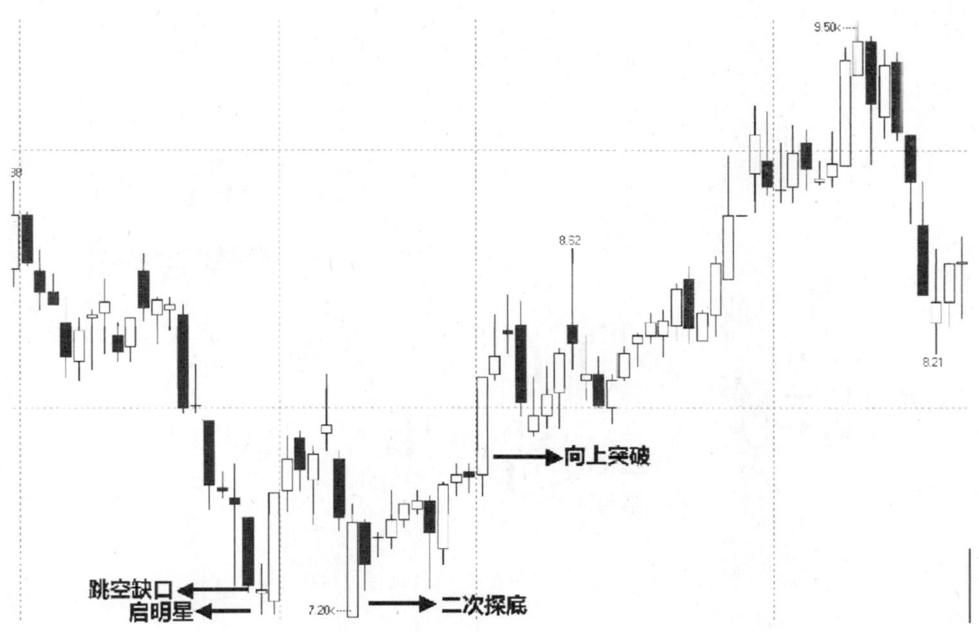

图2.47　星线：启明星　博信股份（600083）

这次出现的启明星形态多少有些复杂。我们先看在一段下跌趋势后，出现了一颗十字启明星，判定是否为反转星线的特点，一定要记住星线前面要有跳空缺口，在图中可以见到一个向下的跳空缺口，而后第二天光头长阳线上涨。说明启明星形态是成功的，但好景不长，上涨5天后，随即对这次上涨进行了下跌修正。但这二次探底是以低开高走的长阳线为支撑的。纵观第一次上涨与对其的修正走势，都没有破坏掉启明星的收盘价，也就是说都没有破坏启明星所构筑的底部反转形态。二次探底后，呈现震荡上行的走势，在其后的一根光头长阳线处，上破了第一次上涨的区间，更加确认了启明星形态的正确性。其后虽然有震荡，但都在那根阳线所挺出的区间内震荡，并没有破坏上扬的走势。

此次启明星引发了 2.3 元、31.94% 的涨幅。

图 2.48 为中葡股份（600084）日 K 线走势图。图中一共出现了三次启明星形态。

图 2.48　星线：启明星　中葡股份（600084）

第一次出现在下跌行情的反弹走势之前，在一波可见的下跌行情后，连续出现了三根星线，看似与我们所学不同，其实，这里出现几根星线都无所谓。只要都是星线，在第一根星线的左侧，可以明显地看到与前面光脚阴线之间的向下跳空缺口。三根星线后，第四天收长阳上涨。连续几天后被一根看跌抱线形态结束了此次的反弹走势。这组启明星形态引发了 1.16 元、17% 的反弹。

第二次出现在本次下跌的最底部。一根有着长长上影线的星线，出现在快速下跌的尾声。可以清楚地看到与前面阴线的跳空缺口。第二天，收了一根长下影线的阳线，并且开盘价与收盘价都高于启明星线。左右两侧都有跳空缺口，此形态近乎完美，后面则是有一次小调整的连续上升趋势。这组完美的启明星形态引发了 2.78 元、44.91% 的涨幅。

第三次出现启明星形态是在上波上涨趋势后的调整平台的底点。虽然不是在下跌趋势中，但从小范围看，也是在对于上涨行情的修正下跌走势中。还是可以看到阴线与启明星左侧有跳空缺口，启明星的第二天又收长阳线，基本确定了此次启明星形态的成功。而后是连续收低五天，这五天是对前面小波段上涨的修正，最低的收盘价也没有破坏启明星的收盘价，也就没有破坏掉启明星的形态。二次探底后，又收长阳，因为最后这根长阳线就是我在写下这段文字时 ST 中葡当天的日 K 线，就当前而论，此次的启明星形态已经引发了 0.6 元、7.5% 的涨幅。有兴趣的朋友们，可以继续关注 ST 中葡的后续走势。

情形 2：失败的启明星形态

成功的启明星形态，是在启明星形态出现后，后续的走势并没有低于启明星的实体，如果后续走势击穿了启明星的实体部分，那这根星线就被吃掉了，也就不会再为底部反转做贡献了，也就是失败的启明星形态。图 2.49 是东方金钰（600086）的日 K 线走势图。

图 2.49　星线：失败的启明星　东方金钰（600086）

在两天快速的下跌后出现了一波横盘整理，而后又是快速下跌，在长阴线的身后跟着一根小小的星线，而且星线的前面我们发现还有跳空缺口，一切都尽如人意，如果第二天再高开高走，那就能阻止住这波跌势。

提示：如果想要进多单，希望大家一定要等待验证。一切都很简单，没有震荡，没有盘整，只有另一根快速的长阴线打压，启明星失败了。由此看出，验证是多么重要。

图 2.50 为长航油运（600087）的日 K 线走势图。

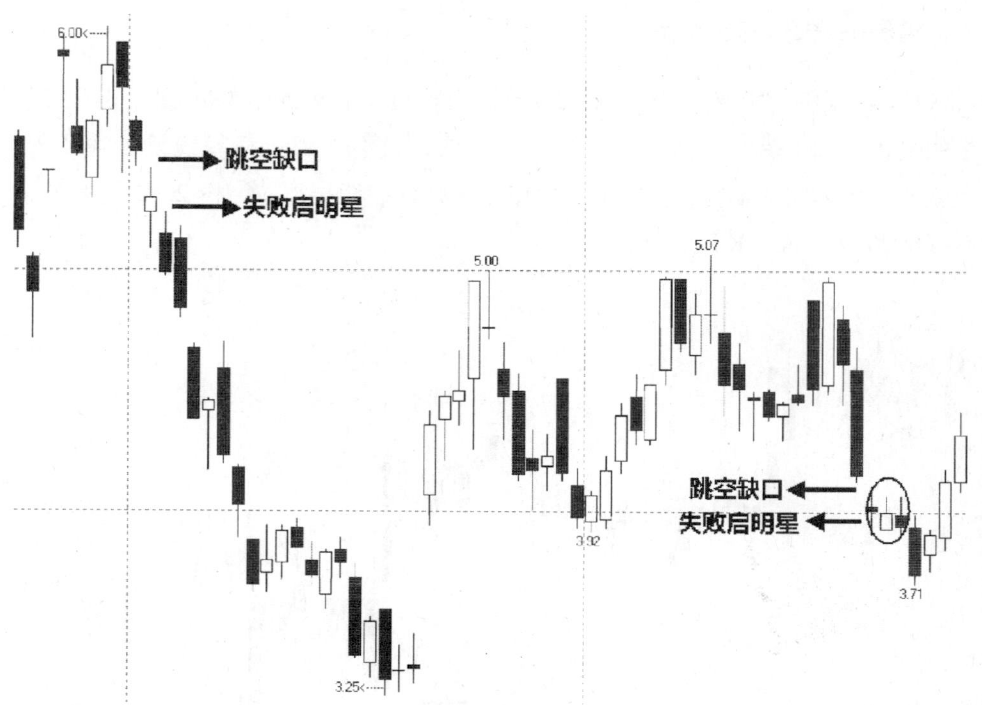

图 2.50　星线：失败的启明星　长航油运（600087）

图 2.50 出现了两次失败的启明星形态。第一次是在跌势刚刚开始的时候。连续两天的向下跳空的快速打压，伴随着一根星线的出现，我们看到了左侧的跳空缺口，又看到了星线，希望黎明离我们不远了，然后第二天的低开低走阴线把一切都打破了。趋势没有变，还是急速向下，这又是一组失败的启明星形态。

第二个失败的启明星出现在前面快速下跌后的一段复杂调整中，在调整走势中的最后一波下跌中，出现了三根星 K 线。还是又有星线，又有左侧的跳空缺口。只等第二天的验证，结果，出现了向下跳空的阴线，再次证明这组启明星形态是失败的。虽然失败的启明星形态后面只跌了一天，随即出现了上涨的态势。但我们通过验证了启明星的失败，至少规避了一天的风险。

注意：可能在 10 次中你会对 9 次，但只要一次失败，没有配合止损的话，就会把我们打回原形。

图 2. 51 为特变电工（600089）日 K 线走势图。

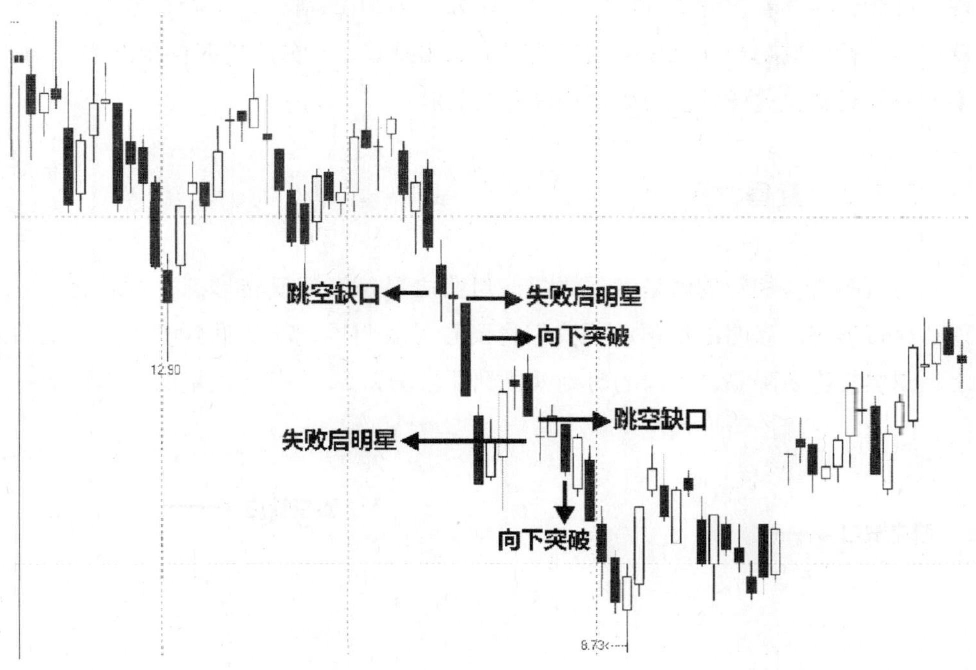

图 2. 51　星线：失败的启明星　特变电工（600089）

同样，图 2. 51 也出现了两组失败的启明星形态。第一组失败的启明星形态出现在跌势刚刚开始的时候。连续两天的向下跳空，接着出现了一根十字星，左侧有跳空缺口。第二天却是光头光脚的大阴线，证明前面的只是一根普通的星线罢了，并不是我们要的启明星。而后又是一根光脚大阴线，没有经过验证的话，会连吃两个跌停板。

第二组失败的启明星形态出现在快速下跌后的反弹之后，前面是一个看跌抱线形态，本身就说明了这次看跌的力量有多大。再加上一根星线，左侧有跳空缺口，我们只等验证这个看跌抱线形态是否成功。星线出现的第二天，确实是有小幅上扬，似乎验证了启明星的成功，但是不要忘了，前面是一组看跌抱线形态。虽然小幅上涨，但没有破坏看跌抱线的形态。所以，想进多单的朋友还是再等一等，果然星线的第二天，便是向下的阴线。再次证明了看跌抱线的成功与启明星的失败，行情再度向下。

以上便是启明星形态的全部，要注意以下几点。启明星出现的时候，可能不是一根星线，可能会是两根三根星线同时在同一部位出现。K 线图形态的出现，可能会伴随着多种组合同时出现。比如图 2.51 的情况，是看跌抱线形态出现在前，看似成功却终归失败的启明星形态出现在后，分析的时候要通盘考虑，不要只看局部，这样才能更大地提高我们的胜率。

2.7.2 黄昏之星

与启明之星相对的就是黄昏之星。启明之星是底部反转形态，黄昏之星是顶部反转形态。启明之星预示着我们将要看见太阳了，就要见到曙光了。黄昏之星则黑夜将要降临，黑暗的时刻就要到了。图 2.52 为黄昏之星的基本特征。

图 2.52 星线：黄昏之星

注意：不论是启明之星还是黄昏之星，左侧都要有跳空缺口，这一特点一定要牢记。如果没有跳空缺口，那只能把星线本身叫作星线，而不能把整体叫作启明之星或是黄昏之星形态。

将启明之星倒置过来便是黄昏之星。我们看图2.52来总结一下黄昏之星的特点。

◆必须在一波清晰可见的上涨趋势后出现。

◆星线的左侧必须有向上跳空的缺口，此点至关重要，如果没有缺口，则演变成其他的形态了。

◆星线的实体的颜色并不重要，也就是说是阴星还是阳星无所谓。

◆理想的形态效果是，黄昏之星右侧的K线也与星线有跳空缺口。有了向下的跳空缺口，则形态更加完美。

我们通过一些图例来说明黄昏之星的运用方法。

情形1：成功的黄昏之星形态

图2.53为啤酒花（600090）的日K线走势图。

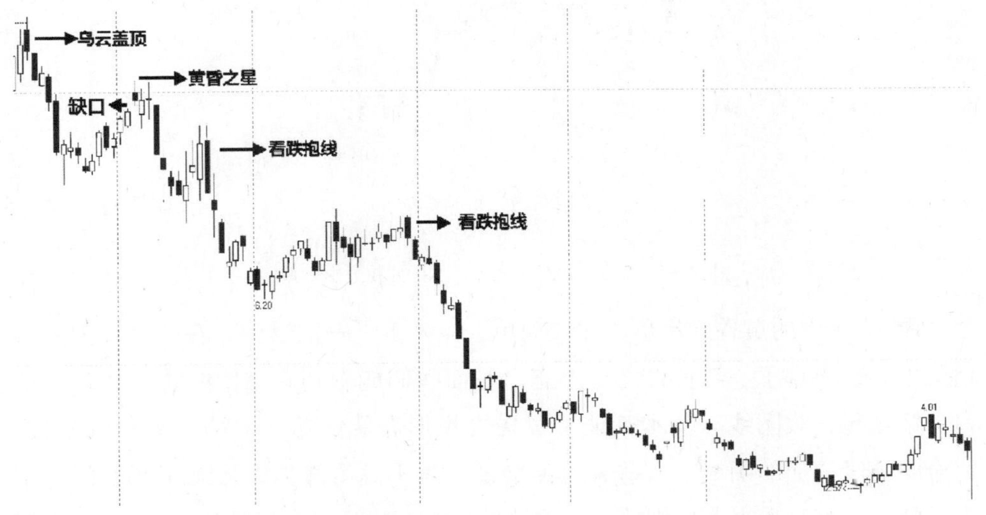

图2.53　星线：黄昏之星　啤酒花（600090）

在一波上涨趋势的尾声下跌趋势的开始，是以乌云盖顶为起点。经历了6天的快速下跌后，开始反弹，在反弹高点处，黄昏之星出现了。左面还有明显的跳空缺口，黄昏之星的第二天，虽然收阳线，但收出的阳线也并未向上破坏黄昏之星的收盘价，没有破坏黄昏之星的形态。第三天收光头光脚的阴线，快速下跌。证明了黄昏之星的成功。再次快速下跌后，继之以三天的反弹，反弹以看跌抱线形态再次结束。还是一样的快速下跌，一样的反弹，反弹的高点再次出现看跌抱线形态。

提示：纵观整个下跌行情中，在下跌开始，或是反弹的高点，都伴有看跌形态的出现。以乌云盖顶、黄昏之星、两组看跌抱线形态为看跌信号，引发了8.82元、77.43%的跌幅。

图2.54为ST明科（600091）日K线走势图。

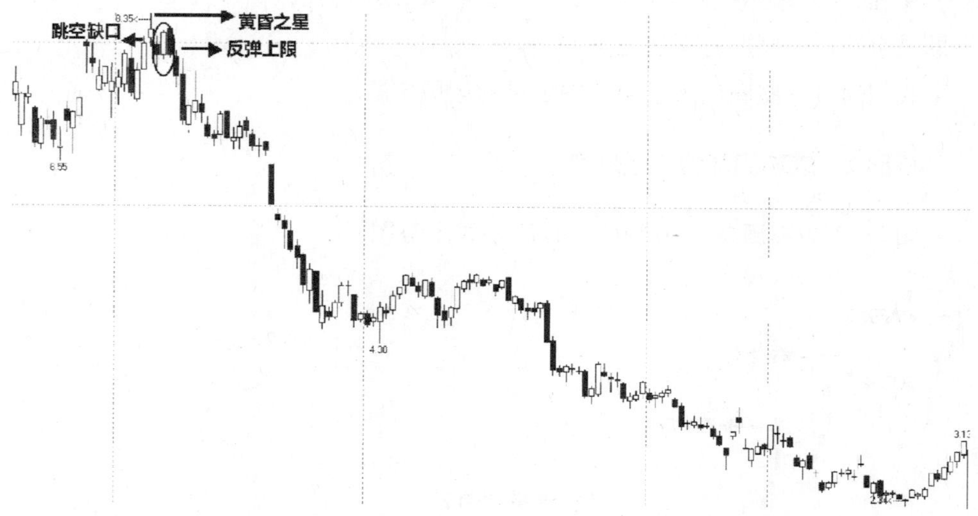

图2.54　星线：黄昏之星　ST明科（600091）

图2.54中的黄昏之星形态比较简单，只是多了一次反弹，在一小波上升行情的末端，出现了一组黄昏之星形态，左面我们能看到它与阳线之间的跳空缺口。第二天，收阴线，基本验证了黄昏之星形态的成功。但第三天却收阳线，完全吃掉了前面的阴线，有些人可能会说，这不是看涨抱线形态了吗？问这个问题的人，都是看书不仔细的人。看涨抱线形态第一个条件是什么？“在一波清晰可见的下跌行情后出现”。在这里是在一波可见的下跌行情中吗？所以，那根阳线虽然包住了前面的阴线，但它什么形态也不是，我们再观察，虽然收了阳线，但阳线的收盘价并没有穿越黄昏之星的收盘价，也就是说没有破坏黄昏之星的形态。所以至少现在来看，黄昏之星还是成立的，第四天，收阴线，又几

乎全部吃掉了前面的阳线，第五天向下突破，完全证明了黄昏之星的正确。再回过头来看，那只不过是一次短暂的反弹罢了。此次黄昏之星形态引发了 6.01 元、71.97% 的跌幅。

图 2.55 为禾嘉股份（600093）的日 K 线走势图。

图 2.55　星线：黄昏之星　禾嘉股份（600093）

图 2.55 中与我们前面讲到的启明之星有一个图例极为类似，那是三根星 K 线组成的启明之星。而这次同样是三根星 K 线组成的黄昏之星。所以说，星线形态的反转有时并不仅仅是一根 K 线，或是两根，或是三根，更有甚者，可能是一个区域。

在上涨的尾端出现了一根星线，左面还有跳空缺口。我们可以关注一下了，用下一天的走势来判断这是不是黄昏之星。第二天还是一根星线，虽然没下跌，但也没有破坏前面的形态。第三天还是一根星 K 线，同样，没有验证也没有破坏。第四天，一根阴线，向下突破，才算完成了这组黄昏之星形态。此次的黄昏之星引发了 6.34 元、60.61% 的跌幅。

情形 2：失败的黄昏之星形态

图 2.56 为哈高科（600095）的日 K 线走势图。

我们来看图 2.56 黄昏之星出现在底部刚刚起动的位置，经历了前面的大

图 2.56　星线：失败的黄昏之星　哈高科（600095）

跌。我们或许会认为，这只是另一次下跌的回调而已，在这个位置出现黄昏之星还是预示着要下跌了。这组黄昏之星是以三根星 K 线组合而成，左侧还有跳空缺口，一切都很符合黄昏之星的特征，星线后面不是我们所想的阴线收跌，而是一根低开高走的阳线，但其收盘价尚未穿透黄昏之星，所以，暂时还不能说这是一组失败的黄昏之星。直到第三天的一根跳空高开的一根阳线打破了黄昏之星的形态，宣告了此次黄昏之星形态的失败。

第二次黄昏之星出现在一段上涨行情中间，这个价位与前面 4.64 元位置的前高很接近，受到了很强烈的水平压力。出现黄昏之星，似乎预示着要下跌。可两组形态出现之后，都没有快速下跌，而是在星线下方的很近的位置做平台的窄幅震荡。我们说过，如果震荡的天数超过 8 天，那极有可能预示着前面的形态是失败的形态。这次也不例外，在第 14 天的时候，一根跳空阳线向上穿透了此处的平台，两组黄昏之星宣告失败。

图 2.57 为开创国际（600097）日 K 线走势图。

图 2.57 一共出现了三次失败的黄昏之星。

第一次是在上涨初期，由四根实体很短的 K 线组成。左侧有跳空缺口，四根星 K 线组成了一个震荡平台，第五天，一根阳线向上击穿了平台的高点，宣告此次黄昏之星形态失败。

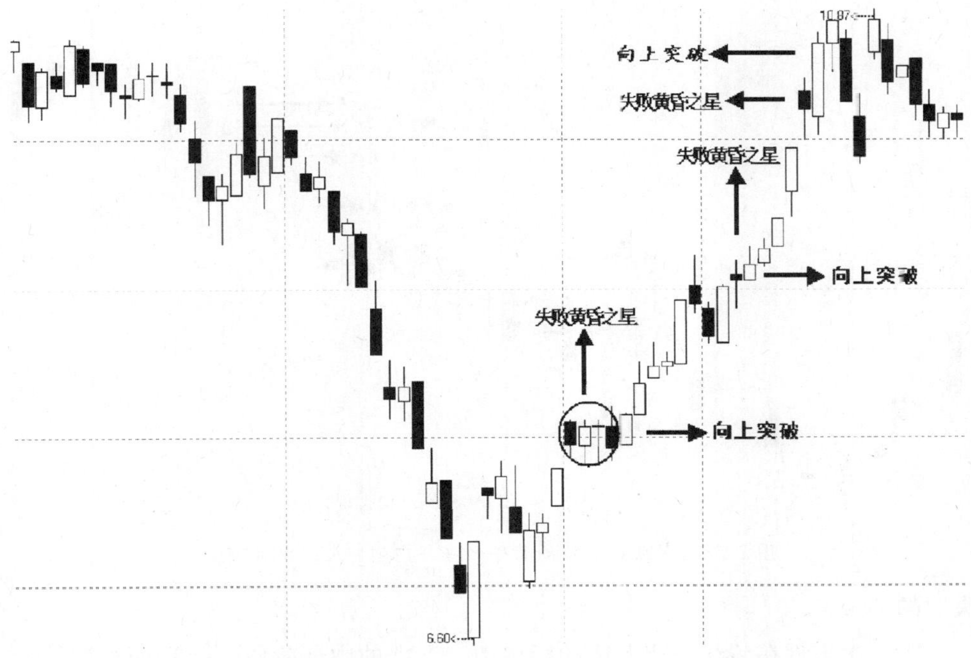

图2.57　星线：失败的黄昏之星　开创国际（600097）

第二次出现在后继的上涨走势中，它又像是黄昏之星，又像是一根上吊线，当然上吊线只是黄昏之星的一种特殊变体，在它的左侧我们看到了跳空缺口，可是很快，第二天，并没有向下走低，而是直接向上突破了黄昏之星的实体，此次黄昏之星被判为失败。

第三次是出现在此次上涨的最后阶段，它的前方是一根光头的阳线，左侧还有跳空缺口，说明涨势极强，但形态却走成了黄昏之星。只等第二天的验证，第二天又是一根长阳线，没有浪费任何时间就宣判了此次又是一组失败的黄昏之星形态。

图2.58为广州发展（600098）日K线走势图。

图2.58中的第一组失败的黄昏之星形态出现在上涨的开端，从后市走势中可以看出，它还是平台调整的开始。由三根星K线组成，左侧有跳空缺口，三根星线依次排列，一根收盘价比一根低。星K线过后，一根阳线突破了三根星K线的平台，而后又在这根阳线的实体内震荡了五天，然后一根长阳线向上突破。在三根星K线后面的那一根阳线，我们就可以验证此次的黄昏之星形态是

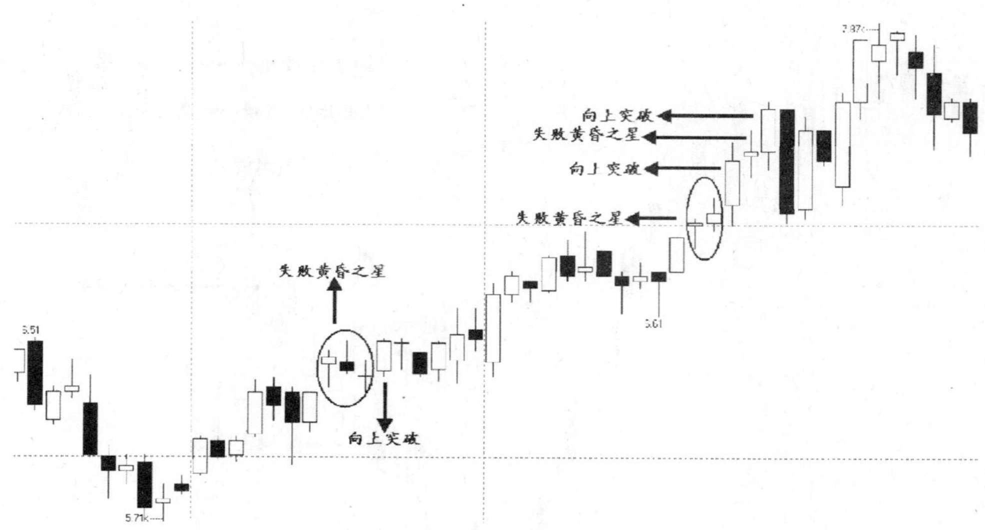

图 2. 58　星线：失败的黄昏之星　广州发展（600098）

失败的了。

第二次出现在后继快速上涨的行情中，上涨的中期阶段与上涨的初期阶段不同，初期会反复震荡打下坚实的基础，而上涨的中期则是快速市的天下，如果出现了一种形态，不用多想，第二天肯定会给你验证。出现了两根连续向上跳空的星线。第一根或许是？不是，第二根又向上跳空高开，破坏了形态。第二根或许是？不是，因为第二根星线的第二天就是长阳线直接突破了，宣告黄昏之星形态失败。

第三次出现还是在快速市中，长阳后，又是一根向上跳空的星 K 线，因为是在快速市中，第二天直接给出了宣布它是失败的黄昏之星的验证。

以上就是失败黄昏之星的案例。如果没有经过验证，我们看到了星线，看到了跳空缺口，就盲目地将手中的头寸抛掉，那将是多大的损失。

提示：还是再重申那句话，验证、验证、验证，把这个词烙在你的脑海中，贯穿到你的行动上，放大到你的生活上。

2. 7. 3　流星

有些书把流星翻译成“射击之星”。它们是“直译的专家”！英文原文为

shooting star，那些“直译的专家”看到了 shoot 就是射击，其实放在一起应该是“流星”！

流星，我们都看到过，大头拖着一条长长的尾巴，直冲进地球的大气层中，很容易我们就会联想到，流星线是一种头部反转形态，拖着长长的尾巴大头朝下地飞。图 2. 59 为流星线的基本特征示意图。

图 2. 59　流星线

从上图中有两个点是值得我们注意的。

◆第一，流星线是上吊线的倒置。

◆第二，流星线是黄昏之星的变体。只是上影线要比黄昏之星更长。

当然，因为流星线是上吊线与黄昏之星的改良版本，那么其特点也是兼具二者之长，但是其顶部反转的力度要小于上吊线与黄昏之星。

情形 1：成功的流星线形态

图 2. 60 为林海股份（600099）日 K 线走势图。

图 2. 60 中出现一次流星线与一次失败流星线，流星线出现在一波上涨行情的尾端，拖着一条长长上影线尾巴的星 K 线，并且左面有跳空缺口，第二天一根阴线直接击下来，这是一根典型的流星线，在阴线后面是一串实体非常小的 K 线，在前面阴线的实体内震荡，未破坏阴线的实体，未破坏流星线的形态，震荡结束后，继续下行。前面说过流星线的看跌力度比其他星线都小，所以在

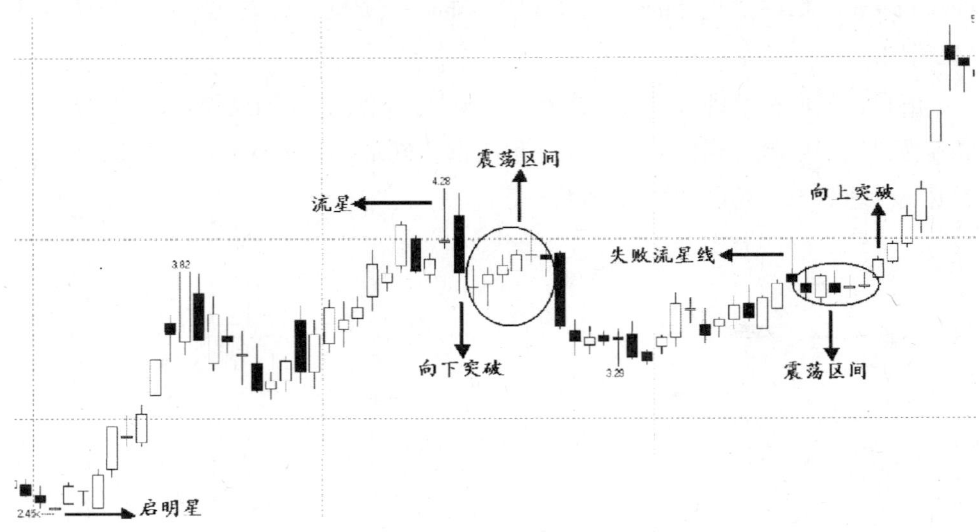

图 2.60　流星线　林海股份（600099）

后面的图例中我们也会发现同样的情况。流星线所引发的下跌行情一般都很小，而且失败的情况也非常多，此次的流星线形态引发了 0.99 元、30% 的跌幅。

第二次的流星线出现在一段角度很平稳的上涨趋势的中段。左面有跳空窗口，带着长长的上影线，第二天小幅收低，一切都很完美，横盘震荡开始了。

提示：我们再强调一次，在顶部反转中，如果形成形态以后，没有在最短的时间内形成一波快速有效的下跌，那么我们就要小心了。在这里，横盘震荡了 5 天后，一根阳线选择了向上突破，宣告了这次流星线的失败。

图 2.61 为明星电力（600101）的日 K 线走势图。

图 2.61 中我们再次发现了流星线很少出现在主要趋势的顶部反转形态中，而是常常出现在次要趋势的回调开始的顶部。所以说流星没有其他反转形态的看跌力量大。

在图中第一次出现在一根阳线后上方，伴有跳空缺口，可是第二天就破坏了流星线的形态。但没关系，接下来的走势又渐渐恢复了流星线的形态，完成了一小波段的跌势。计算一下，此次下跌为 0.87 元、13.96%。第二次同样出现在整体上涨的趋势之中，还是在一个小波段回调开始的顶端。长长的上影线，伴随着左侧跳空缺口。下跌了五天，形成了一次短暂的流星线形态。此次下跌为 0.98 元、14.22%。

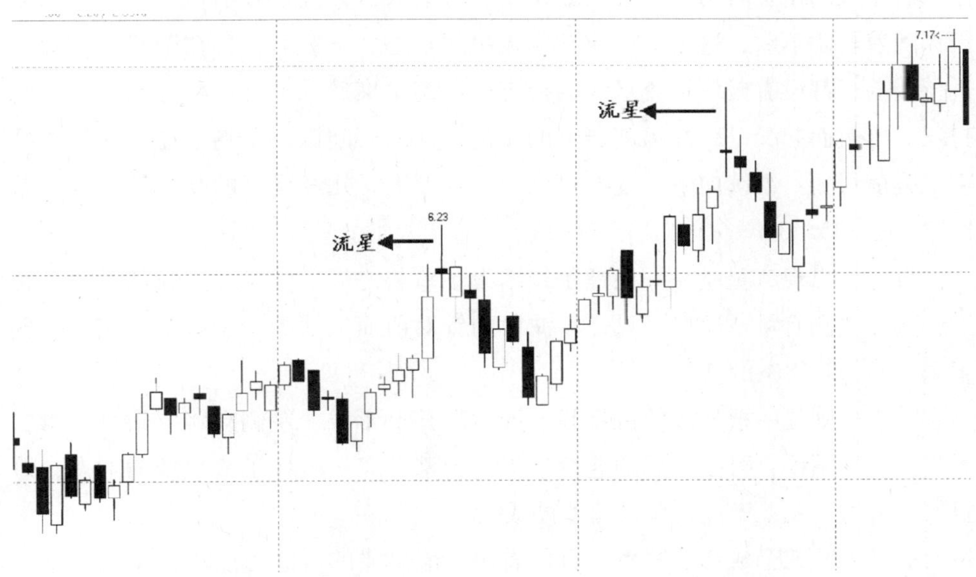

图 2.61 流星线 明星电力（600101）

图 2.62 为同方股份（600100）日 K 线走势图。

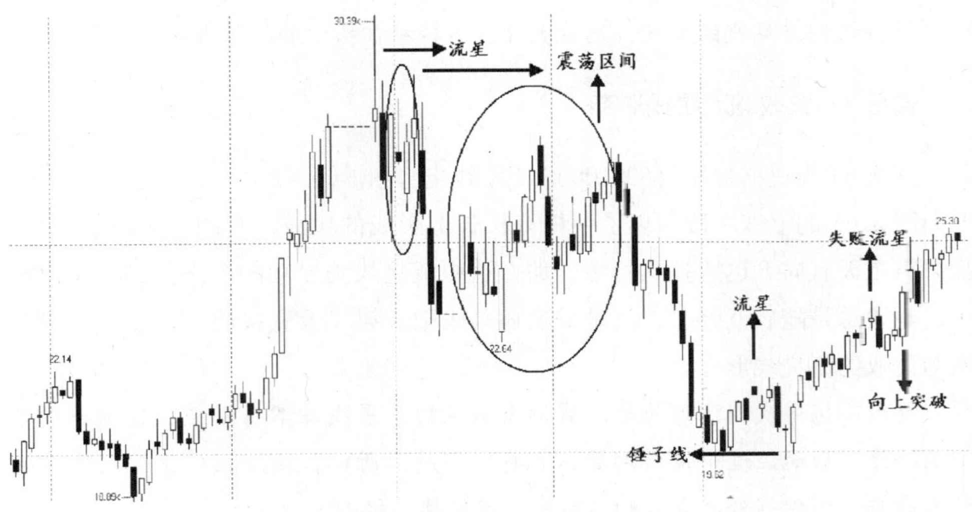

图 2.62 流星线 同方股份（600100）

图 2.62 中出现的流星线还算引发了一波不小的下跌走势。在一波涨势之后，同方股份连续停盘一周，一开盘就直接上冲，到收盘时却回落。很明显是

停盘后庄家的出货行情。一根上影线极长的星 K 线。左侧还有跳空缺口。第二天伴随着长阴下跌，这是一组成功的流星线形态。下跌后，又在阴线的实体内进行震荡，都没有破坏掉流星线的形态。震荡结束后，又是一根长阴线快速的打压。再次而起又是一段幅度更宽的震荡区间。中间以一个乌云盖顶的形态结束了震荡行情。继续向下。这次时间长，幅度大，几经反复的跌势计算为下跌 10.77 元、35.43%。

再一次出现流星是在一根锤子线结束了跌势之后，引发了五天的下跌。长上影线，左侧有跳空缺口。只是一波段的针对前面上涨的一个短暂修正，引发了 2.1 元、9.58% 的跌幅。

第三次则是一根失败的流星线。虽然有长上影线，左侧有跳空缺口，第二天收出一根阴线，可是之后的连续三天的上涨，完全破坏了流星线的形态，短暂的一天的下跌，不能证明流星线的成功。

通过上面三个成功的案例，可以看出，流星线的看跌力度小，小到常常只会出现在上涨趋势中的向下回调的顶端，大多数情况下，引发的跌势也不过十几个交易日，当然也有例外的情况。

注意：如果你是一个小波段交易者，那么可以在流星线出现后，先回避风险离场，根据流星线的特点，继续关注，等待补回头寸的摊低成本的机会。

情形 2：失败的流星线形态

图 2.63 为亚盛集团（600108）日 K 线走势图。

图 2.63 的上涨中段出现了一根有长长上影线的星线，左侧伴有跳空缺口，如果第二天有向下迅速打压行情，那么这根流星线为成功的形态。但在快速市中，验证总是随后就到，不论是成功还是失败。第二天直接收阳向上，宣告此次为失败的流星线形态。

提示：值得我们注意的是，第二次出现的流星线却不负众望，连续出现了四次跌停。后面经过小幅回调后，又再次下跌。所以，虽然我们说流星线看跌的力度较小，但例外也会随时发生的，不能掉以轻心。

图 2.64 为永鼎股份（600105）日 K 线走势图。

图 2.64 由一根锤子线开始了漫漫长途的上涨行情。在上涨中段，出现了一个小小的平台，向上跳空出现了一根有长上影线的星 K 线。第二天虽然没有向

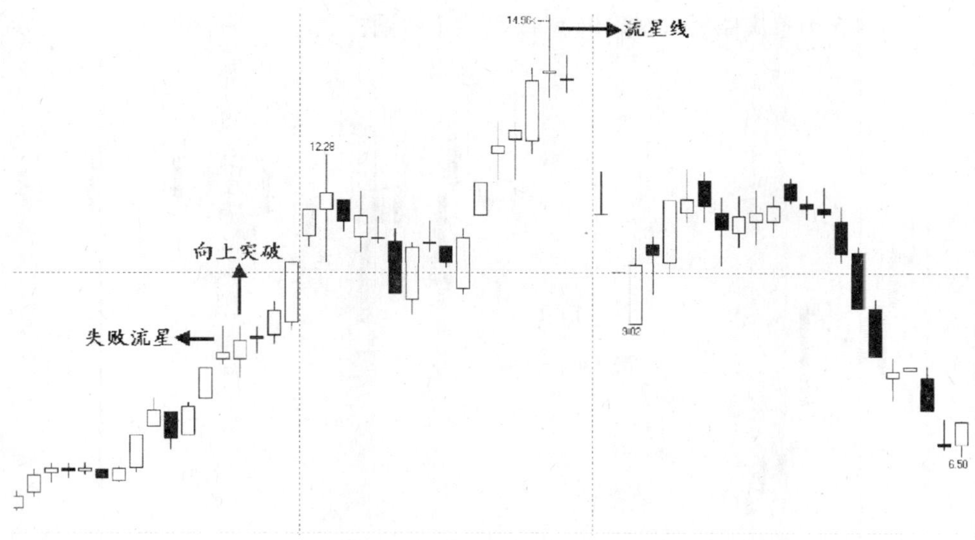

图 2.63　失败流星线　亚盛集团（600108）

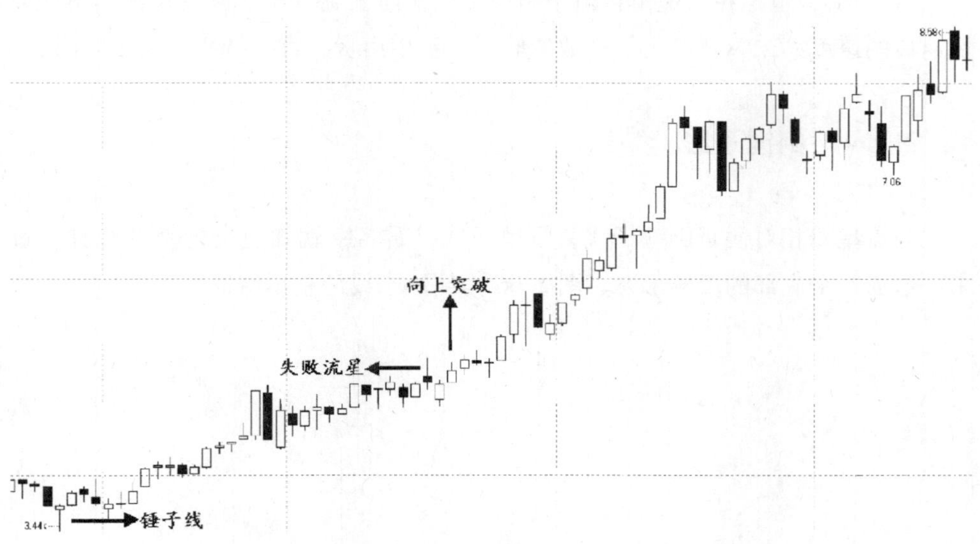

图 2.64　失败流星线　永鼎股份（600105）

下突破，但低开高走收阳线，这大大削弱了流星线的效果，第三天再次收阳破坏了流星线的形态，宣告此次为失败的流星线。遇到这样的问题，投资者看到流星线将头寸抛出，可在破坏了流星线形态之后的那根阳线内重新接回。虽然损失了一部分利润，但却回避了风险，规避了风险才能生存。

图 2.65 为重庆路桥（600106）日 K 线走势图。

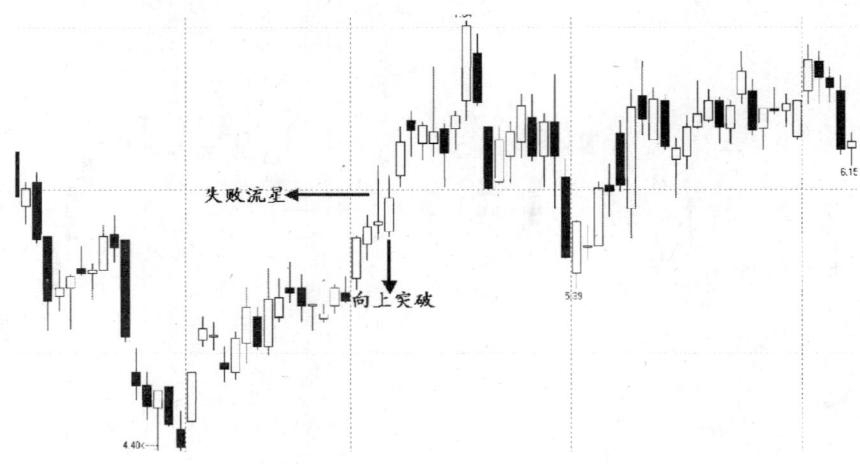

图 2.65　失败流星线　重庆路桥（600106）

图 2.65 中也是在快速市行情中出现了一根向上跳空长上影星 K 线。市场以快速市的速度第二天就给出了失败的验证，不用出货，直接持有，继续向前。

2.7.4　倒锤子线

与流星线相对便是倒锤子线，倒锤子线，看名字就知道是把锤子线翻转过来，形成一个底部的反转形态。图 2.66 为倒锤子线的基本特征。

图 2.66　倒锤子线

从图 2. 66 中可以看出，倒锤子线与锤子线、黄昏之星的特点是一样的。只是锤子线左侧可以没有缺口，而星形态必须要有缺口罢了，但运用的方法是一样的。

情形 1：成功的倒锤子线形态

图 2. 67 为美尔雅（600107）日 K 线走势图。

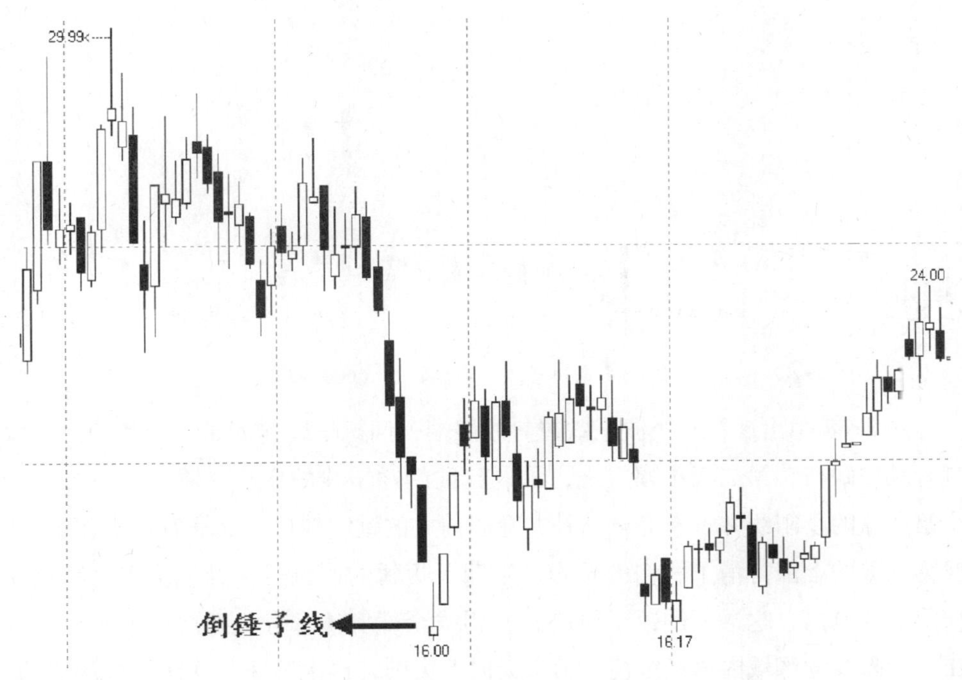

图 2. 67　倒锤子线　美尔雅（600107）

图 2. 67 中，倒锤子线出现在一波清晰可见的下跌趋势中，与左侧光脚阴线有跳空缺口。星 K 线带着长长的上影线，更加完美的是倒锤子线的右侧还有一个跳空窗口。倒锤子线的第二天便是光头光脚的涨停阳线，证明这是一根成功的倒锤子线。同流星线一样，流星线看跌的力度要小于其他顶部反转形态，而倒锤子线的看涨力度也小于其他的底部反转形态。所以，流星线常出现在上涨趋势中的小回调的顶部，而倒锤子线则常出没于下跌趋势中的反弹的底部。当然与流星线一样，这只是泛论，例外的情况还是有的。计算此次成功的倒锤子

线引发了6.3元、39.37%的涨幅。

图2.68为浙江东日（600113）日K线走势图。

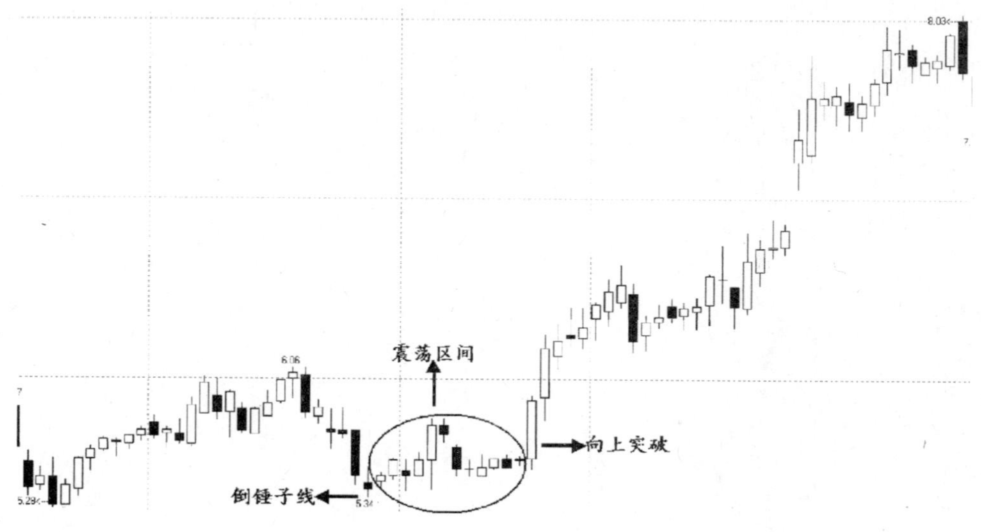

图2.68　倒锤子线　浙江东日（600113）

图2.68中出现在一小波下跌趋势的尾端，倒锤子线前面是一根长阴线，左侧有跳空缺口，第二天小幅上涨，足以验证倒锤子线的成功，原因在于第二天小幅上涨的小阳线并没有完全回补并穿越前方的跳空缺口，这样看似动能不足。但第三天的上涨打消了我们的疑虑，第四天短暂的回调后，继续上涨。第六天长阳线的挺出，吃透了倒锤子线前方的阴线全部实体部分。随后的七天里，都在这根阳线的区域内窄幅震荡，第八天向上突破，再次验证了倒锤子线的成功。这次倒锤子线引发了2.69元、50.37%的涨幅。

图2.69为东方航空（600115）日K线走势图。

图2.69首先是出现快速打压的下跌行情末端的锤子线，锤子线走出后暂时并未通过验证，紧接着第二天又收了两根有长上影线且与前面锤子线有跳空缺口的倒锤子线，这组倒锤子线是由两根星K线组成。倒锤子线出现的第二天的高开高走的阳线，验证了倒锤子线的形态成功。上涨过程中，出现了一根长实体阳线，而后的五天内在这根长阳线的实体内震荡，并未破坏长阳线的突破之势而后持续大角度上涨，完成了这个波段的行情。这一根锤子线与两根星K线

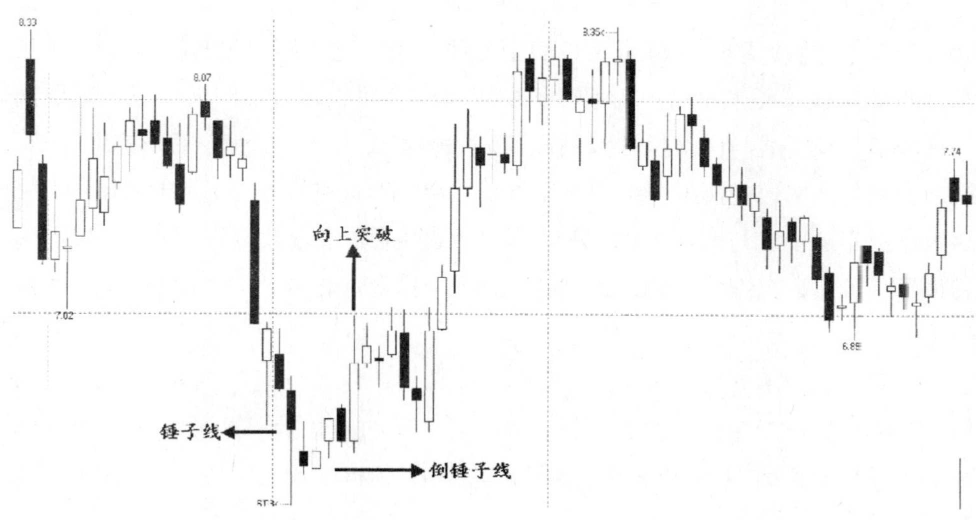

图 2.69　倒锤子线　东方航空（600115）

组成的倒锤子线引发了 2.27 元、37.33% 的涨幅。

情形 2：失败的倒锤子线形态

图 2.70 为中国卫星（600118）日 K 线走势图。

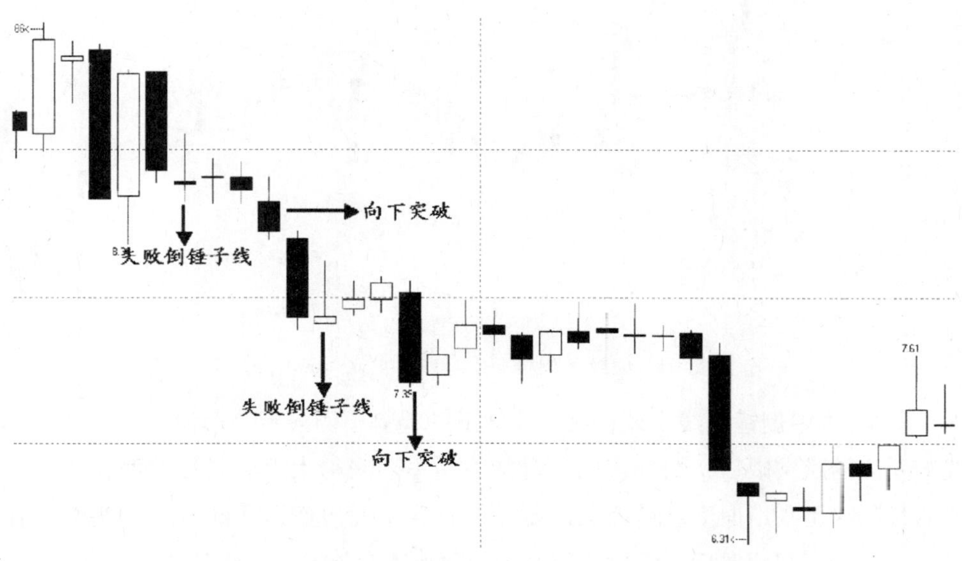

图 2.70　失败的倒锤子线　中国卫星（600118）

图2.70出现了两根失败的倒锤子线，第一根出现在刚刚开始下跌一小波段后，伴随着左侧的跳空缺口与长长的上影线，第二天、第三天也是收了同样小实体的星K线，并未给前面的倒锤子线任何成功的验证，第四天一根小阴线向下突破了倒锤子线与两根星K线的震荡区间，宣告了这个倒锤子线形态的失败。第二根在前面快速的两根阴线的打压下跌后出现，但它并不是纯粹的倒锤子线，因为这根倒锤子线与它前面的那根长阴K线相距非常近，以致没有跳空缺口。震荡了三天后，又是一根长阴线向下突破，宣告这根并不纯粹的倒锤子线的失败。

提示：我们看到图2.70的时候首先给我们的印象就是长阴线，小K线回调，再有长阴线下破，再来小K线回调，再来长阴线下破。这种走势是K线形态中另一种经典的形态“下降三法”，我们在以后持续形态的章节会着重谈到它。

图2.71为浙江东方（600120）日K线走势图。

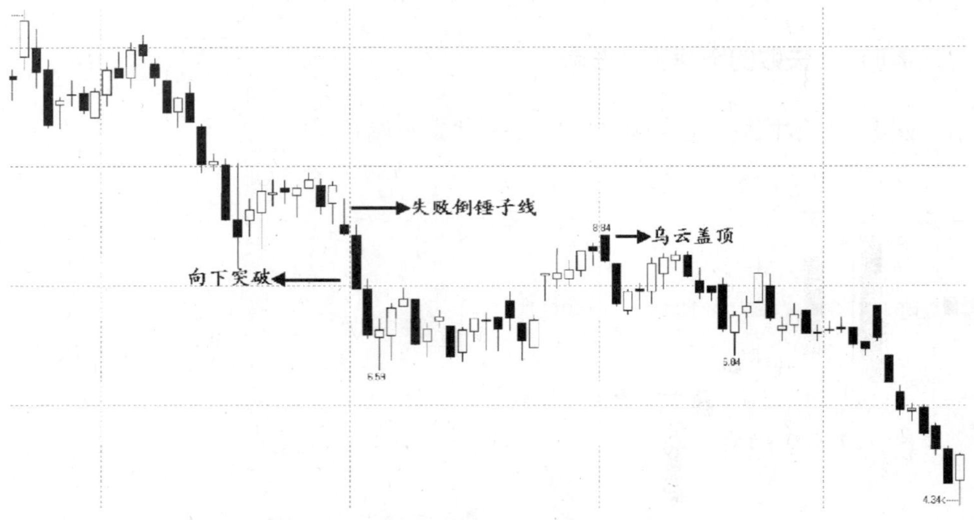

图2.71　失败的倒锤子线　浙江东方（600120）

图2.71中倒锤子线出现在第一大波下跌趋势中的最后一个波段中，长上影线与左侧的跳空缺口，快速市中，验证总是不会来得太迟。紧接着两根快速打压的长阴线迅猛地向下跌破前面的低点，宣告了此次倒锤子线形态的失败。在经历了一段时间回调后，又以一组乌云盖顶形态开始了另一次的快速下跌。

图2.72为宏图高科（600122）日K线走势图。

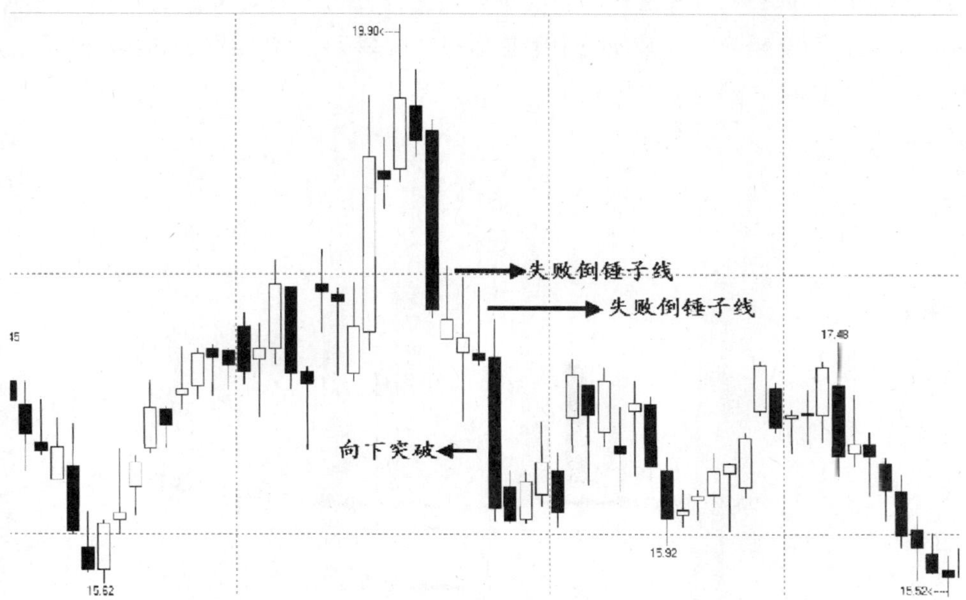

图2.72　失败的倒锤子线　宏图高科（600122）

图2.72中倒锤子线在快速下跌的行情中连续出现了两次，第一次在长阴线后向下跳空出现，然后收了一根上下影线都极长的“长脚车夫”星线，再后来又是一根倒锤子线，第一次出现倒锤子线并未有力度十足的验证，而第二次更是以极长的大阴线直接打压向下。两次三根星K线组成的倒锤子形态宣告为失败的倒锤子形态。

底部反转形态的失败案例，不断地告诉我们要验证验证验证，如果没有通过验证而发现一点底部反转的苗头就开始开多头寸，那失败的概率是非常大的。

提示：笔者不厌其烦地在每次反转形态失败的案例中不断地强调验证的重要性，就是让大家能把验证再次记忆在你的头脑中，贯穿到你的行动上，保存你的有生力量，才能在这个市场中生存。

2.7.5　弃婴形态

弃婴形态是特殊的启明星与黄昏之星形态。它与启明星与黄昏之星形态的区别为：启明星与黄昏之星的左侧必须有跳空缺口而右侧不必有跳空缺口，而弃婴形态两侧都必须有跳空缺口。启明星与黄昏之星只要是K线就可以，要求不太严格，而弃婴形态则必须是十字星形态。图2.73为弃婴形态的基本特征。

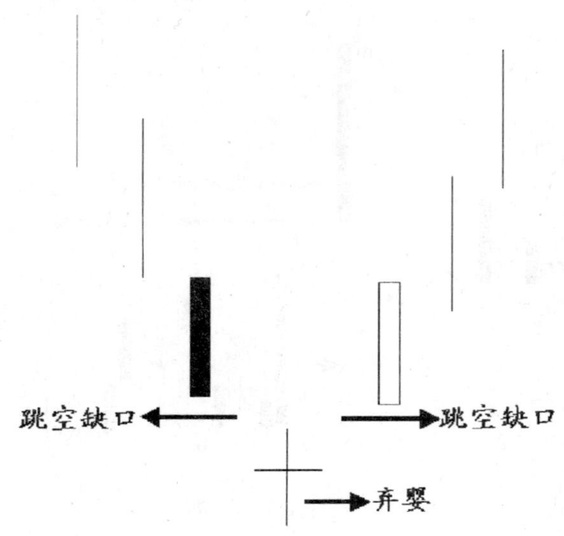

图2.73　星K线：弃婴形态（底部）

如图2.73所示，在十字星的左右两侧各有一个跳空缺口，从形态上看，十字星K线，就像被扔掉的孩子，所以叫作弃婴形态。左侧要有一根长实体的阴线，后出现跳空缺口，右侧出现跳空缺口后，要有一根阳线至少深入地插入弃婴左侧的阴线体内。这种形态非常少见，但一旦出现，就会带来相对来说很大的行情。

我们来看一下弃婴形态的图例。图2.74为弘业股份（600128）日K线走势图。

图2.74中，弃婴形态出现在一段清晰可见的下跌行情中，十字星K线左侧有一根光脚的阴线，左侧有跳空缺口，右侧有一根向上跳空的插入前面阴线实体中的阳线，这种形态是典型的弃婴形态。因为右侧有一根向上跳空并插入阴线实体的阳线，所以，在这里成功的概率是非常大的。不需要进一步验证，除非再走出向下的行情，吃掉了阳线，甚至吃掉了十字星K线，再行止损离场即可。后面的行情经过两次大调整后完成了整个波段的上涨。此次弃婴形态引发

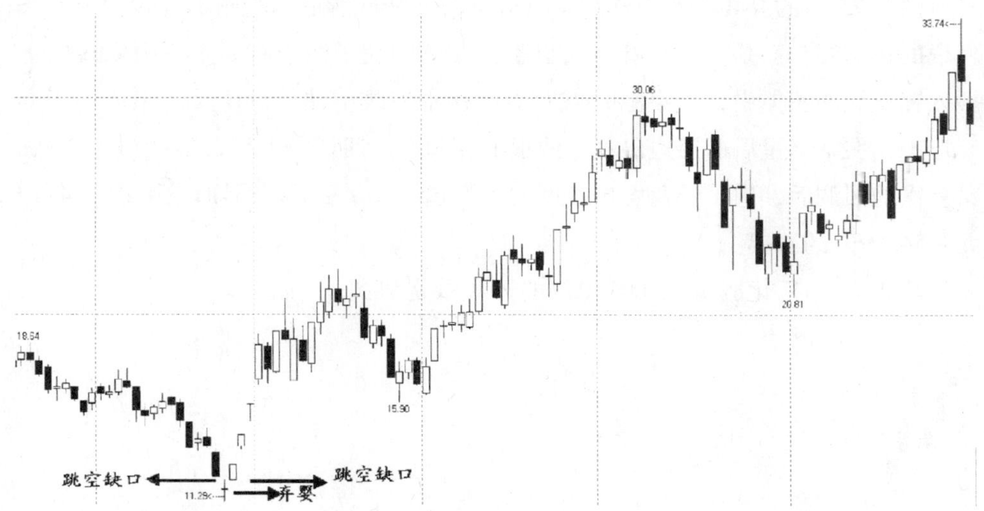

图 2.74 星K线：弃婴形态（底部） 弘业股份（600128）

了22.45元、198.84%的涨幅。

提示：通过此次涨幅，我们可以看到弃婴形态的看涨力量了，所以一旦看到弃婴形态，一定不要错过。

图2.75为长春一东（600148）的日K线走势图。

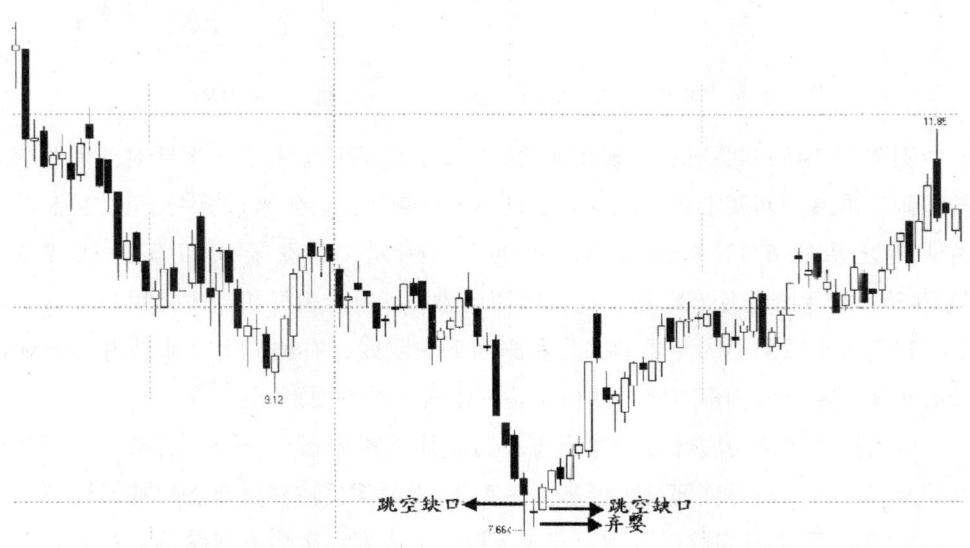

图 2.75 星K线：弃婴形态（底部） 长春一东（600148）

图 2.75 中的弃婴形态出现在一波可见的下跌行情中，左侧不是我们上面条件说的长阴线，而是一根有着不大也不小实体的锤子线，右面是一根阳线向上插入锤子线的实体中，十字星 K 线左右两侧都有跳空缺口。这是一组成功的弃婴形态，在十字星后面擦边出现了两根上涨阳线，回调一天后，继续快速上涨。又一次的回调后，进了低角度慢速度的上涨通道中。这次弃婴形态引发了 4.19 元、54.69% 的涨幅。

图 2.76 为巨化股份（600160）的日 K 线走势图。

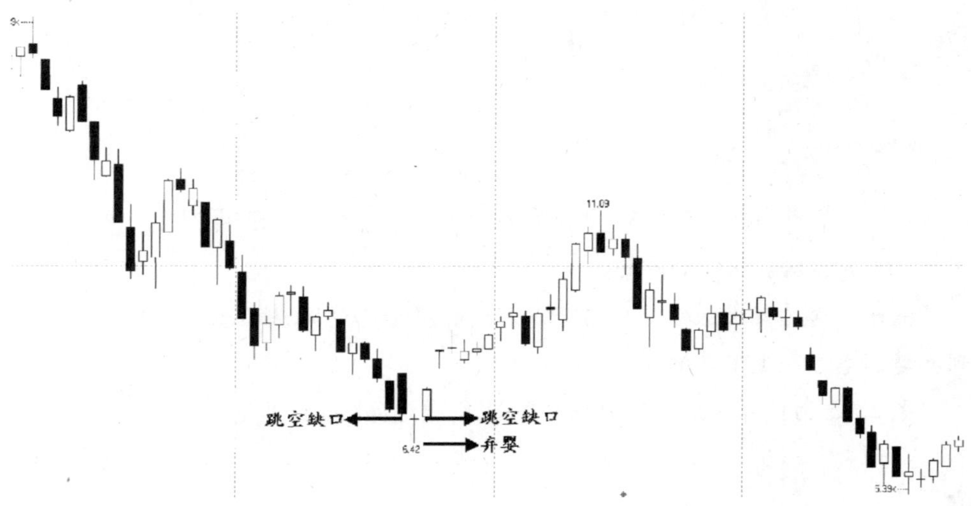

图 2.76　星 K 线：弃婴形态（底部）　巨化股份（600160）

图 2.76 中的弃婴形态出现在下跌的中段，它只是引发了一次针对前面跌势的回调，虽然为回调走势，但其高度也不可小觑，我们先来计算一下这波涨幅。由回调开始的 6.42 元到回调结束的 11.09 元，上涨了 4.67 元，涨幅为 72.74%。可见弃婴形态即使出现在回调走势中，也会引发相当大的回调。

我们再来看图中的弃婴形态。左侧为下跌阴线，右侧为上涨阳线并插入阴线的实体，左右两侧都有跳空缺口，是一组成功的弃婴形态。

以上三组案例为底部的弃婴形态，为底部反转形态。我们下面来看一下顶部的弃婴形态，则为顶部反转形态。图 2.77 为顶部反转弃婴形态的基本特征。

从图 2.77 中我们可以看到顶部弃婴形态与底部弃婴形态只是倒置过来。左侧阴线变成阳线，右侧阳线变成阴线，其他如弃婴形态的星 K 线应为十字星 K

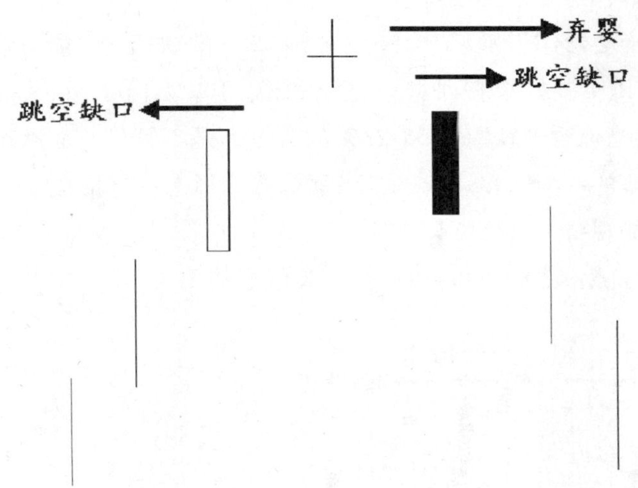

图 2.77　星 K 线：弃婴形态（顶部）

线，左右两侧都有跳空缺口，这些都不变。

图 2.78 为兰花科创（600123）的日 K 线走势图。

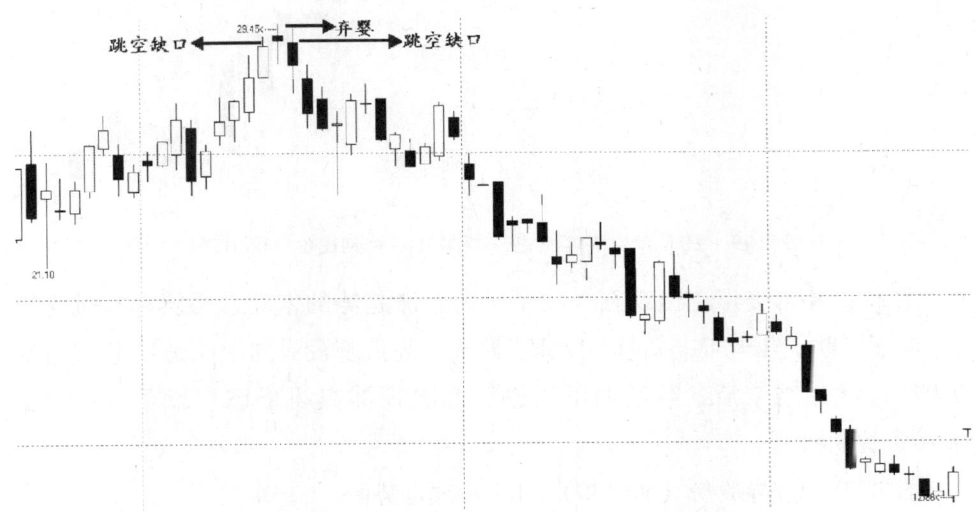

图 2.78　星 K 线：弃婴形态（顶部）　兰花科创（600123）

图 2.78 中出现的顶部弃婴形态出现在一波可见的上涨趋势中，弃婴为十字星 K 线，左右两侧都有跳空缺口，验证这是一组成功的弃婴形态。弃婴形态条

件比较少，所以相对来说比较简单。

这组顶部弃婴形态引发了16.56元、56.23%的跌幅，可能有读者看到跌幅感觉比较小。其实，如果仔细想一想，涨幅可以无限扩大，而跌幅最多为100%。所以，当你看到跌幅为56.23%的时候，是不管你前面涨了多少，都是下跌了前面涨幅的一半还多。所以，当顶部弃婴形态一旦形成，一定要先规避风险，平仓出局观望，再找机会。

图2.79为杭钢股份（600126）的日K线走势图。

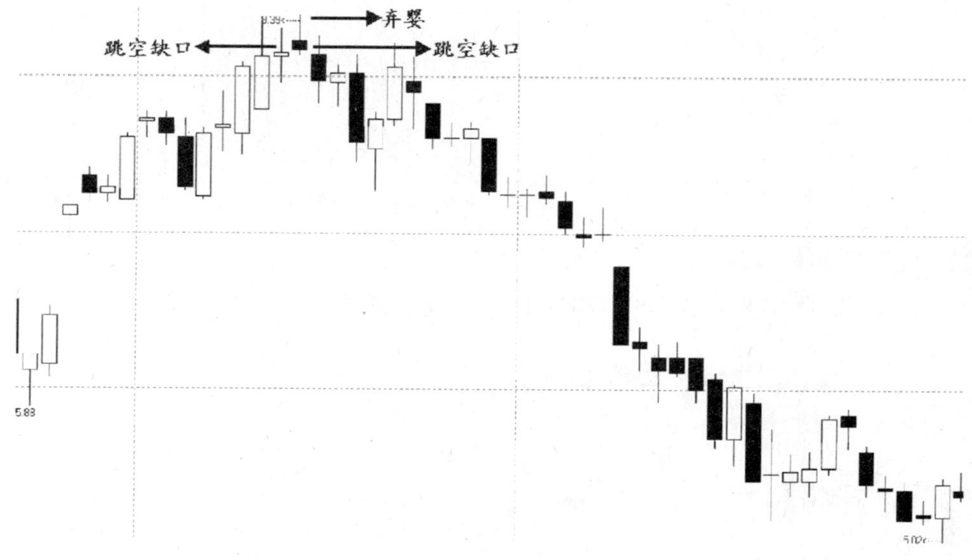

图2.79　星K线：弃婴形态（顶部）　杭钢股份（600126）

图2.79中弃婴形态出现在一波可见的上涨趋势的末端，两侧都有跳空缺口，向下下跌了几天后，又向上反弹了两天，高点都没有向上吃透星K线右侧的阴线，反弹结束后，继续向下下跌。此次顶部弃婴形态引发了3.37元、40.16%的跌幅。

图2.80为波导股份（600130）的日K线走势图。

图2.80中弃婴形态出现在一波可见的上涨趋势的末端，两侧都有跳空缺口，向下下跌了一天后，又向上反弹了两天，高点都没有向上吃透星K线右侧的阴线。反弹结束后，继续向下下跌，又出现了一个向下跳空缺口，再次反弹六天，没有有效回补第二个跳空缺口。反弹结束后继续下跌，完成本次跌势。

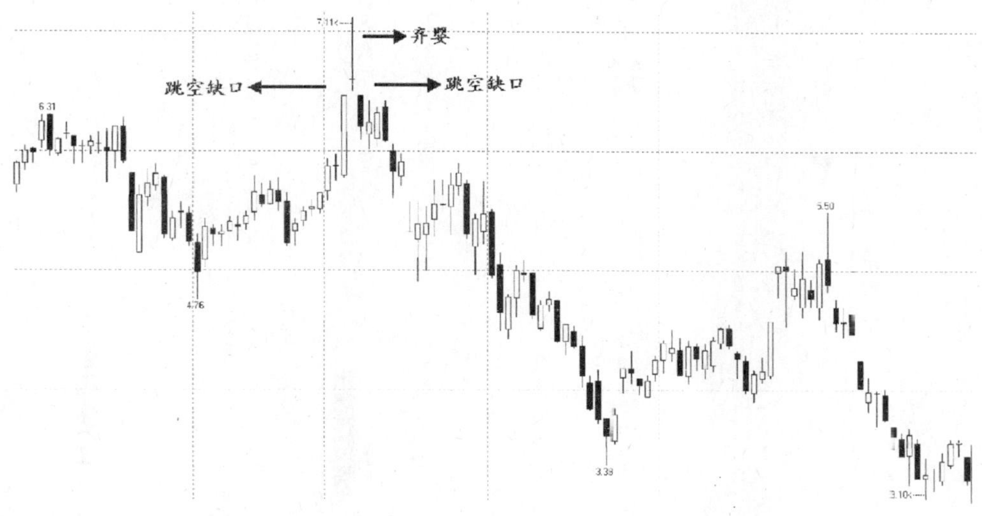

图 2.80　星 K 线：弃婴形态（顶部）　波导股份（600130）

此次顶部弃婴形态引发了 3.73 元、52.46% 的跌幅。

2.8　孕线形态

我们在上面的章节中学到了看涨抱线形态与看跌抱线形态，是由右面的阳线或阴线包住左面的阴线或阳线。右面的实体要包住左面的实体。而这章所讲的孕线形态恰恰与抱线形态相反，为左面的 K 线包住右面的 K 线，从形态上来看，就像左面的母亲抱住了右面的孩子，像怀孕一样，所以叫作孕线。图 2.81 为孕线形态的基本特征示意图。

孕线并不是强烈的反转信号，它的出现只是告诉你，原来的行情的方向要改变了。如果是上涨中，出现了孕线，后面的走势可能不是迅速地向下反转，

图 2.81　孕线与孕星

而是延缓了上涨的速度，或者是，形成一个既不上涨也不下跌的调整平台。就像我们开车一样，当我们一脚踩下刹车踏板，并不是立刻就会停车，而是需要向前滑行一段距离。孕线所表达的深层意思为，对现阶段的走势方向表现了犹疑不定的态度。

抱线形态前后两根 K 线的颜色必须是相反的，而孕线没有如此刻板的要求，但你会发现绝大多数情况下，它们的颜色还是相反的。被包住的右侧的 K 线的上下影线的长短也无所谓，孕线讲究的是包住实体部分，而不是影线。如果右面的 K 线是一根十字星 K 线，孕线形态还可以改名叫作十字星孕线，或是简单地称之为孕星。孕星比普通孕线形态更有中止原来趋势方向的力度。

我们找一实例来看一下孕线的运用方法。图 2.82 为天坛生物（600161）的日 K 线走势图。

图 2.82 中共出现了五次孕线形态，我们来一一讲解。

孕线 1 是一组孕星形态，左面是一波小的下跌行情。在最后一根阴线后，在它的实体内部收了一根星 K 线，阴线将星 K 线完全包住，形成了孕星形态。孕线形态的出现显示了交易者对原来走势方向的犹疑不定，所以原来不论大小

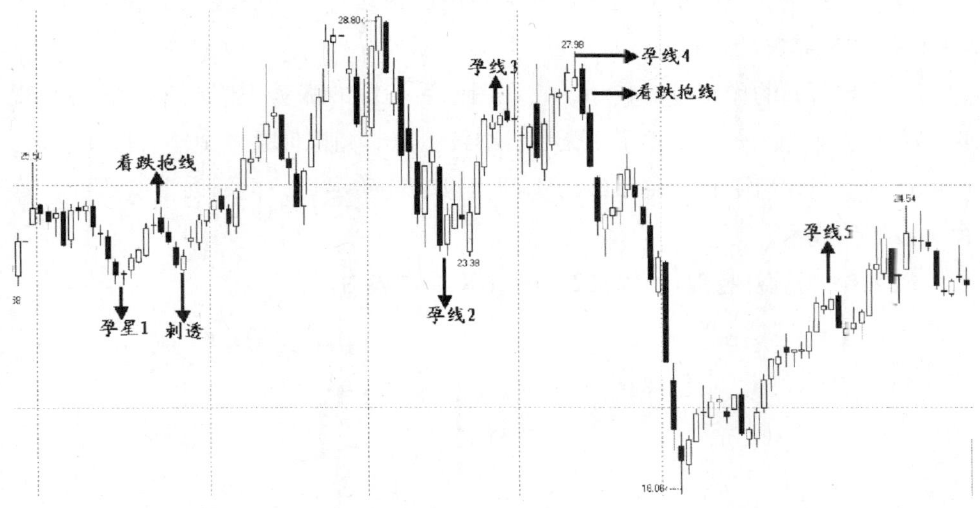

图2.82　孕线与孕星　天坛生物（600161）

的跌势都结束了，继续展开向上的上涨行情。上涨四天后，出现一根看跌抱线形态，开始了对前面四天上涨的一个回调，刺透形态将上涨回调终结，继而上扬。孕星的反转力度要大于普通孕线，所以这组孕星形态诱发了6.02元、26.42%的涨幅。

孕线2出现在下跌行情的末端，一根实体非常长的阴线完全包住了后面的阳线，我们说过孕线的出现不表现为立即上涨，而是对以前的行情方向踩了刹车。所以图中孕线出现后，只是向上涨了一天，三天后第二次探底才重新拾起升势。此次孕线形态诱发了4.6元、19.67%的涨幅。

孕线3是孕线2引发的上涨行情中回调的一部分，孕线3前后两根K线的颜色相同，但这不影响孕线形态所起的作用。孕线向我们展示的态度是犹疑不定的，前面也提到过，它可能给我们提供反转的机会，或许只是横盘整理态势，在孕线3中就有如此表现，孕线出现后横盘整理了3天，又在下方收了一根十字星K线后，再次上涨。但时隔不久，孕线4就阻止了孕线2的升势。在此也可以看到孕线3不仅在其后的3天内起作用，也间接地影响到了直到孕线4出现之前的走势。

孕线4终结了一波上涨行情。前后两根都是阳线，前一根阳线包住了后面阳线的实体部分。孕线4的上影线是比较长的，也从另一个角度说明了空方力量的强大。紧接着孕线4又是一根向下突破的快速打压的阴线。孕线4引发了9.92元、35.45%的跌幅。

孕线5所起的作用也比较小，它在图中后一段的涨势中间出现，它的出现只是拖延了涨势。向下调整了3天后，继续上涨。如果你是一个小波段交易者，可以在孕线出现后平仓。待孕线形态的力量消耗殆尽后，再补回多头头寸，这样可以摊低成本。

图2.83为香江控股（600162）的日K线走势图。

图2.83　孕线与孕星　香江控股（600162）

图2.83中共出现了五次孕线形态，其中一次为失败孕线形态。孕线1出现在一整段下跌行情中的第一次回调的底部。左面是一根长实体阴线，包住了右侧的小阳线。孕线出现后出现了迅速的上涨。此次孕线形态引发了2.53元、36.72%的涨幅。

孕线2出现在上涨行情中回调的高点处，前一根K线为长实体阳线，包住了孕线的阴K线。被包住的阴线有着长长的上影线，也说明空方在当天向下打压的力度是非常强大的。而后的两天又是小幅度的向上震荡回调，都没有破坏掉孕线的形态。第三天展开快速下跌，当然这段下跌行情仅为这波大的上涨行情中的一小段修正走势，但此次的孕线也引发了1.42元、15.07%的跌幅。波段交易者，若根据此节所讲的方法来操作，出现孕线后平仓，孕线力量用尽再补回头寸，将要比大波段的交易者多赚10%左右。

孕线3我们在这里是第一次遇到。一根长阳线里面包了六根小K线，它们都是阳线肚子里的孩子，所以我们也可把这些都看作孕线形态。前面反复说过孕线并不全都代表立刻反转，而是告诉你至少前方你要注意了。如图所示，6根孕线走完后，行情还是继续向上涨，但只一天后，就有一根大阴线直接贯穿下来，形成了一波比较大的跌势。所以，一定要珍惜孕线所带给你的缓冲时间。此次孕线形态带来了1.57元、16.03%的跌幅。

孕线4为一组失败的孕线形态。一根阴线虽然包住了阳线，出现了孕线形态，可是第二天就是长阴下跌，并没有收住脚步的意思。

孕线5出现在孕线3所带来的下跌趋势的末端。一根长阴线包住了阳线，展开了本次上涨的最后一个波段。孕线5引发了1.78元、20.23%的涨幅。

图2.84为福建南纸（600163）的日K线走势图。

图2.84　孕线与孕星　福建南纸（600163）

图2.84中共出现了5次孕线形态。孕线1出现在一波缓慢的上涨行情中，前面的阳线完全包住了后面的小阴线，孕线长长的上影线显示了空方的力量，第二天再收阴后破位下跌。这是一组非常成功的孕线形态，带来了1.29元、

21.18%的跌幅。

孕线2结束了孕线1所带来的跌势。阴线包住阳线，为底部孕线，孕线出现后一根长阳线向上突破，紧随其后的是孕线3，震荡了7天后，向上突破。此次的成功孕线形态带来了1.35元、28.12%的涨幅。

孕线3出现在孕线2所带来的上涨行情中，孕线3的作用仅仅是延缓了上涨的速度而已，它的出现一共带来了7天的窄幅震荡，但都在它前面的阳线实体内部震荡，并没破坏孕线3的形态。

孕线4终结了孕线2带来的涨势。出现在上涨的尾端，但它并没有带来迅猛的跌势，也像孕线3一样延缓了涨势，但这次延缓的时间却是非常长的。我们在孕线4的前面应该还能找到一组孕线形态，一根非常长的阳线实体包住了后面的阴线。它也延缓了涨势，它的出现导致只上涨了两天便出现了孕线4。再来看孕线4，它延缓了23个交易日的涨势。随后才是一根长阳线向上突破，所以孕线的刹车作用是非常值得我们注意的。如果善用孕线形态，中间横盘震荡的23天，我们则可以选择其他个股进行交易，这样节省了很多机会成本。

孕线5出现在涨势的最后一截，这是典型的孕星形态。孕星形态具有比普通孕线更强的反转力量，我们只计算一下跌幅就知道了。孕线5带来了2.82元、40.99%的跌幅。

以上就是孕线的应用，孕线虽然反转力度不强，但它兼具反转与延缓两种特点，其实迅速的见顶，未见得普通的交易者会迅速平仓获利了结，反而会被套牢，或因为贪婪而明知下跌而抱有侥幸与幻想继续持有。

提示：孕线给我们的缓冲时间，正好可以弥补一下我们人性的弱点。所以一定要掌握并熟练运用孕线，它会给我们带来比那些强烈反转信号更大的好处。

2.9　乌鸦

乌鸦在我们东方文化中，象征着灾难与噩运。所以我们这个章节所讲的两种K线形态——向上跳空两只乌鸦与三只乌鸦，都是顶部反转形态。

2.9.1　向上跳空两只乌鸦

在一段向上行情中，出现一根向上跳空高开低走的阴线，伴随着前面的阴线又出现了一根与之相距很近的阴线，就像两只乌鸦站在高高的树枝上，向下俯视，预示着向下的行情要到了。图2.85为向上跳空两只乌鸦的示例图。

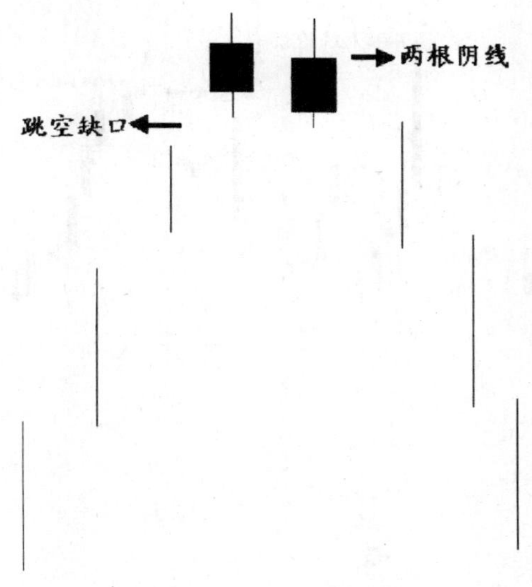

图2.85　向上跳空两只乌鸦

开始，价格一直处于上升趋势中，并且当天的K线与前一天的K线存在着一个向上跳空缺口，但价格没有动能或是意愿，再保持在此高度的水平上，当天收了一根阴线，但收盘价也与前一天的K线存在着一个跳空缺口。表面上，多方还是占据优势。后一天的价格又走出新高，或在前一天的高度附近，但同样收盘价还是在当天的最低价附近，或者更低于前一天的收盘价。如果市场真的是很坚挺的，那为什么不能维持价位持续上涨，退一步说为什么不能维持价格在高价位横盘震荡呢？为什么收盘又跌下来了呢？那只有一个答案，市场没有自己想象的那么坚挺。而第四天还不能打破僵局，再出现更低的价格，则会引发一批获利了结盘或是止损盘更迅速地向下打压价格。

向上跳空两只乌鸦的形成条件如下：

◆必须是在一波清晰可见的上涨行情的上方。

◆第一根阴线必须与前一根的阳线有跳空缺口。

◆第二根阴线开盘价最好低于第一根，收盘价最好低于前一根。当然这不是必要条件。

◆向上跳空的两根阴线的实体相对于整体涨势来说，不能太大。

现在我们来看一下向上跳空两只乌鸦的图例。

图2.86为上海贝岭（600171）的日K线走势图。

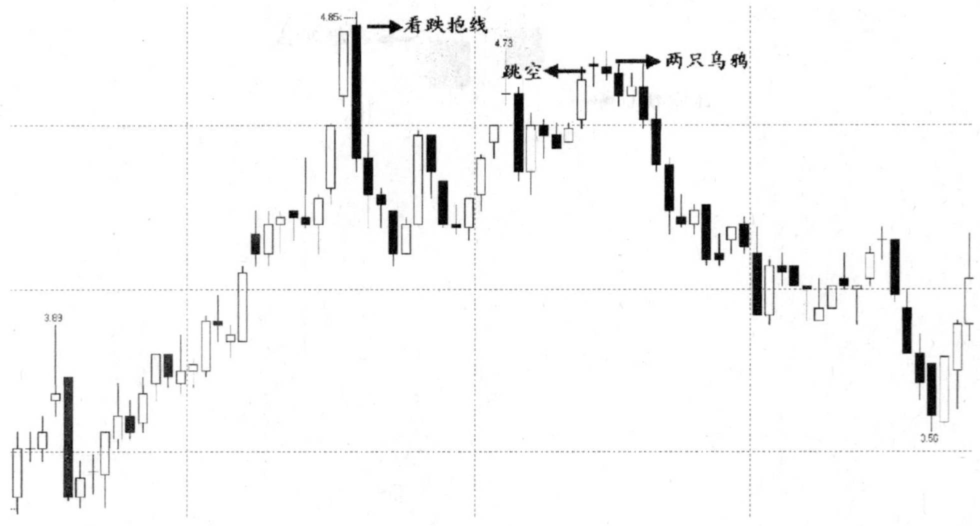

图2.86　向上跳空两只乌鸦　上海贝岭（600171）

图中向上跳空两只乌鸦出现在下调行情的回调高点，下跌由一组看跌抱线形态开始，快速下跌了 4 天后，开始一波大的回撤行情，在回撤行情的高点尾声，出现了一根向上跳空的阴星 K 线。第二天又在同样高度出现了与之平行的另一根小实体阴线，市场已无力维持此价位水平，继而收阴线，向下收低小幅回调一天后，再次向下快速下跌，完成整个跌势。向上跳空两只乌鸦带来了 1.17 元、24.74% 的跌幅。

图 2.87 为美都能源（600175）的日 K 线走势图。

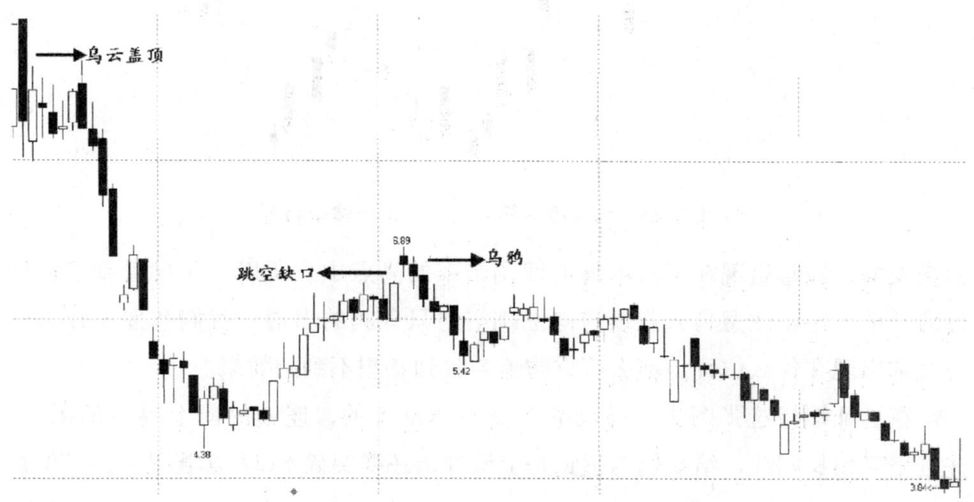

图 2.87　向上跳空两只乌鸦　美都能源（600175）

图 2.87 中的向上跳空两只乌鸦出现在下跌后的回调高点，与上图的案例一样。在回调的高点与尾声，相对于前面的长实体阳线向上跳空一根小实体阴线，第二天在第一根阴线的影线中，收了另一根小实体阴线，但这两只乌鸦与前面的阳线还保留着跳空缺口。市场虽已无力维持此时的价格水平，但没有有效回补跳空缺口，至少多方的力量在此时还是大于空方的力量。第三天，向下一根阴线，不但有效回补了缺口，还吃掉了阳线的一部分实体，两只乌鸦的形态成立了。这组向上跳空两只乌鸦引发了一连串的角度不大，但却绵绵不绝的跌势。这组向上跳空两只乌鸦带来了 3.05 元、44.27% 的跌幅。

图 2.88 为上证综合指数的日 K 线走势图。

通过上面两张图再结合图 2.88 我们会发现，向上跳空两只乌鸦与乌云盖顶

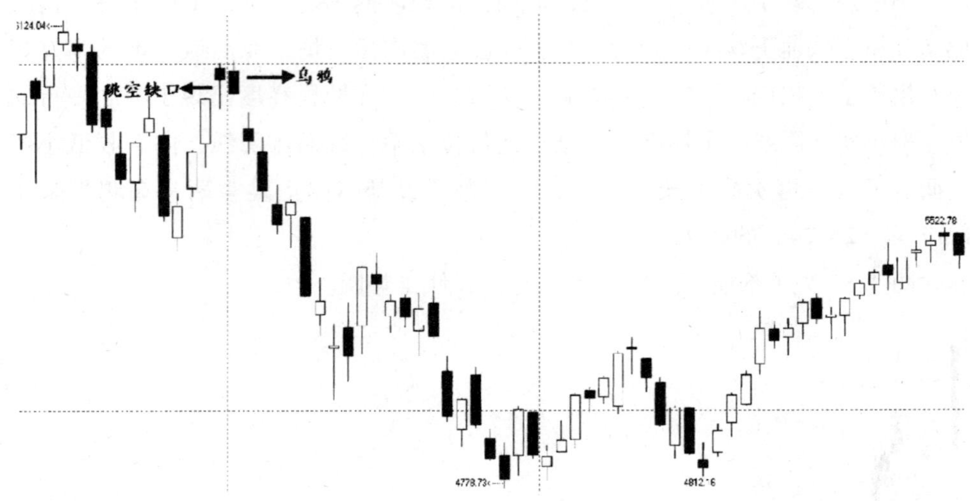

图 2.88　向上跳空两只乌鸦　上证综合指数

形态类似，经常出现在下跌中继的回调结束的高点中。所以，一旦看到了回调行情，那一定要注意乌云盖顶与向上跳空两只乌鸦的出现，我们掌握了什么形态经常出现在什么位置，那么着重防范会收到意想不到的效果。

在上证综指这张图中，回调的力量是非常大的，连续的向上跳空的阳线，并且是三根长阳线，给我们的感觉是上证综指还要突破6124点继续上扬，但在连续的两个跳空缺口后，又出现了一个跳空缺口，这次没有给我们带来阳线。所以，我们要开始警惕了，收阴线的第二天，在与它同水平的位置又出现了一根阴线，市场已经无力保持强势的上涨力度了。第三天向下跳空收阴线，证实了这组向上跳空两只乌鸦的形态是成立的。

我们知道，这次上证综指的跌势是无比惨烈的，这组向上跳空两只乌鸦是刚刚开始下跌的第一次回调的高点。如果我们能早注意到这一点，请读者们想想，你们逃掉了世纪大顶。我们不能把所有的下跌都算到这组向上跳空两只乌鸦的头上。但就我们能看到的波段低点来计算，它带来了1227点、20.43%的跌幅。

提示：关于向上跳空两只乌鸦的失败形态，我们会在持续形态部分里讲到，向上跳空两只乌鸦的失败形态为“铺垫形态”的成功模式，到持续形态那一章，我们会详细讨论。

2.9.2　三只乌鸦

向上跳空两只乌鸦形态中，包含了两根向上跳空的阴线，在此形态基础上，如果连续出现了三根依次下跌的阴线，则构成本节所讲的三只乌鸦。如果三只乌鸦出现在高价位水平上，或者出现在经历了充分发展的上涨行情中，就预示着价格即将下跌。

三只乌鸦又称三翅乌鸦，三只乌鸦指的就是三根阴线，三只乌鸦站在高高的树上，向下凝视，非常不祥的预示。图2.89为三只乌鸦的基本形态。

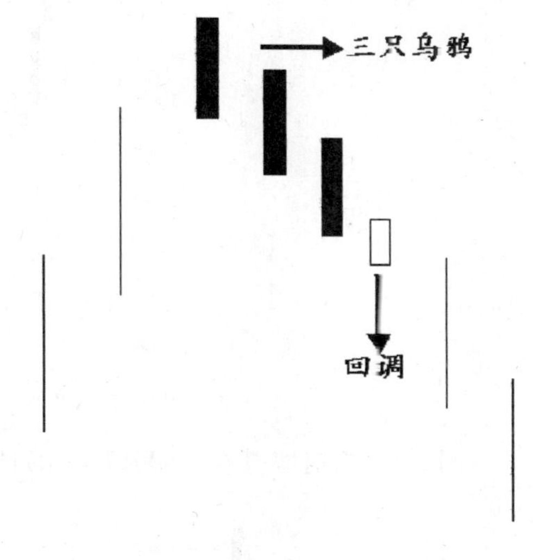

图2.89　三只乌鸦

◆三只乌鸦要出现在高价位水平上，或连续上涨行情的高位中。

◆三只乌鸦要依次下跌，一个压一个，形成一种接力形态。当然有些时候，也会出现一些小的跳空。

◆三只乌鸦的收盘价要收在当日的低位附近，也就是说，下影线要短。

◆三只乌鸦形态形成以后，通常会有一天或几天的回调，回调后继续下跌，也正是发现这种形态后，有一段可以平多单的时机，如果在可以做空的市场中，还可以找到一个验证机会，找到一个相对高点开空仓。

我们来看一下三只乌鸦的具体图例。图2.90为东湖高新（600133）的日K线走势图。

图2.90中先是一组乌云盖顶形态引发的下跌行情。缓慢下跌后，出现一段回调行情，在回调的高位出现了三根依次下跌的阴线，形成了三只乌鸦形态。虽然最后一只乌鸦的下影线略显长一些，但也不影响大局，在三只乌鸦形态后，出现了一天的回调，回调后再次快速下跌，完成此一波跌势，这是一次成功的三只乌鸦形态，这组三只乌鸦形态引发了5.18元、42.92%的跌幅。

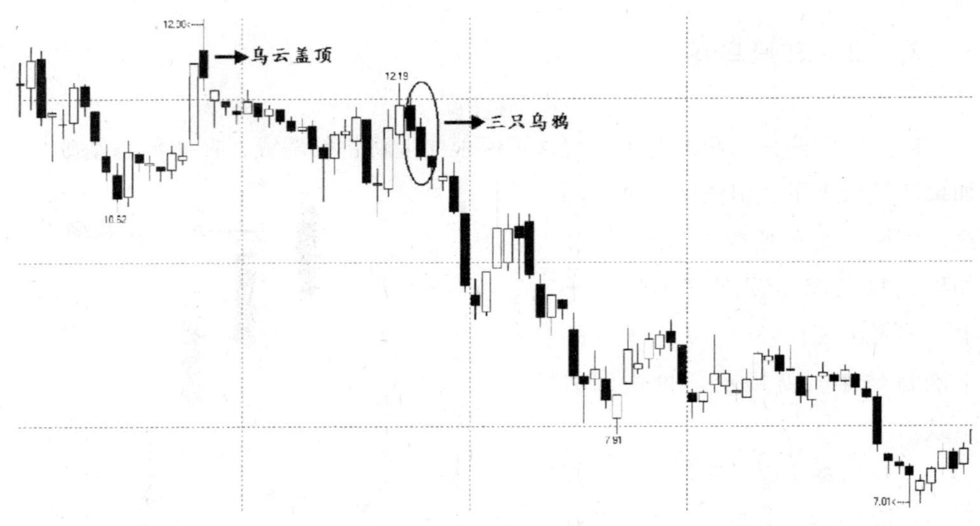

图 2.90　三只乌鸦　东湖高新（600133）

图 2.91 为道博股份（600136）的日 K 线走势图。

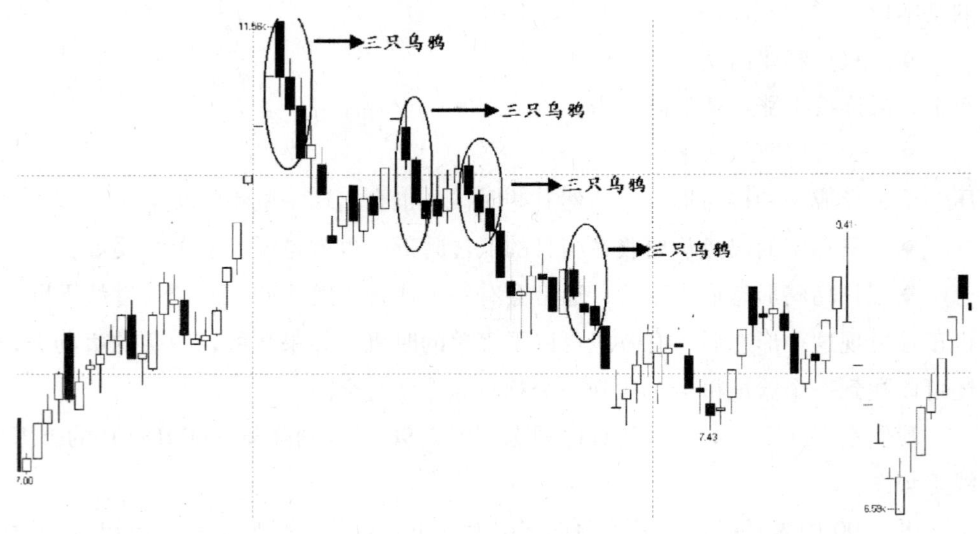

图 2.91　三只乌鸦　道博股份（600136）

图中共出现了四次三只乌鸦形态。

◆三只乌鸦 1 出现在下跌趋势的开始，接连的三根依次下跌的阴线，形成了一棒接一棒的接力形态。收盘价都为最低价，都没有下影线，是一组完美的三只乌鸦形态。形态出现后，又出现了一根小的阳星K线，后继续下跌。

◆三只乌鸦2出现在三只乌鸦1带来的下跌行情后的回调高点，又出现了三根依次下跌的阴线，再次形成一棒接一棒的接力形态，除了第三根K线的下影线略长一些。这次的三只乌鸦出现后接连回调了三天。

◆三只乌鸦3终结了三只乌鸦2后的三天回调，依次下跌的三根阴线，后没有回调，直接快速下跌。三天后再次回调。

◆三只乌鸦4出现在三只乌鸦3下跌后的回调高点。中间的一根K线有牵强，实体部分小，并且有跳空缺口，上下影线都显略长，但这不影响三只乌鸦的看跌力量。

提示：这四次三只乌鸦带来了5.37元、42.92%的跌幅。四次三只乌鸦除第一次外，都出现在下跌中继的回调高点中，一次一次地主导着下跌的过程。这也构成了另一种形态的“下降三法”，我们会在持续形态中着重讲解。

图2.92为兴发集团（600141）的日K线走势图。

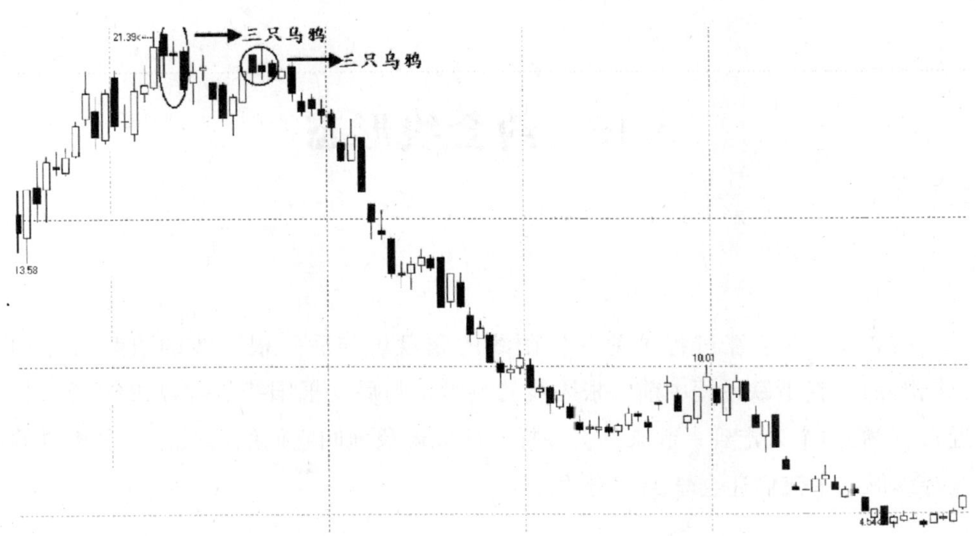

图2.92　三只乌鸦　兴发集团（600141）

图2.92中出现了两次三只乌鸦形态。第一次出现在持续上涨的高价位水平，中间的那一只乌鸦是一根星线，三只乌鸦形态不太完美，但不是每次的形态都是完美的。形态出现后，出现了两根阳星K线回调，后继续下跌。

第二次出现在回调的高点的位置。三只乌鸦的角度并不是很大，更像是一组持续横盘调整的形态。形态出现的第二天更是有一根小阳星 K 线出现，这更迷惑了我们的双眼，放松了警惕。第二天，便是一根大阳线直接贯穿下来，吃掉了前面阳线的一大部分实体，验证了三只乌鸦形态的成功。形态形成初期跌得很慢，可是一旦验证了形态的成功，便一发不可收拾。

这两次三只乌鸦引发了 16.85 元、78.78% 的跌幅。“三只乌鸦”的失败形态与“向上跳空的两只乌鸦”的失败形态一样，同样构成了持续形态中的“铺垫形态”。我们会在持续形态那一部分中详解。

提示：三只乌鸦出现后，市场看空的氛围越发强烈，连续的三根阴线，强烈地压制着前期上涨的力量。所以一旦看到小实体阴线接连出现，不要简单地理解为横盘震荡，而是小心地关注后续走势。一旦确认为三只乌鸦，多单应立即离场。

2.10 约会线形态

约会线，在上涨过程中前一根阳线的收盘价与后一根阴线的收盘价相同（或相近），在下跌过程中前一根阴线的收盘价与后一根阳线的收盘价相同（相近），就像两个人走到一起来约会一样。所以形象地叫它们约会线，与之相对的在持续形态中我们还会学到“分手线”。

2.10.1 看涨约会线形态

看涨约会线我们可以和前面章节所讲的刺透形态相比较而学习。先看图 2.93 看涨约会线形态的特征。

在刺透形态中，下面的一根阳线要刺透前面阴线至少 50% 以上，才算得上

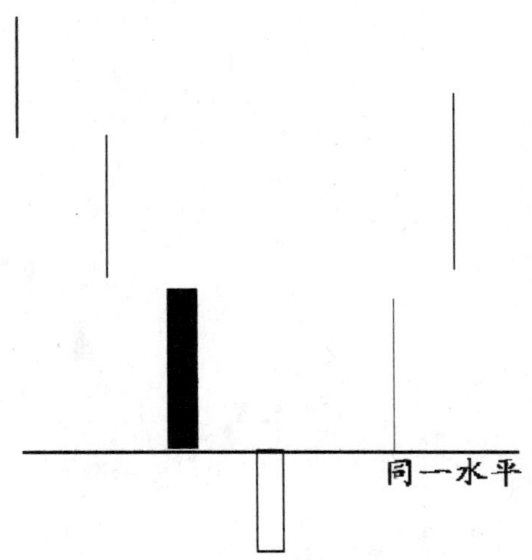

图 2.93 约会线：看涨约会线

看涨的反转形态，在那一章节，我们还列举了三种其他的形态："插入状态""切入状态""待入状态"，这里讲的约会线形态，就是其中的"切入状态"。看涨约会线形态虽然没有刺透形态那样强烈的看涨力量，但也不可小觑。我们来区分一下同一类似形态的看涨力量，看涨抱线形态大于刺透形态，刺透形态大于看涨约会线。

◆必须出现在一波可见的下跌趋势之后。

◆下面收出的阳线的收盘价必须大于或等于前面阴线的收盘价，当然阳线的收盘价收得越高越好，超过50%就会变成刺透形态，抱住了阴线就会变成看涨抱线形态。

我们来看一下看涨约会线的实例。图 2.94 为宝硕股份（600155）的日 K 线走势图。

在图 2.94 中，约会线出现在一波快速下跌的行情中，在这波下跌行情里，连续出现了十余个跌停板。在收最后一根阳线后，市场本来又一次跳空低开，但收盘却收在与昨天的收盘价同一水平位置。市场已经向一个方向走得太远了，没有意愿再向下走了。约会线形态出现后，第二天持续上涨，但没有破掉前面的阴线实体，横盘又调整了两天并没有破坏约会线的形态，第三天向上突破，吃透了前面的阴线，形成了成功的看涨约会线。

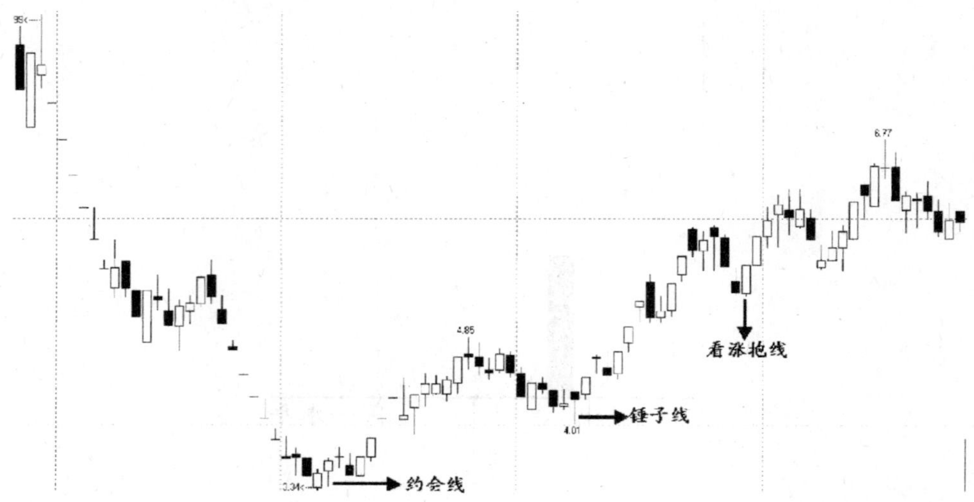

图 2.94　约会线：看涨约会线　宝硕股份（600155）

在约会线打下了坚实的基础后，又经过了两次回调分别以锤子线与看涨抱线形态终结了回调，完成了此次的上涨。这根约会线引发了 3.43 元、102.69%的涨幅。

图 2.95 为大龙地产（600159）的日 K 线走势图。

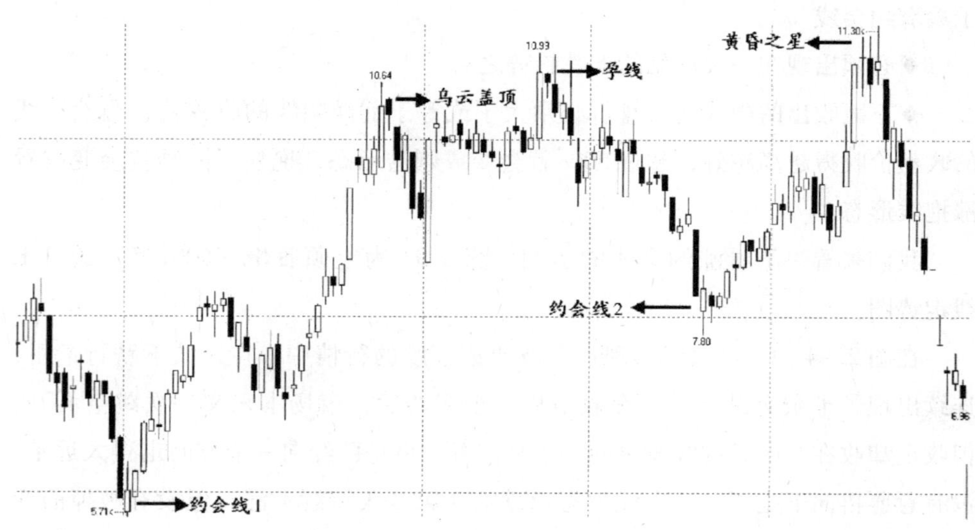

图 2.95　约会线：看涨约会线　大龙地产（600159）

图2.95中共出现了两次看涨约会线形态。

约会线1出现在一波下跌趋势中，前面是两根快速下跌的阴线，看跌力量极强。第二天低开，略低一些便回头上涨，收盘价与阴线收盘价同一水平高度，告诉我们向下的意愿已经不强了。形态出现后的第二天、第三天快速上扬，吃透了在它前面的第一根阴线，形成了一组成功的约会线形态。经历了两次的回调后，完成了此次的上涨行情。第一次约会线打下的基础引发了5.28元、92.47%的涨幅。

约会线2出现在约会线1引发的上涨后回调的低点。前面一根光头光脚的阴线，丝毫没有止跌企稳的迹象，第二天低开盘中再次下跌随后向上反击，当日收盘价与前面阴线的收盘价在同一水平，表明市场已经暂时停止了向下的发展。横盘调整了两天后，向上收长阳反击，形成了成功的看涨约会线形态，经历了一次回调后，完成了此次的涨势。约会线2引发了3.5元、44.87%的涨幅。

图2.96为巨化股份（600160）的日K线走势图。

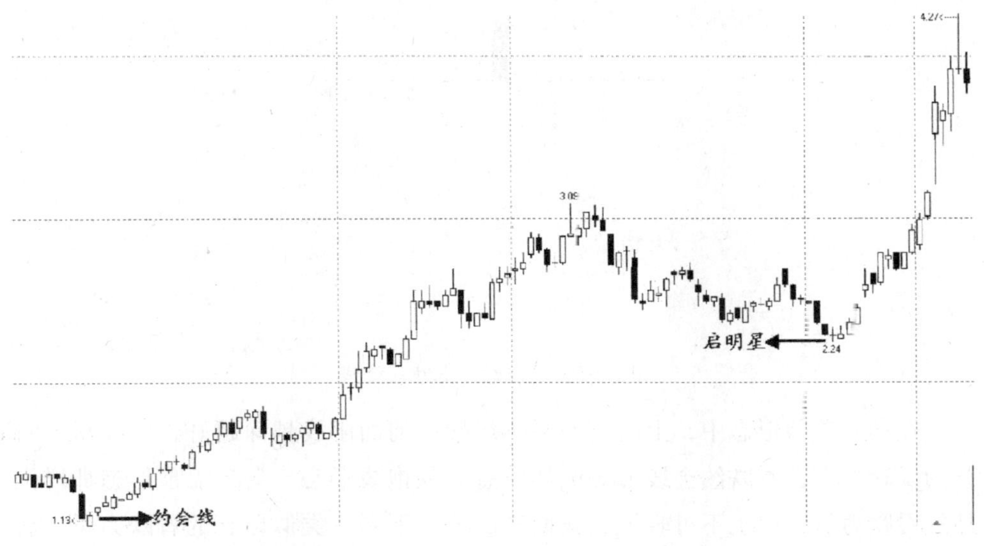

图2.96　约会线：看涨约会线　巨化股份（600160）

图2.96中在两根光脚阴线的快速下跌后，低开高走收了一根光脚阳线，收盘价与前面阴线收盘价在同一水平，接连的小实体K线不停地按照同一角度向

上行进，这是一组成功的看涨约会线走势。在经历了一次中级回调后，由一根启明星结束了回调，完成了整个上涨的趋势。

这次上涨虽分为两段，一段为约会线开始，一段为启明星开始，但究其起因，却是由约会线打下的坚实的基础而起的。这组约会线带来了 3.14 元、277.88% 的涨幅。

提示：我们在这一小节的前面说过，看涨抱线形态的看涨力度大于刺透形态，刺透形态又大于约会线形态。但我举的这几个例子动辄有 100% 以上的涨幅。所以虽然力量小于以上两种形态，但一旦出现，也千万不能掉以轻心，轻看了它们，从而错过了时机。

2.10.2 看跌约会线形态

看跌约会线形态应参照着看跌抱线形态与乌云盖顶形态学习。图 2.97 为看跌约会线的基本特征。

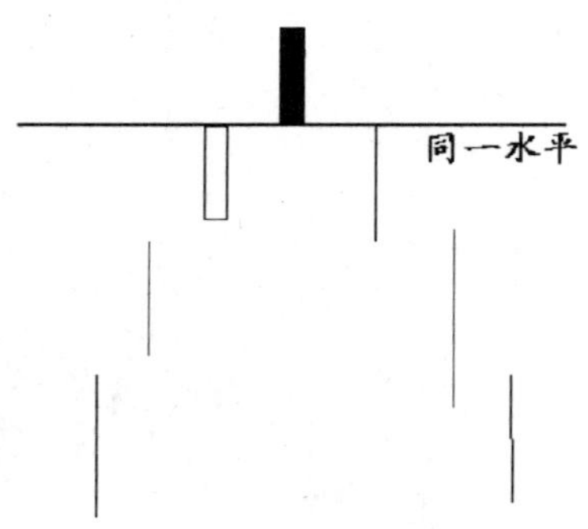

图 2.97　约会线：看跌约会线

在乌云盖顶形态中，上面的一根阴线插入前面阳线越深越好，才算得上看跌的反转形态，看跌约会线形态虽然没有看跌抱线形态与乌云盖顶形态那样强烈的看跌力量，但也不可轻视。我们来区分一下同一类似形态的看跌力量，看跌抱线形态大于乌云盖顶形态，乌云盖顶形态大于看跌约会线。

◆必须出现在一波可见的上涨趋势之后。

◆上面收出的阴线的收盘价必须小于或等于前面阳线的收盘价，当然阴线的收盘价收得越低越好，超过得多了就会变成乌云盖顶形态，抱住了阳线就会变成看跌抱线形态。

图 2.98　为金发科技（600143）的日 K 线走势图。

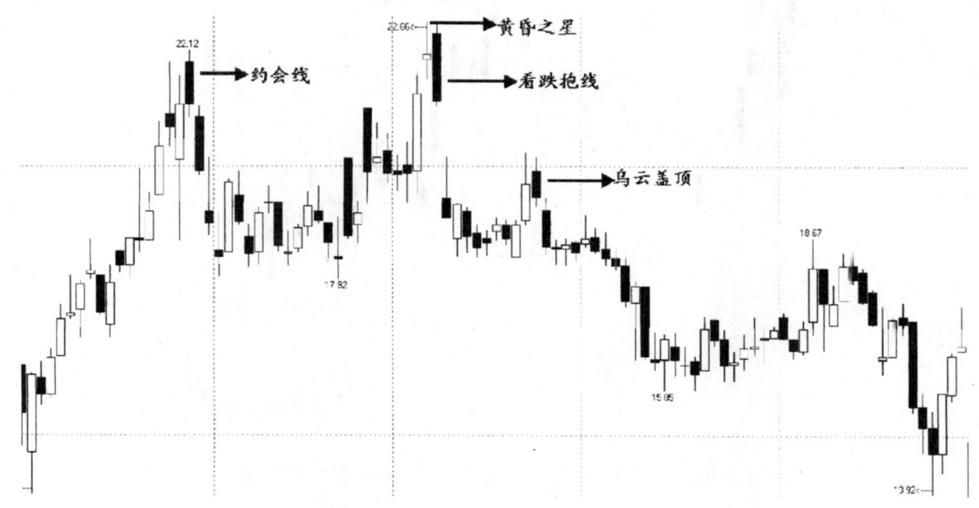

图 2.98　约会线：看跌约会线　金发科技（600143）

图 2.98 中出现的约会线为上涨趋势中的一次中级回调。在快速市的尾声，收出了一组约会线，长长的阴线实体与处于前一天收盘价相同水平的阴线收盘价，都在告诉我们快速市已经遭到了迎头痛击了。紧随其后的是一根向下跳空的长阴线，快速市的上涨面临着快速的回调，快速下跌 4 天后，横盘整理了 12 天，才再次开始向上。这次由看跌约会线引发的快速回调经历了 4.2 元、18.99% 的跌幅。如果你是一个波段交易者，这 18.99% 的跌幅是可以回避的，而且再次接回多单的话，还可以多赚 18.99% 。

后市再次上涨后由黄昏之星与看跌抱线形态共同组合形态而引发下跌。经历了调整后，再次由乌云盖顶而引发后市的继续下跌。

图 2.99 为长春一东（600148）的日 K 线走势图。

图 2.99 中下跌由一组看跌抱线形态开始，经过一个三波段的回调后，再次开始下跌，由一组约会线引发。回调的末端一根长阳线完全看不出涨势会就此终结，而后的一根星 K 线收盘价处于阳线收盘价同一水平，回调走到尾声，第二天一根向下跳空低开的长阴线正式确立了看跌抱线形态的正确性。经过两天两根阳线的回调后继续下跌。两根阳线并没有有效吃掉向下跳空的阴线，没有

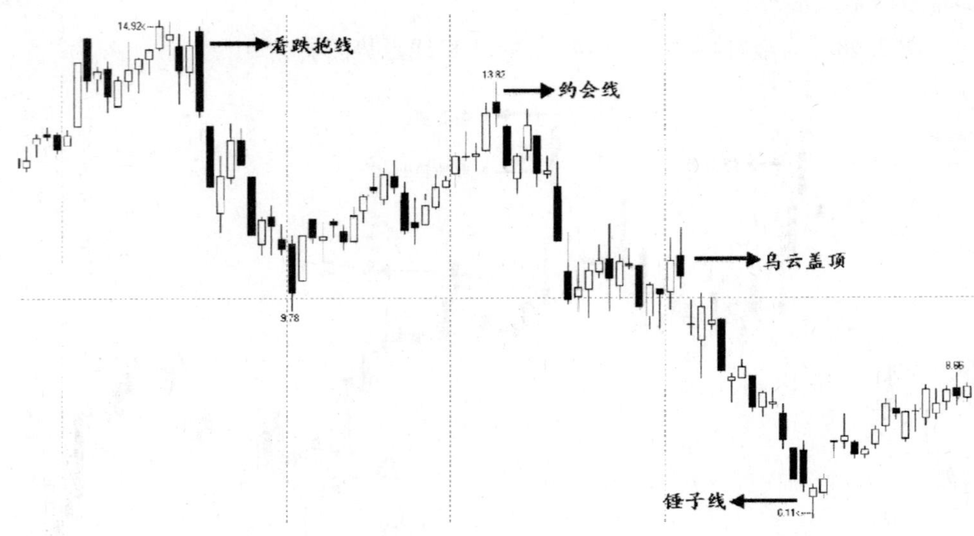

图 2.99　约会线：看跌约会线　长春一东（600148）

破坏掉看跌约会线的形态，中途再次经过一次十余天的横盘整理，由乌云盖顶再次引发一波下跌，最终由一组锤子线结束了整个跌势。这波段的下跌经历了 7.71 元、55.79% 的跌幅。

图 2.100 为维科精华（600152）的日 K 线走势图。

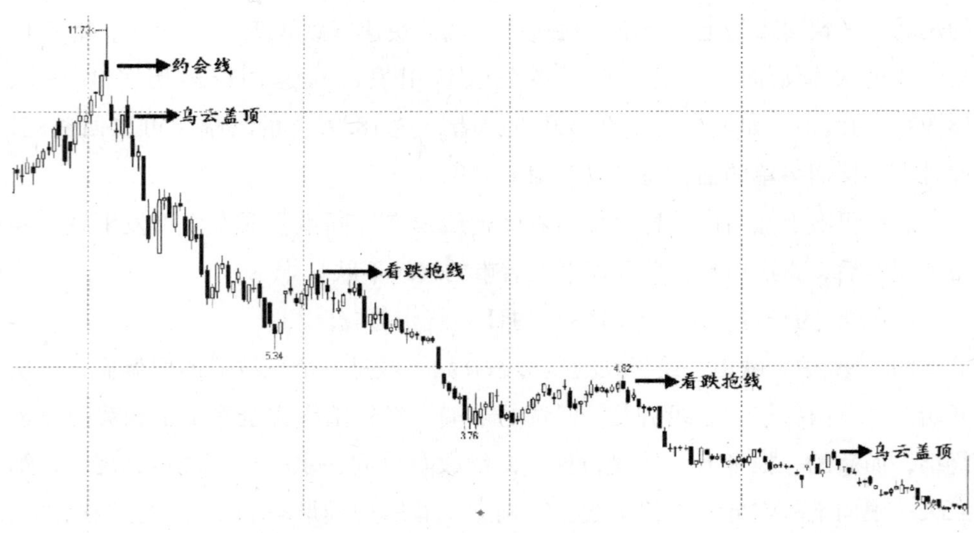

图 2.100　约会线：看跌约会线　维科精华（600152）

图2.100中约会线出现在上涨的尽头，一大波下跌的开端。前一段涨势未尽，光头阳线，在收约会线的当天，还跳空高开，盘中还在极尽所能地冲高，但当天的收盘价却处于前一天阳线收盘价同一水平附近。单从其超长的上影线我们就会发现市场已经向同一方向走得太远了，其意愿已经不再倾向于向上，而后的一根跳空低开的阴线，验证了这组看跌约会线的成功，几经反弹，每次反弹都被乌云盖顶与看跌抱线所终结，最终完成了这一段极长极远的下跌过程。这次以约会线为基础而引发的长期绵延的下跌经历了9.58元、81.67%的跌幅。

虽然我们说了约会线的看跌力量小于乌云盖顶形态，小于看跌抱线形态，但不论多大的看跌力量，它总是向下看跌的。所以，我们要小心任何一种对我不利的情形。这样不但能让我们回避不必要的风险，还可以让我们在回调过程中去选择其他的品种进行投资，从而减少我们的机会成本。

这样，反转形态我们就全部讨论完了，我们再从头到尾地说一遍它们的名字：上吊线、锤子线、看涨抱线形态、看跌抱线形态、乌云盖顶、刺透形态、黄昏之星、启明星、孕线、孕星、弃婴、向上跳空两只乌鸦、三只乌鸦、看涨约会线、看跌约会线。

提示：如果我们能熟练地应用这些反转形态，就能从一个趋势的开始买进，而到这个趋势的终结、另一个趋势开始的时候卖出，其他的我们不必考虑，只要你能像个机器人一样严格按照这些买卖信号去做，不掺杂任何个人感情色彩的话，你就会从非常客观的角度来看待这个市场，而且不再因为看不清市场的意图而盲目地下单。它会教给你，找到最适当的时机，等待最可靠的验证，像猎人一样，悄悄地潜入敌人的附近，一击即中，全身而退，再等待下一个最佳时机的到来！

第3章　K线的持续形态

持续形态是相对于反转形态而言的，反转形态是指价格一百八十度大转弯，与原来的方向背道而驰，而持续形态所表示的，是指走累了，休息一下，按原来的方向继续向前走。

绝大多数蜡烛图信号都属于趋势反转信号，不过，还有一群蜡烛图形态构成持续性技术指标，即“有时当买进，有时当卖出，有时当休战”。在这类持续性形态中，大多意味着市场处于休整阶段，需要喘息一下，然后市场仍将恢复先前的趋势。

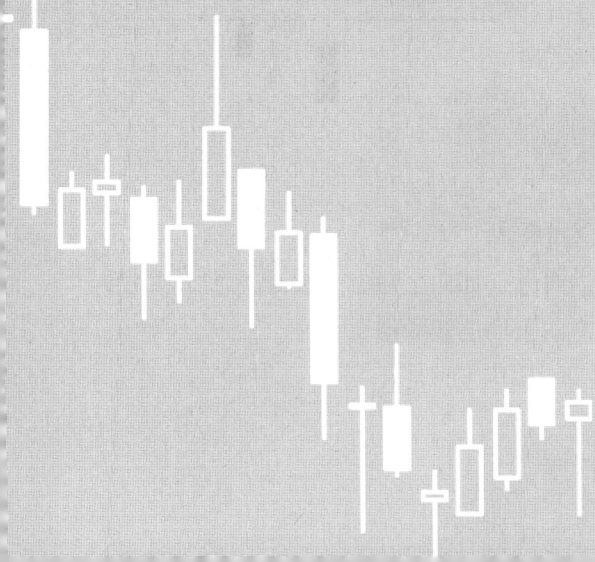

3.1 缺口

我们前面曾经介绍过一些技术分析师一般把价格跳空称为“缺口”。按照西方的表述，我们说“跳空”，回补跳空则说“关上缺口”。

我们先来理解一下缺口的基本概念，所谓缺口，是指在前一根蜡烛线的实体与后一根蜡烛线的实体之间存在着一个价格缺口，是在上升趋势中形成的一个“打开的”缺口。

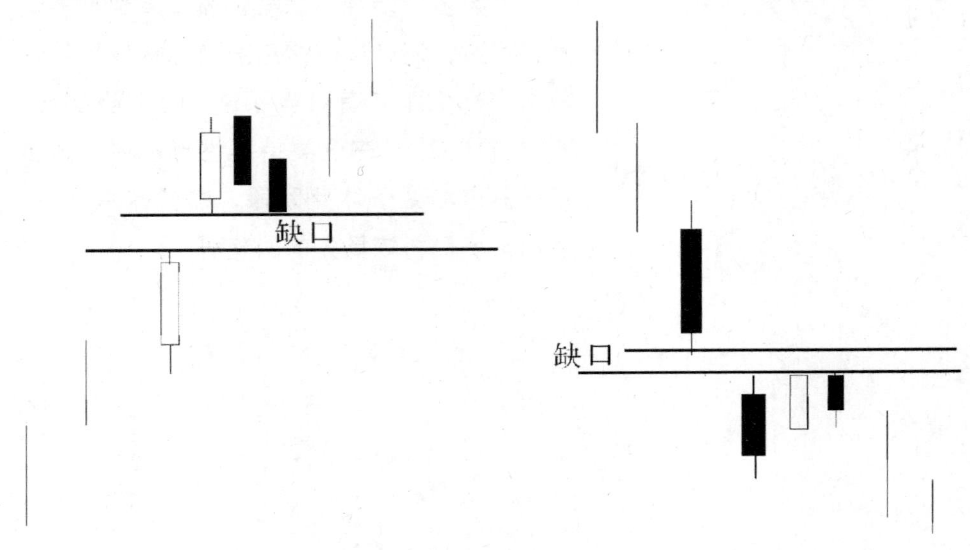

图 3.1 缺口：向上跳空缺口与向下跳空缺口

交易者应当顺着缺口形成的方向建立头寸，如向上跳空，要建立多头头寸，向下跳空，应了结多头头寸，在可以做空的市场上建立空头头寸。

同时，缺口还将演化为支撑区或阻挡区。因此，在上涨行情中，如果出现了一个缺口，则意味着价格将进一步上升。并且，今后当市场向下回撤时，这个缺口将形成其底部支撑水平。如果市场在向下回撤时关闭了这个缺口，并且在缺口关闭后，市场的抛售压力依然存在，那么先前的上升趋势就不复成立了。也就是说，原来的向上跳空缺口被关闭后，并且价格继续向下，那么这个缺口将失去作用，成为无效的缺口。

同样，在下跌的价格环境中，如果出现了一个向下跳空缺口，则意味着市场还将进一步下降，此后形成的任何向上的价格反弹，都会在这个缺口处遭遇阻挡。如果该缺口被关闭，并且在缺口关闭后，上涨行情继续发展，那么原来的下降趋势就完结了。也就是说，原来的向下跳空缺口被关闭后，并且价格继续向上，那么这个缺口将失去作用，成为无效的缺口。

在传统的技术分析理论中，当一个缺口形成后，如果市场开始调整，那么价格将回到该缺口处，市场很有可能回头试探一下打开的缺口，也就是我们常说的“回试缺口”。因此，在上升趋势中，我们可以把缺口的价格位置看作一个买进的参考点，乘市场回撤到这里时买入。当然，如果买入后市场的抛售压力很强，就应该了结多头头寸。如果在可以做空的市场上，甚至要考虑建立空头头寸。

我们来看一下具体的图例。

情形 1：有效的跳空缺口

图 3. 2 为包钢股份（600010）的日 K 线走势图。

从图 3. 2 中我们看到在上涨的价格环境中，出现了一个向上的跳空缺口，根据跳空缺口的特点，出现跳空后，价格朝着原来的方向继续前行，再涨了 4 天后，出现了回调，如果市场出现调整，价格将回到缺口附近的价位，第五天到第八天，价格一直处于跳空缺口的上限，没有进行“关闭缺口”的行为，此处的缺口作为一个强劲的支撑，使价格不能回到缺口以下的位置。如果前期你并没有关注到这只股票，可以在发生跳空缺口处买进，如果在跳空缺口处尚未买进，那么你可以在缺口出现的第五天到第八天的时候买进，如果你前期已经买进了，可以在缺口位置或是回试缺口位置的时候，进行加仓操作。

上涨一段时间后又出现了一次向上的跳空缺口，我们已经熟悉了缺口的特

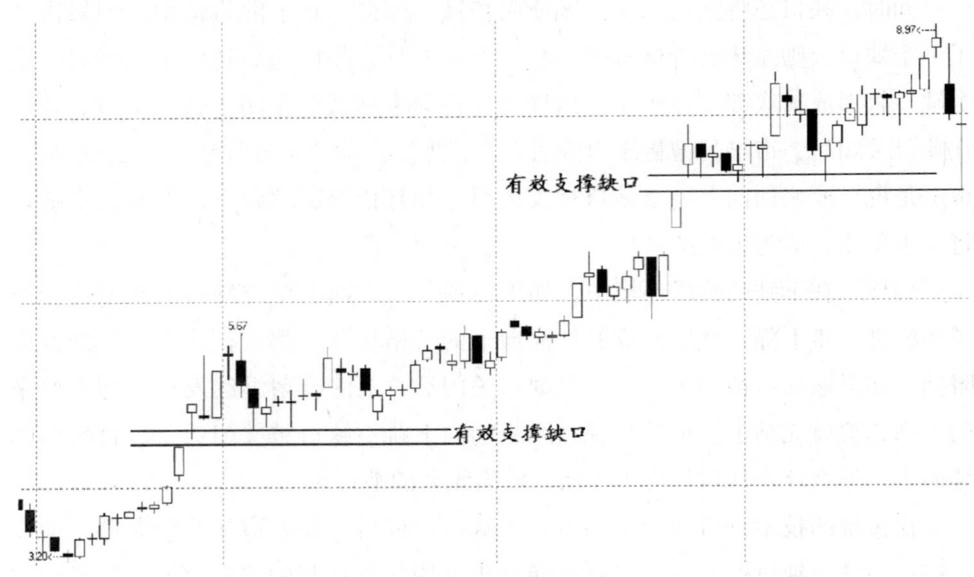

图 3.2　缺口　包钢股份（600010）

点了，在没有特殊情况下，则是维持之前的价格方向继续前进。出现跳空缺口后，价格在阳线实体内进行了 6 天的窄幅震荡，而其震荡的最低价格也没有“关闭缺口”，价位一直处于跳空缺口的上方，此处的缺口又做一次强劲的支撑。再次向上涨后出现一次更大幅度的回调，而这次回调也处在缺口的上限上方，没有“关闭缺口”，再一次体现了跳空缺口的强劲支撑。回试过缺口后，出现了一波角度很陡峭的上涨。

图 3.3 为华能国际（600011）的日 K 线走势图。

在图 3.3 中，上涨中出现向上跳空缺口，根据跳空缺口的特点，维持之前价格的走势。在持续上涨了 4 天后，发生了一次为期 11 天的区间调整，价格 3 次打在了向上跳空缺口的上限上而没有击破，显示了跳空缺口的强劲支撑。区间调整后，价位继续上扬，在价格到达 5 元的时候，又向下进行了一次调整，而这次的调整略高于前期调整的低点，遥遥相望跳空缺口的上限，价格再次上涨。缺口再一次显示了它的作用。

我们若在前期没有持有该股票，可以在向上跳空缺口出现后买进，或是在价位回调到缺口附近再次买入。图 3.4 为宝钢股份（600019）的日 K 线走势图。

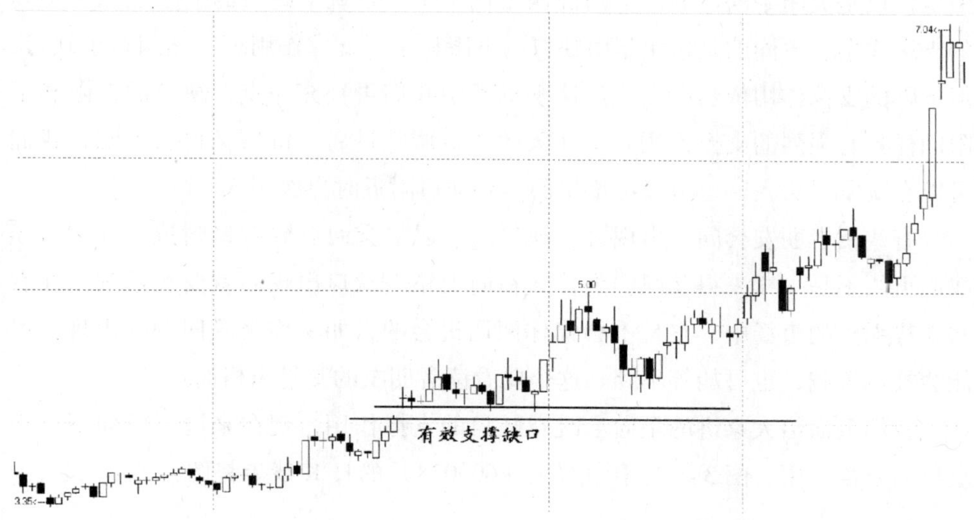

图3.3　缺口　华能国际（600011）

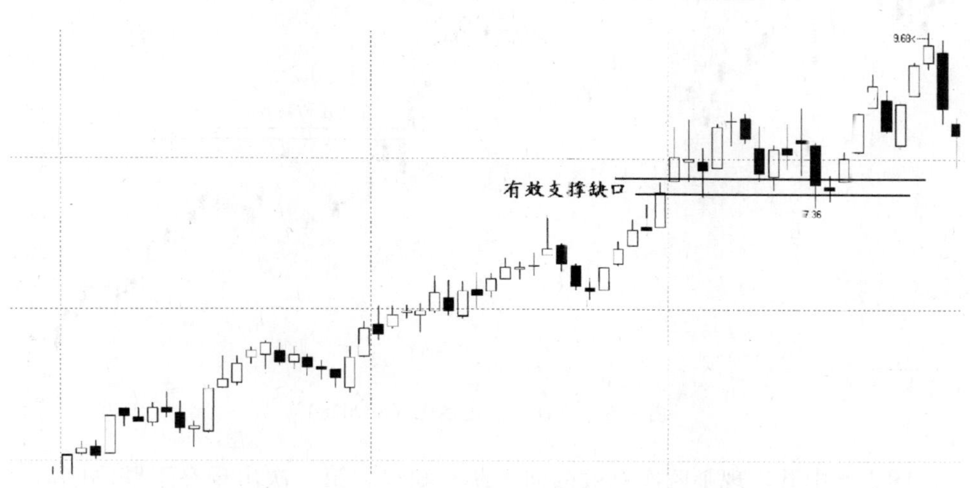

图3.4　缺口　宝钢股份（600019）

图3.4中出现了一次向上的跳空缺口，这次与前面两次所举的案例稍有不同。在跳空缺口出现后，同样进行了12天左右的平台区间调整走势。与以往不同的是这次价位将缺口关闭了。在平台调整区间内的K线的下影线闭合了缺口，

但也仅仅是关闭了缺口而已，前面两个例子中，是跳空缺口的上限显示了强劲的支撑作用，不同的是这次是由缺口的下限显示了支撑作用。虽然闭合了缺口，但下限的支撑作用依然存在。从这个例子中我们再补充一点，缺口的上限和下限同样具有强烈的支撑作用。十几天的平台调整过后，价格又再次上涨，我们可以在跳空时买入，也可以在价格回调到缺口附近时再次买入。

有些读者朋友会问，出现跳空缺口后，迟早会回调到缺口附近，那到时候我们再买不是一样来得及吗？为什么在向上跳空缺口出现后就要买进呢？在有些涨势强烈的市场中，它是不会给你回调机会的，如果你坐等回调的出现，可能会被你等到，也可能等不到。这个要看读者朋友的交易风格而定了。

我们上面给大家讲的是向上跳空缺口的支撑作用，现在来说一下向下跳空缺口的阻挡作用。图 3.5 为中国石化（600028）的日 K 线走势图。

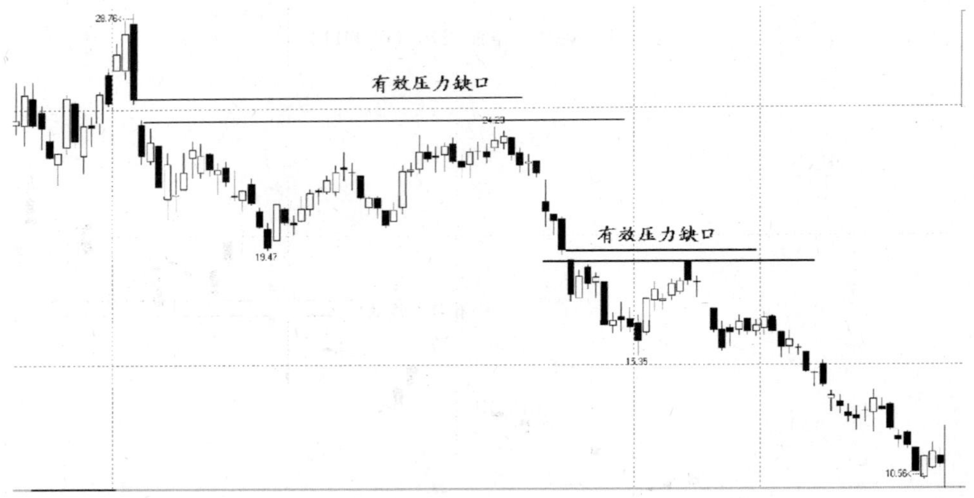

图 3.5　缺口　中国石化（600028）

图 3.5 中共出现了两次有效的向下跳空缺口。第一次出现在下跌刚刚启动之时，在向下的价格环境中，出现的向下跳空缺口，表示价格将向原来向下的方向继续前进。跳空缺口出现后，价格继续下跌。到 19.47 元的时候，止跌企稳反弹，此次反弹历经了 29 个交易日，最高位置到了前期向下跳空缺口的下限上，在这儿，跳空缺口的下限表现出了强劲的压制作用。价格到此无法逾越，转而向阻力最小的方向行进，再次转而向下。如果当时持有该股票的朋友在前

面的看跌抱线形态出现的时候没有出局，那么一定要在向下跳空缺口出局，如果没有在跳空缺口出局，在反弹最高点到达缺口下限时一定要出局，这里可是最后的机会了。

第二次出现在中继下跌行情中，价格再次转而向下后，经过了快速下跌又一次出现了向下跳空缺口，下跌加速。到达 15.35 元时，止跌企稳反弹，6 天后到达了缺口的下限。这里的缺口也显示了惊人的压制作用，在缺口下限处，直接走出一根光头的阴线，毫无余地的压制，一组乌云盖顶形态结束了此次短暂的反弹，再次向下，而这次的缺口位置也是前方第一次下跌 19.47 元的水平压力位。在这里还不快走的朋友，一定会被深度套牢了。

图 3.6 为三一重工（600031）的日 K 线走势图。

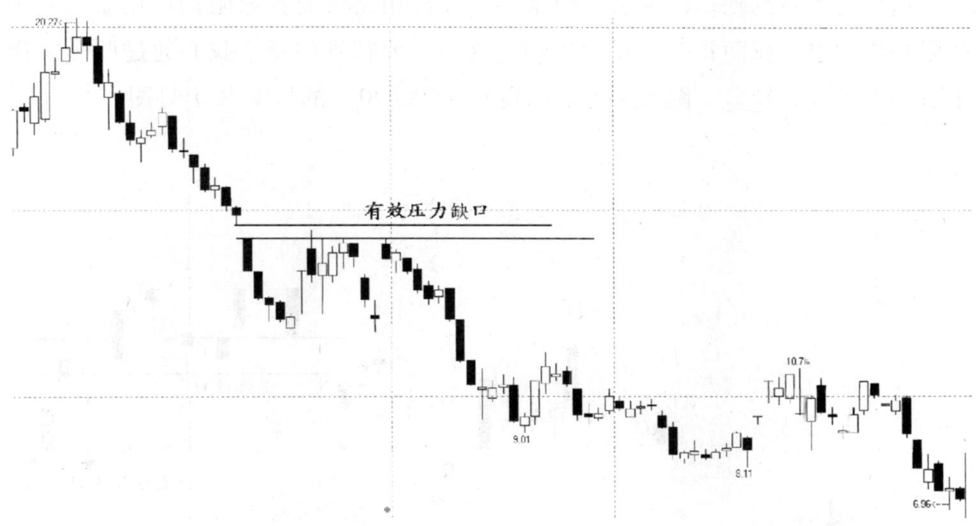

图 3.6　缺口　三一重工（600031）

图 3.6 中，在快速下跌中出现了向下跳空缺口。在下跌的价格环境中，出现向下跳空缺口，表示价格将继续以原来的下跌趋势向前行进。向下跳空缺口出现后再次快速下跌了 5 天，迎来了一次短暂的反弹。这次反弹 4 次将价格打到了向下跳空缺口的下限，缺口体现了它应有的压制力量。价格将选择阻力最小的方向继续前进，上面阻力极大，将继续转而向下。

提示：在上述位置还继续持有头寸的朋友们，应该仔细看看这章讲的内容了，可能你会说，我无所谓，反正跌下去早晚会涨上来。那我们来说说道理，你失去的机会成本、时间价值。如果我们在反弹至缺口压力处附近清掉所有头寸，静观其变，等到出现买入信号再次买入，只要涨到原来一半的价格，我们就可以赚回成本，而如果你一直持有头寸的话，那就要等价格全部涨回的时候，你才会收回成本，而灵活操作的朋友们，已经比你多赚了一倍了。

情形2：缺口作用的转换

有些情形中，在向上跳空缺口出现后，价格又将缺口关闭，但卖压并没有消失，使价格继续向下。那这样的缺口，就成了无效的缺口。在向下跳空缺口出现后，价格又将缺口关闭，但买方的力量并没有消失，使价格继续上涨，那这样的缺口，也是无效的缺口。

这样的无效的缺口出现后，原来的支撑作用会反而变成阻挡作用。而原来的阻挡作用也会反而转变为压力作用。这一点要特别注意。我们通过两个实例来看一下无效的缺口。图3.7为中原高速（600020）的日K线走势图。

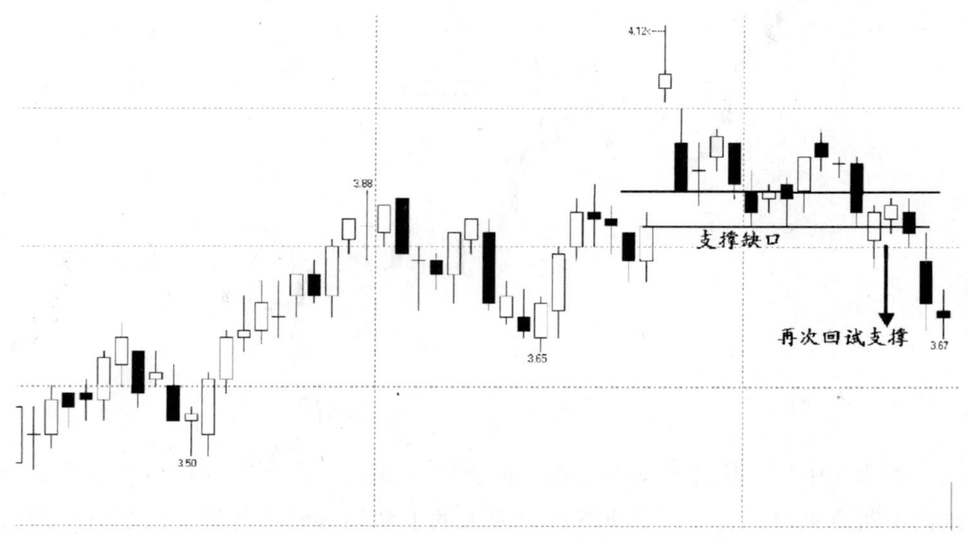

图3.7　无效缺口　中原高速（600020）

图3.7中在上升尾声出现了一个向上的跳空缺口，随后出现了一组看跌的流星线形态，我们就应该注意了。这极有可能是一次无效的跳空缺口。流星出现后在阴线内震荡了11天，3次关闭了缺口，但都被向上跳空缺口的下限阻挡

住了，看似很强劲的支撑。但第12天后收了两根高开低走的阴线，其实体部分不但完全关闭了缺口，而且还穿透了缺口的下限，这次有着支撑作用的向上跳空缺口完全失去了其支撑作用。

这次的缺口反而变成了压制阻挡作用。两根低开高走的阳线再向上回试了一下缺口的上限，支撑变为压力后寻找阻力最小的方向继续前行，转而向下。这就是缺口作用的反转，在这里体现得很明显。

图3.8为华能国际（600011）的日K线走势图。

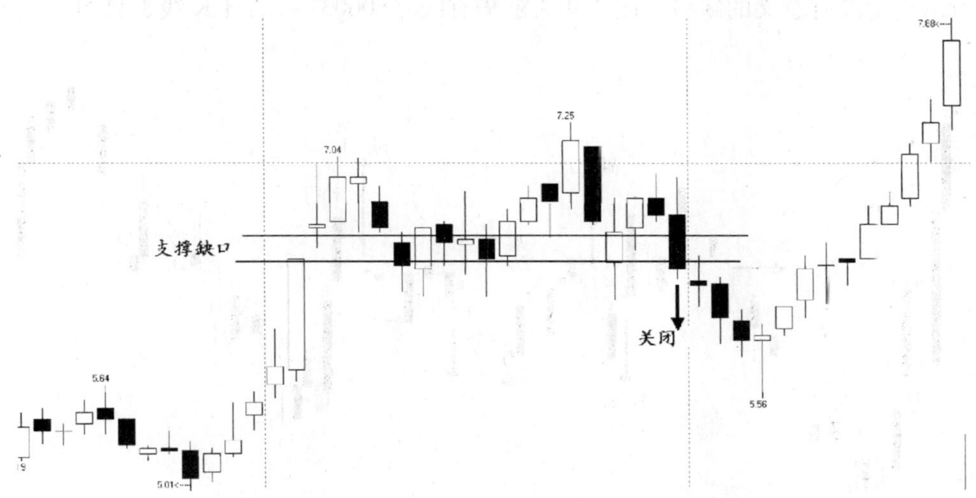

图3.8 无效缺口 华能国际（600011）

图3.8中，上涨过程中出现了一次向上跳空缺口，此次缺口与前两次皆有不同，两次显示了不同的作用，第一次是支撑作用，在向上跳空缺口出现后，价格在缺口的上限与下限中反复进行窄幅震荡，最终缺口的支撑作用起了主导作用，价格选择上涨，而上涨到7.25元的时候，转而下跌，再次测试前期的向上跳空缺口。而这次两次关闭了缺口后，在缺口的下方收了一根星K线，完全破坏了缺口的支撑作用，缺口的支撑作用转变为了压制阻挡作用。而星K线的上影线又再次回试了缺口下限，压力作用明显，寻找最小阻力方向，转而向下。最后由一根锤子线结束了跌势，转而一波角度陡峭的上涨行情。

情形 3：无意义的缺口

我们可以看到我们上面几节中讨论的不论是向上还是向下的跳空缺口，或是缺口压力的转变的问题时，都是在上涨趋势中，或是在下跌趋势中，出现的跳空缺口。

因为缺口是持续形态，是维持原来价格走势的方向而继续发展。如果是在横盘震荡中出现了缺口，那便是无意义的缺口。因为它没有原来的趋势依循，所以它是没有意义的缺口。图 3.9 为歌华有线（600037）的日 K 线走势图。

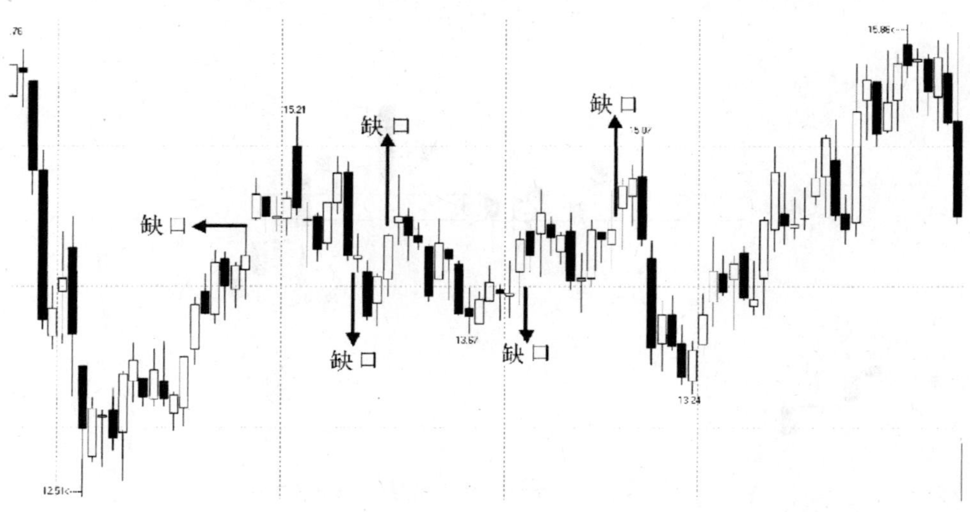

图 3.9　无意义缺口　歌华有线（600037）

在图 3.9 中，是一段长时间的横盘震荡走势。本身便无任何趋势可言，而其中出现的缺口也无从依循所谓原来的趋势方向。

提示：所以凡是在震荡区间出现的缺口都可视为无意义缺口。

3.2　重要的四次跳空缺口

在一波完整的涨势中，一般会出现四次重要的跳空缺口，大家要注意，我说的是四次重要的，不是一共只出现4次缺口。

至于为什么会出现四次重要的缺口，因为在一波完整的主要趋势的涨势中，一般会有三次主要上涨，而经过了这三次主要上涨之后，就要进入对这三次涨势的一个大规模调整阶段，调整过后进而进行下一次的三次主要上涨，周而复始，这些我们会在第九章波浪理论中讲到。在这里我们只要先记住并有印象即可。图3.10为四次缺口的简化图。

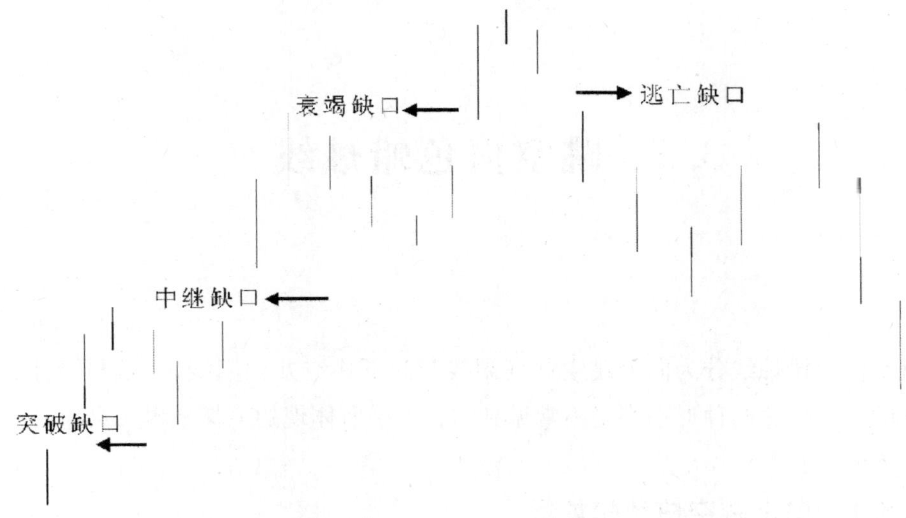

图3.10　四次重要跳空缺口

在涨势之初，价格会从长期低迷的底部进行一次突破，跳出低迷的地带，重新整理出新的方向，所以第一次重要的跳空缺口叫作“突破缺口”。在第一波涨势完成之后，要针对这一小波段上涨进行一次回调，回调也不会关闭此次的“突破缺口”。调整结束后继而进行第二次的主要趋势上涨，中间还会存在着一个有效的跳空缺口，因为其后通常是速度最快、涨势最猛的行情，这是继续前面上涨的一个加速阶段，所以又叫作“中续缺口”。第二次主要趋势上涨过后，还要对它进行一次回调，当然也不会破坏这个“中继缺口”。回调结束，进行最后一次主要趋势的上涨，因为是最后一次的上涨，所以用尽全身力气最后一跳，来完成全部涨势，所以又叫作“衰竭缺口”。

当“衰竭缺口”出现后，我们就要找机会脱身了，毕竟它预示着最后一波涨势的来临。一旦出现了顶部反转K线，我们就要先行获利了结，拾取战利品，退出战场，等待下一次的机会了。在最后一涨结束后，是对整个三次上涨的一次大的回调。这时大家都在争先恐后地平仓，都会压低价格出售，所以，会给下跌的回调造成一次缺口，因其为多头的胜利大逃亡，所以又叫作“逃亡缺口”！至此，一波完整的涨势结束，生命之轮永不停歇，我们再等待下一次的“突破缺口”。

3.3 跳空白色蜡烛线

跳空白色蜡烛线分为向上跳空并列阳线与向下跳空并列阳线，分别是看涨与看跌的形态。这两种形态都是不常见到的，其中所体现的意义也耐人寻味。

3.3.1 向上跳空白色蜡烛线

开始价格在上升趋势中，出现一根相对于前一天的伴随着向上跳空缺口的白色K线，紧接着第二天在它的右侧又出现一根与它实体部分相差无几的白色

K线，开盘价与收盘价几乎处于同一水平位置，这样的形态，便是向上跳空并列白色蜡烛线形态，有时我们也叫它向上跳空并列阳线形态。形态所显示的结果为，若第三天的收盘价在这组并列白色蜡烛线的最高点上方的话，那么就意味着，价格会按着原趋势的方向继续向上。我们来总结一下向上跳空白色蜡烛线的特点。

◆在上升趋势中。

◆一根向上跳空的阳线，后面再跟着一根阳线。有些情况不止两根阳线。

◆这两根白色阳线大小相当，两者的开盘价基本处于同一水平。

图3.11为向上跳空并列白色阳线的示意图。

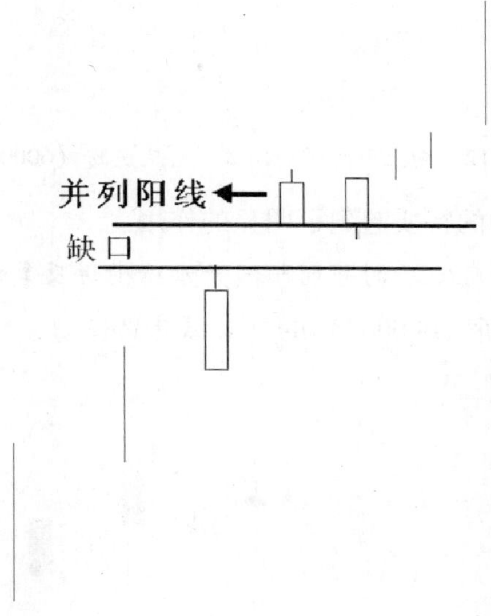

图3.11　向上跳空并列阳线

我们来看一些图例。图3.12为哈飞股份（600038）的日K线走势图。

在图3.12中，上涨的行情开始后，出现一个向上跳空的缺口，它不是我们前面所讲的并列的两根阳线，情况有些特殊，而是三根并列的阳线。开盘价都在15.5元附近，三根阳线的实体也都差不多大小，而这三根阳线的影线都没有“关闭缺口”，缺口的支撑显示得很强劲。寻找阻力最小的方向向前，下面的支撑很强，而持续形态的本质就是追随原来的趋势方向。所以，三根小实体的并列阳线震荡过后，开始了三根长阳线的快速上涨。这说明了向上跳空并列阳线

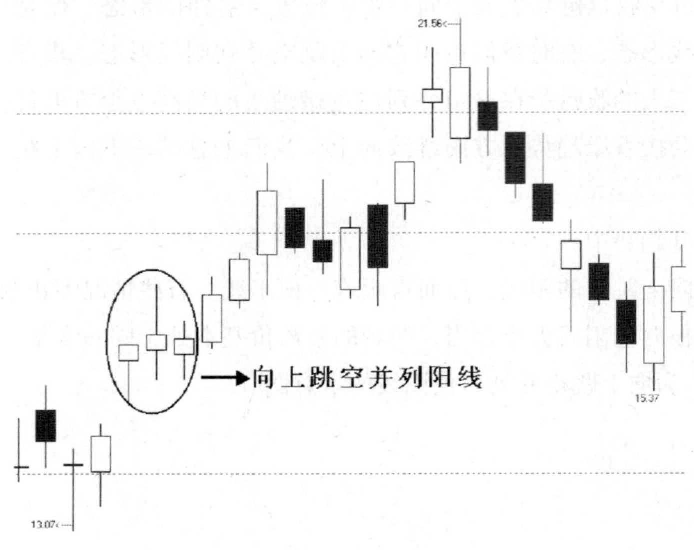

图 3.12　向上跳空并列阳线　哈飞股份（600038）

的持续追随原趋势方向的特质起到了明显的作用。

提示：我们可以在跳空后的并列阳线开盘价附近反复加仓。

图 3.13 为四川路桥（600039）的日 K 线走势图。

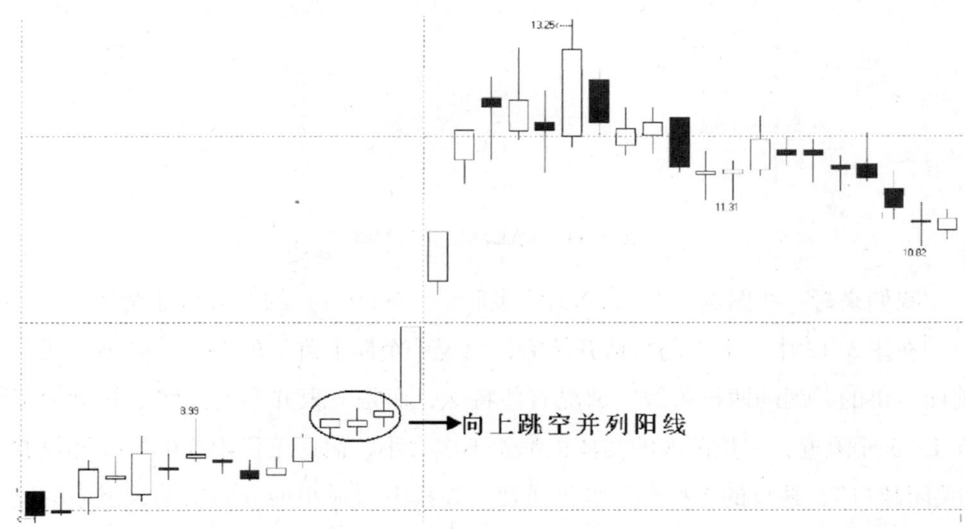

图 3.13　向上跳空并列阳线　四川路桥（600039）

图 3. 13 与图 3. 12 类似，在上涨的价格环境中，出现一个向上的跳空缺口，三根并列的阳线的开盘价都在 9 元附近，而三根并列阳线的实体部分也都大小相差无几，三根阳线的下影线回试了缺口的下限，显示了缺口的支撑作用。三根跳空并窄幅震荡的阳线走完以后，我们在图中可以看到，是三根连续向上的长阳线并且收盘价都在涨停板上。可以明显地看到向上跳空并列阳线的追随原趋势并加大了价格向上力度的能力。我们可以在跳空后的并列阳线开盘价附近反复加仓。

图 3. 14 为浙江广厦（600052）的日 K 线走势图。

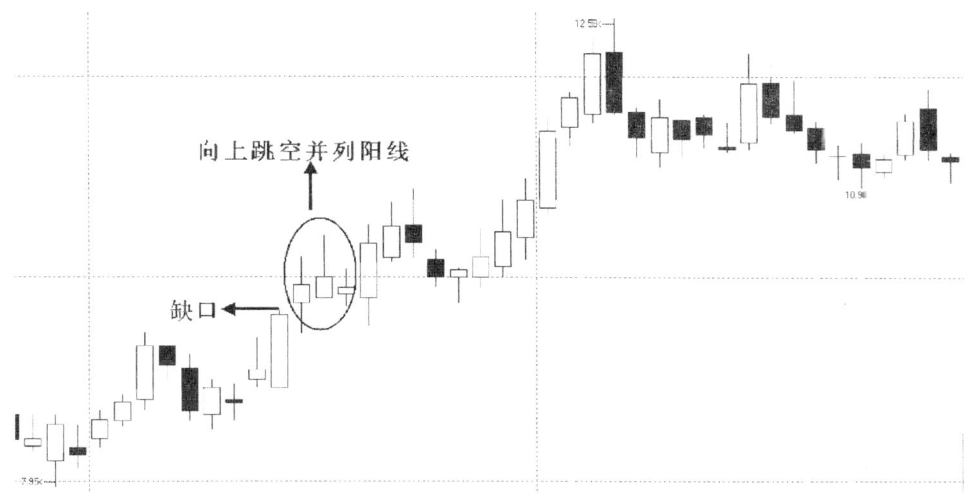

图 3. 14 向上跳空并列阳线 浙江广厦（600052）

图 3. 14 中还是与前两图一样，三根并列阳线。在上涨的价格环境中，一根阳线突起，伴随着向上的跳空缺口，走出三根并列阳线，阳线的开盘价都在同一水平，实体也差不多大小，只是中间那一根的上影线略显得长一些而已，但这不影响形态的正常发展。第一根阳线的下影线下插入前方长阳线的实体内。但收盘价却彰显了缺口的支撑作用。三根并列阳线走完以后一根长阳线几乎囊括了前面的三根并列阳线，向上的势头很大。再经历了两天的回调后，一连串的阳线向上飞扬而去，再次显示了向上跳空并列阳线的持续形态作用。我们可以在跳空后的并列阳线开盘价附近反复加仓。

3.3.2 向下跳空白色蜡烛线

上面介绍的这种并列白色蜡烛线形态是很少见的，不过，更少见的还有向下跳空的两根并列白色蜡烛线。

这类形态称为向下跳空并列白色蜡烛线形态。在下跌趋势中，这类并列的白色蜡烛线也构成了一个持续形态。这就是说，当这类形态出现时，价格将继续走低。为什么这种形态不是看涨而是看跌的呢？这是因为在可以做空的下跌的市场中，这两根白色蜡烛线是由一些短线空头平仓过程造成的，一旦空头平仓的过程完成了，新的空头再次入场，价格就要进一步下跌。而在股票市场中，是由于在这里抄底的多头进场买入而形成的，这些新多头正是接了老多头扔下的货而接了最后一棒，自以为捡到了便宜货，当大家都看到这不是一次真正的反弹，而那些抄底的新多头进场结束后，价格进一步下跌是很正常的。

这类向下跳空并列白色蜡烛线形态之所以特别罕见，其原因不难理解，在下跌趋势中，当出现向下跳空时，如果形成跳空的蜡烛线是一根黑色蜡烛线，当然比一根白色蜡烛线自然得多，如果在下跌的市场行情中，先出现一根向上跳空的黑色蜡烛线，后面又跟了一根黑色蜡烛线，并且后者的收盘价比前者低，让我们想想，这是我们之前讲过的哪种形态，对，是我们在讲刺透形态的时候说过的一种类似刺透形态的“待入形态”，已经忘了的读者请将书翻回第二章，那么市场将开始下一轮价格下跌的过程。

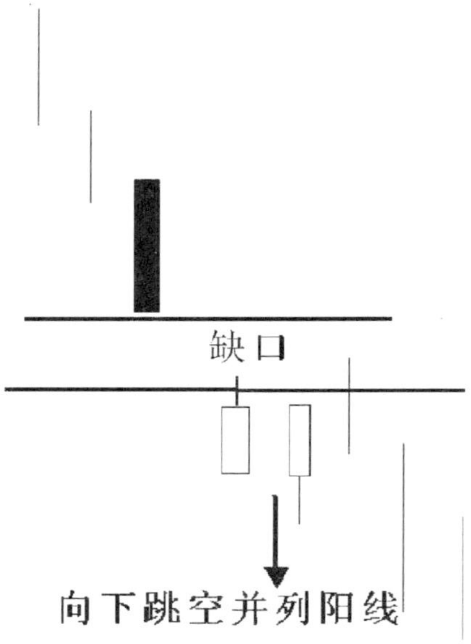

图 3.15 向下跳空并列阳线

图 3.15 为向下跳空并列阳线的示意图。

我们来总结一下向下跳空白色蜡烛线的特点。

◆在下跌趋势中。

◆一根向下跳空的阳线，后面再跟着一根阳线。有些情况不止两根阳线。

◆这两根白色阳线大小相当，两者的开盘价基本处于同一水平。

我们来看一下图例，图3.16为宁波联合（600051）的日K线走势图。

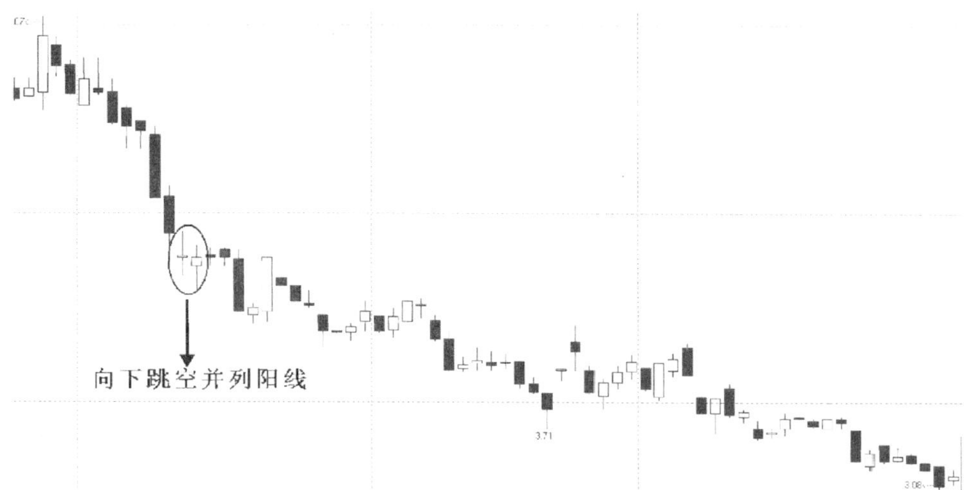

图3.16　向下跳空并列阳线　宁波联合（600051）

图3.16，在下跌趋势中段出现向下跳空的缺口，两根并列阳线出现在缺口的下端，这组阳线不太规则，因为这种情况出现得极少，所以不太规则也是正常的。两根并列阳线的实体都没有多大，开盘价格也自然相差无几，第一根K线的上影线回试了一个阻挡缺口，无功而返，显示出缺口向下压制的决心。两根阳线走完，低部抄底者的行动也差不多结束了，再来两天的星K线的窄幅震荡后直接大阴线快速向下，再次经历了两天的回调后，下跌速度变缓，但却是阴跌不止，也显示了向下跌空并列阳线的追随原来的趋势的作用。

提示：在回试缺口过程中，是手里还持有头寸者最后逃命的最佳时机。

图3.17为冠城大通（600067）的日K线走势图。

图3.17中，在下跌的开始阶段，一根长阴线后，出现一个向下跳空缺口，伴随着两根并列阳线，两根并列阳线差不多大小，开盘价也在同一水平，实体部分向上测试了压制缺口的阻挡力量，向上的努力并没有成功，紧随其后一根长阴线向下直贯而下，开始了两天的快速下跌。其后又是20多个交易日的向上

图 3.17　向下跳空并列阳线　冠城大通（600067）

回调，其高度都没有超过该向下跳空缺口，转而继续向下快速下跌。在这里再次显示了，向下跳空并列阳线追随原有趋势的作用。

提示：在向上回试缺口的那两根并列阳线的价格位置，是刚刚开始下跌的阶段，也是多头胜利逃亡的不二时机。

图 3.18 为宋都股份（600077）的日 K 线走势图。

图 3.18　向下跳空并列阳线　宋都股份（600077）

图3.18中向下跳空缺口出现在下跌的末端，两根并列阳线出现在缺口的右侧，第一根阳线略显得长一些，但并不影响向下跳空并列阳线形态的作用。两根并列阳线的收盘价都在同一水平，第二根收到了第一根收盘价附近，说明向下跳空缺口下限的压制阻挡作用是很强劲的。两天的抄底行为结束后，又一根长阴线快速下穿，再次转而下跌，这又是一次成功的向下跳空并列阳线的持续形态。跌势的尾端由一组看涨抱线形态结束。

3.4 向上跳空并列阴阳线

与跳空并列阳线相对的是跳空并列阴阳线，前者跳空后都是阳线，而后者跳空后为一阴一阳并列而成。

向上跳空并列阴阳线也是一种持续形态，它的形成过程大体是这样的。市场本处于上升趋势中，这时出现了一根向上跳空的白色蜡烛线，其后紧跟着一根黑色的蜡烛线。这根黑色蜡烛线的开盘价位于前一个白色蜡烛线实体之内，收盘价位于前一个白色蜡烛线实体之上。在这种情况下，这根黑色蜡烛线的收盘价，就构成一个买入点。如果市场回头填补了这里的跳空，即关闭了缺口后，抛售压力依然很明显，那么这个向上跳空并列阴阳线形态的看涨意义就不再成立了。图

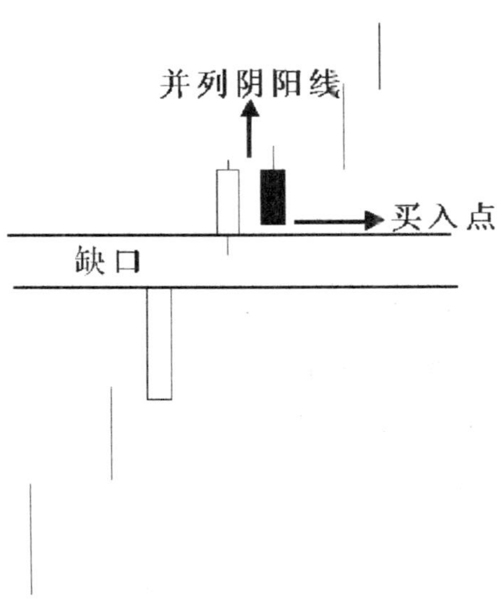

图3.19 向上跳空并列阴阳线

3.19 为向上跳空并列阴阳线的示意图。

我们来总结一下向上跳空并列阴阳线的特点：

◆在上升趋势中。

◆一根向上跳空的阳线后紧跟着一根阴线。

◆阴线的开盘价低于阳线的收盘价，阴线的收盘价低于阳线的开盘价。这点并不绝对，但这样的形态是完美的形态。

我们来看一些图例。

情形1：有效的向上跳空并列阴阳线

图3.20为浙江富润（600070）的日K线走势图。

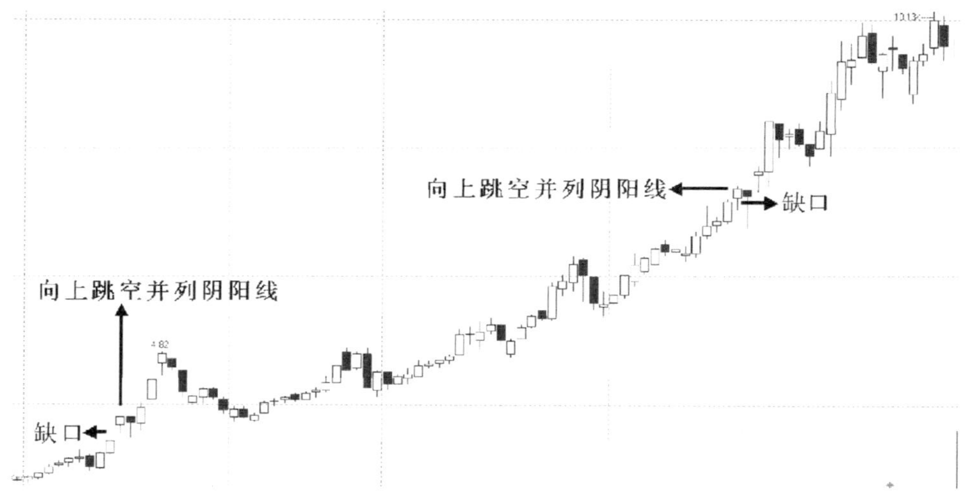

图3.20 向上跳空并列阴阳线 浙江富润（600070）

在图3.20中，向上跳空并列阴阳线共出现两次。第一次在一排小幅度连续上涨的阳线后出现了跳空缺口，阴阳两根K线实体差不多，很短的下影线，阴线的下影线回踩了一下向上跳空缺口的下限。测试了跳空缺口的支撑程度，阴线的收盘价位置是最佳买入点，有些朋友会问为什么不在阴线的下影线部分买？因为当价格走在下影线里的时候，这是一根阴线实体，而那时尚未测试出这个向上的跳空缺口是否有足够强劲的支撑能力。所以当临收盘时，形态已然形成，那么在阴线的收盘价附近进入多单，相对来说比较安全。

第二次是出现在连续上涨的行情中间，这漫长而又绵延的涨势，相信很多朋友都已经沉不住气了。向上跳空缺口出现，伴随着一根阳线，紧随其后是一根下影线极长的阴线。虽然下影线的长度已经吃掉了前面两根阳线的实体，但终归是影线，在收盘的那一刻，还是收在了向上跳空缺口的上方，没有破坏向上跳空并列阴阳线的形态。所以，在收盘的那一刻，也是一个最佳买入点。我们看到形态形成后，继续上涨，经过 5 天的调整后，又是一次快速的上涨行情。两次的向上跳空并列阴阳线显示了其追随原有趋势的持续形态的特征。

图 3.21 为中葡股份（600084）的日 K 线走势图。

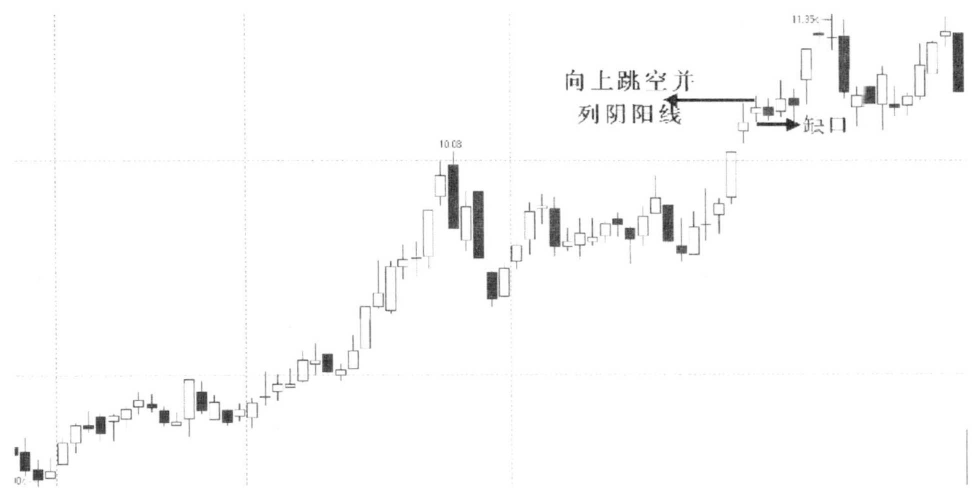

图 3.21　向上跳空并列阴阳线　中葡股份（600084）

在图 3.21 中，向上跳空并列阴阳线出现在涨势的末端，在前期上涨过程中，出现了一个对称三角形的调整，关于什么是对称三角形我们会在后面的形态章节中讲到。调整结束后，一根阳线打到了原来上涨行情的高点，再次向上一跳，形成了第一个缺口。我们前面讲过向上跳空的缺口本身就是追随原有趋势的持续形态。在缺口后又出现一个缺口，这更加增强了上涨的力度。第二个缺口后，两根并列的阴阳线出现了，实体部分大小相当，两根阴阳线分别用下影线测试了第二个缺口的支撑强度后，再次上涨。

提示：在图中我们可以看到这几乎是最后一涨，当我们学习波浪理论那一章的时候，会讲到三角形的出现通常预示着最后一涨的出现。

图 3.22 为金健米业（600127）的日 K 线走势图。

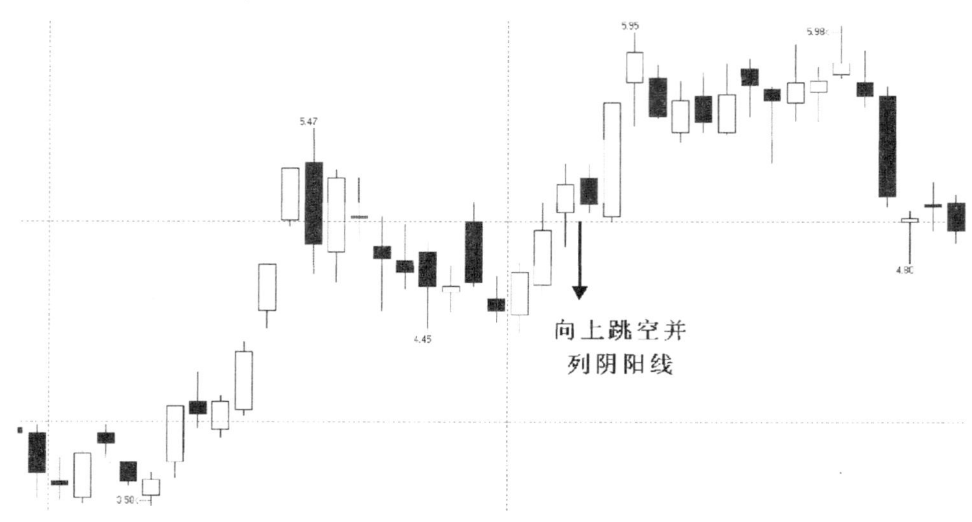

图 3.22　向上跳空并列阴阳线　金健米业（600127）

图 3.22 中在上涨的价格环境中出现了向上跳空并列阴阳线。前面依次上涨的两根阳线后，出现向上跳空缺口，紧随其后两根并列阴阳线，阴线位置略高于阳线。第一根阳线上涨得很不确定，盘中一度打压，体现在其相对较长的下影线上，其下影线还插入了前面阳线的实体内，但其测试过向上跳空缺口的支撑能力后，收盘反而收在了上方。阴线相对来说比较稳健，稳稳地收在阳线之侧，阴线的收盘价没有低于阳线的开盘价，这是一个很好的买入点。第二天一根长阳线向上，虽然涨得少了一点，但其时间短，机会成本相对来说就会偏小一点，两天时间赚取 10% 已是很不错了。你说是吗?

情形 2：无效的向上跳空并列阴阳线

图 3.23 为宋都股份（600077）的日 K 线走势图。

在连续涨停板附近出现了向上跳空并列阴阳线。三个停板后，一根阴线包下来，阴线下影线又回试了一下前一个停板前的缺口，收盘价却收在前一根阳线开盘价的附近。如果第二天继续上涨，那么这就是一组成功的向上跳空并列阴阳线，可第二天是一根光头光脚的阴线。我们再回头来看一下这组形态，它从向上跳空并列阴阳线变成了看跌抱线形态。这就是 K 线有意思的地方，相互

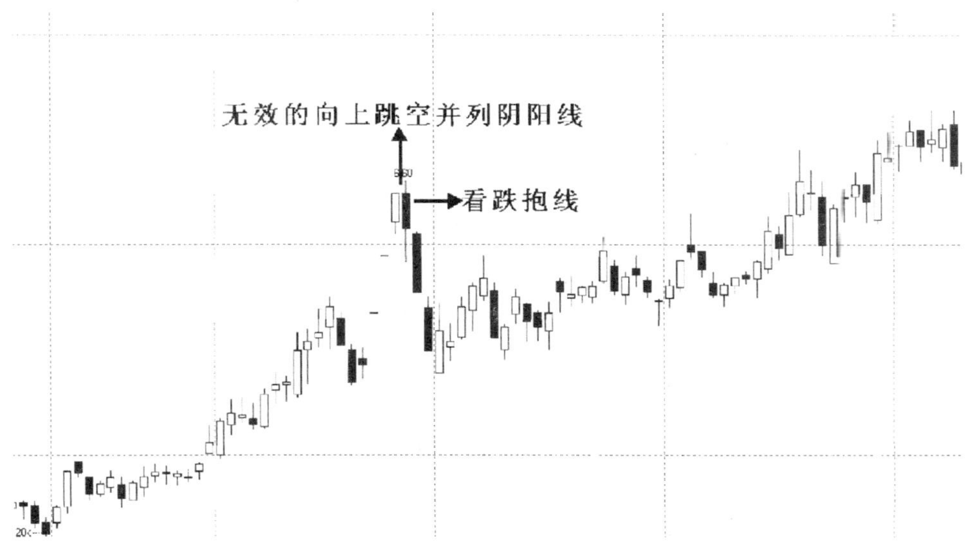

图 3.23　无效的向上跳空并列阴阳线　宋都股份（600077）

之间如果没有验证就会转换。我们后面讲到形态的时候，任何一种反转形态都可以变成持续形态，这就要看形态形成后的后续走势了。所以，在市场中求生存的交易者，一定要如履薄冰。看跌抱线形态形成后，又快速向下跌了几天后，又恢复到原来的角度和速度再次缓慢向上拉高。从后面的走势可以看出，这是

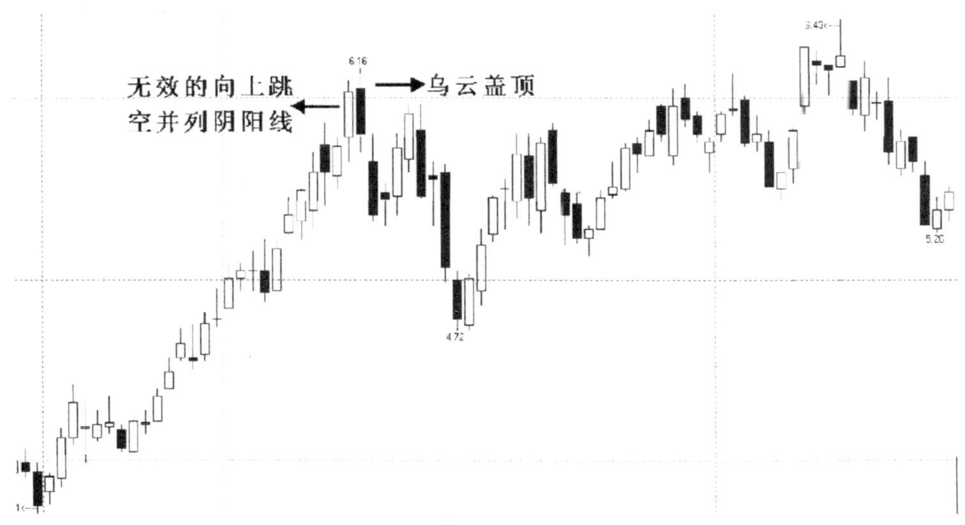

图 3.24　无效的向上跳空并列阴阳线　长航油运（600087）

一次明显的庄家洗盘的手法，快速拉高，在三个停板附近出货，并打压，洗掉跟风的散户，再低位接回。

图 3.24 为长航油运（600087）的日 K 线走势图。

图 3.24 中向上跳空并列阴阳线出现在快速市上涨的末端，左侧有缺口，并且阴线与阳线都测试了缺口的支撑作用，阴线的收盘价在阳线体内，略高于阳线的开盘价。若是第二天继续上涨，就是一组成功的向上跳空并列阴阳线，可惜的是第二天向下跳空一根快速下跌阴线。再回头来看这组并列阴阳线，此时由于第二天的跳空阴线，变成了乌云盖顶形态。

提示：在选择跳空并列阴阳线中，还要注意一点，如果是市场朝一个方向走得太远的时候，出现类似形态，不要盲目追高，宁可错过，也尽量不要做错。

图 3.25 为明星电力（600101）的日 K 线走势图。

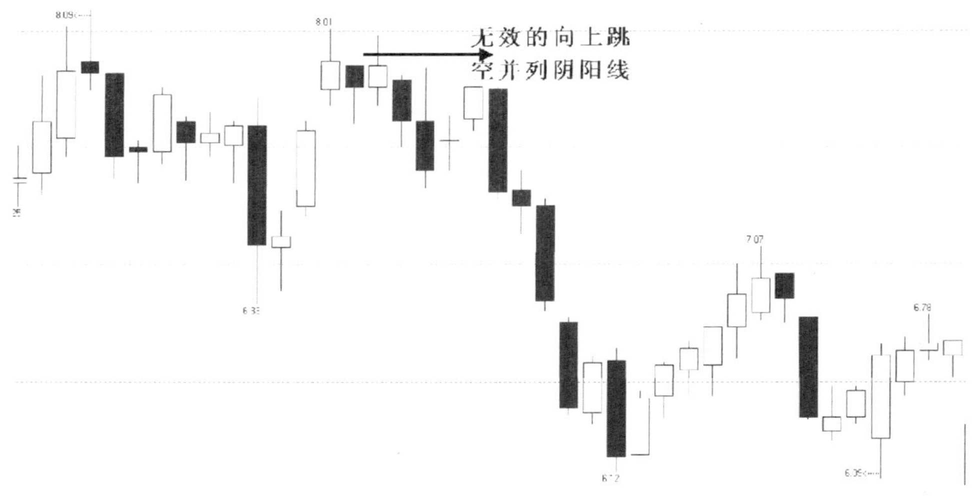

图 3.25　无效的向上跳空并列阴阳线　明星电力（600101）

图 3.25 中出现向上跳空并列阴阳线本身便是无效的，原因是什么最后再说。我们暂且把它当成是正常出现的向上跳空并列阴阳线，左侧有跳空缺口伴随着并列阴阳线，阴线的下影线正好打在了向上跳空缺口的下限，测试了缺口的支撑力度，随后又是一根小阳线，并没有向上突破，说明形态尚未形成。第二天的阴线下跌再一次测试了缺口的下限支撑，但是阴线的收盘价已经逼近缺口了，压力很强。第三天的阴线实体插入了前面的阳线，彻底关闭了缺口，宣

告向上跳空并列阴阳线失败。

提示：为什么我从一开始就说这是一个无效的缺口呢？还记得我们第一节讲的缺口吗？第三种情形无效的缺口，在震荡中出现的缺口是无效的，请大家仔细地看图。这只是在一个震荡中极小的一个小趋势中上涨的环境，而再稍稍离远一点看，它仍然在震荡区间内，所以缺口是不成立的。缺口都不成立，何谈向上跳空缺口呢！所以请各位一定要注意整体的环境。

3.5　向下跳空并列阴阳线

与向上跳空并列阴阳线相对的便是向下跳空并列阴阳线，前者为追随上涨的原有趋势，而后者便是追随向下跌的原有趋势。图3.26为向下跳空并列阴阳线的示意图。

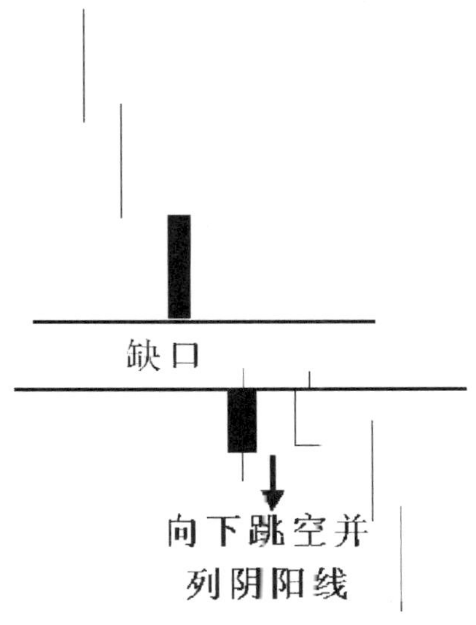

图3.26　向下跳空并列阴阳线

向下跳空并列阴阳线也是一种持续形态，它的形成过程大体是这样的。市场本处于下跌趋势中，这时出现了一根向下跳空的黑色蜡烛线，在这根蜡烛线后，紧跟着另一根白色的蜡烛线。这根白色蜡烛线的收盘价位于前一个黑色蜡烛线实体之外，开盘价位于前一个黑色蜡烛线实体之内。在这种情况下，这根白色蜡烛线的收盘价就构成一个卖出点。如果市场回头填补了这里的跳空，即关闭了缺口后，买方力量依然很明显，那么这个向下跳空并列阴阳线形态的看跌意义就不再成立了。我们来总结一下向下跳空并列阴阳线的特点：

◆在下降趋势中。

◆一根向下跳空的阴线后紧跟着一根阳线。

◆阳线的开盘价高于阴线的收盘价，阳线的收盘价高于阴线的开盘价。这点并不绝对，但这样的形态是完美的形态。

下面再来看一些图例。

情形 1：有效的向下跳空并列阴阳线

图 3.27 为东风科技（600081）的日 K 线走势图。

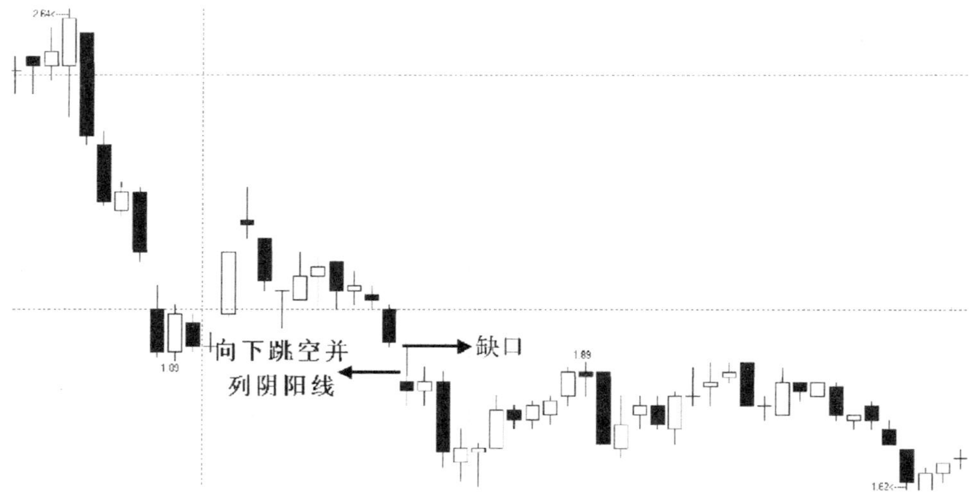

图 3.27　向下跳空并列阴阳线　东风科技（600081）

在图 3.27 中出现向下跳空并列阴阳线的位置处于下跌中继的位置。在第一波下跌后的反弹处形成了一个整理的平台，跳空缺口正在平台的底部，从另一个侧面讲，也是向下突破了一个水平支撑，我们在 3.6 节就会讲到与之相关的“高位跳空”与“低位跳空”。并列阴阳线的阴线的上影线回试了一下平台的水平位置，因为已经突破了平台下方，支撑变为压力。两根 K 线的实体大小相当，阳线中规中矩，是一个恰当的卖出点，紧随其后的是一根快速下跌的阴线。完成了此次的下跌，由一根锤子线诱发了又一次漫长的回调。

图3.28为青山纸业（600103）的日K线走势图。

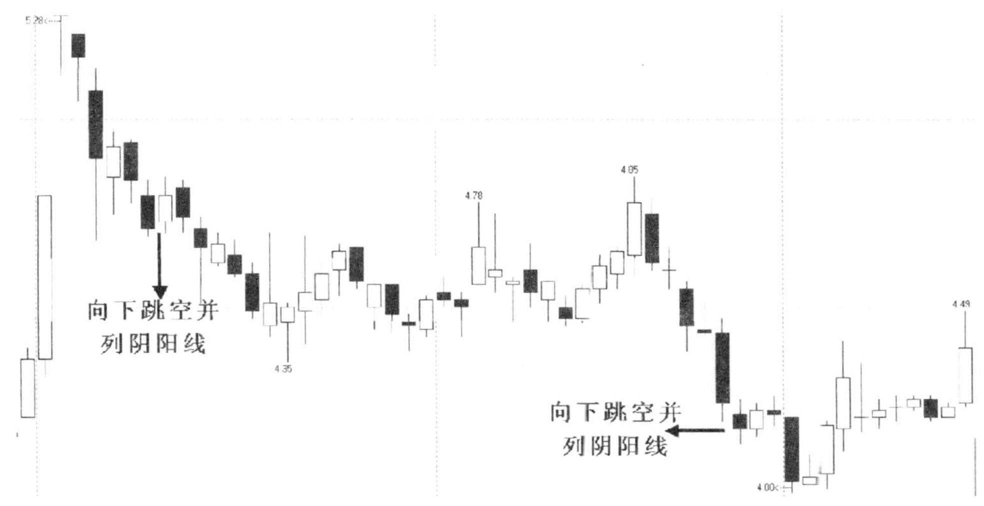

图3.28 向下跳空并列阴阳线 青山纸业（600103）

图3.28中出现了两次向下跳空并列阴阳线，第一次出现在刚刚下跌的位置，并列阴阳线的阴线上影线回试了一下向下跳空缺口的上限，压力十足，阳线再次回试了一次缺口的上限，这里是一个卖出点。构成了一组看跌的向下跳空并列阴阳线，第二天又在同一位置收阴，阴线的上影线第三次测试缺口压力转而向下。

第二次向下跳空并列阴阳线出现在第一次下跌后横向整理后的再次下跌中，一根长阴线直跌下来，出现了向下的跳空缺口，并列阴阳线的阴线第一次测试了缺口上限的压力，阳线的上影线再次测试缺口上限压力，这里是一个恰当的卖出点。第三天收星线再次用上影线测试缺口压力，一根长阴线直贯下来，完成了此次跌势。

图3.29为美尔雅（600107）的日K线走势图。

图3.29的向下跳空并列阴阳线出现在第二次下跌的中段，一根长阴线后出现一个向下的跳空缺口，并列阴阳线的阳线用上影线测试了一次跳空缺口的压力后，直接再跳空低开低走收光脚长阴线，再次跳空再收光脚长阴线，干净利落。

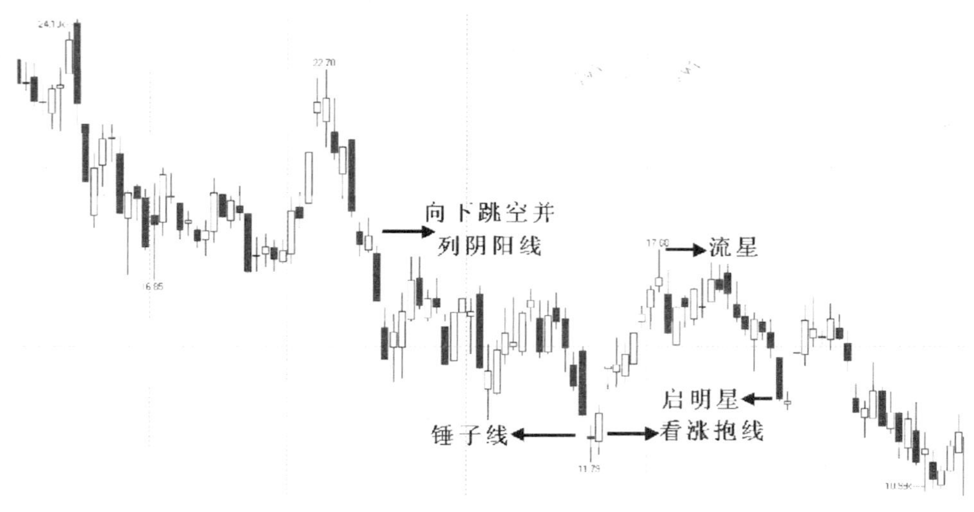

图 3.29　向下跳空并列阴阳线　美尔雅（600107）

注意：第一次收长阴线时出现的向下跳空缺口，正是与前面几个低点形成的一个水平支撑的位置，这种长期构筑的水平位置的支撑一旦突破，将是快速的下跌。反之，长期构筑的水平压力位置一旦突破带来的也必将是快速的上涨。

情形 2：无效的向下跳空并列阴阳线

图 3.30 为金花股份（600080）的日 K 线走势图。

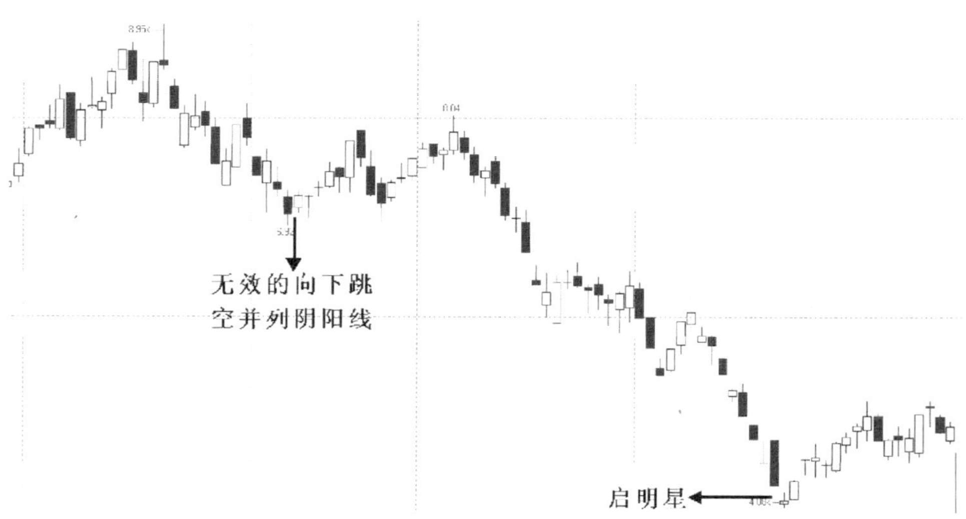

图 3.30　无效的向下跳空并列阴阳线　金花股份（600080）

图3.30在价格下跌的环境中，出现了一个向下跳空的缺口，接着又收了一组并列的阴阳线，不论阴线还是阳线都用其影线测试了缺口的下限压力，若再收低则是一次成功的向下跳空并列阴阳线。但第二天在阳线的位置上收了一根十字星，这也不能证实这组阴阳线到底是成功的还是失败的，第三天再次在缺口位置收星，还是模棱两可并不能验证，直到第四天，向上收阳线，虽然实体部分很小，但彻底关闭了缺口，插入了前方阴线的实体内部，至此才宣告了此次向下跳空并列阴阳线形态的彻底失败，为无效形态。

图3.31为宋都股份（600077）的日K线走势图。

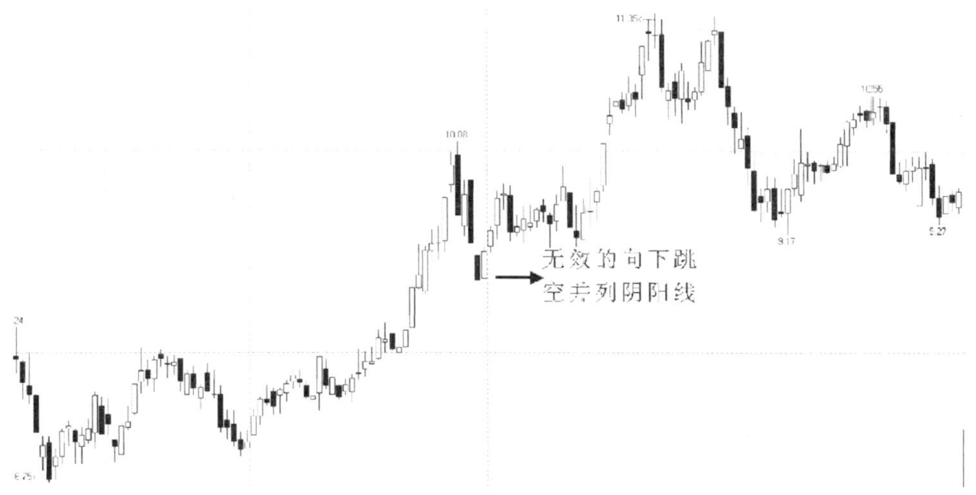

图3.31　无效的向下跳空并列阴阳线　宋都股份（600077）

图3.31中出现的跳空缺口很是诱人，下跌刚刚开始，就是一根看跌抱线形态，而且回调一天后，再次下跌，从后续走势来看，虽然此看跌抱线形态很短，但也是成功的，一根光头光脚的阴线后，跳空收光头阴线，在其身侧收一阳线，形成了向下跳空并列阴阳线，阳线的上影线还很短，至少当时都没有向上测试缺口压力的意愿。第二天若下跌，此形态堪称完美。但第二天却是阳线，虽然实体很小，却关闭了缺口，使缺口失去了作用，此形态是基于跳空缺口的，所以缺口一旦失效，则形态失效。这根关闭缺口的阳线，宣告了此次向下跳空并列阴阳线形态的无效。

图3.32为东方金钰（600086）的日K线走势图。

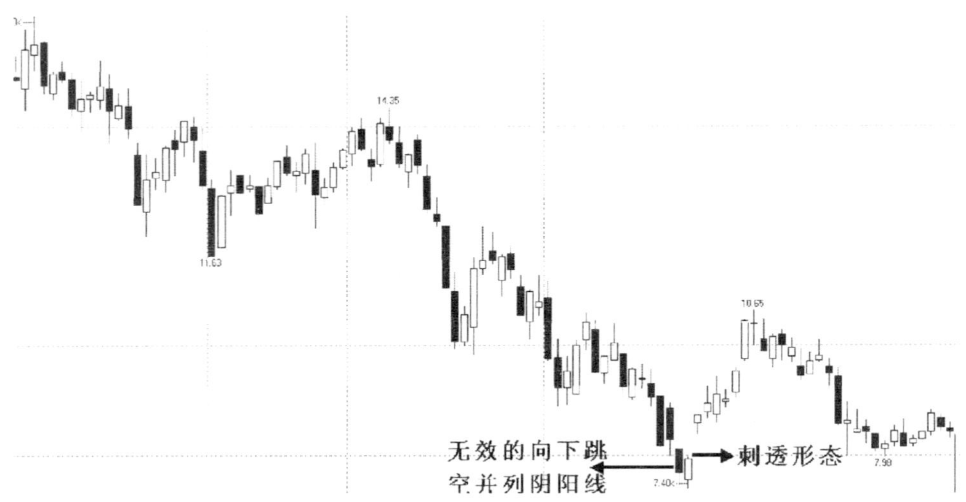

图 3.32 无效的向下跳空并列阴阳线 东方金钰（600086）

图 3.32 中向下跳空并列阴阳线出现在下跌行情的末端。两根合并在一起的阴线后出现一个向下跳空的缺口，阴线阳线均未向上测试缺口的压力。我们在前面一节中讲向上跳空并列阴阳线的时候说过当价格朝一个方向走得太远的时候，再出现这种形态我们就应该小心了。上一节中失效的原因是在上涨的顶部出现了跳空并列阴阳线而转变为乌云盖顶，而这次在大幅下跌后又出现了向下跳空并列阴阳线，再仔细看这个组合，若第二天向上高开高走，此形态则会转化为刺透形态。所以，有了上一节中的例子，我们便要再小心观察一下，第二天果然便向上跳空高开高走。关闭了缺口，基于缺口的形态，缺口失效则形态失效。此次刺透形态的反转宣告了向下跳空并列阴阳线的失败。

3.6　跳空突破形态

跳空突破形态是基于跳空缺口之上的更细化的情况，也是前面几个例子中讲到的向上突破水平压力与向下突破水平支撑的一种形态，分为高位跳空形态与低位跳空形态。

3.6.1　高位跳空

在剧烈运动后，我们通常会稍微放慢一下节奏，休息一下再继续。在价格走势中，亦是如此，价格在快速上涨趋势中，经常会出现极速的快速上涨几个交易日，市场也会选择在某一位置暂停一下脚步，喘一口气休息一下。这种休息状态，通常是由几根横向延展的小 K 线形成的，在此处多空双方都有时间思考，都有机会再次整军备战。若在休息过后的某一天，价格跃过这一群小 K 线向上，并且形成了一个向上的跳空缺口，这根 K 线便是买进的最佳入场点，我们称之为“高位跳空”。为什么叫这个名字呢？因为市场是在高位徘徊不前，休息犹豫一段时间后的向上跳空。图 3.33 为高位跳空的示意图。

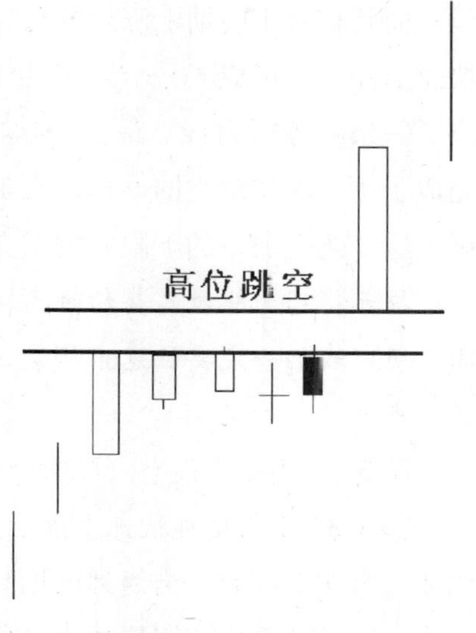

图 3.33　高位跳空

我们来看一些图例，图 3.34 为中科

英华（600110）的日 K 线走势图。

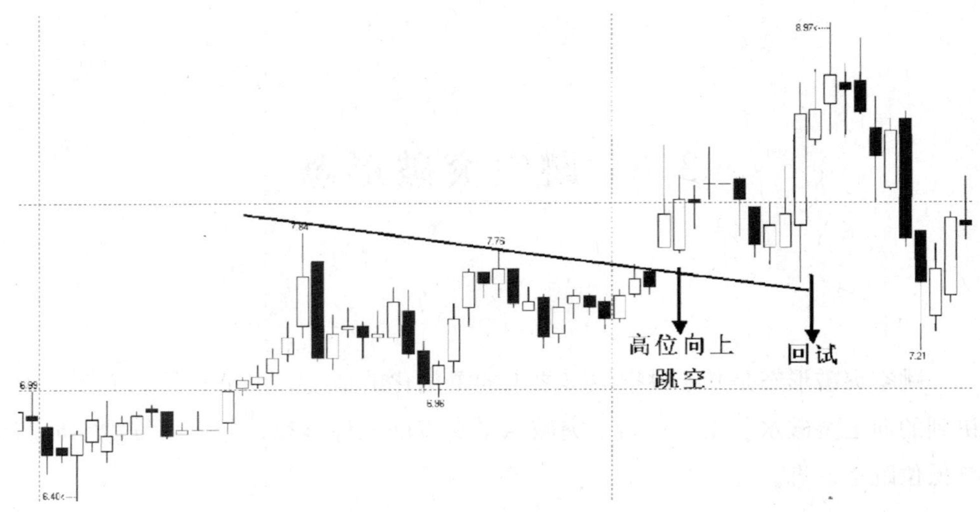

图 3. 34　高位跳空　中科英华（600110）

所谓高位跳空，前面已经讲过，价格经过快速上涨后，需要一段时间的调整和消化，在调整和消化的过程中会形成一些横向整理的平台，然后再向上突破，我们把这个突破调整平台的过程叫作高位突破。高位并不是指有多高的价位，而是相对于前期上涨后的相对前者来说比较高的价位。图 3. 34 中价格经过快速上涨后，形成了一个近 30 个交易日的平台，每次向上的高点依次降低，形成了一条趋势压力线。最后一次向上跳空，没有经过趋势压力线，一跃而起，完成了这次高位跳空的动作。在随后的几天中，又有一根阳线的下影线再次回试了这个跳空缺口的下限，测试支撑强劲后，继续向上。

提示：因为棋盘震荡的时间在整个走势中要占 1/3 或是 1/2 甚至更长的时间，所以我们一定要注意市场震荡平台的走势。一旦突破，那将是一个绝好的买入点。

图 3. 35 为东方航空（600115）的日 K 线走势图。

图 3. 35 中市场在快速上涨后止步不前，先是收了一堆小蜡烛线，而后向下调整，再向上收起，当遇到前期高点的时候，又再次止步，再次收了五根小蜡烛线。这是在消化前期快速上涨的过程，我们看到，不跳则已，一跳惊人，先是连着三个直接开在了涨停板上。第四个涨停板上，盘中又向下打压，最终又

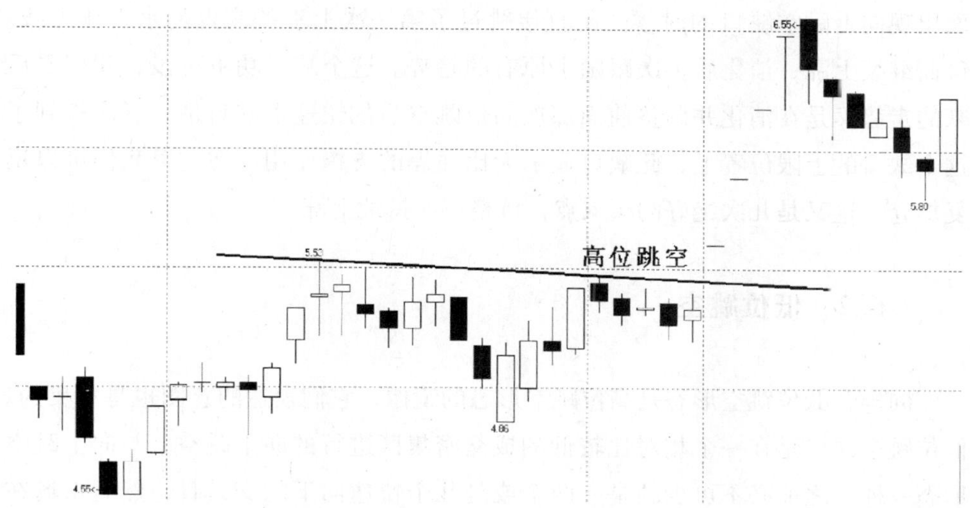

图3.35 高位跳空 东方航空（600115）

收到了涨停板上。所以，我们千万不可以小看了这些调整消化前期走势的平台。

图3.36为铁龙物流（600125）的日K线走势图。

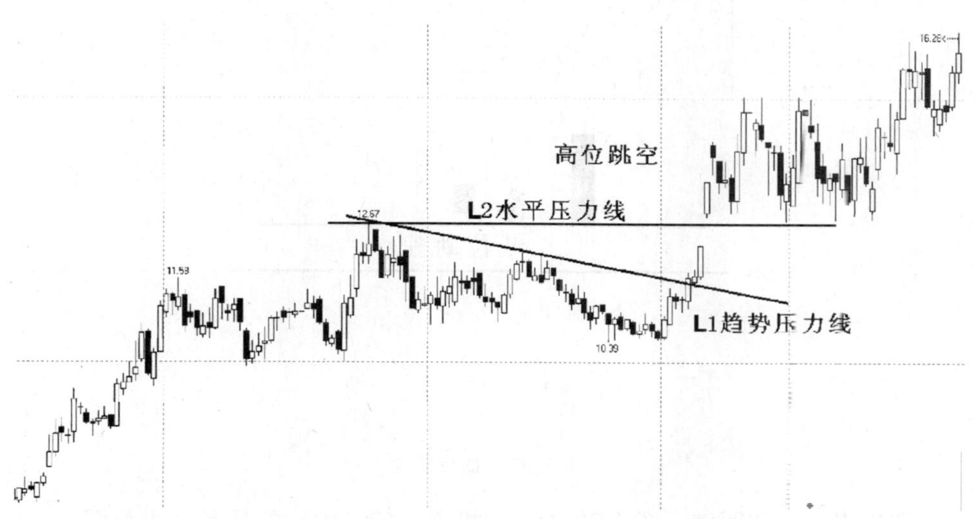

图3.36 高位跳空 铁龙物流（600125）

图3.36前期的快速上涨后消化时间明显过长，价格高点渐渐降低，前两次的高点自然形成了一条趋势压力线。在第三次的上涨过程中，价格上穿了趋势压力线，其实在这个位置上，我们就可以买进了，这是一个绝好的买入点。后

面出现向上跳空缺口的时候，是直接跳过了第一次上涨的高点的水平压力线。继而继续上涨，消化后再次跟随了原有的趋势。这个缺口功不可没，我们看后来的走势又是在消化并调整前面那次高位跳空后的快速上涨行情。五次打到了这个缺口的上限位置上，此缺口显示无比强悍的支撑作用。在这里我们可以反复加仓，这又是几次绝好的买入点，价格再次持续上涨。

3.6.2 低位跳空

同样，低位跳空形态是高位跳空形态的镜像，它们表达的意图也是相反的。低位跳空缺口是在一个相对比较低的成交密集区进行的向下跳空。与向上跳空形态一样，之前必不可少的是一两个或是几个快速向下的交易日，然后市场在相对低位整理徘徊，待时机成熟，再突然跃过这些横向延伸的小 K 线，向下跳空，我们称之为低位跳空。图 3.37 为低位跳空的示意图。

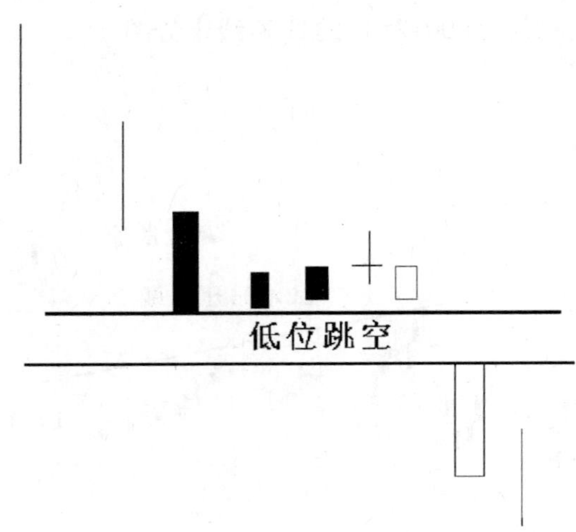

图 3.37 低位跳空

我们来看一些图例，图 3.38 为长江投资（600119）的日 K 线走势图。

图 3.38 所示是一幅横跨一年时间的长周期图表。如此快速的时间之内如此大的幅度，确实需要更多的时间与更宽的振幅来消化调整这波跌势。大跌后有一个向上回调，就像一波大浪打在岸上的礁石上，浪越大，反弹回来的水花就越猛烈。一大波上涨调整后进入了一个很宽的宽幅震荡调整平台，平台的末端，

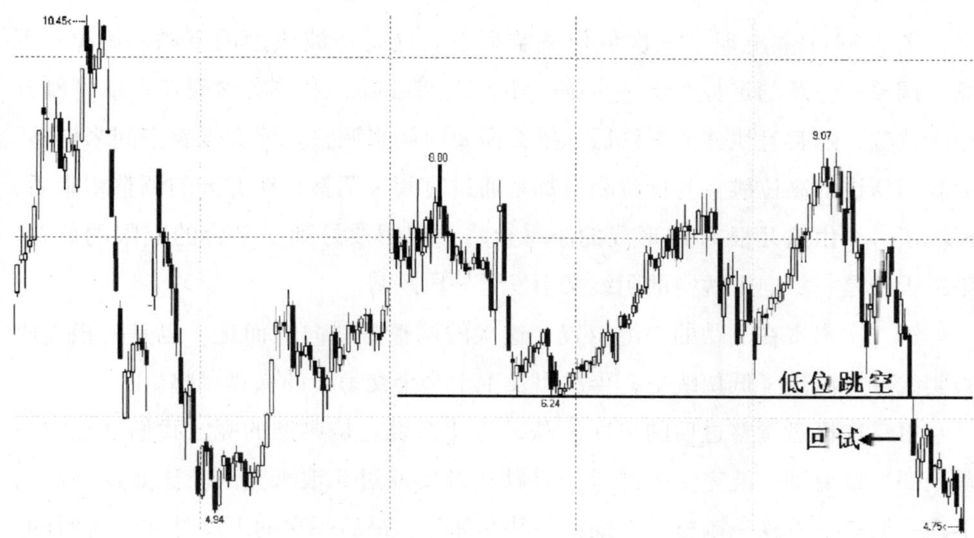

图 3.38　低位跳空　长江投资（600119）

出现一个向下的跳空缺口，缺口出现在前面一根向下的光脚阴线之后。光脚阴线正好打到了前面平台的水平支撑上，低位跳空形成后，跳空的阴线的上影线又重新回头测试了一下缺口的压力，而那个水平支撑由于被突破，角色转换，由支撑变成了压力，向下低位跳空引导了另一波快速下跌。

图 3.39 为波导股份（600130）的日 K 线走势图。

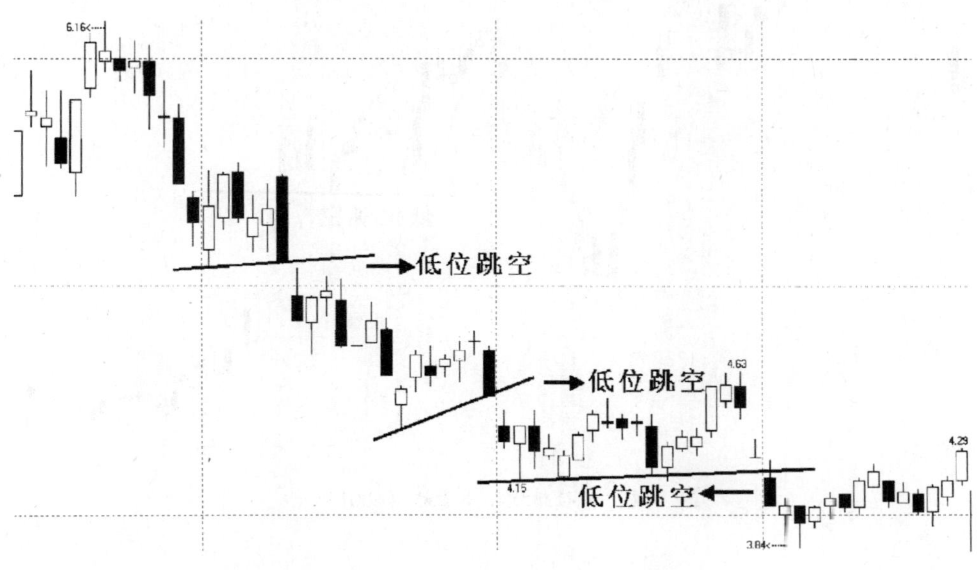

图 3.39　低位跳空　波导股份（600130）

图 3.39 中共出现了三次低位跳空形态。这是一波典型的下跌—调整—下跌—调整—下跌的走势。走一步歇一步，直到最后。第一次出现在下跌刚刚开始的位置，短暂且快速的下跌后，要么需要时间来调整，要么需要空间来调整，而我们所讲的高位跳空与低位跳空都是通过时间来调整，在五天的调整结束后，形成了一个由这几根 K 线形成的小平台，一根阴线打到了平台的上限的位置。第二天便是一根向下跳空的阴线又引发了一段跌势。

第二次出现在下跌的中继位置，这次的调整是斜向上而走。也是一根光脚长阴线后，出现了低位跳空，再次引发了十余个交易日的横盘调整。

第三次横盘调整过后的再次下跌，为什么说它是典型的呢？我们会在波浪理论那一章讲到一波完整的涨势或是跌势都要通过 5 浪来完成。比如这一次的下跌—调整—下跌—调整—下跌，一共 5 部分，最后一次的下跌是非常短暂的。在这之前我们也讲到，一共会分为 4 个重要的缺口，第三个缺口就是在最后一段上涨或下跌之前的缺口，我们称之为衰竭缺口，表示最后的上涨或下跌也不会太长久了。

图 3.40 为中青旅（600138）的日 K 线走势图。

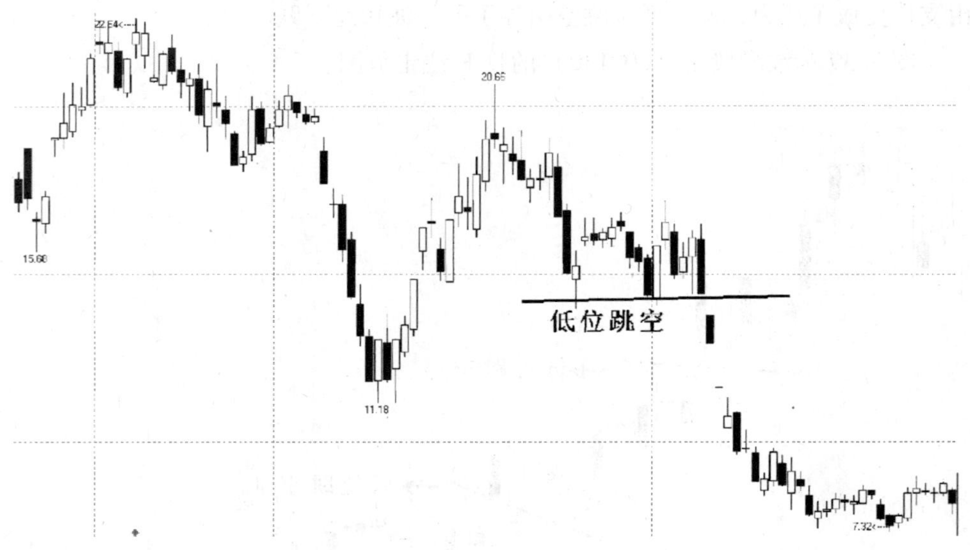

图 3.40　低位跳空　中青旅（600138）

图3.40中出现的低位跳空就比较简单了。在一波跌势的中断出现调整消化前期下跌的平台，在平台上，第一次出现了一根星K线，第二次打到平台低点的时候是以看涨抱线形态来结束的。第三次打到平台下限的是一根光脚的K线，我们通过上面几个图例也都差不多能总结出一些规律来了，基本打到平台下限的最后一根绝大部分都是光脚的长阴线，而向上的高位跳空，打到缺口上限的最后一根K线也绝大部分为光头的阳线。所以一看到平台附近出现光脚的阴线后，基本后面就是跳空缺口了。我们看到后面的跳空是接连的两个跌停。

提示：我们一定要关注这些平台，当横盘调整时，我们大多数以为没什么行情了。在你以为最安全的时候，其实你就是最危险的。

3.7 上升三法

上升三法也是持续形态的一种，我们先看一下上升三法的判别标准。首先在上涨趋势中，出现一根相对较长的白色K线，在这根白色K线的内部，是几根首尾相连依次下跌的小K线。

注意：一定要在前一根长白色K线体内，如果超出这个范围就失去意义了。

在白色K线体内通常是三根小K线，所以一般所说的上升三法，就是根据里面的K线通常的数目而取的名字。但有时可能会是两根也可能会是四根或更多，这不影响上升三法形态的作用。

我们还可以换一种方式来理解，便是在一根长长的白色K线体内，有着三根（或多于或少于三根）孕线，里面的孕线的颜色无关紧要，阳线也好，阴线也好，只要不超过前面那根白色K线即可。不过通常在上升三法中，出现阴线的次数居多。小K线进行的震荡走完了，最后一根应该出现同样长长的白色K线，并且收盘价要高于之前的那根长白色K线的收盘价。这样就形成了我们所说的上升三法。

提示：我们可以把上升三法看作一段急速的涨势过后的回调，回调后又按照原来的趋势再向上发展，只是上升三法把一段时间的走势，缩小到几天内的K线图表中而已。

我们来看一下它的图示，如图3.41所示。

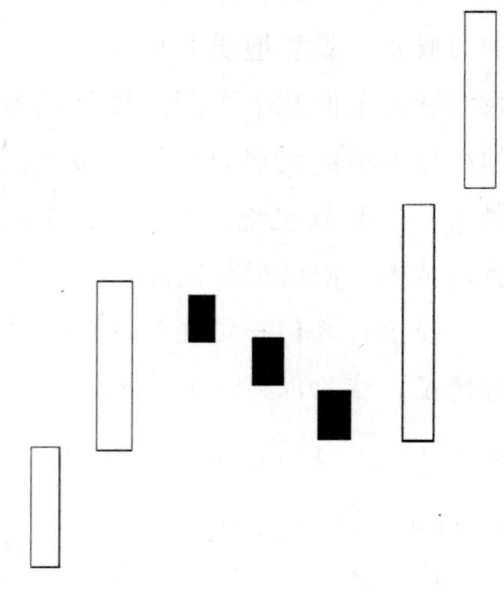

图3.41 上升三法

我们来看一下上升三法的实际应用情况。图3.42为特变电工（600089）的日K线走势图。

图3.42中共出现了两次上升三法。第一次是出现在下跌趋势的完结与上升趋势的开端，我们仔细看会发现，它不仅仅是

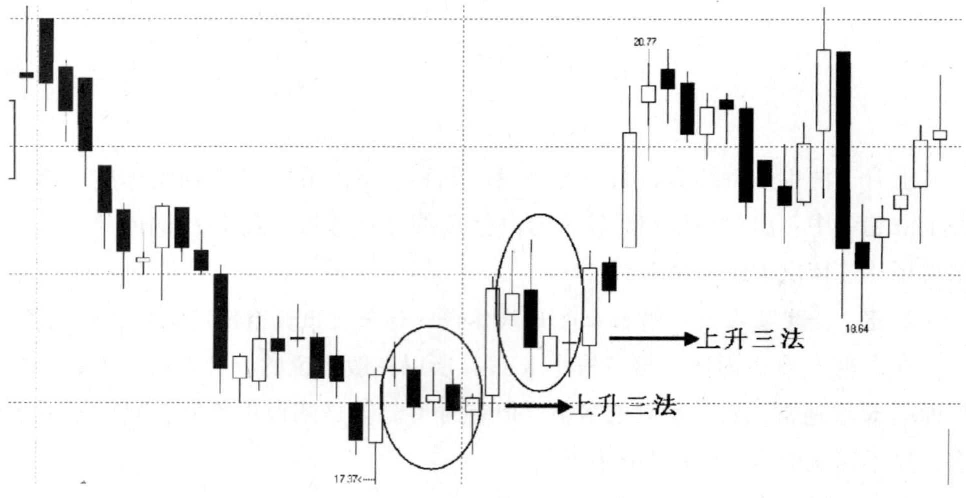

图3.42 上升三法 特变电工（600089）

上升三法，而且还是看涨抱线形态。上升三法中的那些小K线还可以演变成对看涨抱线形态的震荡。我们回头再来说第一次上升三法的形态，市场本处于上升趋势中（指前面出现的一根阳线）。它的后面跟随着五根小实体的蜡烛线，

基本上这群小K线都处于该阳线的范围之内，最后一根阳线的收盘价超过了第一根阳线的收盘价。

提示：在上升三法形态中，下面这项因素可能加强其预测意义：如果头尾两根阳线的交易量超过了中间那群小K线的交易量，那么该形态的分量就更重了。

第二次上升三法的第一根阳线就是第一次上升三法的最后一根阳线，其后跟着4根小实体K线，都包含在第一根阳线体内，最后一根阳线又超过了第一根阳线，形成了这次上升三法。两次的上升三法一直把价格推到上吊线为止才罢手。

图3.43为亚盛集团（600108）的日K线走势图。

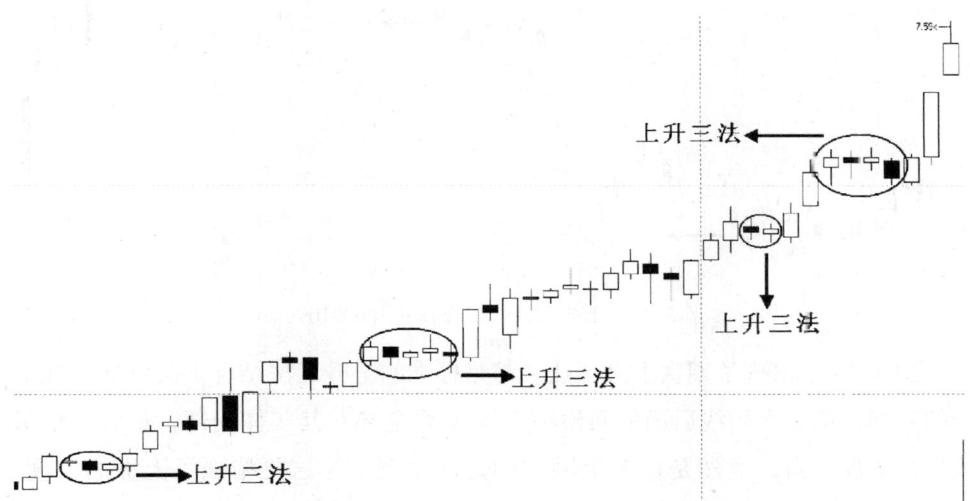

图3.43　上升三法　亚盛集团（600108）

图3.43中出现了四次上升三法，其中第二次与第四次不能算是严格意义上的上升三法。第一次上升三法出现在上涨的开端，市场本处于上升趋势中，其后的三根小实体K线都包括在前面的一根阳线实体当中，最后一根的阳线收盘价大于第一根挺出的阳线的收盘价，上升三法成立，因为亚盛集团这段上涨是一个角度上的小幅上涨，阳线的实体都不大，所以，所形成的上升三法有的都不太符合要求。第二次便是如此，后面跟随的小实体K线并不在前面那根阳线的实体中。第三次出现的上升三法中只有两根小实体K线在前面的阳线实体中，

我们前面介绍其特征的时候说过，可以多一些也可以少一些，一根的情况也是有的。最后一根阳线的收盘价超过了第一根阳线的收盘价，再次把价格推高。第四次还是一次不精准的上升三法，同样的后面的四根小实体 K 线并没有在前面的那根 K 线实体当中，但不影响价格继续向上。

图 3.44 为国金证券（600109）的日 K 线走势图。

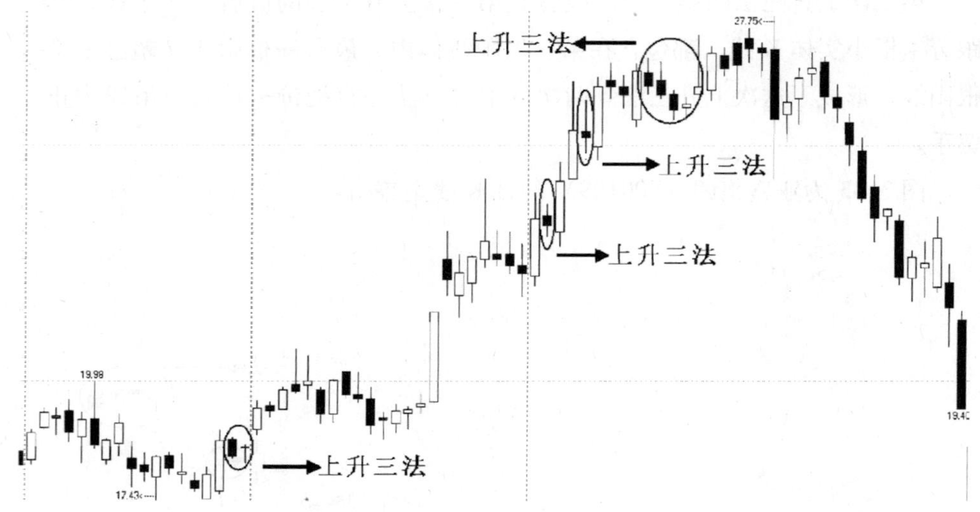

图 3.44　上升三法　国金证券（600109）

图 3.44 中出现了四次上升三法，都是标准的上升三法结构。第一次是在上升的初期，第一根阳线后面的两根小实体 K 线全部在其实体内部，最后一根阳线显得更加亢奋，竟然是以向上跳空的走法出现的，这更增强了上涨的力度。第二次出现在上涨的中部，第一根阳线后只包含了一根小阴线，我们介绍特征的时候说过一根 K 线也是可以的，走一天调一天，最后一根 K 线的收盘价远远地超过了第一根阳线的收盘价，继续向上。

第三次上升三法紧随其后，同样是其中只包含了一根 K 线便演绎了上升三法的结构，价格继续被推高。第四次出现在此次上涨的尾端，中间包含了五根小实体 K 线，最后一根阳线的收盘价高于第一根阳线的收盘价，再次推高价格后止步。

提示：我们从上面两个例子中可以看到，一旦遇到这样边走边调、走走歇歇的行情，其耐力是非常大的。我们若遇到，可以收获一大波的涨幅。

3.8　下降三法

下降三法形态与上升三法形态在图形上完全是对等的，只不过方向相反而已。这类形态的形成过程如下，市场应当处于下降趋势中，首先出场的是一根长长的黑色蜡烛线。在这根黑色蜡烛线之后，跟随着大约三根依次上升的小蜡烛线，并且这群蜡烛线的实体统统局限在第一根蜡烛线的范围之内。最后一天，开盘价应低于前一天收盘价，并且收盘价低于第一根黑色蜡烛线的收盘价。当最后这根黑色蜡烛线形成后，市场便会向下滑落。图 3.45 为下降三法的基本示意图。

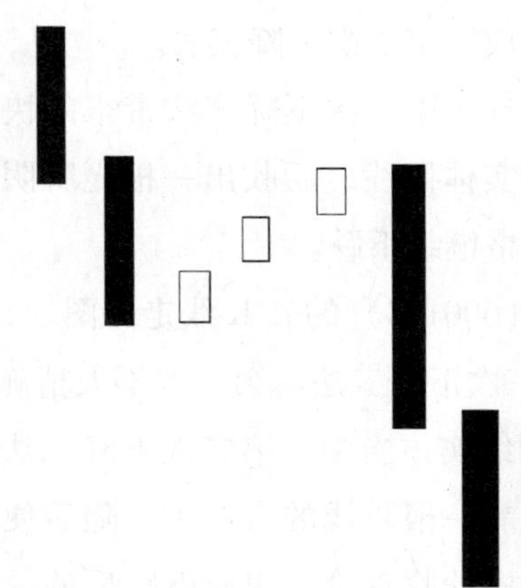

图 3.45　下降三法

我们来看一下下降三法的实际应用。图 3.46 为同仁堂（600085）的日 K 线走势图。

图 3.46 中出现了三次下降三法。第一次出现在下降的开端，阴线后面包含

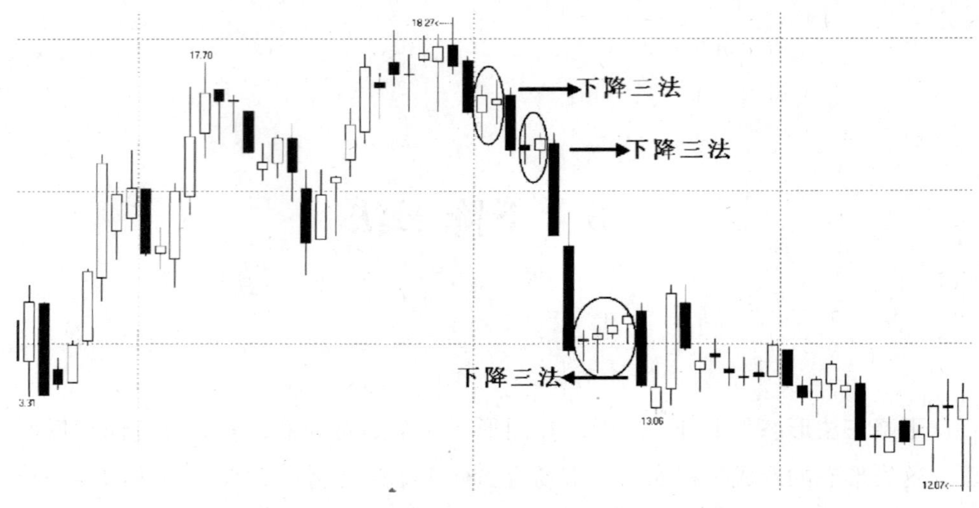

图 3.46　下降三法　同仁堂（600085）

了两根小实体阳线，向下突破的那根阴线的收盘价大大低于第一根阴线，形成了一次下降三法。

第二次下降三法的第一根阴线便是第一次下降三法的最后一根阴线，组合而成。再一次囊括了两根小实体 K 线后，收出一根光脚跌停的阴线，其收盘价远远低于第一根阴线，形成了第二次下降三法。

第三次下降三法，出现于第二次下降三法带来的快速下跌后，一根阴线中包含了四根逐根向上的小实体阳线，后收出一根光脚阴线，最后一根阴线的收盘价低于第一根阴线，价格继续下跌。

图 3.47 为中国卫星（600118）的日 K 线走势图。

图 3.47 中共出现了三次下降三法。第一次不太精确，因其后跟随的几根小实体 K 线并不在前面的阴线实体当中。第二次下降三法出现在下跌的中段，三根渐次升高的小阳线都在前一根阴线的实体中，随后便收出一根长阴线，长阴线的收盘价远远低于前一根的收盘价。快速下跌后的一根阴线，又变成了第三次下降三法的第一根阴线，不过第三次下降三法有些特别，其后跟随了太多的小实体 K 线。不过没关系，只要不超过这根阴线的实体范围内，都是可以接受的。在经历了十天的盘整后，再一次长阴跌停，直到出现了一根有效锤子线后，才算收住跌势。

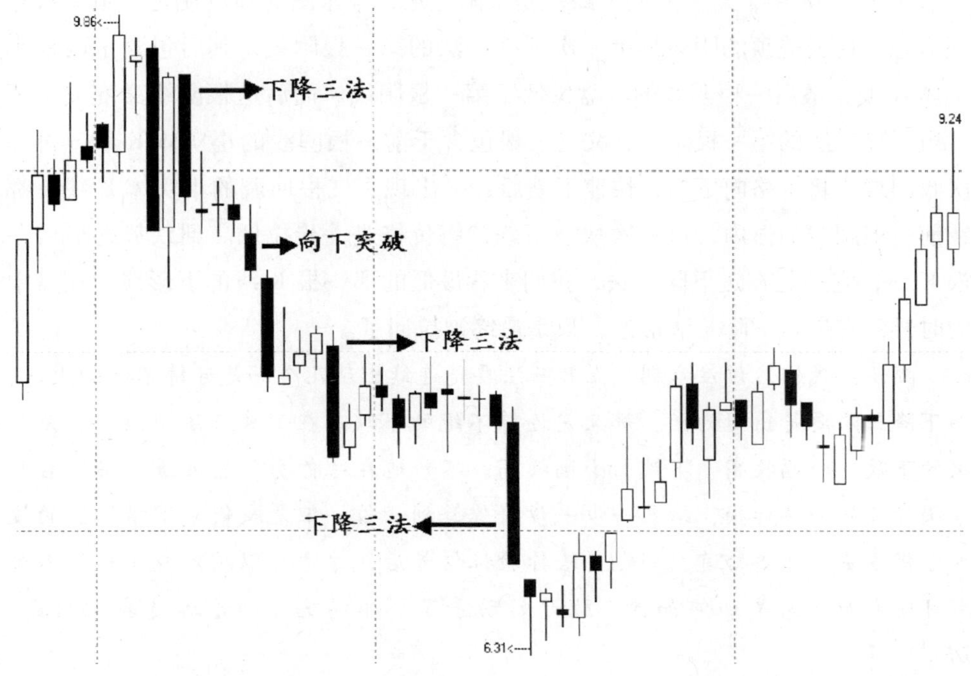

图 3.47　下降三法　中国卫星（600118）

图 3.48 为林海股份（600099）的日 K 线走势图。

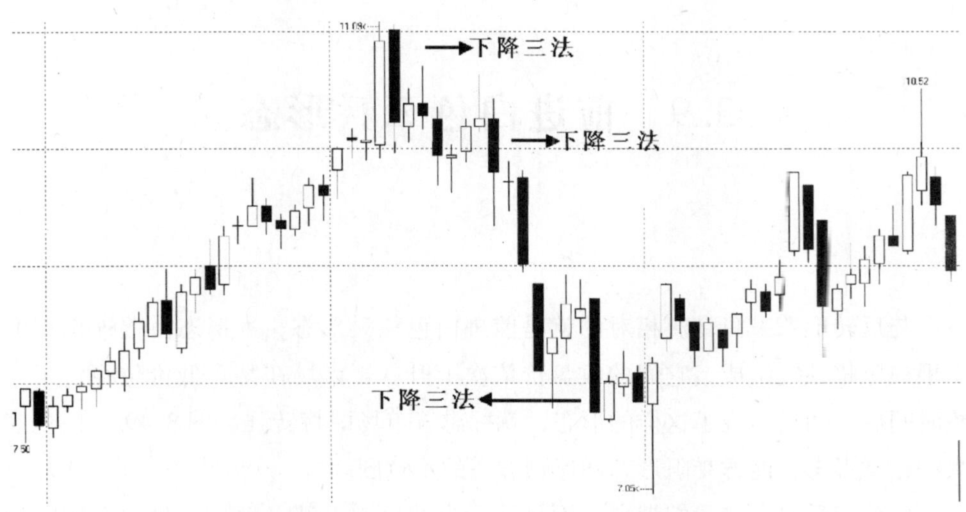

图 3.48　下降三法　林海股份（600099）

在图 3.48 中，从一开始下跌就是下降三法，本张图的顶点便是一组乌云盖顶形态。乌云盖顶的阴线是第一次下降三法的第一根阴线，其后包含了两根小实体 K 线，最后一根阴线的收盘价低于第一根阴线。而后这根阴线又变成了下一组下降三法的第一根阴线，又是三根包含于前一根阴线的小实体 K 线，再一次收阴线，将价格向下推，快速下跌后，又出现了三根回调的小实体 K 线，都在前一根阴线的体内，再一次快速下跌，将价格进一步拉低。到跌势的最后一根 K 线，它还是在走下降三法，我们来看最低的那一根 K 线的下影线，在盘中的时候，它还是下降三法形态，只是最终被拉回了。

提示：我们应该注意到，上升三法要是连续出现几个那是连绵不绝的上涨，而下降三法要是出现的话，那又是连绵不绝的下跌。在下降三法中，一次又一次的下跌，小幅收高、下跌、小幅收高，不断地在给你勇气去买进，买进后就亏损你又不舍得止损，结果一步一步将你套到底位。但是我们学了蜡烛图的技术分析方法，你要知道，一定要给你验证信号后，你才可以买入或卖出，不要盲目地看着好像是如何如何，就开始动手了。那样吃亏的永远是我们自己，切记！

3.9　前进白色三兵形态

与反转形态三只乌鸦相对的就是前进白色三兵形态，本形态由接连出现的三根白色蜡烛线组成，它们的收盘价依次上升。当市场在某个低价位稳定了一段时间后，如果出现了这样的形态，就标志着市场即将转强。图 3.49 为白色三兵的正常形态、前方受阻形态和停顿形态的示意图。

白色三兵形态给我们带来的不是几天内的快速上涨，而是一步一个脚印的稳健的上涨过程，在基本示意图中我们也能看到，它的每一根 K 线的开盘价都

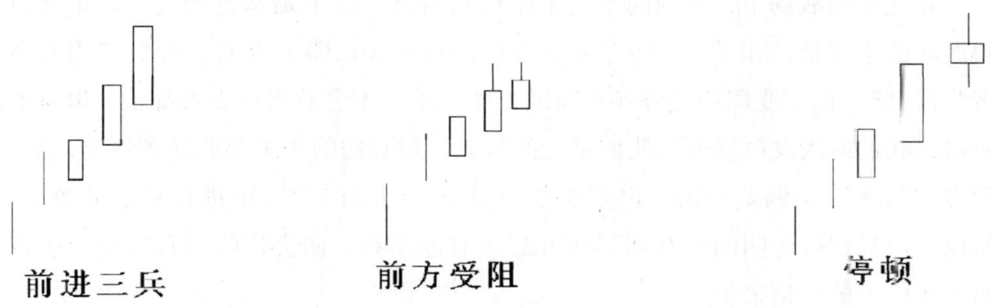

图 3.49　前进白色三兵、前方受阻、停顿

在前一根白色 K 线的体内，虽然没有大幅的上涨，但它表达的是一种上涨的决心与态度。每一根白色蜡烛线的收盘价都应当位于当日的最高点或接近当日的最高点，这是一种很稳健的市场攀升方式，但是过犹不及，如果这些白色蜡烛线伸展得过长，那么我们也应当对市场的超买状态有所戒备。关于超买我们会在 K 线与摆动指标那一章中谈到。

在正常的白色三兵中，每一根白色 K 线都不是特别长。如果在白色三兵中，有两根 K 线，甚至是仅仅第三根 K 线表现出了上涨过快，或是有长长的上影线，它给我们的暗示便是要么我们过于草率地行动了，要么前方的压力很大，把我们的先头部队压制回来了。所以，当我们看到这种情况的时候，便要采取一些保护措施了。特别是在上升趋势已经处于晚期阶段时，如果出现了前方受阻形态，则更得多加小心。在前方受阻形态中，作为上涨势头减弱的具体表现，既可能是其中的白色实体一个比一个小，也可能是后两根白色蜡烛线的上影线相对比较长。

若在白色三兵中，前两根 K 线或前两根 K 线中的某一根过于长了，第三根 K 线却相对来说太短了，就如我们上面所说的那样，在前期我们的先头部队行进的速度太过草率激进了。在第三根 K 线上便显示出了后劲不足，前方压力我们没有能力抵挡了，便形成了白色三兵的停顿形态。我们在市场中交易就像在战场上一样，这样态度坚决而缓缓前进的先头部队经过试探后，发现前方压力很大，那么价格一定会朝阻力最小方向行进。所以，当我们看到停顿形态时，便是多方获利了结的时刻到了，先头部队受到阻击，可以先退出战场观望一番，再做决定。

在交易的战场中，胜利的不会是永远的多头，也不是永远的空头，最终取得胜利的永远是“滑头”，哪方力量更强，我便战在哪个方向，所谓“识时务者为俊杰”。前方受阻或是停顿形态通常情况下，不会惹出什么大乱子，但有的时候，我们的战友可能便是我们最大的敌人，当我们的先头部队受到压制之后，很多“滑头”会倒戈一击，由多头变为空头，向以前的友军进行猛烈的攻击。所以，一旦这些聪明的人看到了前方战事对他不利，便会投降并且反戈，引发出一段向下的行情来。

提示：我们不能根据这样的形态或这样的想法，在没有反转信号的情况下放出空单（在可做空的市场上）。我们反复强调，给出信号并且验证，但若前方受阻或停顿形态出现在相对较高的位置上，还有其他做空信号出现时，我们或可据此作为依据开出空单。

我们来看一下前进白色三兵在实战中的具体应用。图 3.50 为东湖高新（600133）的日 K 线走势图。

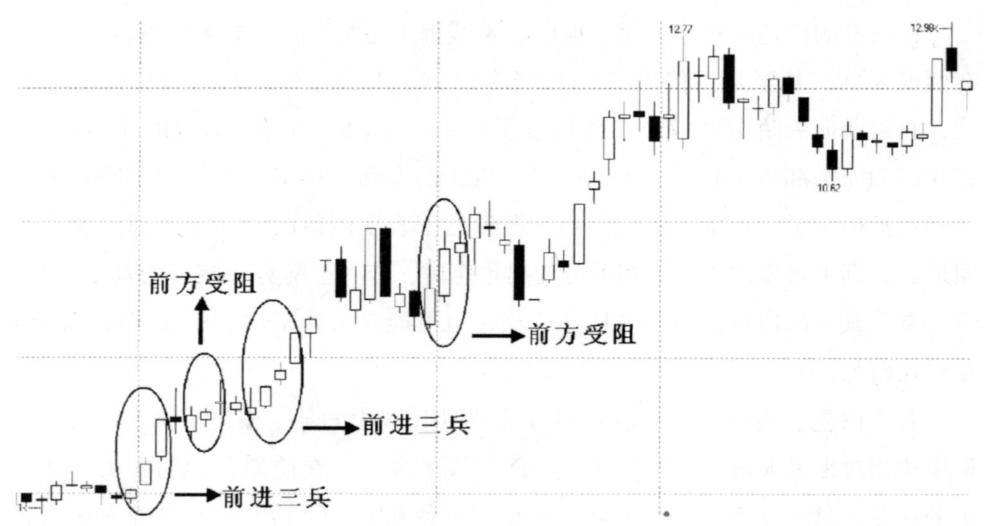

图 3.50　前进白色三兵　东湖高新（600133）

排除商品期货市场，特别是股票市场，那种同一角度连续上扬的行情中，其连续的小阳线会特别多，就会出现多组白色三兵形态。我们可以根据判断它是正常的白色三兵还是前方受阻形态，或是停顿形态，进而判断出现在的多头市场行进到了怎么样的一个程度，可以根据得出的结果，或是加仓或是减仓。

在图3.50中连续出现了4组前进三兵形态。第一次是出现在震荡结束的时候，在震荡行情的区域中，突出了三根白色的连续上涨的阳线，显示了多头开始突破平台震荡后继续要向上前进了。大家是否还记得，我们在讲三只乌鸦形态的时候说过，三只乌鸦出现后，后面可能会接一根回调的K线，然后再继续下跌。这组白色三兵也是一样，在其后就跟着一根极小实体的回调K线。

接着便出现了第二组白色三兵形态。这组三兵形态的第三根阳线的实体相当小，而且有着相对于它来说略长的上影线。根据前面的示意图可以得知，这是一组前方受阻的三兵形态，说明多头似乎对于向上推进有些犹疑不定。经过了两天的回调后，又出现了第三组白色三兵形态。没有问题，一切都显得很完美。这组三兵形态强劲地推着价位向前走着。

第四组出现在前面上涨行情的震荡平台中，前两根阳线的实体相对很长，而第三根阳线却很短，第二根与第三根的上影线打到了同一高度上，不能将价格进一步推高，从这里我们可以看出这是一组前方受阻的三兵形态。紧随其后的一天只涨了一天，便又大幅地回落，可以看出前方受阻形态对我们的前方有压力的正确指示，回落吃进了白色三兵所推高价位的大部分。我们从图中也能看到这个震荡平台走出之前与前面的K线之间有一个跳空缺口。这次的回落就临近缺口的上限附近，缺口的支撑能力又辐射到离它不远的地方。

图3.51为乐凯胶片（600135）的日K线走势图。

图3.51中出现了四次前进三兵形态。第一次出现在前期下跌的底部，三根实体并不大的K线要引领出一波涨势。

在第一波小幅的上涨并平台震荡后，出现了三根实体很长的阳线，从震荡平台中脱颖而出，这是一组几近完美的三兵形态，依次上涨的阳线，每根阳线的收盘价都收在当日的高位。价格被继续推高。

第三次三兵形态出现在这一大波上涨行情的尾端，我们来仔细看这组三兵形态，相对于其他三兵形态来说，第一根阳线的上影线比较长，说明在开始拉升价格的时候多头就比较犹豫。第二根阳线的收盘价竟然也没高于第一根阳线的上影线。由于前两根阳线略显力量不足而第三根又如此亢进，所谓亢龙有悔，第三根K线略显超买，这个我们最好再看一下当时分时的摆动指标情况。我们就要小心了。从后面的走势也可以看出略涨一些后，便进入了深度回调。

第四组出现在另一波上涨行情的尾端，第一根实体很长，但用力过猛，第

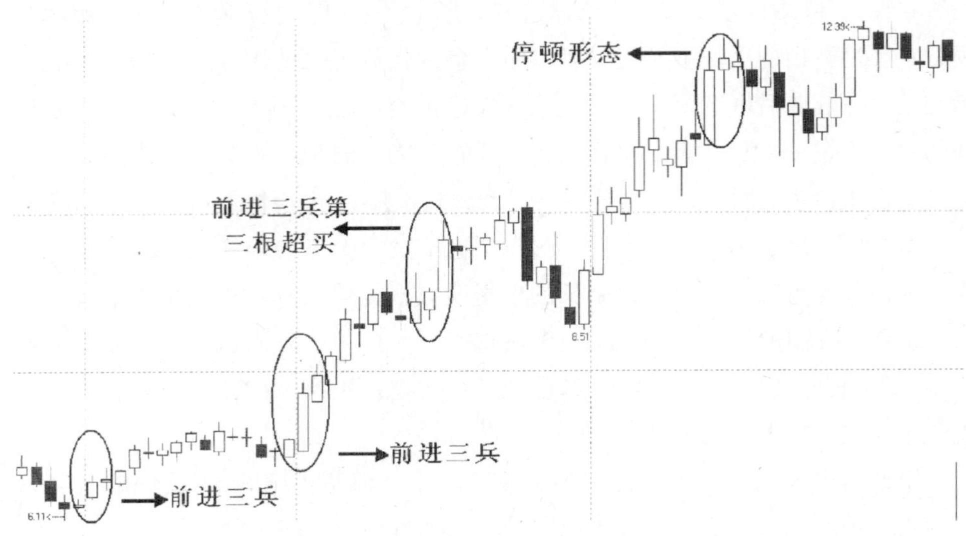

图 3.51　前进白色三兵　乐凯胶片（600135）

二根与第三根实体很小，且上影线都很长，上影线的高度也在同一水平。从示意图中我们可以判断这是一组前进三兵停顿形态。停顿形态出现后，要么了结多单，要么对多单采取保护措施，在我们金融衍生工具市场不健全的情况下，基本上没有什么保护措施可以采取。停顿形态出现后，价格再一次深度回调。

图 3.52 为浪莎股份（600137）的日 K 线走势图。

图 3.52 只出现过一次白色三兵形态，但这组形态是非常经典的，前期为震荡走势。在平台的末端，连续走出了三根阳线，而且实体都不长，虽然不长，但很稳健。从上面两个案例中可以发现，一旦这三根阳线中某一根阳线过长，其上涨走势一定走不远。三兵形态的意义所在就是，不要求快速上涨，而是追求更稳健的上涨。

提示：从图中还可以看出，这一平台有一个水平压力。价格一旦跳过水平压力后，上涨的势头就更加强劲，三兵形态出现后，跟随了两天小 K 线，一根阳线上穿水平压力。在三兵形态回调的位置与突破水平压力的位置是最佳的买入点。我们看到后面连续的七个涨停板出现。这就是前进白色三兵形态的力量。

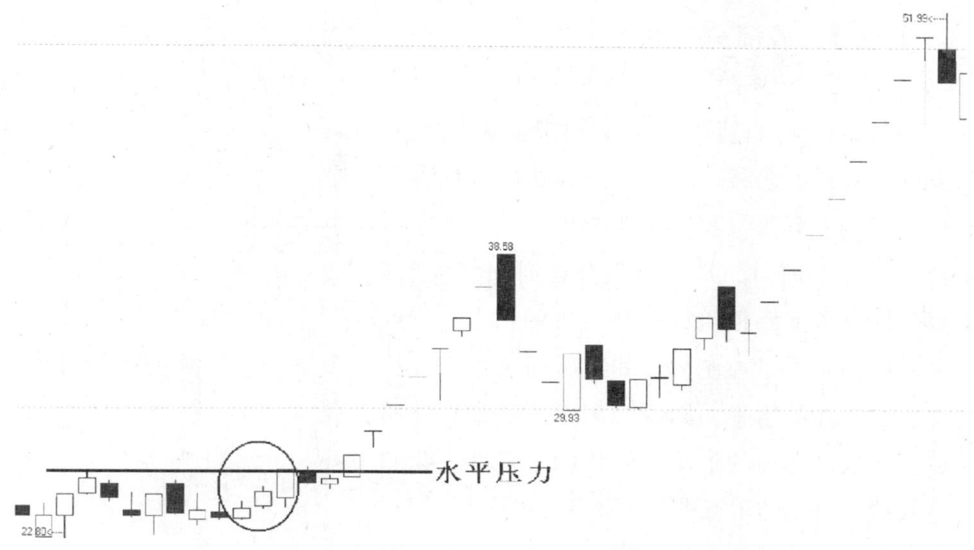

图 3.52　前进白色三兵　浪莎股份（600137）

3.10　分手线

我们曾经在第 2 章中学习了反转形态约会线，本节我们将学习与之相对的持续形态分手线。我们再来回忆一下，约会线形态是一种二蜡烛线形态，前后两根蜡烛线颜色相反，并且后一根蜡烛线的收盘价与前一根的收盘价处于同一水平，这一形态属于反转信号。分手线形态也是由两根颜色不同的蜡烛线组成的，但是同反击形态不同的是，分手线形态的两根蜡烛线具有相同的开盘价，分手线形态属于持续信号。

3.10.1 看涨分手线

在市场上涨的过程中，如果出现了一根黑色实体，特别是长实体的阴线，对于持有多头的市场参与者来说，可能会很紧张，我们可能会想，空方现在控制了局面？无论如何，如果下一天开盘时市场向上跳空，开盘价回到了前一根阴线的开盘价的水平，就说明空方又对市场失去了控制权。如果后面这根阳线进一步向上收在较高的水平，则说明多方已经重新夺回了战场的主动权，之前的上涨行情将继续发展。我们来看一下看涨分手线的示意图，如图 3.53 所示。

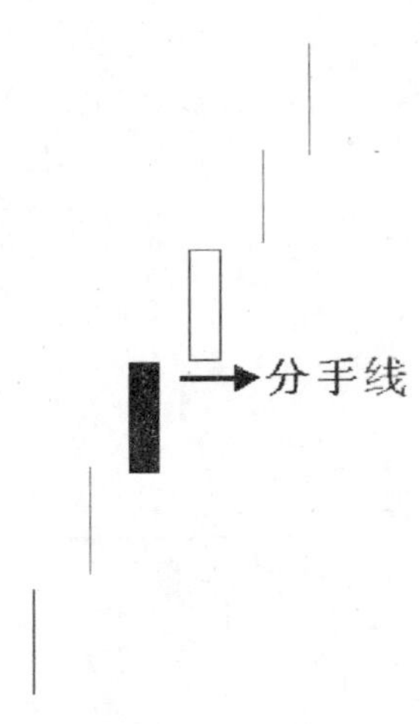

图 3.53 看涨分手线

提示：分手线只在快速市中出现，而不是在复杂的震荡上行或震荡下行的行情中出现。市场先是出现一根与原来方向相反的 K 线，而后立刻出现与之相反的分手阳线，才符合这种形态的规则。

我们来看一下图例。因为股票市场有连续走势的特点，所以很难找到相应的图例，我从商品期货市场中找来了一些图例，来说明一下分手线的意义。图 3.54 为郑州期货交易所棉花 1105 合约的日 K 线走势图。

在图 3.54 中，分手线出现在上涨行情的中继阶段，只是这组分手线形态不是很规范，由于前面那根阴线实体太小，不能显示出分手线的力量，而把阴线与阴线前面的阳线进行组合的话，因为没有跳空所以不能叫作星线，因为阴线实体太短而不叫作乌云盖顶位。分手线的形态都是由前一个失败的看跌的反转形态转化而来的。在阴线后面，收起一根阳线，阳线与阴线的开盘价在同一水平，而方向却是相反，所以阳线与阴线分手，继续前面上涨的行情。

图 3.55 为葛洲坝（600068）的日 K 线走势图。

图 3.55 中的分手线出现在一小波上涨行情的中间部分，单独看阴线与前面那根阳线，构成了一个小的乌云盖顶形态。阴线后升起的一根阳线，开盘价与阴线的开盘价处于同一水平，宣告了乌云盖顶形态的失败，也宣告着分手线形态的成功，价格继续保持原来的趋势上涨。

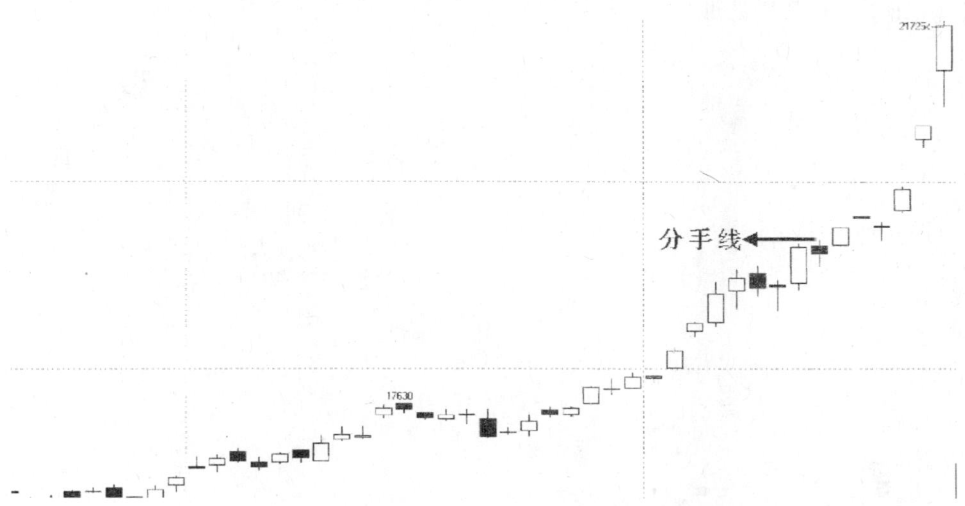

图 3.54 看涨分手线 郑棉

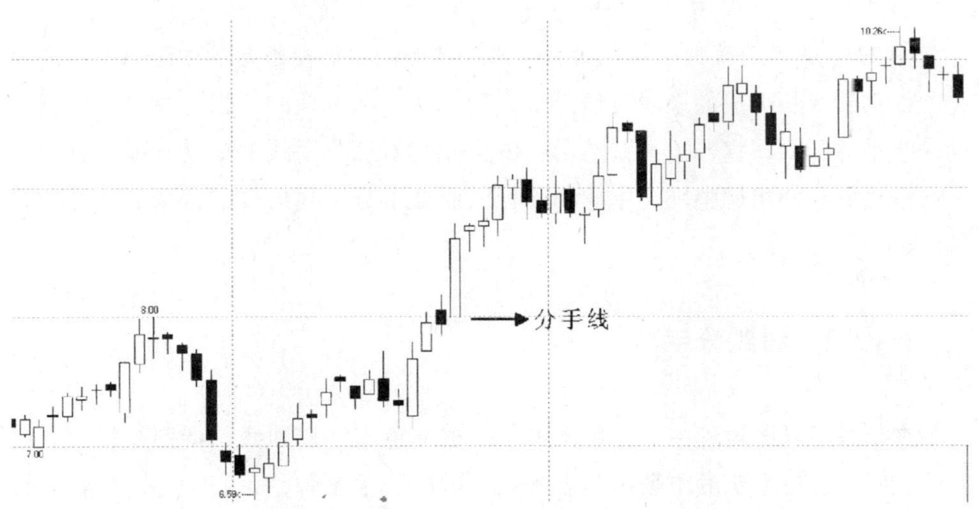

图 3.55 看涨分手线 葛洲坝（600068）

提示：从这张图中我们可以看到标准的分手线，绝大部分情况会出现在上涨行情或下跌行情的中间部分。也就是说，在上涨行情中，前面涨多少，出现了分手线后，后面还会再涨多少。同理，在看跌行情中，前面跌多少，分手线出现后，后面还要跌多少。

图 3.56 为中达股份（600074）的日 K 线走势图。

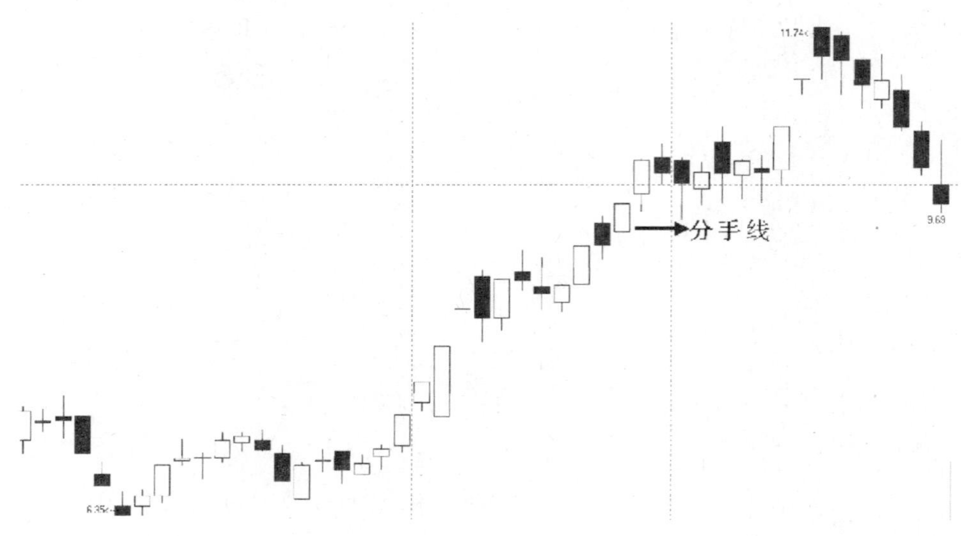

图 3.56 看涨分手线 中达股份（600074）

图 3.56 中的分手线也是出现在上涨趋势中两组调整平台的中间部分。阴线与前面的阳线所形成的是看跌约会线，而阴线后面升起的一根开盘价与阴线在同一水平的阳线，宣告了看跌约会线的失败与看涨分手线的成功。而且这组分手线也正好在两组调整平台中间的部分，验证了分手线出现在行情的中点位置的推论。

3.10.2 看跌分手线

在市场下跌的过程中，如果出现了一根白色实体蜡烛线，特别是长实体的阳线，对于持有空头的市场参与者来说，可能会很紧张，我们可能会想，多方现在控制了局面？无论如何，如果下一天开盘时市场向下跳空，开盘价回到了前一根阳线的开盘价的水平，就说明多方又对市场失去了控制权。如果后面这根阴线进一步向下收在较低的水平，则说明空方已经重新夺回了战场的主动权，之前的下跌行情将继续发展。图 3.57 为看跌分手线的示意图。

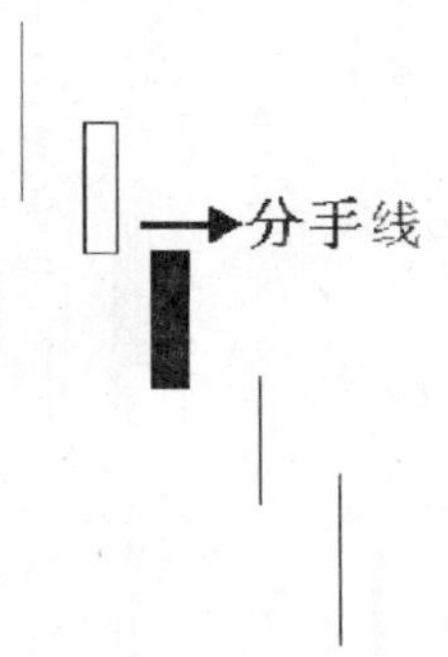

图 3.57　看跌分手线

我们来看一些实战应用。图 3.58 为上海期货交易所的天然橡胶 1103 合约的日 K 线走势图。

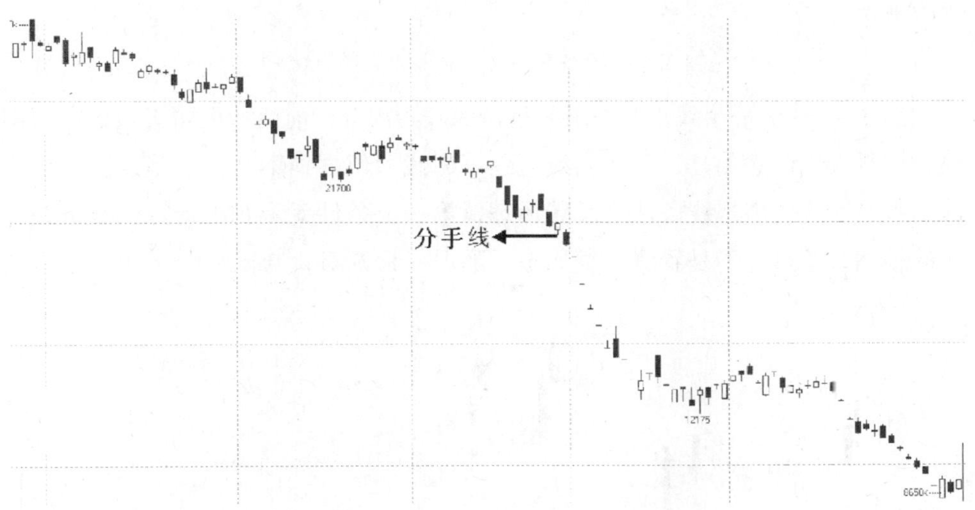

图 3.58　看跌分手线　天然橡胶

图 3.58 中的看跌分手线出现在下跌中继的位置。分手线中的阳线与前面一根阴线，形成类似于看涨约会线一样的形态，紧随其后一根开盘价与前面阳线处于同一水平的阴线，形成看跌分手线形态，宣告前面看涨约会线的失败与看跌分手线的成功。我们还看到在图表中间位置出现了分手线，又再次验证了分手线是在一波快速市的中点。

图 3.59 为宁波联合（600051）的日 K 线走势图。

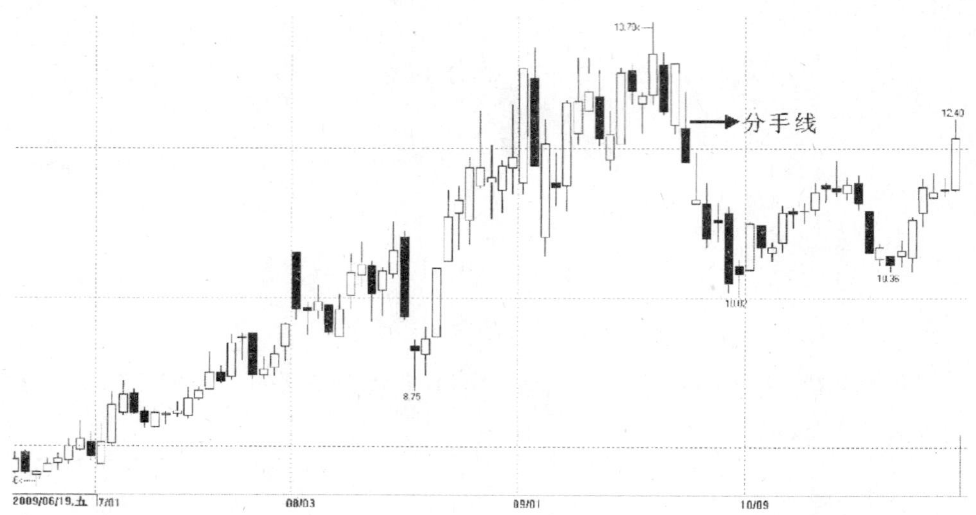

图 3.59　看跌分手线　宁波联合（600051）

图 3.59 中的分手线出现在下跌行情的开始部分，前面一根包天包地的大阳线，值得我们注意的是，虽然阳线包住了阴线，但这绝不是看涨抱线形态，为什么呢？因为看涨抱线条件是反转形态，第一个条件就是要出现在一波下跌行情的尾端，所以它不是看涨抱线形态。随后一根开盘价与阳线处于相同水平的

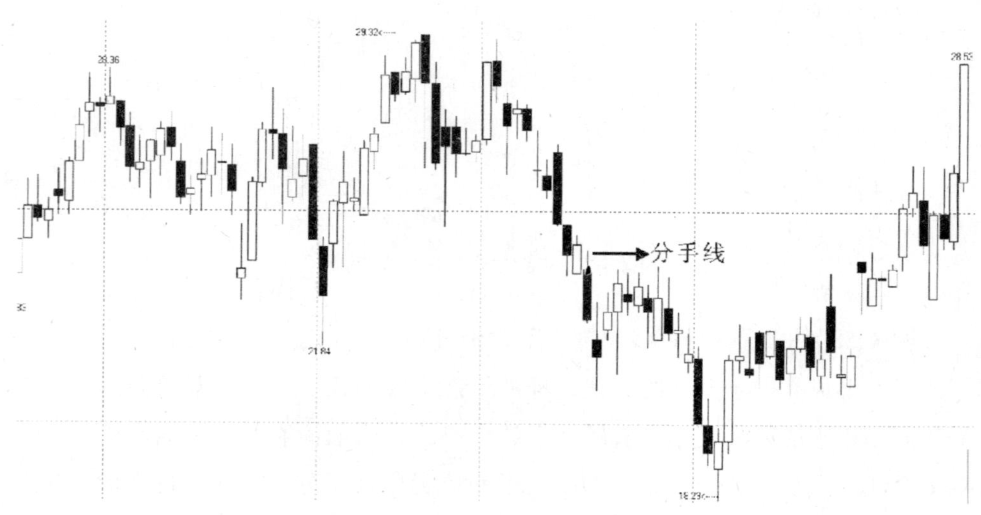

图 3.60　看跌分手线　华润双鹤（600062）

阴线，形成了看跌分手线。行情继续下挫，但这组分手线并没有出现在下跌行情的中点位置。

图 3. 60 为华润双鹤（600062）的日 K 线走势图。

图 3. 60 中的分手线也没有出现在下跌行情的中点，而是出现在结尾的部分。一根开盘价与前面阳线处于同一水平的阴线，终结了前面的看涨约会线形态，形成看跌分手线，行情继续下跌。

提示：分手线总体来说是非常简单的。但其所在的位置，给我们以无限的方向引导的作用。有些交易者或许以为市场朝着一个方向行进得太远了，出现了一根与之前方向相反的 K 线，是不是快要终结了呢？分手线正是告诉我们，“没有，远远没有，我才走了一半!”，我们可以大胆地持仓了。

3. 11　铺垫形态

我们在讲反转形态中讲到了“向上跳空两只乌鸦”与“三只乌鸦”，但是没有说到它们的无效形态所引起的变化。上述两种形态失败所带来的变化就是“铺垫形态”，这种形态极其少见。图 3. 61 为铺垫形态的示意图。

在这个形态中，头三根蜡烛线与向上跳空两只乌鸦形态相似，但是此后，又跟了一根阴线，如果接下来的一根蜡烛线是阳线，并向上跳空，向上超过了上述最后一根蜡烛线的上影线；或者这根阳线的收盘价高于最后一根阴线的最高价，则形成了买入信号，变成了看涨的持续形态。在铺垫形态中，可以有两根、三根甚至四根阴线。相对而言，向上跳空两只乌鸦形态与铺垫形态都是很少见的。

持续形态到此就结束了，我们坐下来冷静想一想，获利的时候有恐惧心理，还是亏损的时候有恐惧心理。往往是当我们获利的时候，害怕这些利润会吐回去，所以总是怕赚的又变少。得到了，再失去，那是很痛苦的，还不如没有得

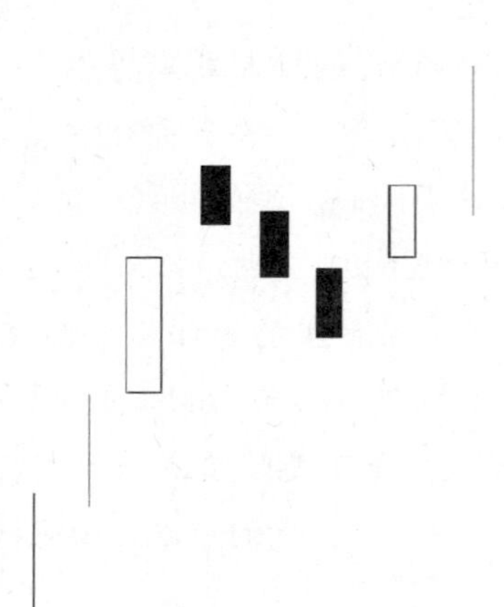

图 3.61 铺垫形态

到。有一点风吹草动就落袋为安了，结果只能傻看着行情继续发展。当我们再想回头追进去的时候，行情往往走完了。结果被套牢了，套牢了反倒安心了。唉，反正也会回来的，再说吧。就这样一批一批的中小投资者把钱全扔进了股市中了。

提示：如果我们能冷静地应用持续形态，我们就能够打消我们与生俱来的恐惧心理，当我们看到这是持续形态的时候，那是对前一段上涨或下跌的消化与整理，我们要么平仓回家睡大觉，要么持仓睁一只眼睛睡大觉。完全不必担心你会赚得比最高的时候少。你只需要等反转信号出现，平仓了结，再等下一次机会而已。

第4章 趋势的基本概念

要学习价格形态分析的前提是明白什么是趋势，趋势有三种：上升趋势、下降趋势与横向延伸趋势。本章要学习的反转价格形态就是研究上升趋势与下降趋势如何互相转换的。如果从趋势讲起，那么我们必然要先介绍道氏理论。

4.1 道氏理论

19 世纪末查尔斯·道在《华尔街日报》上发表了一系列社论，表达了他对股票市场行为的研究心得，直到 1903 年，也就是逝世一年后，这些文章才被收编在 S. A. 纳尔逊所著的《股市投机常识》一书中，得以集中出版。正是这本著作首次使用了“道氏理论”。在理查德·罗素为该书撰写的序言中，把道氏对股票市场理论的贡献同弗洛伊德对精神病学的影响相媲美。

可能有很多人都知道道氏理论，可是能详细说出其要点来的，恐怕没有几个。我们现在来仔细说说道氏理论的基本要点。

基本原则 1：在市场中形成的价格包容并消化一切因素。从古典经济学中得知，价格的涨与跌都是受供需因素影响，价格是供需关系的体现，甚至包括天灾人祸都会直接反映到市场中的价格上。难以预料的事件所引起的供需的影响，都会以最快速度反映到价格上。

基本原则 2：市场具有三种趋势。道氏给出的趋势定义是，判断市场处于上升趋势中的条件为上冲的价格波峰要高过前一波的波峰，上冲的价格的波谷要高过前一波的波谷。你可以理解为，你看到依次上升的波峰与波谷，那你就看到了上升趋势。同样，判断下降趋势还是以波峰与波谷为依据，相继的波峰低于一个波峰，波谷低于一个波谷，那么我们就在下降趋势中。这是趋势最基本的宣言，是所有趋势分析的基石。

道氏把趋势分成三类：主要趋势、次要趋势和短暂趋势。从字面上来理解，当然就是主要趋势最重要，次要趋势次之，短暂趋势更次之。道氏认为，在股票市场中，大部分投资者应该更加关注主要趋势。道氏还用大海的潮汐、浪涛和波纹来比喻主要趋势、次要趋势和短暂趋势。

主要趋势如同海潮，一次大潮中，会有几次的反复，然后才会退潮。我们通过标尺来读取每次浪潮的位置，如果浪潮一次高于一次，说明潮水在向陆地接近，如果浪潮一次低于一次，说明正在退潮。涨潮或退潮便是一次主要趋势。

次要趋势如同浪涛，代表主要趋势中的调整，在股票市场中这种次要趋势通常会维持长则三个月，短则三个星期。次要趋势通常为主要趋势的回调走势，这类回调走势通常会走回原主要趋势的1/3或是2/3之间的位置。常见的还有1/2、黄金分割点等位置。

提示：短暂趋势通常时间很短，持续不到三个星期，是趋势中较短线的波动。

基本原则3：主要趋势有三个阶段的演化。主要趋势通常包括三个阶段。第一阶段是在前一个熊市的尾端和紧接着的牛市的开端，这时在消息面上各种经济方面的坏消息都已经出尽，达到了坏无可坏的境地，而这些坏消息已经逐步被市场所消化，所包容。我们称这一阶段为积累阶段，于是那些聪明的人可以在此时用低廉的价格收购优良资产了。第二阶段，承接第一阶段，由于坏无可坏的经济背景，所以开始阴极阳升，经济方面的消息逐渐有些回暖，而这时在技术分析层面上，绝大多数技术指标也都开始出现底部形态，顺应趋势的交易者开始跟进，价格快速上扬。第三阶段，即最后一个阶段，承接第二阶段，好消息越来越多，经济形势前所未有地趋好，大家都在一派欣欣向荣的气氛中抢购，唯恐现在这个价格不买，就再也买不到了。成交量大规模放大，在这种谁也不想卖出的时候，阳极而阴生，而最开始在第一阶段时，谁也不想买进时悄悄吃进的交易者，在这个时候已经开始悄悄撤退了。

提示：大家是否还记得在第3章我们所讲的四个重要的窗口，正对应着这三个阶段的涨势。

基本原则4：各种平均价格必须相互验证。两种或两种以上的指数都呈现牛市形态或熊市形态，我们才可以确定现在是牛市或熊市。例如道指与标准普尔500都已经给出了买进信号，那么这种信号可信程度是很高的。但如果只有一种指数给出了买进信号，而另一个却是卖出信号，那么我们认为原来的趋势还在继续。拿我国市场上的指数来说，便是上证综指给出了买进信号，同时，或者很短一段时间后，深证成指也给出了买进信号，那么上涨的概率是很大的。

基本原则5：交易量必须验证趋势。虽然道氏认为交易量分析是次要的，但我们还是不要忽视交易量的重要性，它会使我们从另一个层面去看待大势的方向。当价格是在上涨趋势的时候，随着价格的上升，交易量应该是逐步增加的，在上涨趋势的回调过程中，交易量应当是萎缩的。而当价格是在下降趋势的时候，随着价格的下降，交易量也应当随着价格的逐步下跌而增加，在下降趋势中出现向上反弹的时候，交易量应该是萎缩的。当然，我们在讲道氏理论时，还是应该说，道氏认为交易量是次要的，道氏的分析完全是以收盘价为重要依据的。

基本原则6：趋势的力量是非常强大的。趋势具有惯性，除非有了概率非常大的反转信号以后，我们才能判定，当前趋势已经结束，开始了新的趋势。我们如何判定主要趋势反转呢？利用我们前面讲到的蜡烛线与后面将要讲到的价格形态、摆动指数、均线系统、时间周期和波浪原理来判断趋势是否出现了反转。不过，因为趋势惯性的严重性，在没有大概率的反转信号出现以前，我们还是把它判定为原趋势还在继续，胜算更大一些。

以上便是道氏理论所总结出的六点基本原则，差不多可以概括了道氏理论的要点与重点。它是一切趋势分析技术的起点、发源。

虽然道氏主观地认为绝大多数交易者都会注重主要趋势的，而次要趋势只是回调时绝佳的建仓或加仓时机，而最小级别的短暂趋势道氏认为是可以置之不理的。可是实际情况并非如此，对于周期性相对更强一些的农产品期货市场，短暂趋势与中级趋势对交易者就显得非常重要了。

即使是在证券市场中，绝大多数交易者所关注的也不是主要趋势，他们更多关注的是中级趋势或短暂趋势，或许这也是在这个市场中亏损的人总是大多数的原因所在吧。这些交易者通常用短暂趋势选择建仓的时机，在走势向好的中级趋势中卖出，再在一个向下的短暂趋势中买进，再等一个中级趋势后卖出。甚至更有一些交易者每天只是做一些“抢帽子”的行情。这样短暂趋势对他们来说就显得至关重要。他们更多地把精力放在一天内的价格变动上。

4.2　何为趋势

从一般意义上说，趋势就是市场何去何从的方向。不过，为了便于实际应用，我们需要更具体的定义。不论在什么情况下，市场都不会直来直去地走出上涨或下跌的行情，都会有震荡、有波动，有上涨有下跌，下跌中有上涨，价格运动就像是蛇一样，曲折蜿蜒，有明显的波峰与波谷，而我们就利用这些波峰与波谷进行趋势分析。

所谓市场趋势，是由这些波峰与波谷所构成的，而趋势的方向，便是波峰与波谷前进的方向所决定的。所以，波峰与波谷逐步上升，我们就把当前的趋势定义为上升趋势。波峰与波谷逐步下降，我们就把当前的趋势定义为下降趋势。依次横向伸展的波峰与波谷，我们就把当前定义为无趋势，或横向延伸趋势。

4.3　趋势的三种方向与三种类型

通常情况下，很多交易者认为，市场只有两个趋势，上升或是下降，但是我们还应该再加上一个，横向延伸趋势。这是有充分理由的，市场在1/3时间甚至一半的时间内，都在做横向延伸运动，价格在一定的区间内上下运动。因为横向延伸的运动时间很长，所以我们必须将它弄明白。横向延伸运动其实就是市场在这一时间处于均衡状态，在某种意义上说，供求关系达到一个均衡点，多空双方都在这一价格区间内表示对当前价格的认同。一旦发生其他引发价格波动的事件后，价格将会从某一方向突破。通常情况下，我们还把“横向延伸趋势”叫作“无趋势”。

我们此书是讲解技术分析的方法，绝大多数的技术工具或是交易系统的本质都是在追踪趋势，或上升或下降。但当市场进入“无趋势”情况下，这些技术工具大都表现得相当拙劣，有时甚至弄巧成拙。这种情况下，采用单一的追踪趋势交易系统的交易者就会蒙受巨大的损失。原因很简单，既然是追踪趋势，就要有“趋势”可追踪，但当市场处于“无趋势”的时候，就无的放矢了。所以，识别当前的趋势方向是至关重要的，当有趋势时，我们可以应用追踪趋势的交易系统或是技术指标。当处于“无趋势”的时候，就要使用对付“无趋势”的工具了。

趋势除了分为三个方向，还分为三种类型，我们上面已经谈到，这三种类型分别是主要趋势、次要趋势和短暂趋势。这三种趋势是按照其价格覆盖的幅度大小与时间跨度的长短来区分的。主要趋势可能会持续几年、几十年甚至上百年。在市场上，几秒钟到上百年的时间内，都无时无刻不充斥着大大小小的趋势。市场便是由这些趋势所组成的。但是不同的分析者对于趋势的定义是不同的，一年时间的趋势，在有些分析者那里是长期趋势、主要趋势。可在有些分析者眼中，只是一个中级趋势、次要趋势罢了。所以，当我们咨询别人交易方法时，一定要知道，在他那里是怎么定义长、中、短三种趋势的。

每一个趋势不论它是主要趋势，还是次要趋势，抑或是短暂趋势，都是其上一级更高更长趋势的组成部分，也是其下一级更短趋势的长趋势。例如，中级趋势对于比它更小一级的趋势来说，便是一个长期趋势，而对于比它更高一级的趋势来说，便是一个次要趋势。我们可以这样理解，每个趋势都是其更长趋势的一部分，它自身又是由其他更短期的趋势所共同构成的。可以无限大也可以无限小，呈现一种循环往复的节律。

提示：我们在前面便说过，一年的时间对于某些交易者来说，既可能是长期趋势也可能是短期趋势，在商品期货市场与外汇市场中，在某些短线的交易者眼中，两天或三天的上升或下降便构成一个主要趋势了，可在股票市场中，在某些交易者的眼中，他们认为几天甚至几个星期的变化都是短暂趋势罢了。所以，我们在讨论某一个市场或某个品种时，最好弄清楚，互相界定一下趋势的定义。

4.4　支撑与阻挡

上一节中，我们定义了，逐渐升高的波峰与波谷为上升趋势；逐渐下降的波峰与波谷为下降趋势；横向延伸的波峰与波谷为无趋势。波峰与波谷的方向决定了市场趋势的方向。这节要讲的便是利用波峰与波谷引入的两个概念——支撑与阻挡。

若在某一个价格水平，买方兴趣深厚，将卖方的压力支撑住，价格在这里不再下跌，转而向上，带动起一波上涨的行情，这样就形成了一个波谷，我们把这个波谷叫作“支撑”。

若在某一个价格水平，卖方的压力超过了买方的支撑力度，压制了买方将价格向上方推进，价格由升转降，这样就形成了一个波峰，我们将这个波峰称为“阻挡”。

再重申一遍，在上升趋势中，支撑与阻挡的水平位置逐步上升，在下降趋势中，支撑与阻挡的水平位置逐步下降，在无趋势中，支撑与阻挡的水平位置基本处于同一水平位置上。

图 4.1 为上升趋势中“支撑”与“阻挡”。

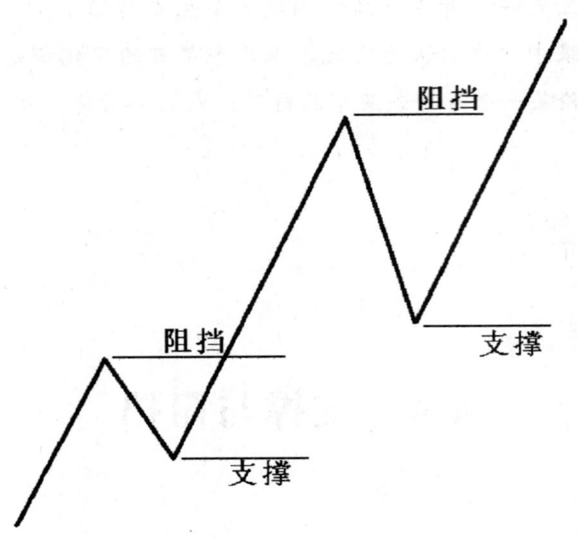

图 4.1　上升趋势中的支撑与阻挡

图 4.2 为下降趋势中的支撑与阻挡。

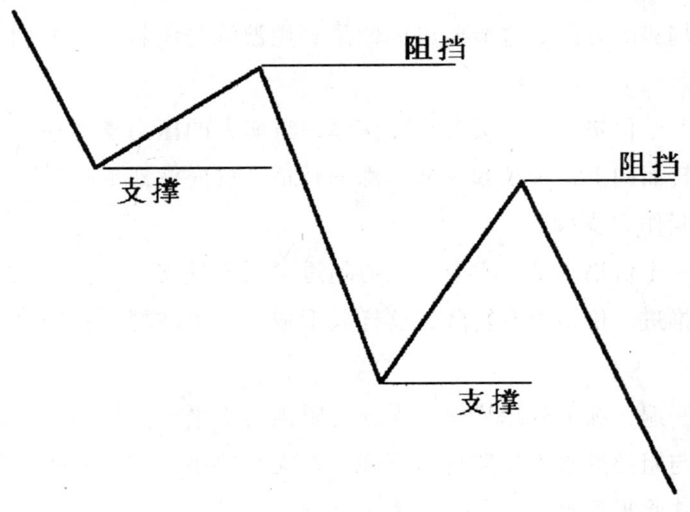

图 4.2　下降趋势中的支撑与阻挡

上升趋势中，阻挡水平意味着上升势头将在此处休息一段时间，但此后它会尽早向上穿越。而在下降趋势中，支撑水平也不足以长久地支撑市场的下滑，不过至少能使它暂时受到阻挡。

上升趋势的必要条件便是一个波谷要比一个波谷高，一个波峰要比一个波峰高。如果某一时刻某次回调的波谷将价格低点打到了前一个波谷的位置，两个低点位置处于同一水平，那么至少预示着上升趋势即将结束了，或者可能由上升趋势变为横向延展趋势。如果这次回调的低点再低一些，低于前一个波谷的低点，那后果将会更严重，极有可能意味着上升趋势已经终结，而转为下降趋势。

同理，波谷如此，波峰也是如此。在上升趋势中，新的波峰能不能超越旧的波峰是一个非常重要的问题。如果新的波峰高于旧的波峰，那么至少现在还在上涨趋势中。如果新的波峰未能超越前一个波峰，这便是上涨趋势即将转变的一个预警信号。同样，在下降趋势中，新的波谷未能下穿旧的波谷，也将给现有的下降趋势带来一个预警信号。

提示：这些波峰与波谷在二维图表中会绘出各种图案，利用这些波峰与波谷，或者干脆说利用这些支撑与阻挡，又构成另一种分析方法，我们即将在下一章讲到的“价格形态”中详细讨论，这些支撑与阻挡便是价格形态分析的基石。

4.5 支撑与阻挡的角色互换

我们把“支撑”定义为前一个低点，“阻挡”定义为前一个高点。但是“支撑”与“阻挡”并不是始终不变的，它们的角色是可以互换的。如果一个“阻挡”被突破后，价格继续向上，继而下跌回调，在回调过程中，价格再回到原“阻挡”位置时，此时的“阻挡”价位，便变成了“支撑”价位。旧的“阻挡”变成了新的“支撑”。同样，在下跌趋势中，旧的“支撑”也可以变为新的“阻挡”。

这种角色互换具有怎样的形态呢？我们把股票市场参与者分为三种——多头（在一段时间内长期持有头寸的交易者）、空头（正在或将要卖出持仓的交易者）、持币观望者。我们假设市场在某个支撑区域波动了一段时间之后开始上涨。多头很高兴，但还是后悔当初没有买得更多一些。如果市场再掉回支撑区附近，再增加些多头头寸，那该多好啊！

空头现在认识到或是怀疑自己站错队了。空头希望价格再跌回他们卖出的区域，这样，他们还可以在他们卖出股票的位置再次接回已经卖出的股票。观望者们当然也指望再有机会在更低的位置买进。所有这些人现在都决意在下一轮下跌中买进，那么市场下方的这个支撑区域就关系到大家的利益。如果价格下降到该支撑位置，上面我们说的那些多头、空头与观望者都会一股脑地买进，自然就会把价格推向高位。

图 4.3 为阻挡转换为支撑的示意图。

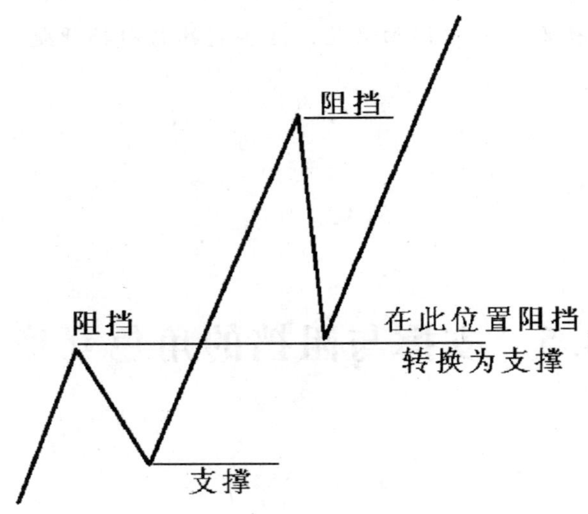

图 4.3　阻挡转换成支撑

在这个支撑区发生的交易越频繁，就意味着更多的市场参与者在此处拥有“既得利益”，因此这个支撑区域就越发重要。支撑或阻挡区域的重要程度可以由三方面来决定：市场在该处所经历的时间、交易量、交易活动的发生时间距当前时间的远近。

◆时间：作为支撑区或阻挡区，价格在此处停留的时间跨度越长，这个区域作为支撑或阻挡的重要性就越强。如果价格在此处停留了两个月，那么在此处的多空双方暂时达成停战协议的意向就强烈。如果价格在此处仅停留了一个星期，那么此处多空双方对于在此价位所达成的妥协就显得不如两个月的时间重要。

◆交易量：在支撑区或阻挡区的交易量越大，说明此处的支撑区或阻挡区就越重要。如果多空双方不满意此处互相妥协的位置，那么是不会有大量成交的合约。反过来说，成交量越大，说明双方对此价格的满意度越高。

◆交易活动的发生时间距当前时间的远近。越是近期的事件对当前的走势影响越大，一千年前的事件不会比昨天的一个会议对当前行情的影响更大。我们基本都会按照最近的经济形势的变化来做出相应的交易决策。

图 4.4 为上证综合指数的周 K 线走势图。

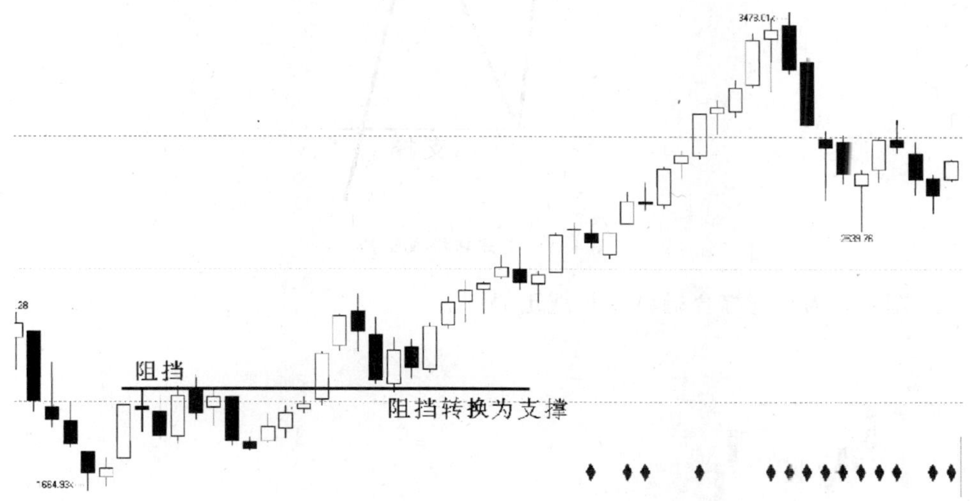

图 4.4　上证综合指数（周 K 线）

图 4.4 中，价格从底部上涨，在低位形成了第一个波峰阻挡区域，当价格向下回调后，价格直接快速冲过了原来的阻挡区，随后价格又进行了一小段的回调，回调的底点打到了前面原阻挡区的高点水平位置。原来的阻挡区转变为现在的支撑区。我们可以据此在回调低点处买进。

我们再来说说下降趋势中，支撑如何变成阻挡的。在下降趋势中，价格开始下跌，并且跌破了前一个支撑区域，情况便恰恰相反。所有在支撑区买进的人现在都认识到他们弄错了。原来造就支撑区域的，是在其下方占压倒性多数的买单，而现在所有买单全部转化成位于其上方的卖单，这样一来，支撑就转变为阻挡。原来的支撑区越重要，那么现在的潜力便越大。再来看那三种人，多头、空头与观望者，现在正好反过来行动。为以后的价格上冲或者反弹压上一座重重的大山。图 4. 5 为支撑转换为阻挡的示意图。

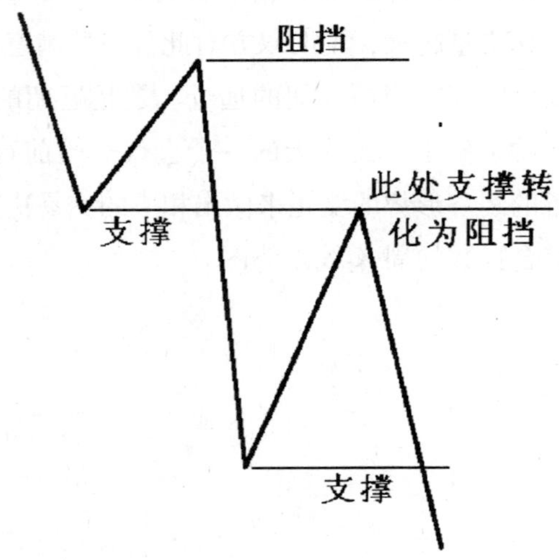

图 4. 5　支撑转换成阻挡

图 4. 6 为上证综合指数周 K 线走势图。

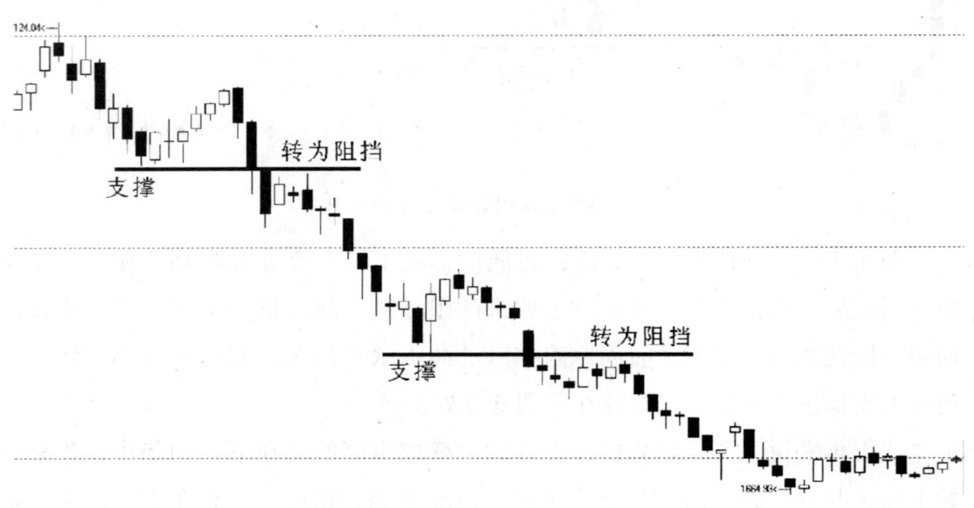

图 4. 6　上证综合指数（周 K 线）

在图4.6中，价格在第一个波谷处止跌，价格向上转化，此处作为第一个支撑处，向上反弹后，价格再次快速向下跌，当突破前面的支撑水平位后，出现了一次反扑，这次反扑的高点正处于前面支撑位水平位置。此处的支撑位转化为阻挡位。

提示：在第二个波谷处，也形成了一个支撑位，当反弹过后价格再次向下，在下跌途中的一个小反弹处的高点正打在前面支撑位的水平位置上，前面的支撑转换为了阻挡位，与前一次一样。

4.6　趋势线

趋势线是技术分析师所使用的最简便同时也是最有价值的技术工具之一。上升趋势的趋势线是由逐步升高的低点连接而成，当然在上升趋势中，作为支撑的这条直线位于整体价格的下方。相反，下降趋势的趋势线是由逐步下降的高点连接而成，作为阻挡的这条线位于整体价格的上方。

首先，想要画趋势线，就必须确定有趋势的存在，画一条上升的趋势线，我们至少需要两个有效的向上反弹的低点，也就是波谷，并且前者要低于后者。两点决定一条直线。图4.7为上升趋势线。图4.8为下降趋势线。

上面我们说过，只要有两个波峰或波谷就可以画出趋势线来，但这条趋势线并不一定是有效的，还只是试验性的趋势线。为了验证其有效性，必须看到价格第三次触及该线，并从它上面再次反弹出去。图4.7与图4.8就是价格在第三次触及该线的时候反弹出去，试探成功，于是该趋势线的有效性得到了验证。

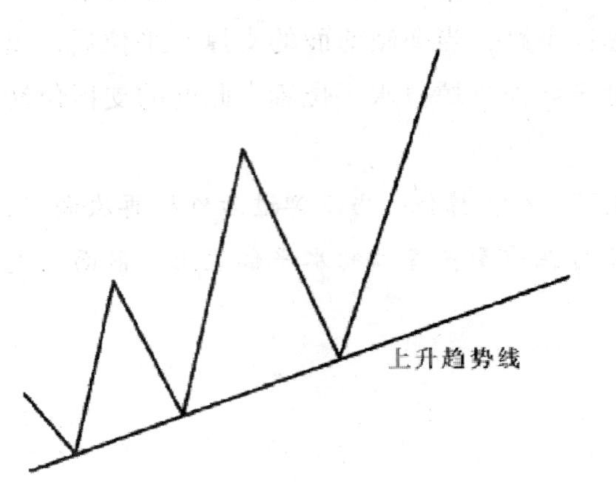

图 4.7 上升趋势线

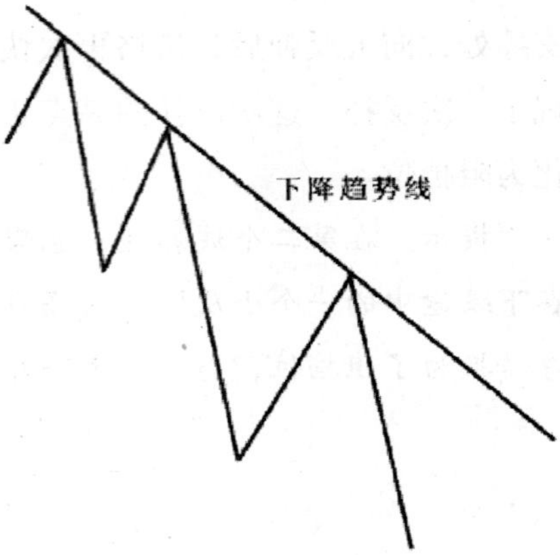

下降趋势线

图 4.8 下降趋势线

提示：趋势概念的基本观点是，趋势是具有惯性的，由此可以推出，一旦某种趋势确立了，它的趋势性便具备了惯性。通常情况下，会维持相同的速率与角度继续发展下去。所以趋势线的作用是确立这一趋势在价格发生调整的时候的极限位置，如上升趋势中，在整体价格下方的趋势线则是此上升趋势的最后保障，如果突破上升趋势线，则上升趋势宣告结束。同样，在下降趋势中也是如此。

我们说过不论是上升趋势还是下降趋势，价格都不会直上直下地运动，而是呈波动状态运行，涨中有跌，跌中有涨。在上升趋势中，肯定会有短暂的向下的调整，这种向下的调整通常会将价格打到上升趋势线上，或是将价格打到趋势线的附近，如果上升趋势没有发生变化，我们便可以上升趋势线为准，逢回调低点买进，这便是趋势线在交易中的应用。下降趋势亦同此理。

趋势线未被突破我们可以据此操作，一旦价格向下突破了趋势线，趋势便发生了变化，我们可以据此将之前所买进的多单平仓。趋势线是最佳的趋势发生变化的预警信号，我们一定要熟练掌握它的绘制方法与实际应用。

图 4.9 为三一重工（600031）日 K 线走势图。

在图 4.9 中，点 1 与点 2 是两个波谷，两点确定了一条直线，为上升趋势线，当然我们在实际操作中，可以不必等待第三次的确认，在点 2 处阳线的弹起处即可买进，可以把趋势线的支撑位作为止损点。

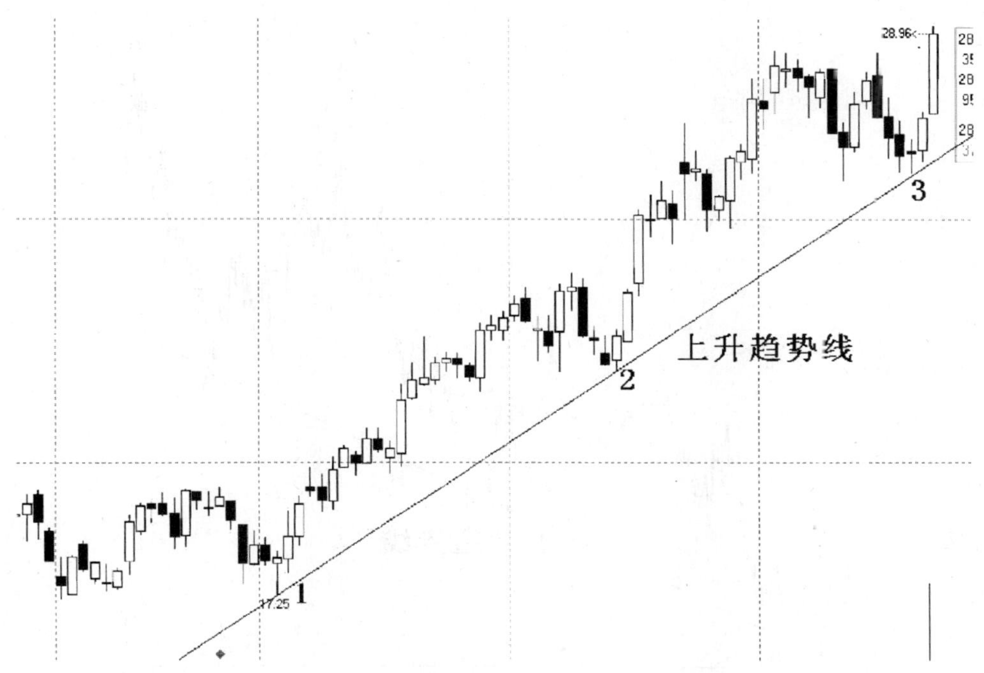

图 4.9　上升趋势线　三一重工（600031）

注意：当价格第三次打在了趋势线上时，如果下穿趋势线，就应该平仓获利了结，如果在点 3 处继续向上则可以继续持有。

图 4.10 为哈飞股份（600038）的日 K 线走势图。

在图 4.10 中，从点 1 处与点 2 处即可画出一条上升趋势线。当点 2 处有低部反转形态的蜡烛线出现后，我们便可以买进，还有上升趋势线作为止损点作为双保险。我们看到价格继续被推高，在点 3 处又打到趋势线上，这儿我们还是要注意，趋势线可支撑，便可以持续持有或加仓，若向下击破了趋势线，则要立刻止盈离场，万万不可久留。我们看到价格持续拉高，平仓点位则要根据你自己的交易风格，可以根据蜡烛线形态来平仓，可以根据我们后面要讲到的均线系统来平仓。还可以根据波浪理论、时间周期或是价格形态等来操作，我们后面都会逐一讲到。

图 4.11 为歌华有线（600037）的日 K 线走势图。

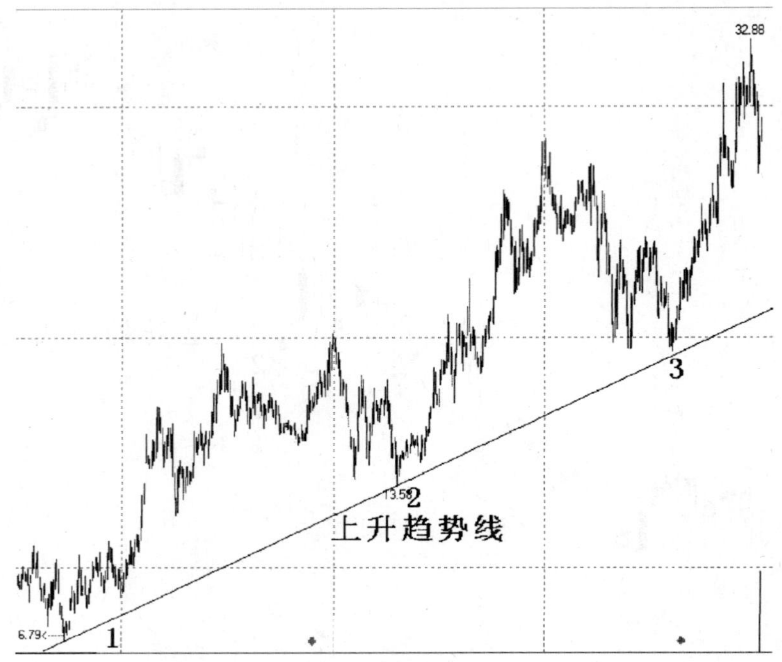

图 4.10 上升趋势线 哈飞股份（600038）

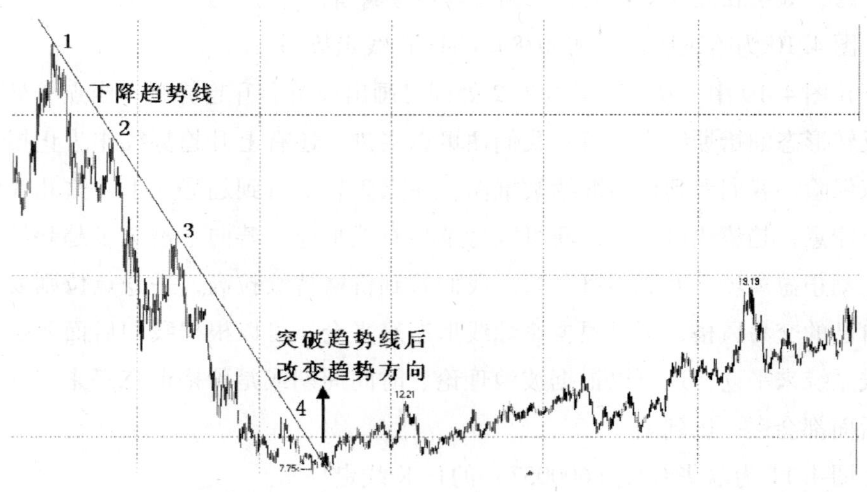

图 4.11 下降趋势线 歌华有线（600037）

图4.11中由点1、点2可连接出一条下降趋势线，经过点3处的验证，确认了下降趋势线的有效性。在点4处，价格只是反弹到趋势线的附近，由于盘面太弱，没有触及下降趋势线。整条下降趋势线压制了一年的跌势。直到点4处后不久，才弱势突出重转，改变了趋势的方向。可见趋势线的力量。

图4.12为四川路桥（600039）的日K线走势图。

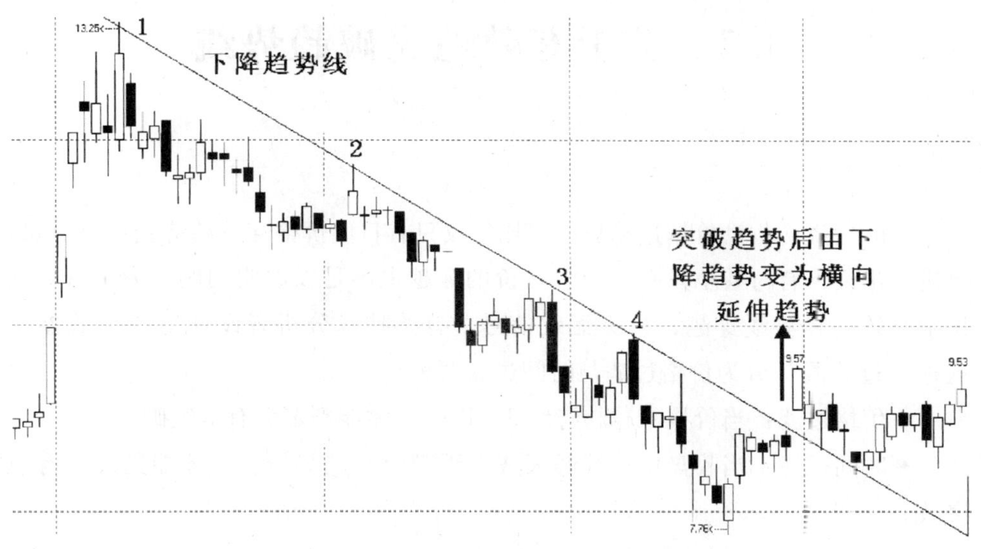

图4.12　下降趋势线　四川路桥（600039）

图4.12中由点1与点2可连接一条趋势线，之后一直是沿趋势线向下震荡下跌，点3处、点4处又回试了下降趋势线。趋势线的阻挡作用相当明显，直到由跌势底部出现一根看涨抱线形态之后，才开始反弹，遇到趋势线后直接向上跳空，才算是逃出了下跌趋势线的势力范围，转而成为横向延伸的趋势。

趋势线如此重要，那么到底由什么因素来决定一条趋势线的重要程度呢?

◆次数：要么这条趋势线未被触及，说明这条趋势线的作用可以辐射到离它很远的位置，要么它被触及了，被触及后发挥作用的次数越多，它越起作用。如果一条趋势线，被触及了8次，而且都起了作用，那么它显然比只被触及过4次的趋势线更加可靠。因为它久经考验，而未“叛变”。

◆时间：这条趋势线坚持的时间越长，越有效。一条1年左右的都在起作用的趋势线，当然比一条只起了3个月作用的趋势线要重要得多。经久而弥坚。

提示：趋势线的重要性越强，由其引发的信心就越大，那么相对于它的突破也就越具有重要性。

4.7 关于有效地突破趋势线

一般来说，收盘价越过趋势线要比仅仅只有日内价格穿越趋势线更有分量。再进一步说，有时甚至只有一个收盘价的穿越也不足以说明问题。为了有效地识别有效的趋势线穿越，排除无效信号，有些技术分析者设计了“过滤器”。这种“过滤器”分为价格过滤与时间过滤两种。

◆价格过滤：当价格穿越趋势线 3% 以上，才能判定为有效突破。

◆时间过滤：当收盘价连续两天或三天都收在趋势线上，才能判定为有效突破。

4.8 趋势线的角色互换

前面讲过“支撑”与“阻挡”的角色互换。现在我们来讲趋势线的角色互换。上升趋势线一旦被彻底地向下突破，就演变成起阻挡作用的压力线。下降趋势线一旦被彻底地向上突破后，就演变成支撑线。正因为这一点，我们在趋势线被突破后依然把它们尽可能地向右延长。这种做法是有它自身的道理的。旧的趋势线演化成自身的反面，在未来再度形成支撑线或阻挡线的现象实在是太多了。

我们再回过头来看图4.11与图4.12。它们都在突破下降趋势线后，又再次向下回踩了一下趋势线，这时的下降趋势线已经被突破，它“叛变”了，变成了强有力的支撑线。

4.9　趋势线的斜率

趋势线的斜率是指趋势线的相对陡峭程度也很重要。一般来说，倾斜角度约为45度的趋势线最有意义。某些技术分析师甚至简单地从图上其个显著高点或低点引出一条45度角的直线，作为主要趋势线。江恩对所谓的45度线技术就特别垂青。这样的直线反映出的价格随时间上升或下降的速率，恰好从价格、时间两个方面处于完美的平衡之中。

对趋势线的角度也要采取中庸之策，如果趋势线的角度过于陡峭，说明上涨的速率过高，速度过快，有冒进之险，孤军深入后劲不足，一般情况下，这种涨势不会持久。股谚有云：暴涨之后见暴跌。2008年的走势相信大家还记忆犹新。但是如果趋势线的角度过于平缓呢？则又显得动力不足，刚刚开始行动便显得没有士气，在以后的战争中，便没有必胜之志，也显得不太可靠。

但是如何绘制45度的角度线，则是一直困扰我们的一个大问题。我们知道技术图表为二维图表，横轴为时间，纵轴为价格，45度线是由原点开始，画出一条价格与时间1∶1的直线来。问题就在于，如何确定价格与时间的1∶1关系？当我们把时间单位的长度缩短，那么原来的45度角度线会变大。当我们把时间单位的长度拉长，那么原来的45度角度线会变小。所以，很难界定一个恰当的比率。

提示：你问我有什么办法吗？说实话，我也没什么办法，江恩的书中没有一处直接告诉我们应该怎么做，反倒是现在有很多解读江恩的所谓“大师”，从不同角度来诠释江恩的原意。至于对与错，有待读者朋友们自己来甄别。

4.10　趋势线的调整

因为价格不是永远按一条趋势线前进的，所以我们有些时候必须对趋势线加以调整，以适应价格趋势加速或者放缓的要求。图 4.13 为平缓上升趋势线转变为陡峭趋势线。

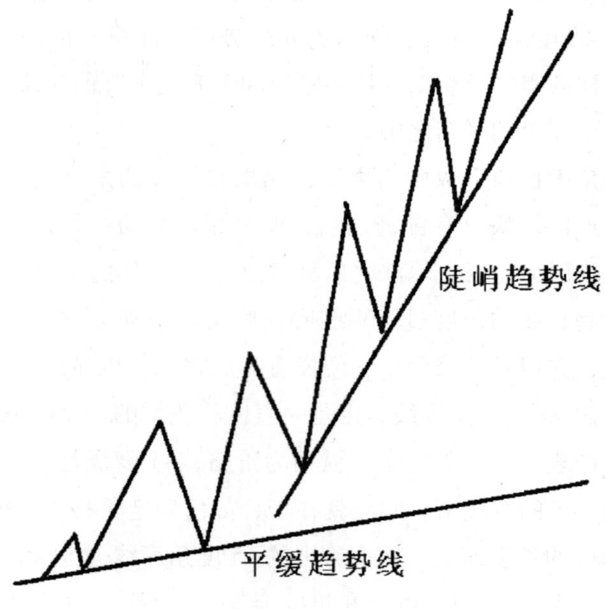

图 4.13　趋势线的调整

在图 4.13 中，由于刚刚由底部突破开始上涨，涨势较缓，当确认了涨势后，涨势开始加速。这时我们就需要根据新出现的波峰和波谷来重新画一条趋势线了，后一条陡峭的趋势线就是为了适应新的环境应运而生的。图 4. 14 为上证综合指数的周 K 线走势图。

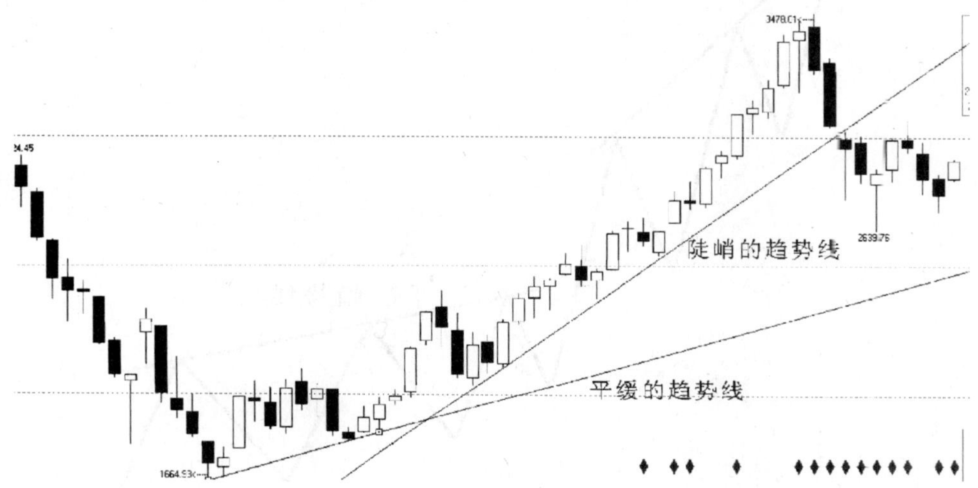

图 4. 14　上证综合指数周 K 线走势图

图 4. 14 中，价格由底部开始上涨，涨势很缓慢。经历了两次短暂的回调，我们在第 2 章、第 3 章也说过“三日顶百日底”，底部上涨是非常缓慢的，所以第一条趋势线是平缓的趋势线。当涨势确立之后，涨势加快，我们将每个回调的低点连接起来后，形成一条角度陡峭的趋势线。图 4. 15 为陡峭趋势演变为平缓趋势的示意图。

图 4. 15 中开始是快速地下跌，顶部反转一旦成立，下跌都是快逗的，而上底部反转形态出现，初期的上涨都是缓慢的，快速下跌后转趋为缓慢下跌。我们就要根据新的情况，按照新的波峰、波谷进而画出第二条适合于环境的新的趋势线来。

图 4. 16 为三一重工（600031）的日 K 线走势图。

图 4. 16 中，开始的下跌是缓慢的，反扑也是剧烈的，当确定为跌势后，我们在图中可以看到，价格几乎成一条直线向下形成了新的陡峭的趋势线。

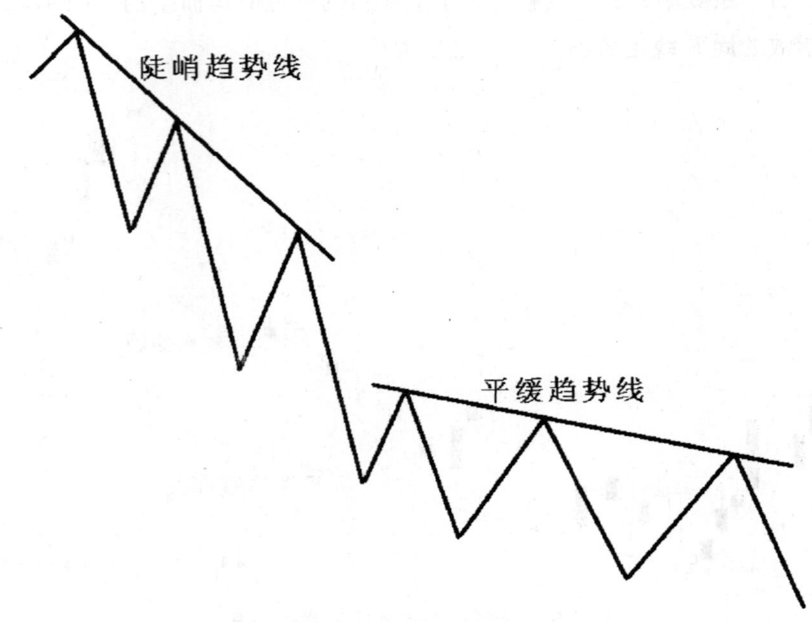

图 4.15 趋势线的调整

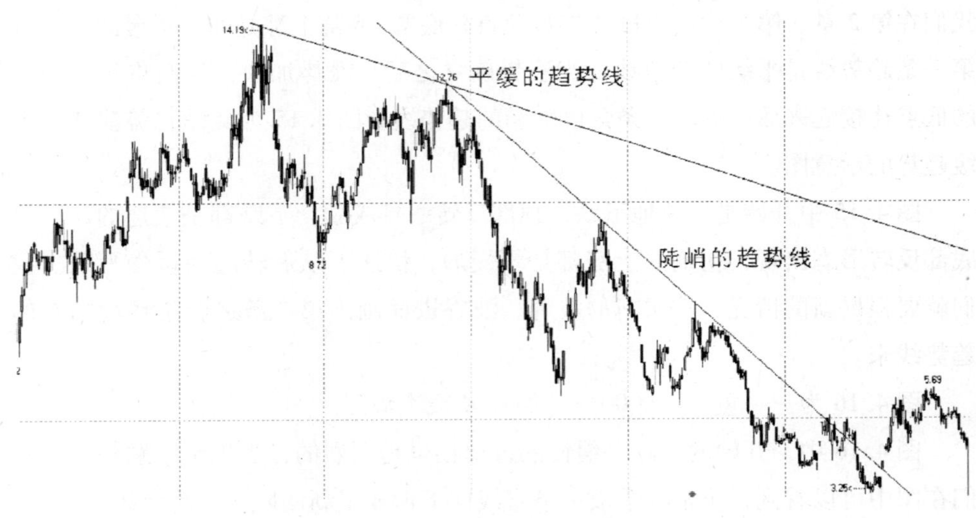

图 4.16 三一重工（600031）日 K 线走势图

提示：行情是在发展的，不能死守着原来的一条趋势线或一条原则一做到底，韩非子曰：世异则备变。新的情况发生了，我们就应当用新的手段去解决。

在趋势线加速的情况下，有时我们需要按角度依次增加的顺序画出好几条趋势线。某些技术分析师提倡利用弯曲的趋势线刻画这种情况，其实最好采用另一种工具——移动平均线，它与弯曲的趋势线异曲同工。我们将在第 7 章详细讨论移动平均线。同时掌握多种技术工具的好处，就在于可以得心应手地根据不同场合选择最合适的工具。本书所介绍的所有技术都不例外，在某些特定环境下表现良好的，在有些条件下可能就很差。所以，作为一个技术分析者来说，应该掌握各种技术分析手段，才能扬长避短，能够针对各种情况运用不同的方法来进行分析。我们在第 7 章中讲到移动平均线的使用方法时，如果涨势或跌势加速，而用一根固定的趋势线则效果不太好，不如使用移动平均线来代替趋势线，其效果更佳。

在市场中，必定同时存在着各种规模的趋势，所以我们应该用不同的趋势线来描述各个等级的趋势。在上升的主要趋势中，可能会有很多个中级趋势，其每个趋势的角度自然不会相同。所以我们在描述一个规模较大的趋势而画一条长期趋势线后，最好再用其他更灵活的小趋势线来描述其他次要趋势与短暂趋势，则能更加灵活地跟踪市场的走势。

提示：本章介绍了支撑和阻挡以及趋势线。这是技术分析的基石。后面两章我们要学习的价格形态的变化就是对这些基本概念和工具的各种形式的运用。掌握这些基本知识后，我们就可以着手研究价格形态了。

第5章 K线的组合与反转形态分析、成交量的配合

反转形态，顾名思义，意味着要反转原趋势的方向。相反，持续形态是在原趋势发展一段时间后，在此过程中暂停修整，休息一下，补给一下，继续向前，按原趋势方向继续运行。我们要做的便是及早地判断当前是反转形态还是持续形态。

本章将学习五种最常用的主要反转形态：头肩顶（底）、三重顶（底）、双重顶（底）、V形反转以及圆弧顶（底）等形态。我们的讲解分为演化过程、各种形态之间的区别、成交量、价格测算等几个部分。

5.1 反转形态的基本要领

在学习主要反转形态之前，先了解一下其基本要领，以更好地理解反转价格形态。既然要反转趋势，那事先必然要有趋势存在，才能有趋势可反，趋势的存在是反转形态存在的前提与先决条件。我想反转谁，是反转上涨趋势，还是反转下跌趋势，必须要有一个明确目标。如果在市场中偶然看到一些和我们将要讲的这些反转形态很类似的图形，就说它是反转形态，那是极其可笑的。如果我们在无趋势状态中出现了类似的反转形态，便说"看呢，这是反转形态"，那么反的是谁呢？反的是无趋势吗？那又是如何反的呢？所以，我们先要做的就是辨明当前是什么趋势，才是关键。

有趋势可反，才会有反转形态，有了反转形态，才能做出目标价格的预估。这里特别要提出的是关于顶部反转形态与底部反转形态的最大的价格目标。通常情况下，价格形态会给出最小的反转目标价位。那么最大的反转价位呢？即回到原趋势的起点，从哪儿涨的跌回到哪儿去，从哪儿跌的涨回到哪儿去。反转的目标为100%。

趋势要反转，必然要先发生变化，第一步便是突破了原有的趋势线，但这只是必要条件，而非充分条件。突破了原有的趋势为反转的第一步，但不是突破了趋势线就意味着一定要反转。这个信号本身的意思为原有趋势正在改变，它可以逆着原有趋势改变，也可以改变成横向延伸的无趋势。我们在第4章讲，在一段趋势中可能会出现很多条趋势线，最开始可能是缓慢的，而突破趋势线运动一段时间后，又按照原趋势的方向出现一条陡峭的趋势线。所以，当突破了趋势线后，我们还要观察一阵子，见机行事方好。

反转形态规模的大小直接影响到后继走势的长短快慢，有两个衡量的标准：

第一为高度，如果这个反转形态的高度越高，那么随之而来的动作便越大；第二为时间跨度，如果构筑当前价格形态所花费的时间越长，那么其规模也就越大，其对后势影响的时间也就越长。

我们在讲K线的时候，曾反复引用一句股谚：三日顶，百日底。在价格形态中也一样适用，顶部反转形态形成所用的时间远远小于底部反转形态所用的时间。顶部反转形态的特点为，形成时间短，但波动的幅度更大。底部反转形态的特点为，形成时间长，但在底部价格波动的幅度更小一些。对于一些风险追随者来说，更是喜欢做顶部市场（在有做空机制的市场中）。而对于一些风险厌恶型的交易者来说，更喜欢做底部行情。顶部反转获利更快一些，更大一些，底部反转获利相对慢一些，小一些。市场是公平的，快速获利的行情通常风险更大一些，获利慢的行情，给我们思考的时间更多，一旦错了，止损的机会也很多，所以，风险相对小一些。

底部形态虽然波动的幅度相对小一些，但其时间更长，那么其形态的规模必然更大，对后势的影响也就越大，影响的时间也就越长。

成交量是验证价格成功与否的另一个重要考量指标。交易量通常顺应着主要趋势而放大，次要趋势时萎缩。例如，在一段上涨的行情中，交易量会随着价格的上涨而逐渐扩大，当出现在上涨趋势中的回调走势时，交易量会逐渐萎缩。反之亦然，在一段下跌行情中，成交量会随着价格的下跌而扩大，当出现价格反弹时，交易量会大幅萎缩。另外，在价格形态完成时，通常会伴随着交易量的增加。

在顶部反转形态中，交易量显得不是那么重要，而在底部反转形态中，交易量的增加与否便显得更加重要了。价格在顶部下落时，会因其“自重”而下，并不需要太多的动能。而在底部反转形态中，价格需要逆着“自重”向上，那么动能的大小就极为重要，动能便是交易量，越大的动能越能推动价格上涨，如果价格上涨，而交易量上不去，我们便要小心了，这种底部反转趋势变得极不可靠了。

5.2 头肩形态

我们现在来学习头肩形态，头肩反转形态相对应分为头肩顶形态与头肩底形态，这种形态可能是最著名、最可靠的。

5.2.1 头肩顶形态

这是我们讲到的第一个价格形态，以后所讲的价格形态的变化都是脱胎于此。我们先来看一下示意图，再看图说话。图 5.1 为头肩顶形态的示意图。

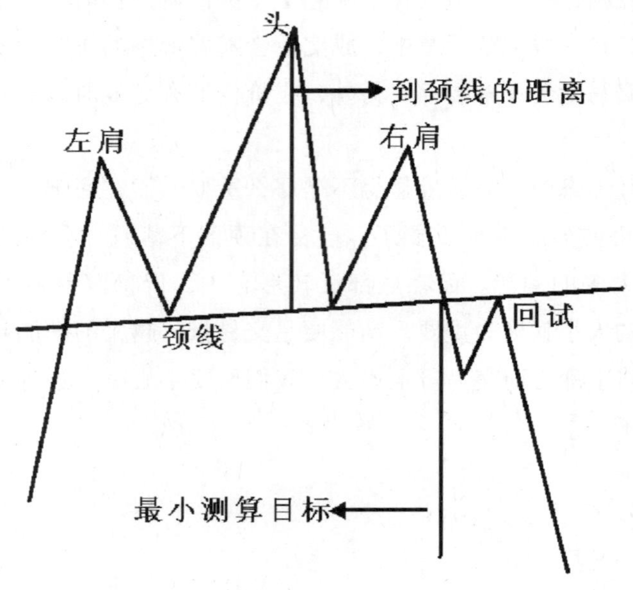

图 5.1 头肩顶

在上升趋势的尾声，波峰与波谷会较之快速市中出现的频率更高一些，从而放缓了上涨的势头。逐渐放缓后便开始停滞，在此处，多空双方的力量相对均衡，互相对峙。一旦这个对峙阶段完成，那么上述调整的横向交易区间下限的支撑就被打破了，市场便确立了新的趋势，转而向下，反转形态形成。当然下降趋势一定有它的充要条件，波峰与波谷依次降低。

第一步：演变过程

（1）在左肩的位置，上升趋势一如既往，毫无反转的变身，此时的交易量也应该是相应地增长。一切表现完全正常。

（2）在左肩后面的波谷处的调整下降中，交易量此时应该下降。

（3）在头部的时候，当新一轮的上涨突破了左肩的高度的时候，其交易量应该相对于左肩有所减少，但也不是绝对。只是大部分时候应当如此。有时候头的交易量还会继续超越左肩。

（4）当价格在头部的下降回调的波谷处时，这一轮的下跌的底点在左肩后的回调低点附近，如果在左面上升趋势画出一条上升趋势线，这时已经击穿了上升趋势线了，说明上升趋势可能出现问题了。

（5）价格在左肩下降的回调低点处得到些许支撑，将价格再次推到右肩的高度，在右肩的位置，正常情况下交易量应该更小一些。如果上升趋势要持续发展，则每一轮新高点都必须超过前一轮上冲的高点。在右肩处上升无力超越前面的头部的高点，不能满足上升趋势持续发展的条件，却满足了新的下降趋势所需要的一半条件——依次下降的波峰。

（6）在头部的下降回调击穿了原上升趋势线后，我们应该了绐多头头寸了，但我们能不能说，上升的趋势结束了，立刻就是下降的趋势呢？不能！上升趋势结束了，还可能会转为横向延伸趋势，所以我们暂时不能给这新的趋势定性。

（7）我们可以通过左肩后的下降回调低点与头部后的下降低点，画一条直线，叫作“颈线”。在顶部，也就是在头肩顶形态中，颈线一般轻微上斜。头肩顶成立的决定性因素是，价格突破了原上涨趋势线，并且价格向下突破了颈线，这种突破不是日内突破，而是收盘价确定地收在颈线之下。而后面形成的波峰与波谷形成了下降趋势的充要条件，峰与谷依次降低。于是，从依次下降的波峰和波谷中，我们可以确定新的一轮下降趋势来临了。

（8）接下来，通常市场会出现反扑回试现象，即价格重新弹回颈线或者前一个向上反弹的低点。此时，这两者均已在市场上方构成了阻挡。反扑回试现象并不一定总能发生，有时候只能形成一段极小的反弹。交易量也许有助于我们推测这种反弹的幅度大小。如果在突破颈线的初始阶段交易量极重，那么反扑回试的余地便大为减少，因为上述突然增加的交易活动反映出市场上较重的向下压力，反过来，如果初始突破时的交易量较小，那么反扑回试的可能性便大为增加。这种反扑的成交量应当是非常小的，当价格恢复原趋势后，交易量应当再次增加。可以这么说，成交量是随着主要趋势的方向而增加，而相对于主要趋势的次要趋势，成交量则会萎缩。

第二步：成交量

成交量在价格形态中扮演着至关重要的角色，它会从另一层面来给出价格形态成功与否的验证。在三角形形态中如此，在其他所有形态中也一样承担着重担。一般来说，头部的成交量比左肩为小。这一点倒不是必要条件，而是市场在这种情况下通常具有的一种强烈的倾向性，也是说明市场上买进压力减轻的早期警报。最重要的成交量信号，发生在右肩，上处的成交量应比前左肩与头部显著地减小。在突破原有上升趋势线的时候，交易量应扩张；在价格反扑回试时，成交量应相应地减少。然后，一旦完成反扑回试，成交量便再度扩张。

第三步：价格目标测算

价格形态的测算与形态的高度密切相关，价格形态越高，其目标越远。具体做法为，先将形态的头部与颈线的垂直高度测算出来，再在颈线上找到突破点，从突破点处再向下投射相同的距离即可。比如说，设定头部为 100 元，相应的颈线位置在 70 元，那么垂直距离为 30 元，我们应该从颈线的突破点开始，如果颈线是向右上方倾斜的话，那么我们把突破点假定为 73 元，向下的目标测算就是 43 元（73 - 30）了。

我们上面说的目标仅仅是最近的目标，而实际上，价格运动经常越过上述目标（当然也有在更强势的市场，达不到下跌的预测最近目标的情况）。不过，如果我们对最近目标做到心中有数，那么对判断市场运动还有多大的跌幅、在何时建立多头头寸是有很大帮助的。

当然，因为市场不是一成不变的，所以我们应用上面的测算目标的方法的时候，也不能一成不变，还要考虑到更多的因素。价格形态本身的测算技巧只是第一个步骤，其余技术性因素也应该给予考虑。例如，原先牛市中的向上反弹低点所形成的重要支撑水平在何处？熊市经常在这一水平上被阻挡住。百分比回撤的位置又如何？最大回撤目标是原先牛市的100%回撤。但50%和66%回撤水平位置我们不考虑吗？它们同样能成为下方很重要的支撑位。窗口又如何？窗口同样也会形成支撑区。另外，市场下方有没有更长期角度不陡峭的长期趋势线存在？

提示：作为分析师必须要掌握尽可能多的分析手法，这些不同的分析手段会在一些特定的时间里，互相弥补，互相制约。拿上面的例子来说，如果按照形态测算，目标会达到哪里，但在那里出现一根支撑趋势线，那么我们还要考虑趋势线的重要性与支撑力度。而不是要抱着一种分析方法死守目标价位，技术分析便是如此，如果你不灵活，就会损失惨重。

以上就是头肩顶形态的全部内容，从形态演化，到交易量的确认，再到形态形成后的目标测算。下面我们就来看一些案例，再来具体说明一下头肩顶形态是如何应用的。

图5.2为中江地产（600053）周K线走势图。

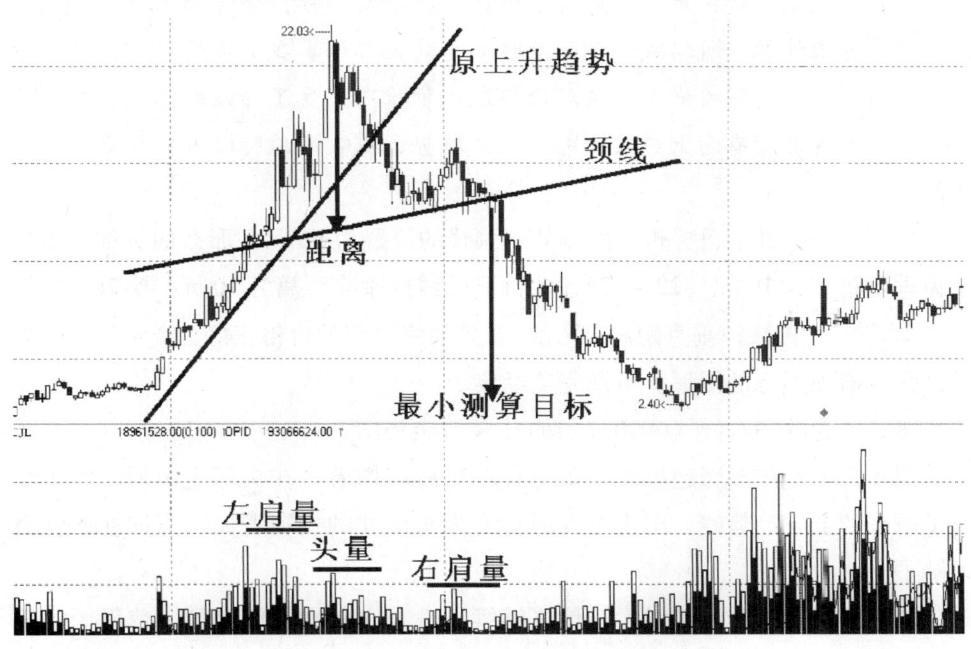

图5.2　头肩顶　中江地产（600053）

在图 5.2 中的头肩顶形态，无论从形态还是交易量上，甚至是目标价位测算上，都是非常规范的，甚至可以说是完美的形态。

我们最开始应该从头肩顶的左侧画一条原有的上升趋势线。上升趋势线确立以后，在形态还没有完全走出的时候，就会事先发现上升趋势已经终结了，或改为向下的趋势，或改为横向延伸的趋势。在形态没有走完之前，我们不得而知。但在价格向下击穿原上升趋势线时，应该尽快了结获利多单了。

价格继续发展，击穿趋势线后，价格下跌到前一个波谷附近，获得支撑而后弹起，但再次被推高的价格并没有超越它之前的波峰高点。所以，我们更加有理由确认，原上升趋势已经结束了。但下降趋势来了吗？条件只有一半，依次降低的波峰，还需要再验证一下波谷。

现在我们可以根据中间一个略高的波峰与两边各略低的波峰，推测出来，可能仅仅是要走出头肩顶的价格形态。

我们可以连接两个波谷，形成一条颈线，等待价格下穿颈线即可，在右肩部位，价格停留了几天后开始向下突破。颈线被有效突破后，我们可以确认，头肩顶形态确立了。

提示：我们再回头看一下成交量情况，在左肩部分，趋势尚未改变，投资看涨意愿并未降低，所以成交量明显略高于其他部位。在头部的时候，成交量低于左肩部位，说明投资者已经对价格进一步推高产生了怀疑的态度。在右肩部分，其高度并没有向上突破头部，上升趋势已被破坏，所以成交量更是明显下滑。

再来看一下最小目标价位的测算：颈线的位置为 12 元，那么用头部的价格减掉垂直距离为 10 元（22 – 12）。头部到颈线的垂直距离为 10 元。突破位置为 12.4 元左右，再减掉垂直距离 10 元，看到最终跌到的价格正好为 2.4 元。所以说这张头肩顶形态的图形，可谓完美经典。

图 5.3 为歌华有线（600037）的日 K 线走势图。

图 5.3 中左侧上涨趋势被一条上升趋势线支撑着，在头部走出后，向下穿越了原来的上升趋势线，至少在此时持有多头头寸的投资者们，应该在此获利了结了。

向下穿越了上升趋势线后，价格继续下跌，在左肩的低点处，获得了水平支撑，再次将价格推高，但这次的上涨波峰并没超过前面的波峰的高点，这就

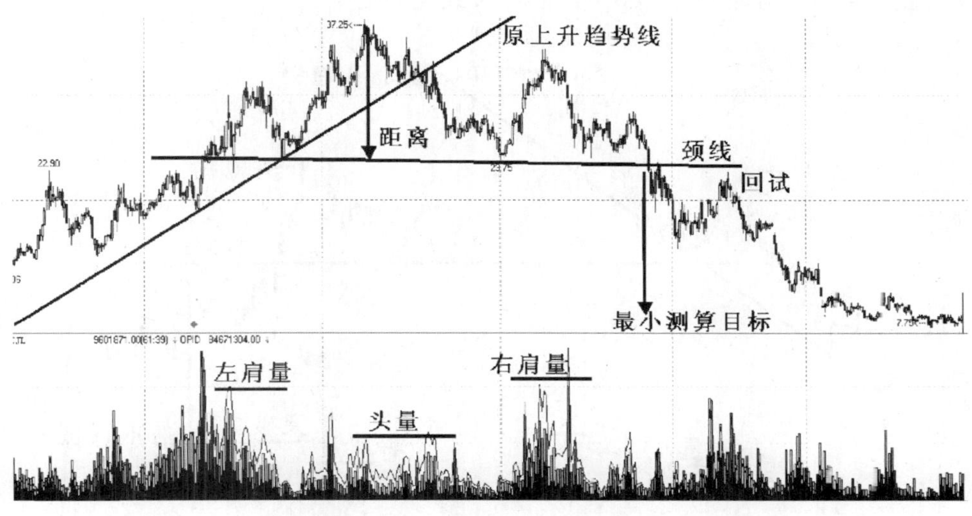

图5.3 头肩顶 歌华有线（600037）

满足了下降趋势的一半的条件，依次降低的波峰，随后价格再次下跌。我们将左肩与右肩的低点连接成一条直线，成为颈线，当从右肩再次跌下来的时候，顺利穿过了颈线，我们可以看成是头肩顶形态，但我们这时也要时刻注意，因为有可能价格还会再次向上穿越颈线形成失败的头肩顶形态，关于这个问题，我们后面要说到。

价格下穿颈线后，下跌了一段时间，再次组织新的力量向上反扑。价格回试到原颈线的位置，受到了阻挡。从而整个头部形成，价格改变了趋势，向下行进。

再看成交量，左肩的略高，因为当时没有向下反转的迹象，一切看好，当走到头部的波峰的时候，成交量相当萎靡，说明投资者对后势已经不再看好。当到达右肩的时候，此时的成交量不像我们前面所说的惯例那样。成交放量，我们可以理解为获得了利好消息，使得成交量放大。因为我们这里不是讲基本面分析的，所以有兴趣的朋友可以去查一下当时的资料。

最后，我们看一下测算目标。颈线的位置约为23.9元，头部的价格为37.25元，头部距颈线的垂直距离为14.65元，颈线突破价格为23.65元，所以我们测算的最小目标价位为9元（23.65－14.65），而我们看到实际的低点已经超过了9元，为7.75元。

图 5.4 为中信证券（600030）的日 K 线走势图。

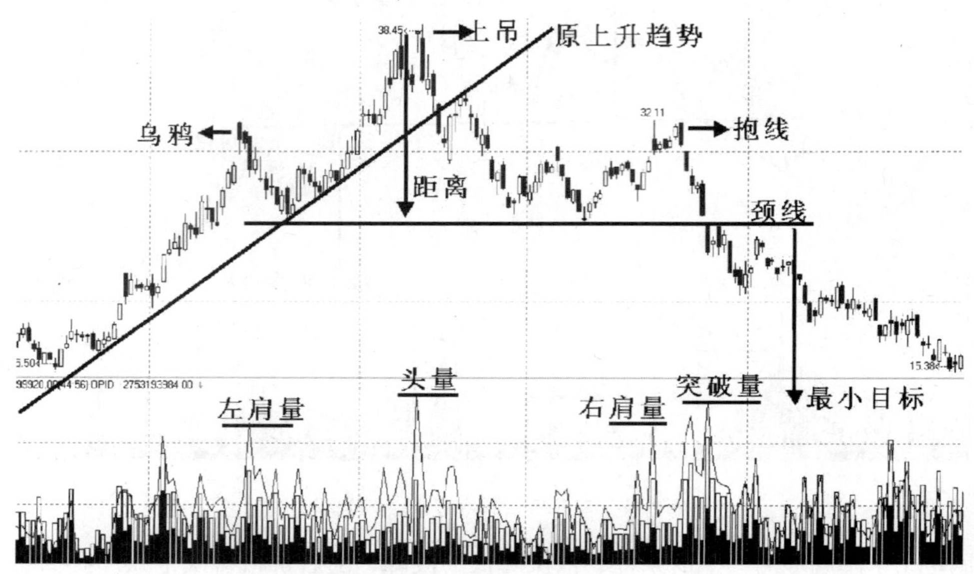

图 5.4 头肩顶 中信证券（600030）

在图 5.4 中，价格沿一条上升趋势线向上攀升，经过一根上吊线后，价格开始下跌，并最终跌破原来的上升趋势线，说明上升趋势至少现在已经结束，持有多头头寸的投资者们应该在此获利了结。我们接着看头部出现后，价格一度又向上反弹至趋势线回试了一下趋势线的压力。再次向下，在与左肩的低点处，获得支撑，价格再次被推高至右肩高度。在没有越过头部高点的情况下，被一根看跌抱线形态再次终结。价格一路下滑，直接跌破了颈线，并在下跌了一段时间后，再次组织力量向颈线反扑，被颈线的强压力压制住，价格继续走低，形成了整个头肩顶形态。

再看成交量，每次在波峰的时候成交量都会放大，而右肩处明显低于头部的成交量，向下突破颈线的成交量又大于前面的各个波峰的成交量，说明向下突破的有效性。在回试颈线处的成交量却是极小的，说明向上反扑的动能非常小。

再来看目标价位测算：颈线位置为 25.46 元，头部位置为 38.45 元，头部距离颈线的垂直距离为 13 元，突破颈线的位置为 25.46 元，那么目标价格为 12.46 元（25.46 - 13）。我们看图中跌到 15.38 元后并未继续向下突破，没有到达我们测算的最小目标价位。如果我们把图往左面拉的话，会发现在15元左右有一个很重要的水平支撑。

提示：所以我们要综合考虑全局，而不能教条地接受任何一种单一的技术工具。

5.2.2　头肩底形态

头肩底形态有时也被称为倒头肩形态，它恰好与头肩顶互为镜像。图5.5为头肩底的基本示意图。

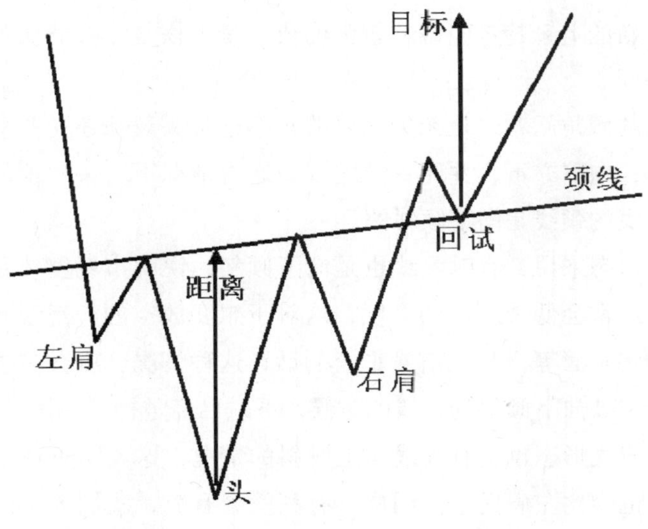

图5.5　头肩底

它具有三个清楚的波谷，其中头稍低于两肩。收盘价决定性地向上突破颈线，也是该形态得以形成的必要条件，而且价格的测算技术也与头肩顶形态一样。稍有差别的一点是，在底部，当颈线被向上突破后，市场更惯于反扑。

在讲到K线的章节里，我们说过价格由上而下是非常容易的，而由下向上是需要相当大的动能的，虽说成交量在头肩顶形态与头肩底形态都很重要，但对于头肩底形态更重要一些。前面我们讲过市场“因自重而下跌”的倾向性，因此在底部，当市场试图发动一轮牛市行情的时候，必须具有更多的成交才行，也就是说，必须要克服自重而具有更显著的买进的动能。

市场常常会仅仅因为惯性下跌，但市场却不因为惯性而上涨。需求不同，或者交易者缺乏买进兴趣等原因，足以把市场压低。但只有在需求超过供给，并且买方比卖方更积极时，价格才能上涨。

在头肩底形态的前半部分，成交量同头肩顶形态很相似。就是说，头部的成交量是比左肩的稍有减小。然而，在头部的上冲阶段，不但应该显示出交易活动有所增加，而且其成交量水平经常要超过左肩的上冲对应的成交量水平，右肩下跌部分的成交量应该非常小。关键时刻是市场突破颈线而上冲的时候，这个突破信号如果成立，那么所伴随的成交量非得相应地急剧膨胀不可。

这一点是头肩底同头肩顶最大的分别。在底部，强劲的成交量是完成形态的关键组成部分。反扑回试在底部比在顶部更经常发生，不过，其成交量应该减小，随后，新的上升趋势应该在较大的成交量下恢复。头肩底形态的测算方法与头肩顶相同。

关于颈线的倾角问题，是无关紧要的，不论是头肩顶还是头肩底，颈线的倾角向上亦可，向下亦可，并无一定之规。通常情况下，头肩顶的颈线是向上倾斜的，头肩底的颈线是向下倾斜的。

拿头肩顶形态来说，有时颈线也是向下倾斜，说明市场整体是偏弱的，并且右肩的高度通常会低于左肩的高度，这对于想要放空的人来说是好消息，但如果你原持有多单而等待验证信号平仓的话，这种情况，就会多损失一些利润了。因为等到突破向下倾斜的颈线的时候，下跌已经进行了一段了。

同样，头肩底形态也会有颈线向上倾斜的情况，这说明整体市场是很坚挺的，右肩通常也会比左肩高，但同样，有利就会有弊，我们等待向上穿透颈线的时间就会更长一些，买入信号来得更迟一些。

我们来看一下头肩底的具体实例，图 5.6 为中国医药（600056）的日 K 线走势图。

图 5.6 中一根下降趋势线压制着价格走出一波下降趋势，由底部的一根锤子线结束了跌势，价格上涨并向上突破了下降趋势线，说明下降趋势已经结束，价格一路沿下降趋势线回调，但并未向下突破下降趋势线，说明了趋势线的角色转换，由阻挡转变为了支撑。价格一直上涨，在左肩的高点处遭遇了水平阻挡。价格小幅下滑，又再次回升，形成了右肩，将左肩与右肩的高点连接成一条颈线，顺利通过了颈线。在颈线处，几次回试颈线并测试了颈线的支撑，价

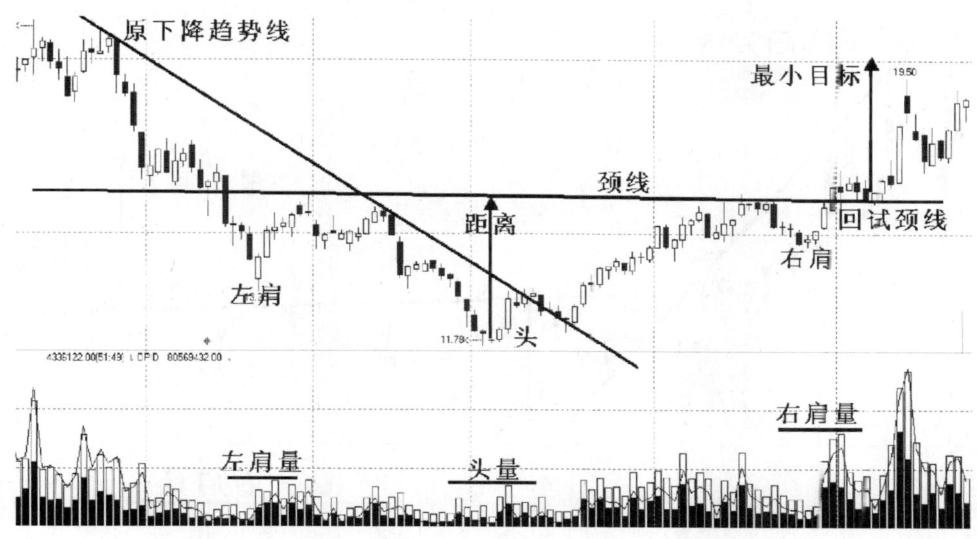

图 5.6　头肩底　中国医药（600056）

格被再次拉高。

从成交量来看，头部与左肩部分的成交量平平，到右肩时，成交开始放量，价格要上涨，需要更多的动能。回试颈线的部位，成交量变得极为稀少，说明市场看跌的意愿与力量已经非常小了。当向上突破时，成交量再次放大。

从测算目标价格来看，颈线的位置约为 16.17 元。头部位置为 11.78 元，头部与颈线的垂直距离为 4.39 元。因为颈线是水平的，所以突破颈线的位置就是颈线的位置，那么最小测算目标价格为 20.56 元（16.17 + 4.39）。因为在写这本书的时候，行情只走到 19.5 元，涨势并未完结，后势如何，只有靠以后再来验证了。

图 5.7 为波导股份（600130）的日 K 线走势图。

图 5.7 中，一波下跌趋势沿一条下跌趋势线整齐地走下来，一连串的阳 K 线向上突破了原下跌趋势线，宣告了下跌趋势的终结，价格沿着原下跌趋势线一路回调，但始终没有跌破下跌趋势线，因为下跌趋势线被向上突破，完成了由阻挡到支撑的角色转换。

价格在右肩处的上涨遭遇到了左肩波峰水平压力的阻挡，价格横盘回调，形成了右肩。将左肩与右肩的高点连接成一条直线，形成颈线后，价格向上穿

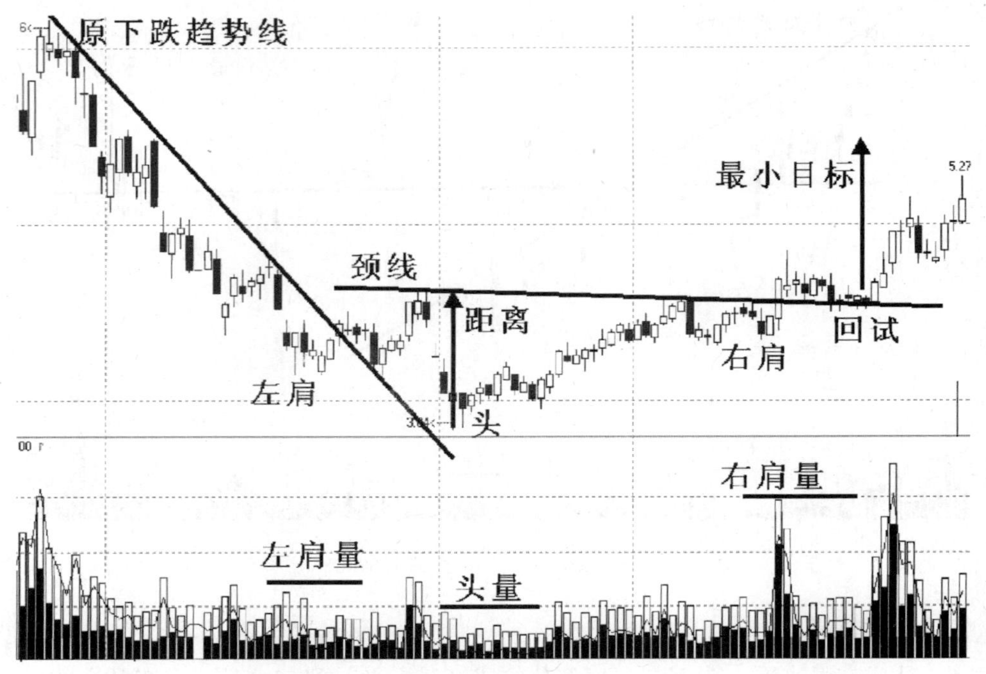

图 5.7　头肩底　波导股份（600130）

越颈线，在颈线处反复测试了五个交易日，完成了头肩底的形态，价格进一步走高。

在成交量上，左肩的成交量平平，在左肩处，触底向上，略微有一些人气，当走到头部的时候，价格更为低迷，市场人气也更为低迷，所以成交量相应地萎缩，在到达右肩的时候，市场人气逐渐恢复。成交量放量，在向上突破后成交量更是放大。

目标价格测算上，颈线的位置约为 4.6 元，头部约为 3.84 元，头部与颈线的垂直距离约为 0.76 元。突破颈线位置约为 4.5 元。那么最小目标价格为 5.26 元（4.5 +0.76）。本书写到今日，其最高价为 5.37 元，能否继续上涨，看今后的走势罢！

图 5.8 为羚锐制药（600285）的日 K 线走势图。

图 5.8 中下降趋势沿下降趋势线而行，其间一度向上穿越了下降趋势线，说明下降趋势并不稳健。我们可以随时寻找机会。在头部处，由一根锤子线彻底结束了下降趋势，价格向上行进，至左肩波峰高点处，遭遇了左肩的水平阻

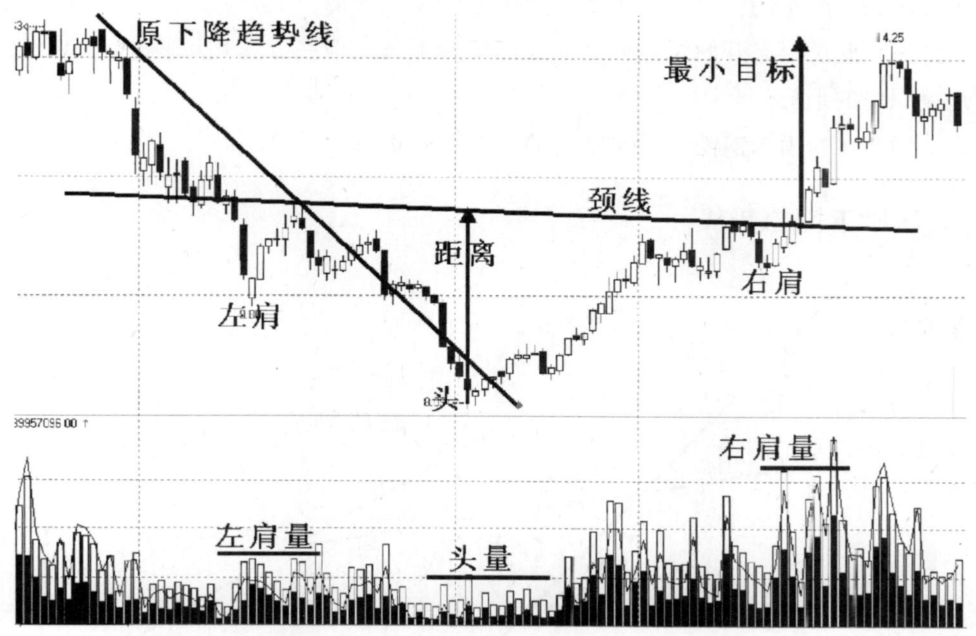

图5.8　头肩底　羚锐制药（600285）

挡压力。横盘调整，形成了右肩。

将左肩与右肩两个高点连接成一条直线，形成颈线，价格很顺利地通过了颈线，几乎没回试颈线的支撑力。

成交量方面，左肩与头部处于人气低迷的时期，成交量不高，而在锤子线出现后的上涨行情中，人气恢复，成交量逐渐放大。至右肩与突破颈线处，成交量放量。验证了价格想要向上涨，需要更多的动能。

测算目标价格：颈线位置约为11.35元，头部位置约为8.09元，头部与颈线的垂直距离约为3.26元。突破颈线位置约为11.2元，那么最小价格目标为14.46元（11.2+3.26）。我们看到现在上涨的最高位置为14.45元。

5.2.3　失败的头肩形态

一旦价格越过颈线，头肩形态就完成了。市场也不应再返回颈线的另一边。在顶部，一旦颈线被向上突破了，那么只要随后有任何一个收盘价格返回颈线下方，都是严重的警报，表明此次突破可能是无效的。显然，这就是失败的头肩形态。此类形态开始貌似典型的头肩反转形态，但在其演化过程中，价格将恢复原先的趋势。

图 5.9 为山东钢铁（600022）的日 K 线走势图。

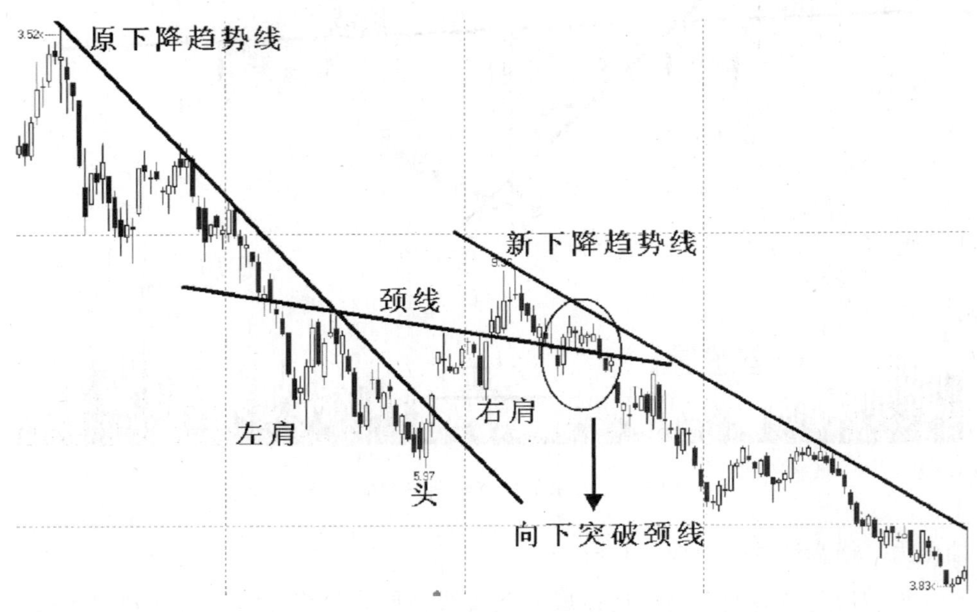

图 5.9　失败头肩底　山东钢铁（600022）

在图 5.9 中，下降趋势整齐地沿下降趋势线行进，由一根看涨抱线形态结束了旧的下降趋势，价格向上涨，在左肩处受到水平压力的阻挡而下行了两个交易日，这时的图形应为头肩底形态，我们只是静等价格向上穿越颈线那一刻，颈线被突破了，但只上涨了五个交易日后，随即下跌。我们暂时可以认为是回试颈线的支撑力度，但它经过两次反复穿越颈线后，价格向下滑动。我们基本可以判定这是一次流产的头肩底形态了，价格又按照新的下降趋势继续向下而行。

图 5.10 为招商银行（600036）的日 K 线走势图。

在图 5.10 中，在向下行走的下降趋势中，由一根锤子线引发了上涨行情，突破了下降趋势线，旧有的下降趋势被终结了。再次向下打压，又被一根锤子线结束了其下跌的势头，价格再次上涨，在左肩处受到了水平压力。价格下滑

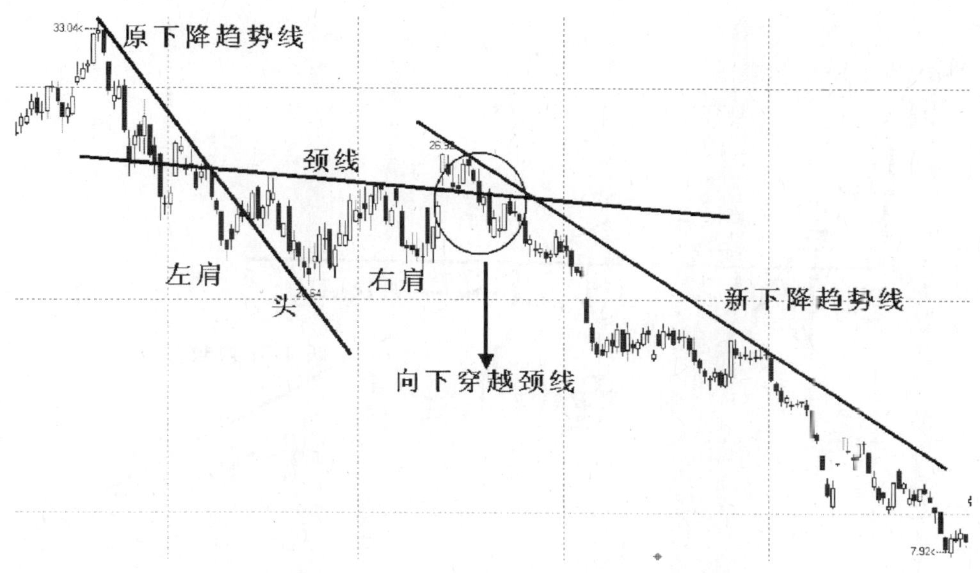

图 5.10　失败头肩底　招商银行（600036）

后在左肩的低点处又再次受到了它的水平支撑，而形成右肩。将左肩与右肩的高点相连，形成了一条颈线。价格向上突破颈线后，又再次向下穿越颈线。视颈线为无物，下穿后，再次向上回试颈线，颈线由原来支撑角色转换为阻挡角色。

提示：价格没能再次回到颈线以上的位置。价格再次下滑，并形成了新的下降趋势。

图 5.11 为凤凰光学（600071）的日 K 线走势图。

在图 5.11 中，在一条下降趋势线的压制下走出一波下降趋势后，价格向上突破了那条下降趋势线，由此可以看出，至少下跌的趋势暂时被扼制住了。再向下打压，由一根锤子线结束了跌势。价格再次被拉抬起来后，又向下跌，但没有跌破前面的波谷低点，而后价格继续向上涨，波峰却超过了前面的高点，我们可以隐约地看到左肩、头和右肩，在上涨的两个波峰的高点连接出一条直线，为颈线，价格顺利地向上突破了颈线，看似头肩底形态形成。但其价格向上穿越颈线不久后，又再次向下击穿了颈线，宣告了这次头肩底形态的失败。

当然有一些例外的情况，价格不断地上下穿越颈线，但最终会向上。但这次，向下穿越颈线后，很久没有向上突起，而后在低位震荡了十会天后，一根

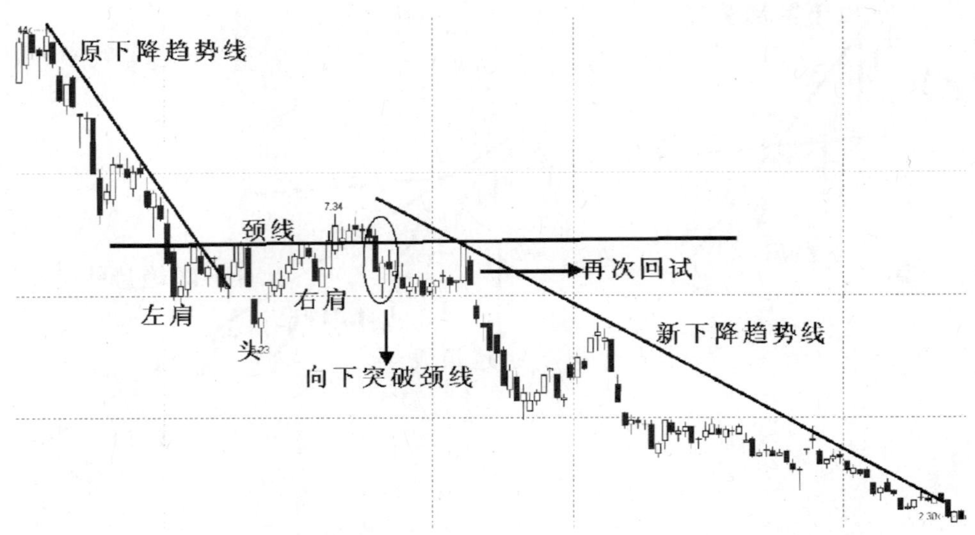

图 5.11　失败头肩底　凤凰光学（600071）

阳线直接打到了颈线的位置，颈线由支撑变成了强劲的压力，将价格再次压回。后面的下跌又沿着一根新的下降趋势线走低。

提示：由此我们可以得到一些教训。没有哪个图表形态百发百中。它们在大多数时间是成功的，但并不是永远如此。另外，技术型交易者必须永远警惕自己分析中的错误信号。在证券市场中，制胜的关键之一，就是要尽快摆脱亏损的交易头寸，确保交易损失限于小额，这里，我们或许可以为技术分析这个工具添上一条最实用的长处：它能够让我们认清现实，并纠正错误。在证券行业，迅速地发现并承认自己的交易决策错误，及时采取断然的保护性措施，这样的意志力是难能可贵的，我们绝不可以等闲视之。

在本节还要再补充一下头肩形态的问题，本章开头曾把它列举为最广为人知且最可靠的主要反转形态，但是我们必须明白，该图形偶尔也会充当调整形态而不是反转形态。不过，后面这种情况与其说是惯例，不如说是例外。我们在第 6 章持续形态中会有详细的讲解。

5.3　三重顶和三重底

我们在讨论头肩形态时所说的要领，也适用于其他各类的反转形态。比如说我们这节要学习的三重顶与三重底，不过三重顶与三重底比头肩形态少见得多。

三重顶和三重底形态不过是头肩形态的一个小小的变体。其主要区别是，三重顶或三重底的三个波峰或波谷位于大致相同的水平上。在判断某个反转形态到底应属于头肩形还是三重顶的问题上，往往会有些争议。其实这两种形态是一回事，并不影响其发挥作用。

5.3.1　三重顶

在三重顶中，成交量会随着行情的发展越来越少，通常情况下，第一个波峰成交量最大，第二个次之，第三个又次之。三重顶的颈线为中间两个波谷连接起来的直线，向下突破此颈线后，确认形态完成。图5.12为三重顶的示意图。

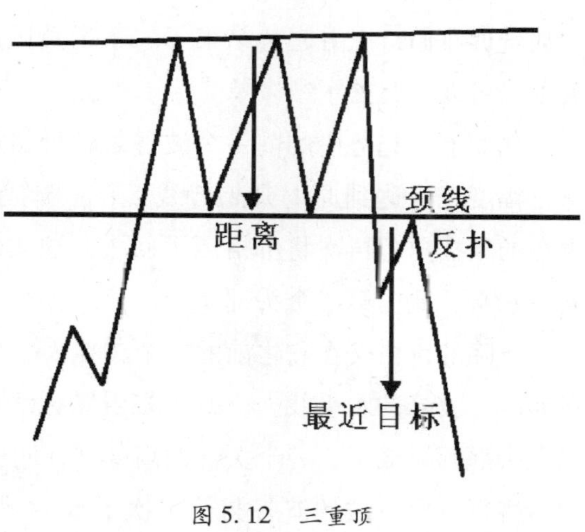

图5.12　三重顶

它的目标价格测算也与头肩形态相似，以形态的高度为基础。通常，价格在突破颈线后，由突破点起算，至少将要走出等于形态高度的距离。一旦突破颈线，随后会向颈线反扑回试的现象也很常见。

提示：其形态产生的过程、意义等，都是由头肩形态变化而来，所以头肩形态的规则也一样适用于三重顶形态。请参考头肩形态。在这里就不多赘述了。

我们直接来看一些图例。图 5.13 为民生银行（600016）的日 K 线走势图。

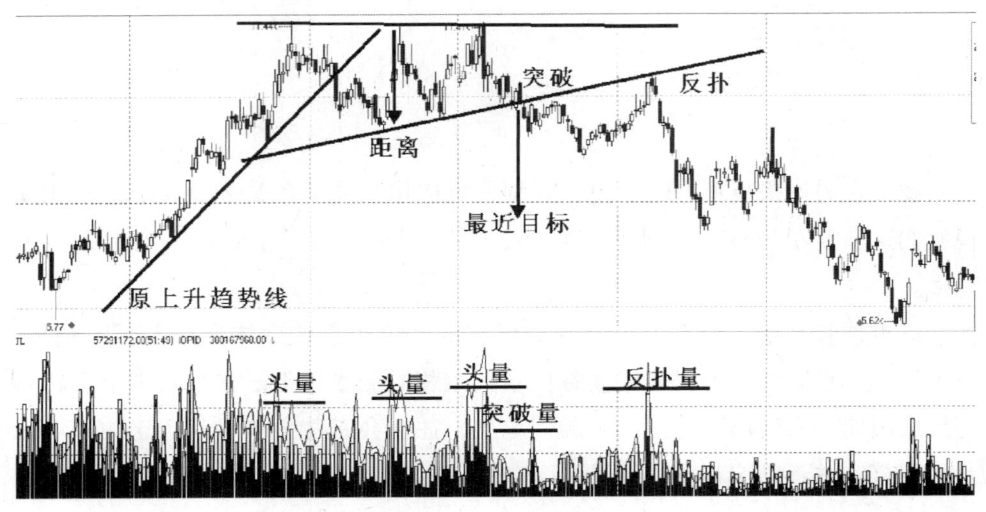

图 5.13　三重顶　民生银行（600016）

在图 5.13 中，价格原本是上涨的，下面一条角度很适中的上升趋势线在托着价格。直到走到第一个头部后，向下击穿了原有的上升趋势线。这个小小的举动告诉我们，上升趋势结束了。不论其后是下跌还是横盘，都与上升趋势无关了，可以在此处了结多单。

在原上升趋势中的前一个波谷处，价格得到了一次水平支撑，价格再次上涨，幅度正好达到原上升趋势线上，上升趋势线被穿越后，角色发生了转化，现在的阻挡角色再次将价格压了回去。这次上涨的波峰与第一个头部的高度在同一水平，此为第二个头部。

下降的价格又在它之前的一个波谷水平线上得到了支撑，将价格再次推高。在前两个波峰的水平线上，被一根看跌抱线再次将上涨的势头扼制住了。这样三个头部都形成了，三个头部的高度都在同一水平线。

将每一次下跌的波谷与第二次下跌的波谷连接成一条直线，这就是颈线。

价格第三次下跌后快速穿越颈线，完成了三重顶的形态。

在下穿颈线后，价格又组织了一次反扑，被颈线挡了回来，价格继续下跌后，又出现一次大规模的反扑。但还是没有结果的战役，颈线强劲的阻挡发挥了作用，价格开始快速下滑。

再来看一下成交量状况。三个头部附近的成交量要小于前期在上涨趋势中任何一个波峰的成交量。在反扑的时候，成交量放大。这次反扑的力量越大，若是失败了，那么对三重顶形态成功后所发挥的作用就越大。

关于目标价格测算。颈线的价格约为9.43元，头部价格约为11.4元，头部与颈线的垂直距离约为1.97元（11.4－9.43）。突破颈线价位约为9.9元，最近测算目标价格为7.93元（9.9－1.97）。而我们看到这波下跌的实际目标价格为5.62元，已经达到了测算的目标。

图5.14为海信电器（600060）的日K线走势图。

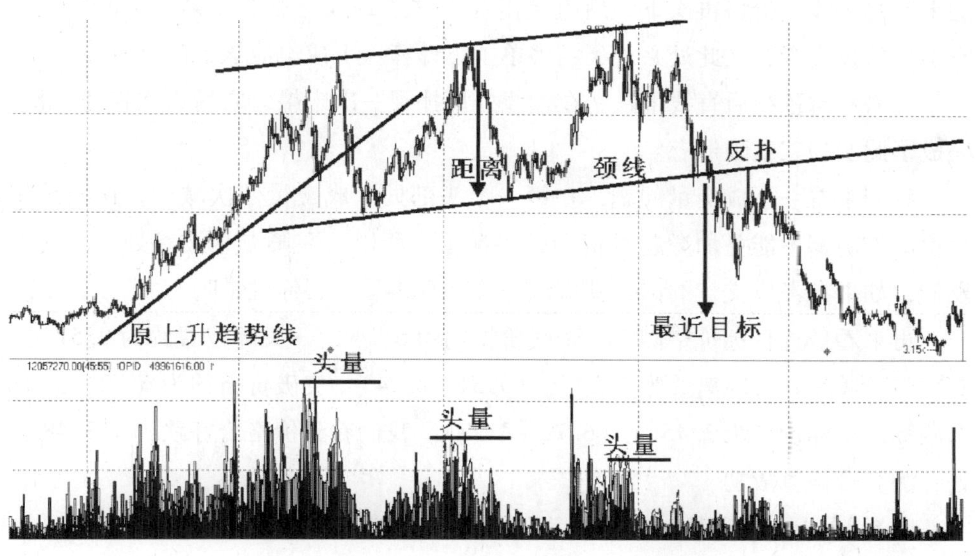

图5.14　三重顶　海信电器（600060）

图5.14中左侧的上涨行情被上升趋势线托着。在第一个头部位置后，向下穿越上升趋势线，上升趋势终结，持有多头头寸的投资者应在这里果断地了结头寸。

在跌破趋势线后，价格又再次跌破了前一个波谷，这更加验证了上升行情的结束。价格止跌企稳后，就再次被推高到超过前面波峰的高度。有的朋友会问，那现在可不可以买进呢？好，我们仔细回想一下，我们讲趋势的那一章，两点决定一条直线，在确定第二个波谷没有超过这个波谷之前，我们还是要再等一等。

第二次下跌后，价格果然在前一个波谷的上方止住了下跌。现在可不可以重新买进了呢？也可以，也不可以。要看你是什么类型的交易风格，激进的交易者可以在此处买进，当再次下穿这两个波谷所连成的趋势线后，了结。保守的交易者可以等第三个波谷的验证后买进。当然我们还要看成交量，如果参考成交量的变量的话，我们就要重新考试了。我们稍后说到成交量。

价格再次被推高到高于前两个波峰的水平后再次下跌，看似成了一个新的缓慢一些的上涨趋势了。好，如果你在第二个波谷处有多单，我们接着往下看。我们把第一个波谷与第二个波谷连成一条直线，称之为颈线，或是暂时叫作新的上升趋势线。价格再次下跌后直接击穿了这条颈线，那么在第二个波谷处持有多单的投资者，在此处必须了结多单了，计算一下成本应该也没有亏损。

价格穿越颈线后直线下跌，在颈线处反扑了一次未果，之后再次快速下滑，完成了此次的三重顶形态。

我们来看一下成交量问题，在第一个头部处，成交量依次减少，说明价格每次的推高都不能更加激起投资者的兴趣了。所以，在第二个波谷处买入的朋友们，如果参考成交量的话，就应该先等一等再看了。你说是吗？

再来看最近目标价格测算。颈线价格约为6. 24元，头部位置约为9. 51元，头部与颈线的垂直距离约为3. 27元（9. 51 - 6. 24），突破价格约为6. 72元，那么测算的目标价格为3. 45元（6. 72 - 3. 27）。我们看到价格恰好跌到了3. 48元处，测算价格算成功。

图5. 15为生益科技（600183）的日K线走势图。

在图5. 15中，左侧沿一条上升趋势线上涨，价格回调时，击穿了上升趋势线，再次上涨后，波峰没有超越前一个波峰，这两条验证了上升趋势已经到此为止了，多头应当尽快了结头寸了。

在前一个波谷的下方，价格止跌企稳。被向上推高，达到了前一个波峰的水平高度，但没有超越它，在那里遭遇了一个水平的阻挡压力。价格开始再次向下跌。在最前面的那个波谷的水平位置得到了支撑，价格又被反弹回去，这

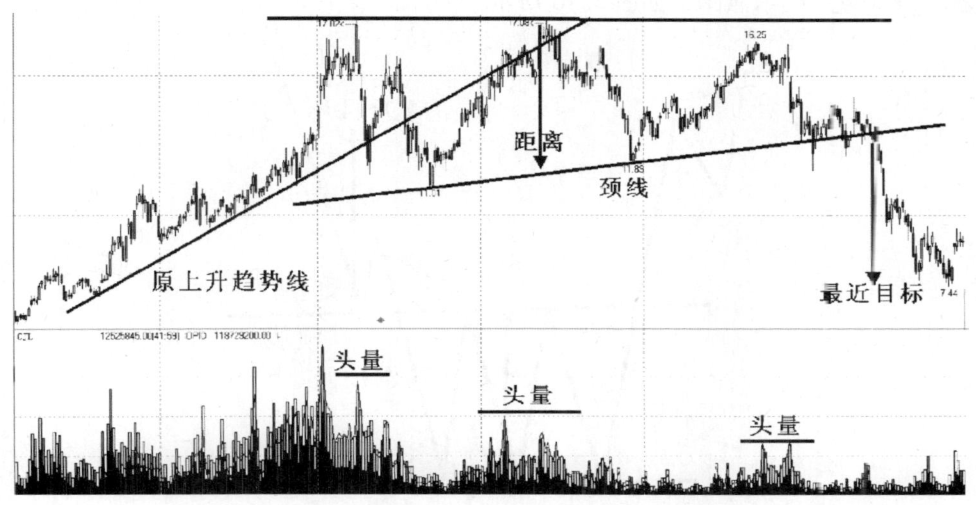

图 5.15　三重顶　生益科技（600183）

次的拉高并没有超越前两个波峰的高度，直接下跌。

将第一个波谷与第二个波谷的低点连成一条颈线，价格第三次下跌，击穿了颈线，完成了这次三重顶形态。

提示：成交量方面，每一次头部的部位，成交量都会依次减少，市场人气低迷。

再来看目标价格测算。颈线价格约为 11.45 元，头部价格约为 17.08 元，头部与颈线的垂直距离约为 5.63 元（17.08 - 11.45）。突破价格约为 12.78 元，那么最近目标价格为 7.15 元（12.78 - 5.63），我们看到价格恰好跌到 7.44 元。

5.3.2　三重底

我们说过，在三重顶中，交易量往往随着相继的波峰而递减，而在向下突破时则相应增加，三重顶只有在沿着两个中间低点的支撑水平被向下突破后，才得以完成。

三重底为三重顶的镜像，将中间两个波峰的高点连接起来，作为颈线，价格向上穿越颈线标志着形态完成。成交量是随着波谷的渐进，越来越大，其他的则与头肩底形态是一样的。正如三重顶与头肩顶的要领类似一样，我们先来看一下三重底的示意图，如图 5.16 所示。

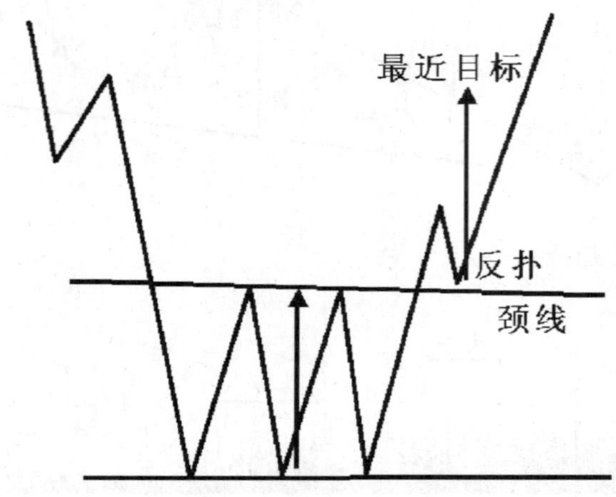

图 5.16　三重底

提示：在底部形态中，成交量是至关重要的，通常情况为第一个波谷成交最小，第二个波谷大一些，第三个波谷的成交量最大。

我们来看一个实战中的应用案例。图 5.17 为中江地产（600053）的日 K 线走势图。

在图 5.17 中，价格长时间在低位运行，形成了一个类似于箱体的形态。在

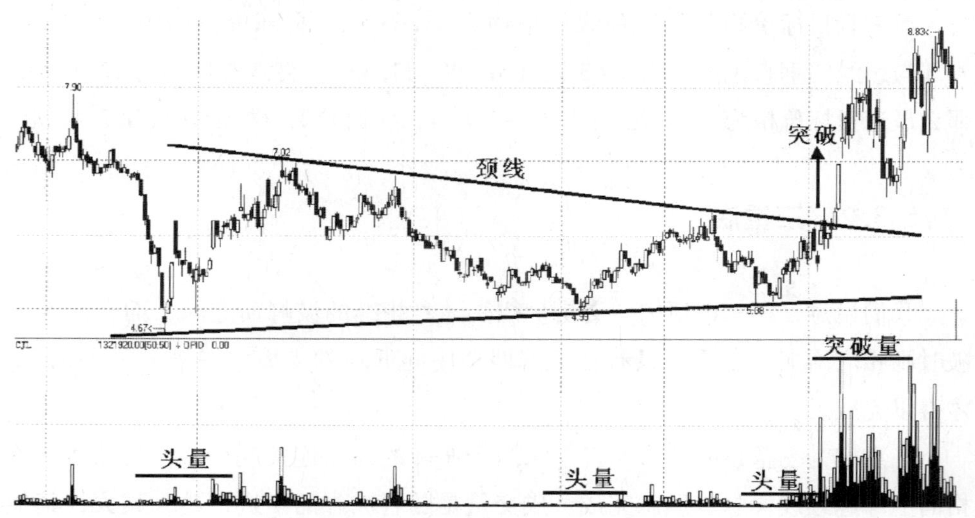

图 5.17　三重底　中江地产（600053）

这个箱体中，价格震荡的幅度不断地收缩，高度逐渐变低，低点逐渐变高，幅度变小，呈现出一种收敛的状态。而成交量近乎零，市场人气极其低迷。在大家都不再想去买进的时候，这正是要大涨的时候，这种寒冷的气氛正是底部形态所特有的。

我们仔细观察上图，在箱体的震荡中，有三次打到了低点，我们将这三个低点连成一条直线，发现它们基本在一条水平线上。再回过头来看上面的三个波峰，我们也将之连成一条直线，如果是三重底的话，我们可以把它看作颈线，一旦价格突破颈线，也就是突破了箱体的上沿，说明新的趋势就要开始了。

价格在第四次打到颈线的时候，开始向上突破，并且涨势迅猛。我们可以验证这是一组成功的三重底形态。

提示：成交量在三重底形成的过程中是基本看不见的。如果各位懂得庄家的手法，这正是庄家在悄悄吸货的过程。没有量没人关注，这才是最好的准备时间，在人们沉睡时突然发起攻击。在突破的时候成交量放大，正是三重底的基本特征。

再来看最近目标价格测算：颈线的位置约为 6.51 元，头部价格约为 5 元，颈线与头部的垂直距离约为 1.51 元（6.51－5）。突破价格约为 6.15 元，那么最近测算目标价格约为 7.66 元（6.15＋1.51）。我们看到价格最终涨到了 8.83 元，远远超过了我们预测的价位。

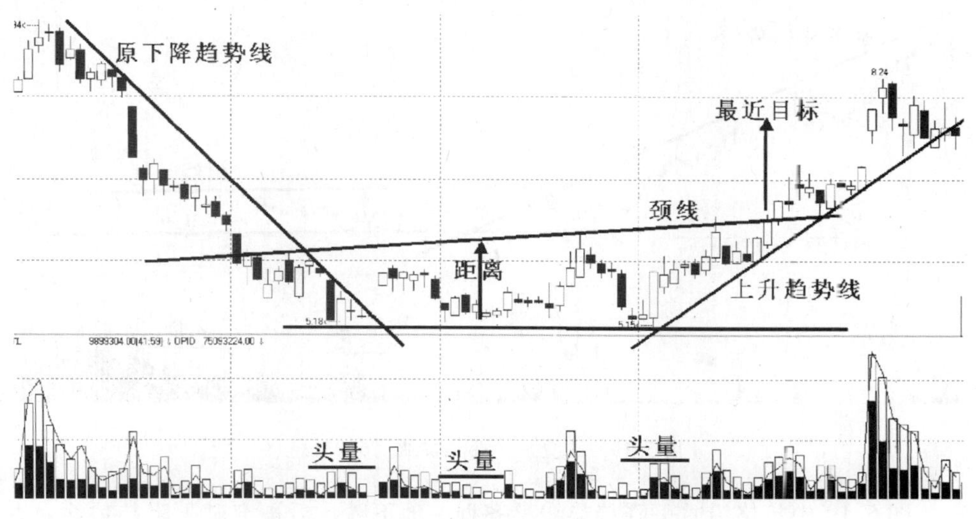

图 5.18　三重底　华业地产（600240）

图 5. 18 为华业地产（600240）的日 K 线走势图。

图 5. 18 中的底部形态与图 5. 17 中类似，唯一不同的是 5. 17 中价格是逐渐收敛的，而本图为逐渐扩大的喇叭。

价格先是沿着一条下降趋势线下跌，被一组刺透形态终结了跌势，刺透形态后，回调了两天，直接向上跳空。但价格并没有上涨，而是横向延伸。

算上刺透形态的低点，共有三次打到了同一价位水平的低点，我们将其盘整的波峰连接起来，形成一条颈线。再将这三个低点连接起来，等待着价格向上或向下穿越。

价格在第四次打到颈线的时候，向上穿越了，这是一组三重底形态。

成交量方面，每一个三重底的头，成交量都在降低。而在突破颈线时，成交量略有放量，直到快速上涨的时候，成交量才开始增加。

最近目标价格测算：颈线价格约为 6. 25 元，头部价格约为 5. 2 元，颈线与头部的垂直距离约为 1. 05 元（6. 25 − 5. 2）。突破价格约为 6. 55 元，那么最近的目标价格约为 7. 6 元（6. 55 + 1. 05）。我们看到价格直接涨到了 8. 24 元，远远超过了我们预测的最近价位。

图 5. 19 为荣华实业（600311）的周 K 线走势图。

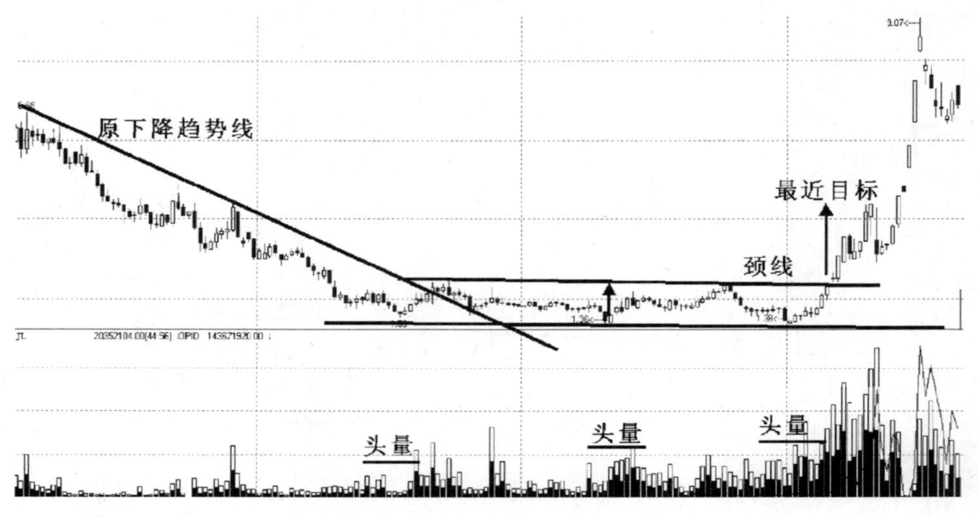

图 5. 19　三重底　荣华实业（600311）

图 5. 19 中价格沿着下降趋势线整齐划一地下跌。后被突破下降趋势线，在

近乎平行的箱体内震荡。

三次打到了同一水平的低点，我们将它连成一条直线，此时的价格为 1.38 元左右。就算再次跌破这条线，也不会再跌到哪儿去了。

我们将三次下跌而形成的两个波峰连成一条颈线，等待着向上突破颈线。颈线在周 K 线图上，我们看到极其快速地将其穿越，形成了一波快速并且角度极陡的走势。

提示：构筑底部所形成的时间越长，规模越大，则其发挥的作用就越大。

成交量方面，在头部的时候成交极其萎靡。当向上穿越时，成交量快速放大，如此长时间的底部构筑，我们已经不能用常态的目标价格测算法则来看待它了。但我们还是算一下吧！颈线价格约为 2.46 元，头部位置约为 1.38 元，头部与颈线的垂直距离约为 1.08 元（2.46 - 1.38）。突破价格约为 2.45 元，那么最近的目标价格为 3.54 元（2.46 + 1.08）。我们说过如此长时间构筑底部，已经不能用常态来看待它的涨幅了，我们看到最终能看见的高点为 9.07 元，远远超过了我们预测的价位。

5.4　双重顶和双重底

双重顶或双重底反转形态比三重顶或三重底形态常见得多，这种形态仅次于头肩形态，出现得也很频繁，而且很容易将它识别出来。

5.4.1　双重顶

我们先来看一下图 5.20，双重顶的示意图。

双重顶，我们还可以叫它“M”顶，这是出于其外形的原因。双重底我们

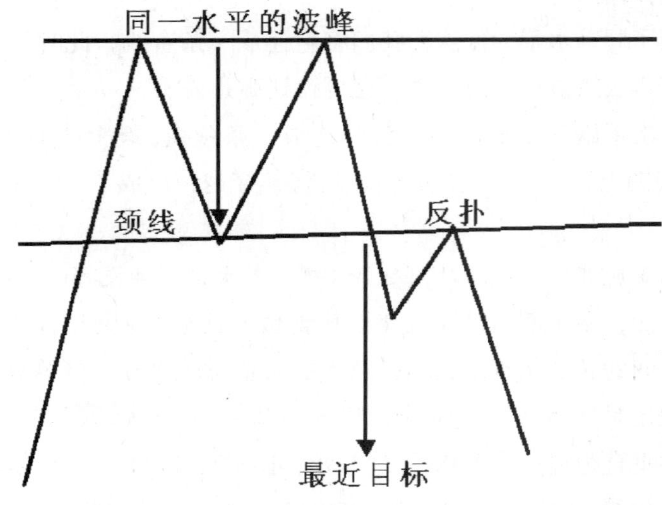

图 5.20　双重顶

也通常叫它为“W”底。我们仔细观察其与三重顶名字与图形上的差别，就是双重顶比三重顶少了一个顶罢了。而其他的过程演化，成交量和价格测算基本类似。

其演化过程为：市场处于上升趋势，在第一波峰处到达了一个新的阶段性高点，这时的成交量应当是放大的，但随后便出现了缩量的回调，到达了第一个波谷处。在此处，我们看不到新下跌趋势的迹象，一切都在原趋势的掌握之中。紧接着，发起第二次的冲锋，但第二次的冲锋没能越过前一个高点，或只在其高点上下徘徊，价格开始遇阻回调，成交量再次萎缩。这时一个疑似的“双重顶”便在我们眼前了。在此时为什么说它只是疑似形态呢？因为确认其为“双重顶”的形态，价格必须以下穿颈线为准。如果没有下穿颈线，其不成为“双重顶”形态，或是再酝酿形成其他的形态。

常规的双重顶形态应该有两个显著的波峰，第二个波峰与第一个波峰的价格不分上下，或相同，或在上，或在下皆可，但不能相差太多。第二个波峰之所以没能向上穿透第一个波峰的高度，是因为其不具备足够的动能，所以在第二个波峰处，成交量是相对较小的。我们在两个波峰中间的波谷低点位置画一条水平的直线，为颈线，当价格下穿颈线后，标志着颈线形成，新的下降趋势开始。当然对于颈线的反扑通常也会出现。

关于双重顶的测算方法，先测量出头部到颈线的垂直距离，再从颈线开始向下投射相同的距离。各种市场分析的领域都一样，现实情况通常都是理想模型的某种变体，比如，有时双重顶的两个波峰并不处于严格相同的水平上，有时第二个波峰相当衰弱，达不到第一个波峰的高度，但这并不影响其作用的发挥。而当第二个波峰超越了第一个波峰，我们就要小心一些了。开始它貌似有效地向上突破，显示上升趋势已经恢复了。然而好景不长，不久它竟演化成顶部过程的一部分。所以，我们一定要等形态得到相当的验证以后，再做交易的决定。

提示：最后，形态的规模始终是很重要的一个方面，双峰之间持续的时间越长、形态高度越大，则即将来临的反转的潜力越大。这一点对所有的图表形态而言，都是成立的。一般地，在最有效力的双重顶（底）形态中，市场至少应该在双峰或双谷之间持续一个月，有时甚至可能达到两三个月之久。在更大范围的月线图和周线图上，这类形态可能跨越数年。

我们来看一下实战中双重顶是如何应用的。图 5.21 为中国船舶（600150）的日 K 线走势图。

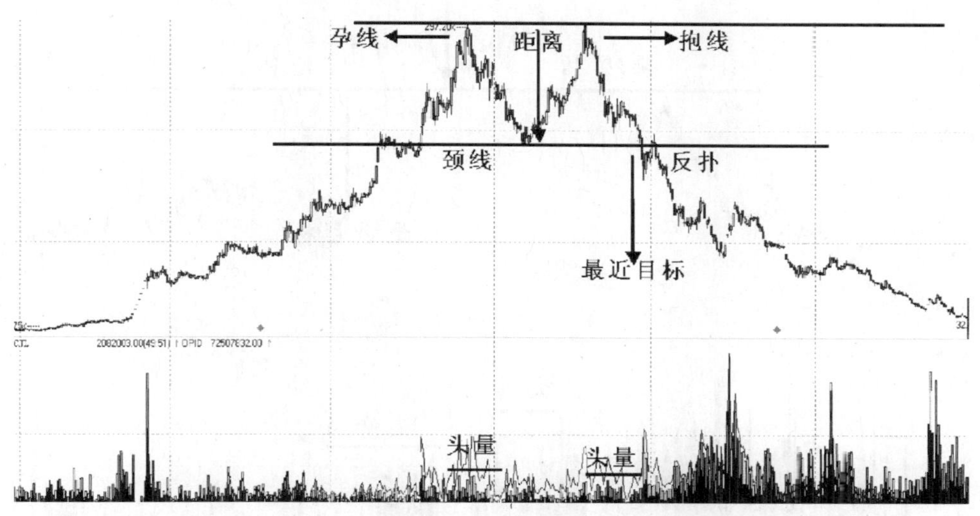

图 5.21　双重顶　中国船舶（600150）

图 5.21 中在上升趋势中，由一组孕线形态确立了第一个波峰一个新的高点，孕线暂时结束了上升的趋势，价格开始下跌，又在下跌中建立了一个新的

波谷，这个波谷低于原上升趋势中的前一个波谷，从道氏理论中，也证明了上升趋势的终结。

波谷处开始上涨在前一个波峰的水平高度留下了另一个波峰，第二个波峰由看跌抱线结束了其上涨势头。接着，价格再次跌回。此时，一个潜在的双重顶便出现了，我们在前面的波谷处画一条水平的直线，关注价格是否穿越颈线。

在前面的波谷处价格没有获得水平支撑，而是直接穿透了颈线，形成了一个有效的双重顶形态，价格在下穿颈线后，组织了一次反扑，被颈线强劲的阻挡力量挡回。价格快速下跌。

成交量方面，第二个头部的成交量小于第一个成交量，可以验证第二个头部的上冲动能在减少。头部的价格约为 297.2 元，颈线价格约为 187.08 元，头部与颈线的垂直距离为 110.12 元（297.2－187.08），最近目标价格为 76.96 元（187.08－110.12）。我们看到实际跌到的价位为 32.2 元，远远超过了最近的目标价位。

图 5.22 为赣粤高速（600269）的日 K 线走势图。

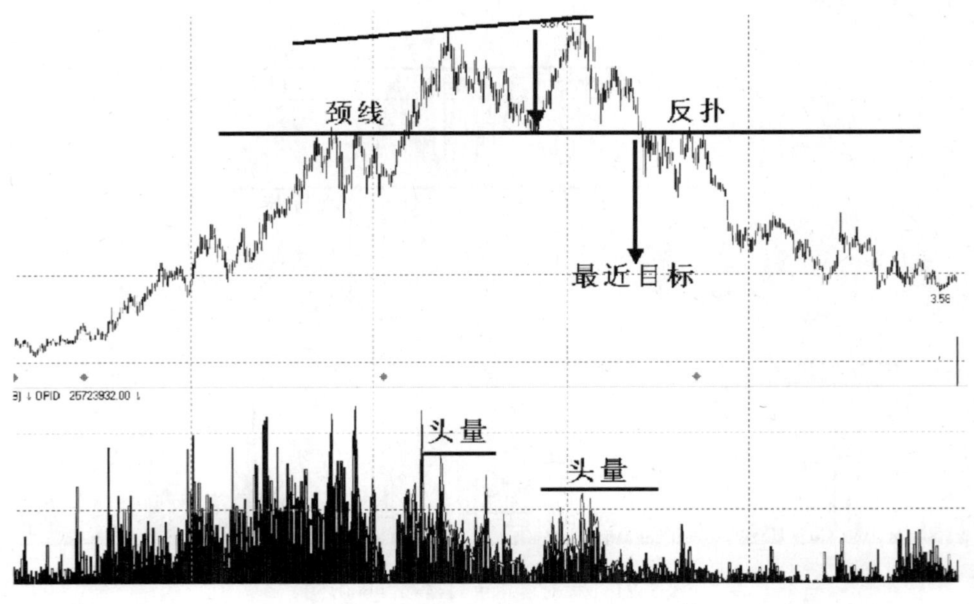

图 5.22 双重顶 赣粤高速（600269）

图 5.22 中行情处于上升趋势中，市场在第一个波峰处确立了新的高点，我

们来看成交量，会发现此处波峰的成交量明显比前面上涨时期的成交量萎缩，所以，我们可以看到在此处上涨的动能已经减少了。

在成交量减少的情况下，市场跌到了第一个波谷处，在前面上涨趋势中的一个波峰处得到了一个水平支撑。价格再次被推高，形成了第二个波峰，我们或许在期待着双重顶的出现，可是第二个波峰却超过了前一个波峰的高度。我们就要小心一些了，它看着像要继续向上突破并形成一个新的上升趋势。可是我们来看成交量的状况，在此处形成的波峰处的成交量比前一个成交量已经减少的成交量还要少。所以我们最明智的选择是再观望一段时间，毕竟前面的上升趋势已经被打破了。

结果没用多久，价格再次下跌。我们在第一个波谷处画一条水平的直线，为颈线。第二次价格下跌快速地穿越了颈线，说明这是一个有效的双重顶形态，虽然第二个波峰高于第一个波峰。在颈线下方，多空双方展开大战，但价格始终没有向上突破颈线的位置。反扑动作结束后，价格继续下滑。

头部的价格为9.7元，颈线的价格为7.2元，颈线与头部的垂直距离为2.5元（9.7－7.2），最近目标价格为4.7元（7.2－2.5）。我们看到价格跌到3.58元后企稳，超过了我们预测的最近目标价格。

图5.23为华夏银行（600015）的日K线走势图。

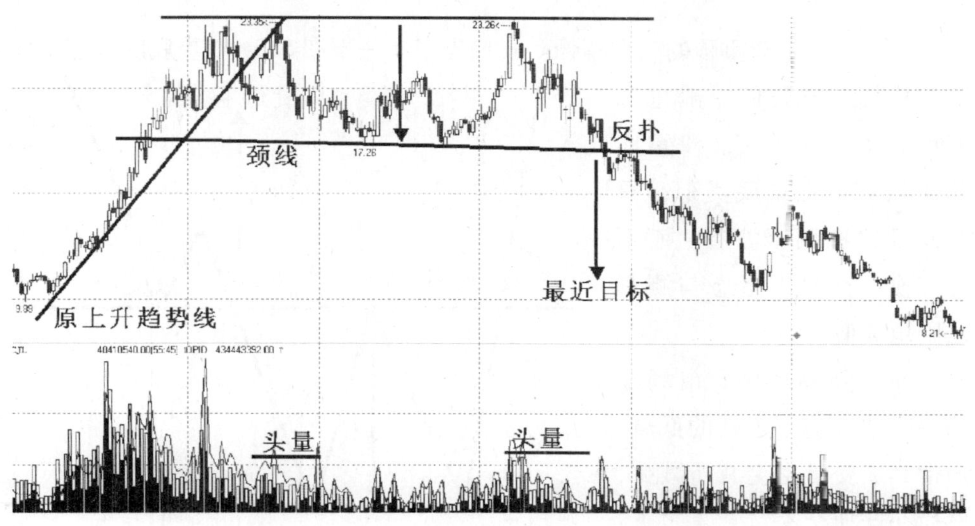

图5.23　双重顶　华夏银行（600015）

图 5. 23 是一个中规中矩的双重顶形态，我们先从图的最左面看，这是一波沿着上升趋势线上涨的行情。在第一个波峰前，价格就跌破了原上升趋势线，在前一个波谷处得到了水平支撑后，再次向上，但被已经角色转换的上升趋势线阻挡了下来，而此时的成交量已经比它之前一个波峰处少了近 2/3。说明上升的动能已经衰退。

价格被原上升趋势线阻挡回来后，开始下跌，形成了一个波谷，反弹后又再次回到了这波谷的水平的位置，此图中的双重顶唯一与其他不同的地方是，由两个波谷连接而成颈线。

价格在此处得到支撑，迅速回升，到前面波峰的高度，但没有发生超越，成交量也与前一个波峰处持平，说明在第二个波峰处，也没有得到足够的动能。

价格在水平压力的压制下，又再次震荡下行，向下穿越了颈线。在颈线下方，组织了一次反扑行动。价格在反扑未果后，快速下跌。

头部的价格为 23. 3 元，颈线的位置为 17. 26 元，头部与颈线的垂直距离为 6. 04 元（23. 3 - 17. 26），最近目标价位为 11. 22 元（17. 26 - 6. 04）。我们在图中可以看到其止跌企稳的价格为 10. 28 元，超过了我们预测的最近目标价格。

5. 4. 2　双重底

双重底只是双重顶的一个镜像。我们先来看一下图 5. 24 双重底的示意图。

从其外形我们一般也称双重底为“W”底。双重底与头肩底、三重底类似，只是此处只有两个波谷，而不是三个。交易量形态与测算法则也类似。

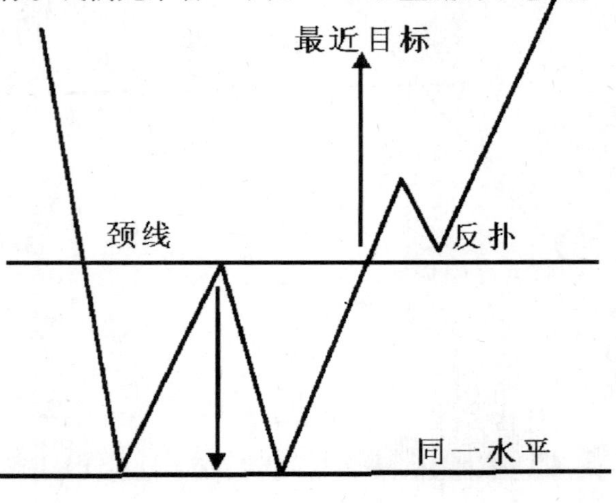

图 5. 24　双重底

在下降趋势中，市场在第一个波谷确立了新的低点，通常其成交量也会有所减少，然后在增加交易量背景之下，市场涨到第一个波峰处，到此为止，一切均符合下降趋势的正常要求，趋势进展良好。然而下一次下跌抵达了第二个波谷后，收盘价却无力穿越前一个波谷。接着，价格开始上涨。此时，一个潜在的双重底便出现在我们眼前了。我们之所以说“潜在”，是因为这才是所有的反转形态成立的必要条件，只有在收盘价格突破前一个波峰高点的阻挡之后，这个反转才能成立。除非发生突破，否则价格可能仅仅是处于横向延伸的调整阶段中，为原先趋势的恢复做准备，或是再酝酿形成其他的形态。

我们来看一下实际应用，图5.25为天津松江（600225）的日K线走势图。

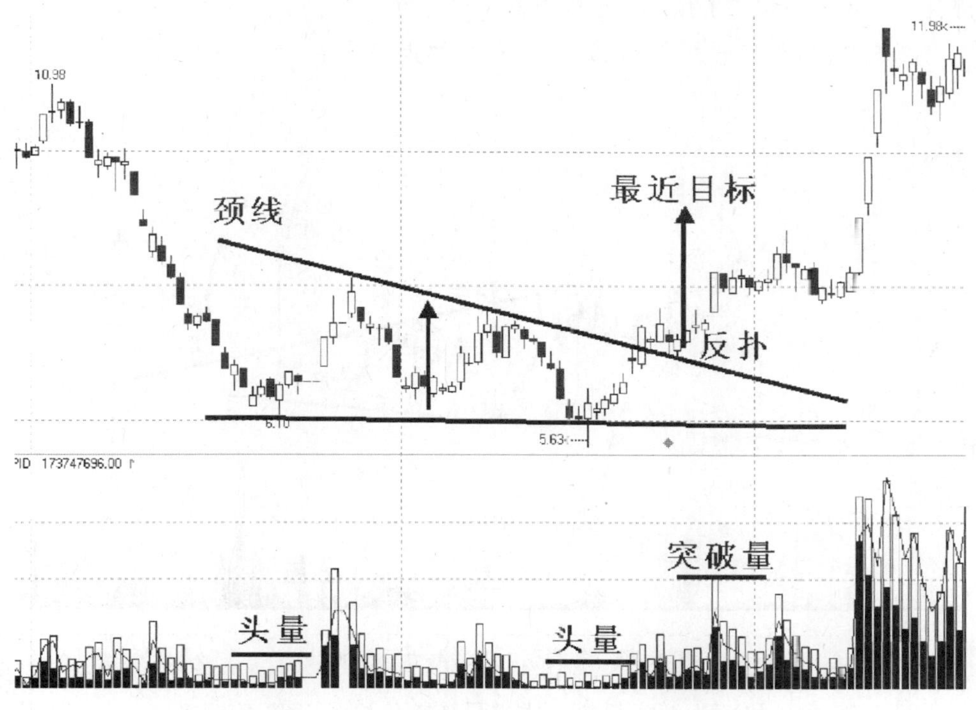

图5.25　双重底　天津松江（600225）

图5.25成交量长期低迷是价格底部的一个特征。而在底部的上震荡区间内有量价齐升的时候，我们就要倍加关注了。

价格原本是持续向下的下降趋势，在第一个波谷低点后，交易量开始放量，在伴随着价格的上升出现了价量齐升的状况下，到达了第一个波峰，在价格再一次下跌后，低点又打到了前一个波谷的同一水平。通过一个刺透形态而价格被推高，在推高的过程中，成交量又再一次放量，可以明显感觉到上涨的动能开始聚集。

第三次下跌又再打到了前两个波谷的同一水平线上，并且在K线上收出了一个成功的锤子线。价格持续上涨，并且成交量也开始放大，两个波峰连接成一条颈线。在价格上穿颈线的时候，成交量也在快速增长，这是一次有效的双重底反转形态。

头部的价格为5.85元，颈线价格为7.85元，头部与颈线的垂直距离为2元（7.85－5.85），突破价格为7元，那么最近目标价格为9元（7＋2）。实际上涨到11.98元，超过了预测的最近目标价格位置。

图5.26为上海电力（600021）的日K线走势图。

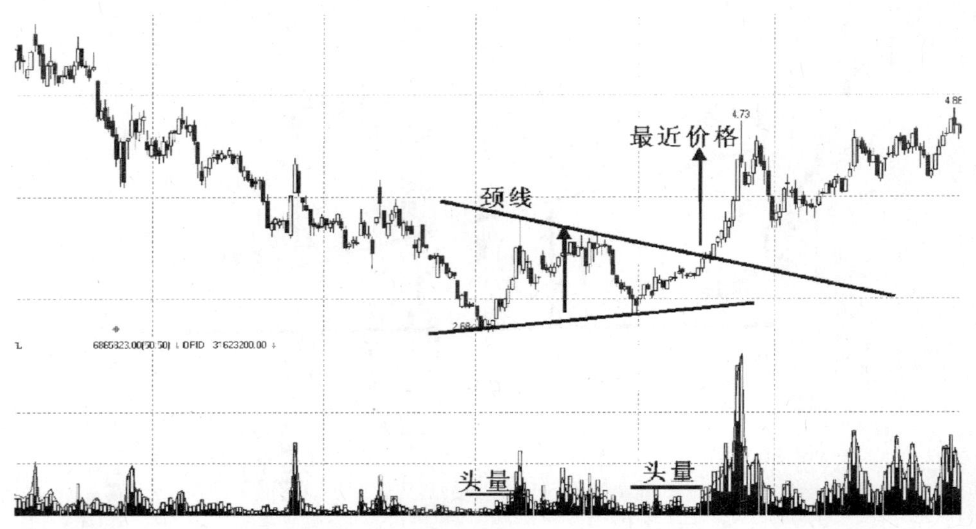

图5.26 双重底 上海电力（600021）

图5.26中价格原为下降趋势，成交量随着价格的下跌逐渐减少。在第一个波谷处，价格达到最低，相应的成交量也达到了低点。

在第一个波谷处，价格开始反弹，也伴随着逐渐放量的成交量，价格在反弹的波峰处徘徊震荡了一段时间后，又再次向下，这次的波谷低点没有超越前方的波谷低点，同样的成交也在价格的下跌中开始低迷。在上涨中放量，在下跌中低迷，市场在为上涨聚集人气。

我们将两次反弹的波峰连成一条颈线。价格在第二个波谷处反弹，价格快速超越了颈线。穿越颈线后竟然连一次的反扑也没有，说明了市场上涨的决心。

提示：我们也看到在突破颈线的那个时间，成交量是巨大的。大成交量的突破，也从一定程度上说明了突破的有效性。

头部的价格为2.74元，颈线的价格为3.6元，头部与颈线的垂直距离为0.86元（3.6－2.74）。突破价格为3.6元，那么最近目标价格为4.46元（0.86＋3.6）。实际的价格上涨到4.73元，略高于我们推算的最近目标价位。

图5.27为山东钢铁（600022）的日K线走势图。

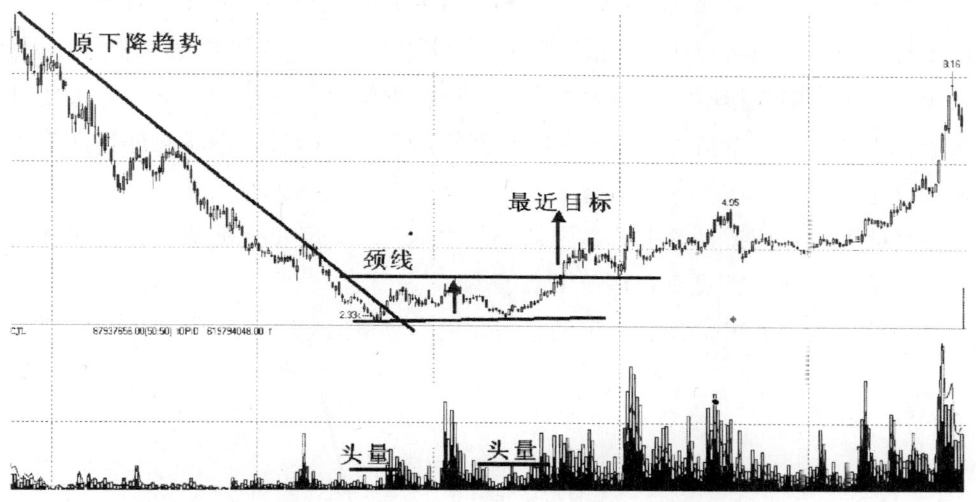

图5.27　双重底　山东钢铁（600022）

图5.27中价格沿下降趋势线一路下跌。在到达第一个波谷处，价格与成交量同时达到了最低点，市场人气也达到了最低点。所谓阴极阳生、否极泰来，别人认为最危险的时候，恰恰是最安全的。相反，当我们认为是最安全的时候，也是最危险的时候到了。

在第一个波谷产生后的反弹中，出现了价量齐升的状况，而且成交量上升得很大。第二个波谷处，成交量与价格又再一次地达到低谷。但这次的波谷没有穿越前一个波谷。空方的力量在消退。

在第二个波谷处，再次绝地反击，成交量的再次放大也给了价格以动能，再次向上。我们在反弹的高点处画一条水平的直线作为颈线。价格顺利地通过了颈线。在突破颈线后，价格在颈线附近又组织了反扑。反扑无果后价格又再次上涨。

头部的价格为2.33元，颈线的位置为3.15元，头部与颈线的垂直距离为0.82元（3.15－2.33），那么最近目标价格为3.97元（0.82＋3.15）。我们看到价格最终涨到了4.95元，超越了我们计算的最近目标价格。

5.4.3 不要被未验证的双重顶（底）或术语迷惑

双重顶（底）在市场中出现的频率非常大，而一知半解的交易者看见类似的走势，便主观地认为这是双重顶（底）。实际上，每一个波峰都有阻挡作用，每个波谷都有阻挡作用，只是力度大小而已。力度小的，在此处徘徊一下便过去了，力度大的才能构成真正的威胁。而凭借主观经验看到在波峰处稍遇阻力便说这是双重顶，在波谷处稍遇支撑便说这是头肩底的大有人在，而损失最多的也是此类人。切记，本书着重强调的"验证"，一定要突破颈线，才能确定这是双重顶（底）形态真正地走出来了。

我们来看一下图5.28，表示的是未完成的双重顶。

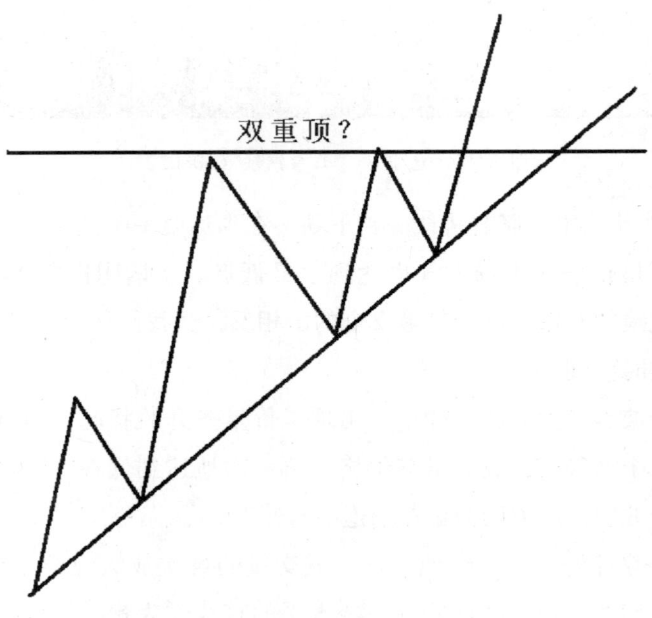

图5.28　未完成的双重顶

在图5.28中，我们看到价格沿着上升趋势线上涨，两个相邻的波峰却达到同一个水平高度。当价格再次下跌的时候，却没有向下跌破上升趋势线，更没有低于前面的波谷。所以，虽然前面看起来像是双重顶的形态，但没有满足向下突破的必要条件，所以这根本就不是双重顶形态。价格继续上升，如果我们没有等待验证（向下突破），而看到似是而非的双重顶形态就盲目地进行操作的话，会极大地影响我们的利润。

再来看看图5.29，表示的是未完成的双重底形态。

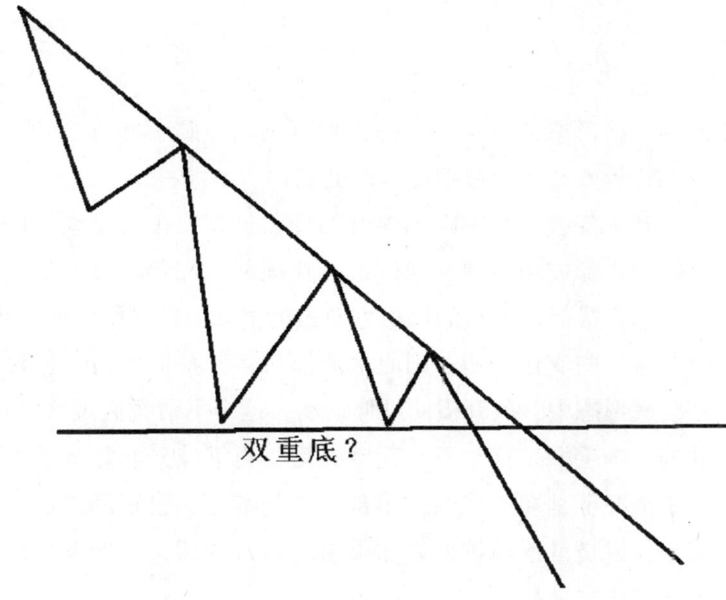

图5.29 未完成的双重底

图5.29与图5.28一样，如果没有具体向上突破颈线或是上升趋势线，或是前面的波峰的时候，不可以盲目地进行多单操作。双重底更要看重成交量的配合，所以，更不能盲目地操作。如果看到似是而非的双重底就进入多单的话，会被未完成的形态造成更多的损失。

提示：我们最明智的做法是，一定要等到形态完成之后，才采取相应的动作。

5.5 圆弧顶与圆弧底

下面要讲的反转形态是更为少见的，它可以叫作圆顶和圆底、圆形、盆形或碗形。本形态代表着趋势的很平缓逐渐的变化。

价格从上升到下降或者从下降到上升的变化过程，极为平缓。同时也请注意，交易量也倾向于形成相应的盆状形态。在顶部和底部，成交量均随着市场的逐步转向而收缩，最后，当新的价格方向占据主动时，又相应地逐步增加。

圆底有时会有一些变化，如在圆底形成以后，价格向上冲，但没过多久便会再次回落到圆底形态中，展开横向延伸运动，这个平台我们观察到很有意思，像是一个圆盆的一个手柄。这个平台运动过后，再继续开始新的上升趋势。圆底的成交量通常情况下是在圆底的前半部分逐渐萎缩，过了圆底的中点后，在圆底的后半部分，成交量逐渐扩大。如果出现平台的话，在平台处成交量也会萎缩，突破平台后成交量放大。

我们很难确切地说圆弧形态何时完成。如果在中点处价格上冲，那么此后，当这个高点被向上穿越时，可能就是牛市信号。还有一个变通的方法，即把从平台向上的突破作为询问完成的信号。

圆底不具备精确的测算规则。不过技术分析师还是有办法的，可以测算出新趋势的潜力。比如说，原有趋势的规模就是个重要的参考，能够提供价格回撤的大致范围。同时，圆弧形态本身持续的时间也是很有价值的信息，其持续时间越长，则未来运动的潜力越大。另外，技术分析者还需要考虑其他要素，如原先的支撑和阻挡水平、百分比回撤（这个我们后面的章节会讲到）、跳空缺口或长期趋势线，等等。

提示：相对来说，圆弧形出现的次数非常少，此处之所以要着重讲述圆弧形态，是因为一旦这种罕见形态果真出现了，通常便是市场重要的顶部或底部。

5.5.1　圆弧顶

图 5.30 为圆弧顶的示意图，从外形上可以知道为什么要把它称作碗形形态或是盆形形态了。

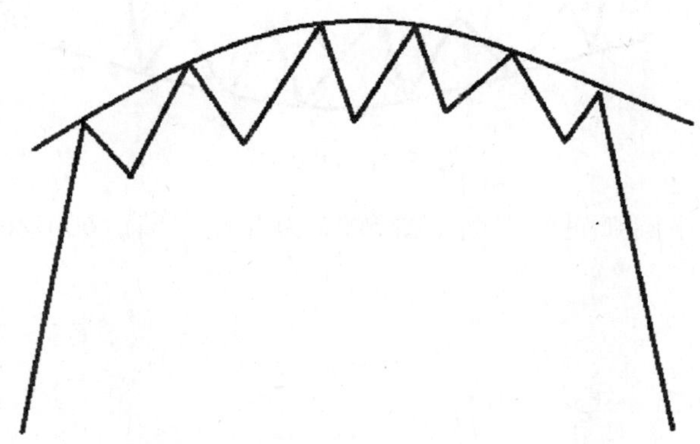

图 5.30　圆弧顶

圆弧顶形态是非常少见的形态，因为本书主要讲的是股票市场，而在股票市场里有股谚云：三日顶，百日底，顶部反转形态的时间基本都特别短，所以很少有这样在顶部长时间震荡的图表存在。

正因为其难得一见，圆弧顶形态有一个特点，就是百分之百回撤。一般地，起点在哪儿，基本就要跌回到哪儿去。

提示：在这里笔者就不列图了，有兴趣的朋友可以去外汇市场看一下美元港元的图表，在周 K 线图中，有两个相邻的小型圆弧顶形态。

5.5.2　圆弧底

圆弧底是圆弧顶的镜像，其涨跌幅度也与圆弧顶类似，如图 5.31 所示。不过圆弧顶下跌最大的幅度就是百分之百，而圆弧底一旦出现，它带来的上涨很多时候是超过前期下跌的高点的。

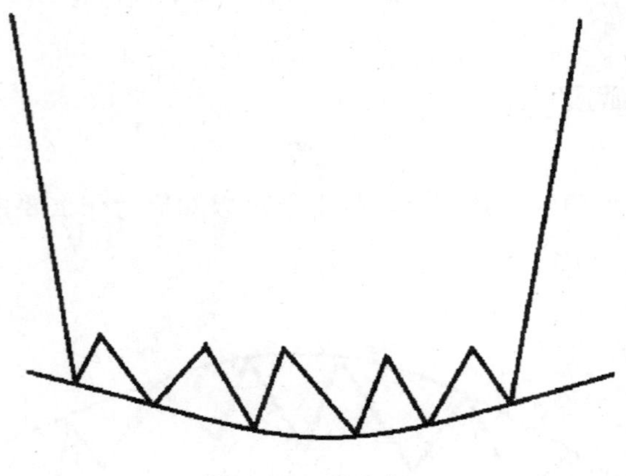

图 5.31 圆弧底

我们来看一下圆弧底的实例。图 5.32 为莲花味精（600186）的周 K 线走势图。

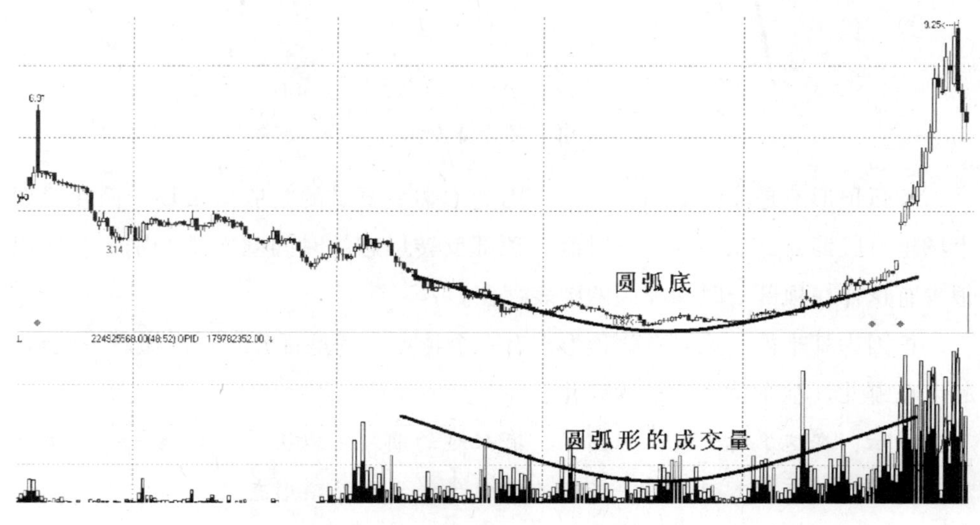

图 5.32 圆弧底 莲花味精（600186）

图 5.32 中的圆弧形态构筑了近两年左右，我们说过，形态所经历的时间越长，那么它的作用就越大。价格是按照圆弧形态出现的，而下面与价格相对的成交量也是成圆弧状的。一旦突破了圆弧底的弧度而快速上涨的时候，成交量也随之放出巨量。

图 5.33 为国机汽车（600335）的周 K 线走势图。

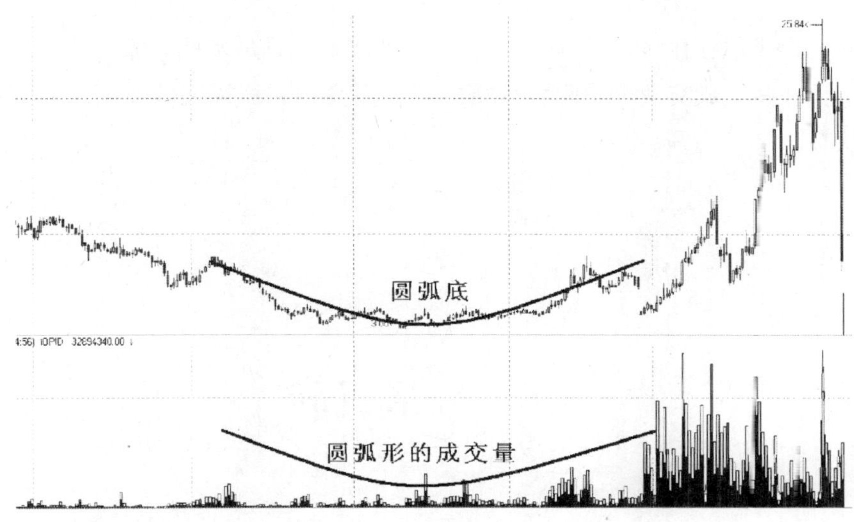

图 5.33　圆弧底　国机汽车（600335）

图 5.33 中的国机汽车也是构筑了两年的底部，价格呈现圆弧状在底部震荡，我们看到下面的成交量也随着价格在变动。一旦突破了弧度快逗上涨，成交量也随之放量，而且涨幅也高过了下跌的起点。

图 5.34 为西藏珠峰（600338）的周 K 线走势图。

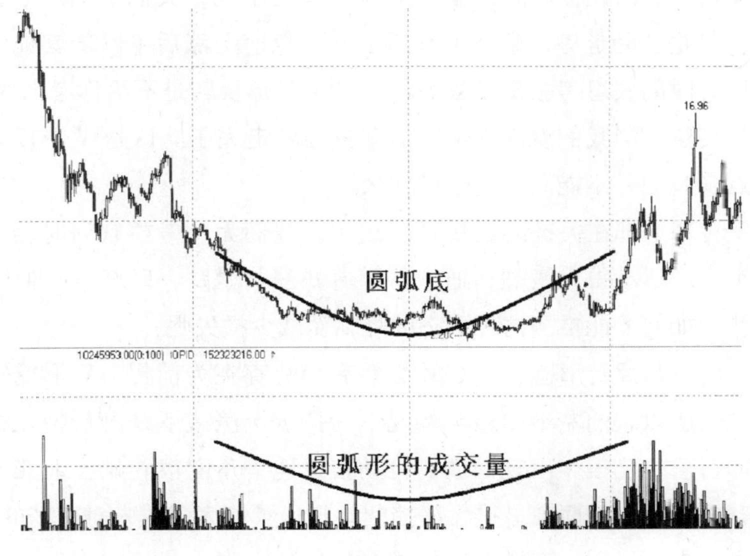

图 5.34　圆弧底　西藏珠峰（600338）

图 5. 34 与上面两张图相比，没什么特别之处。只是幅度更大一些，构筑的时间更长一些。成交量也是跟随价格的变动而变动。涨幅突破弧度，便完成圆弧底状态。

5.6 V 形反转

V 形反转形态神出鬼没并且极难判别，但它却并不罕见。实际上，因为 V 形反转形态其实不是形态，所以我们极难判定。前面讨论的所有的反转形态均代表着趋势的逐渐变化。现存趋势先逐渐放缓，进而供求双方的力量对比达到相对平衡，最终，买卖双方通过对决，决定原有趋势到底是反转还是恢复。

V 形反转与前面几种形态在本质上有很大的不同，我们上面说了，其实它不是形态，只是一种走势，急速下跌后上涨，急速上涨后下跌。其他的价格形态，都可以有时间去思考去衡量去观察，可是 V 形反转是不给你考虑的时间的，它来得太过突然。当我们看出来了，形态也已经走完了。这是 V 形反转形态的独有的特点，我们并不能利用它来做什么。

V 形反转基本都在关键的反转日中出现，我们无从考察它何时会出现，它出现得太突然，运动得太激烈，通常伴随着暴涨与暴跌，以至于我们经常会措手不及，我们如何才能推测这种形态的降临而减少损失呢?

首先，既然是反转形态，那么其必然有趋势存在为前提。V 形反转的特征是暴涨暴跌，所以它的左半边通常情况下为持续上涨或下跌的行情。在这段上涨或下跌的行情中，很少出现回调，行动很迅速，角度很陡峭，上涨或下跌起来如狂风骤雨一般，局面会显得无法控制，超出了绝大多数人对市场的预期。

我们可以想象得到，市场有个极难对付的坏习惯，一旦它失控之后，起初总要朝一个方向走得过远，然后，又常常会向相反的方向突然反扑回来，就像一根橡筋被拉得太长，突然地反弹回来。这类突然回弹的特点是，事先通常无迹可循，事后市场向相反方向剧烈运动，往往引发一系列长期大幅的涨跌。

暴涨或暴跌的V形反转一般在关键的反转日出现，那什么又是关键的反转日呢，我们可以参考一下江恩的著作。我们也可以根据以下两种情况来判断其疯狂的涨势或跌势走到了强弩之末，第一，通过K线进行判断，K线从不理会原趋势是如何演义的，它的反转形态就是出现在头部与底部。如果出现了经典的K线反转趋势，而趋势之前又是几乎成直线的暴涨暴跌，那么我们一定要注意了。第二，趋势线，根据这种极速的上涨与下跌，通常我们能画一根陡峭的趋势线，当价格突破趋势线后，我们也要注意了。如果你想利用摆动指数或是移动平均线等，我劝你还是少费心吧！对付这种行情一定要用即时的手法，滞后的技术工具都得靠边站。

随之而来的下跌，通常在极短的时间内回撤到原先趋势的某个重要的位置。发生这种反弹剧烈行情的原因之一是，在原先趋势中缺乏支撑和阻挡水平，它一路上的许多价格跳空也不会被填补。

V形反转的发生基本都是因为在消息发布后或过于看多或看空的谣言存在，在顶部V形反转中，大家唯恐卖之不及，对后市没有信心，续而快速跌破关键价格，再次引发止损盘的出现，更加加速了下跌。而在底部的V形反转中，一般是出现了重大的利好消息，或是对后市的预期，大家考虑最多的不再是持有的风险，而是再不买就买不到的风险，不持有它，反而是一种风险了，所以会推动价格以疯狂的方式大幅快速地上涨。

V形反转是一把双刃剑，一方面，我们希望市场快速地上涨或下跌，好让我们在最短的时间内获利达到最大化。但它快速上涨或下跌，我们又担心，我们不能及时地平仓获利了结，以至于到最后，我们想出来时，由于连续的停板等原因我们平不出仓来。在证券市场中，连续涨停或跌停的例子多的是，在商品期货市场中，2008年10月国庆节后的那种连续跌停的行情也让我们见识了它的威力。

由于V形反转形态很简单，所以在这里就不再介绍其基本形态了。

V形形态有一种变体，称为扩展V形形态，在这种形态中，当市场反向后，很快形成一个小平台，除此之外，它与V形形态基本一致。

我们来看一下图5.35的V形反转变体示意图。先来看一下顶部的。

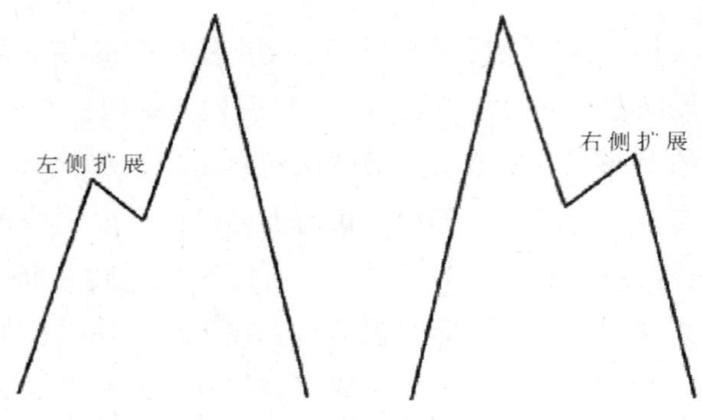

图 5.35　V 形反转顶部左右扩展

如图 5.35 所示，不过平台通常形成在图形的右侧。在顶部，平台向上倾斜，而在底部，则往往向下倾斜。当平台出现时成交量会有所下降，然后在趋势恢复之后，成交量再度增长。在平台突破后，我们就认为该形态已经完成了。扩展 V 形反转形态比真正的 V 形形态要少见些，但它能够为图表分析者提供更多的反应机会。在平台阶段，我们要么可以平仓了结多头头寸，如果在可以做空的市场上，还可以开立新的空头头寸。

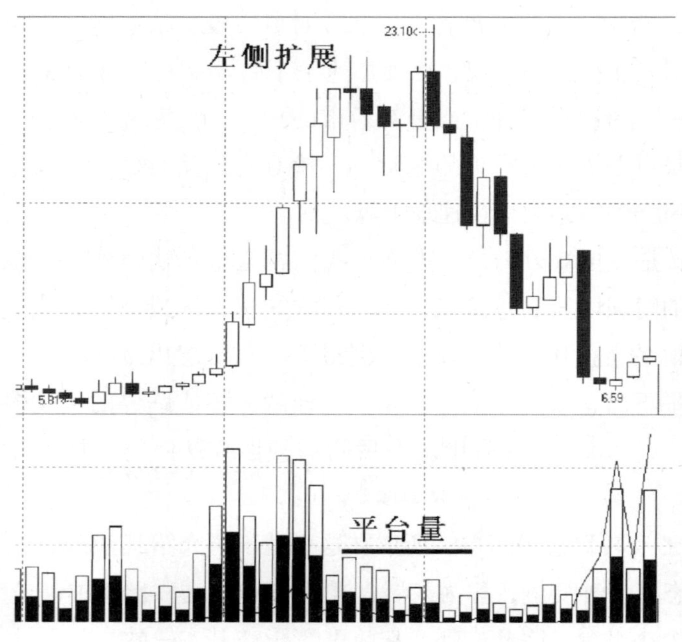

图 5.36　V 形反转顶部左侧扩展　白云机场（600004）

我们来看一下左右扩展的顶部 V 形反转形态的实例。图 5.36 为白云机场（600004）月 K 线走势图。

图 5.36 中价格趋势的反转是相当迅速的，V 形反转通常是让人们反应不过来的。该图为左部的扩展形态。在上涨趋势中，有了一次的回调，说明这时已经对持续上涨很犹豫了，在回调了一次后，做了最后一次的上冲动作。市场朝一个方向走得太远了，反弹回来也是相当快速与凶猛的，价格以 V 形反转的形态直接从右侧直泻下来。

提示：没有任何回旋的余地。这就是 V 形反转的威力所在。

图 5.37 为上海电力（600021）月 K 线走势图。

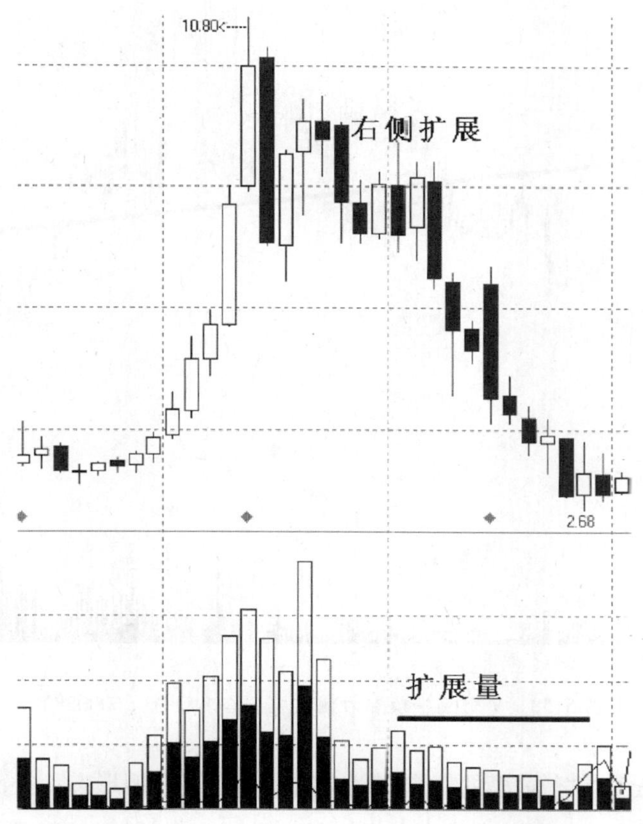

图 5.37　V 形反转顶部右侧扩展　上海电力（600021）

图5.37为右侧扩展图。在疾速上升之后，价格直接掉头向下，我们看到向下反转的那一个月，成交量还是在放大。而跌下来一段时间后，在右侧形成一个向上倾斜的平台，形成一个V形反转的右侧扩展平台。下面所对应的成交量相应地在减少，平台过后价格又开始以其上涨的速度开始下跌，V形反转的形态如迅雷不及掩耳。

图5.38为哈飞股份（600038）的周K线走势图。

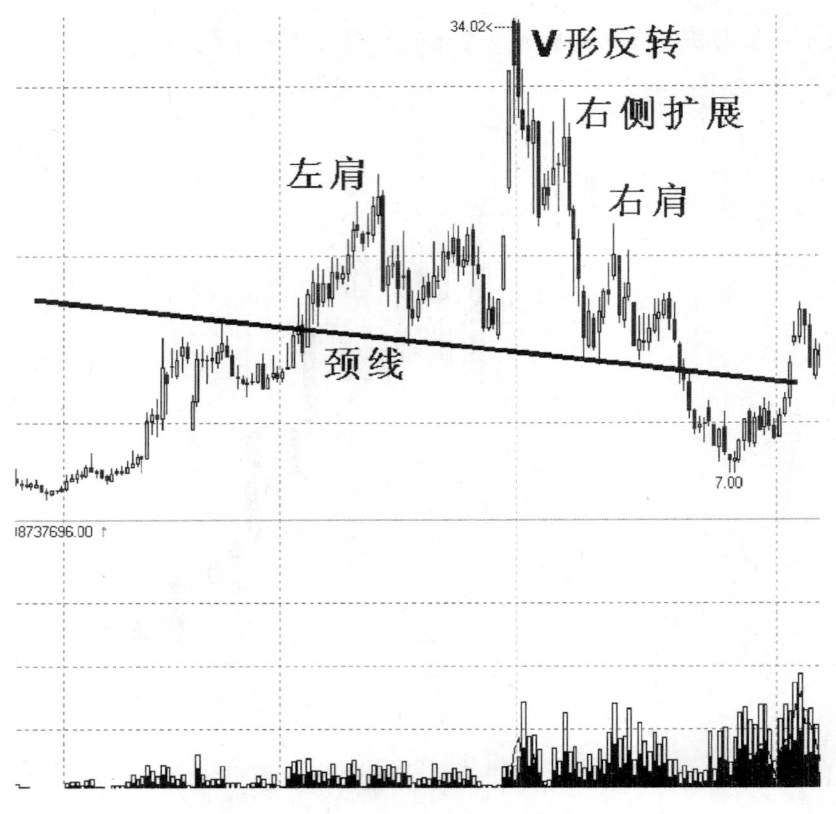

图5.38　V形反转顶部右侧扩展　哈飞股份（600038）

图5.38是非常有意思的一个案例。它是一个复合型形态。上面是V形反转右侧扩展，两边带一个左肩一个右肩，又构成了一个新的头肩顶形态。

提示：如果我们仔细观察的话，只要是足够大的头肩顶形态，并且带有较高的头部，其头部必然是V形反转形态。

我们再来看一下图 5.39 底部 V 形反转左右扩展的示意图。

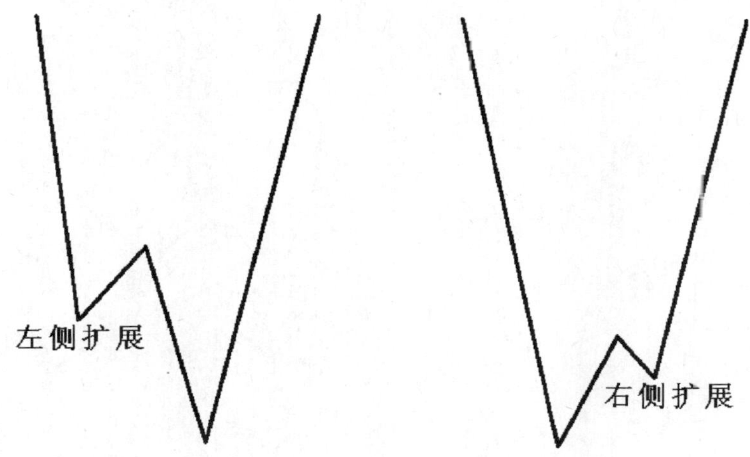

图 5.39　V 形反转底部左右侧扩展

V 形底部反转左右扩展为 V 形顶部反转的镜像，只是在扩展平台附近需要更多的成交来带给上涨行情更多动能罢了。

我们在讲圆弧顶的时候说过，股票市场“三日顶，百日底”，所以，即使在股票市场内能找到相关的 V 形底部反转也是小规模的，并不具有代表性。不过其作用不会因为其规模的大小而变小。在这里就不给大家找实例来做具体分析了。有兴趣的朋友可以自己找一个分时图表，应该会有不少的收获。

本章我们讨论了头肩顶、头肩底、双重顶、双重底、三重顶、三重底、圆弧顶、圆弧底及 V 形反转形态。其中最普通的是头肩顶（底）形态、双重顶（底）形态和 V 形反转形态。这些形态通常意味着趋势正在发生重要的变化，因而被划分到主要反转形态这一类中。还有另一类形态，它们在本质上较为短期，且通常表示趋势的修整而不是反转，所以我们叫它为持续形态。下一章我们来讲价格形态的持续形态。

第6章 K线的组合与持续形态分析、成交量的配合

持续形态表示图上的横向价格伸展仅仅是当前趋势的暂时休止，下一步市场的运动将与事前趋势的原方向一致。前一章所讲的反转价格形态通常表明趋势的反转正在形成，持续形态是完全相反的。

完成一个反转形态通常需要更长的时间，因为它要反转原有的趋势，需要动能停止现有趋势的发展，还需要更多的动能再向相反方向发展，所以它的时间跨度更长，形态纵向幅度更大。相反，构成持续形态的时间较短，原因是持续形态是在原有趋势中所构成的，并不破坏原有趋势。所以，它的时间跨度偏短，纵向震荡的幅度偏小，持续形态属于短暂形态或中等形态。

虽然价格形态因为存在一定程度的互换性，一般也仍然可以把它们归结为反转与持续两种形态。并且，只要我们解释得当，就可以由其确定它们之后的大部分时间内可能出现的市场行为。

6.1 三角形

我们首先学习的是三角形。三角形可以分为四类：对称三角形、上升三角形、下降三角形和喇叭形。

6.1.1 对称三角形

对称三角形通常属于持续形态。这表示既有趋势暂时的修整状态，随后将恢复发展。我们先来看一下图 6.1 对称三角形的基本形态。

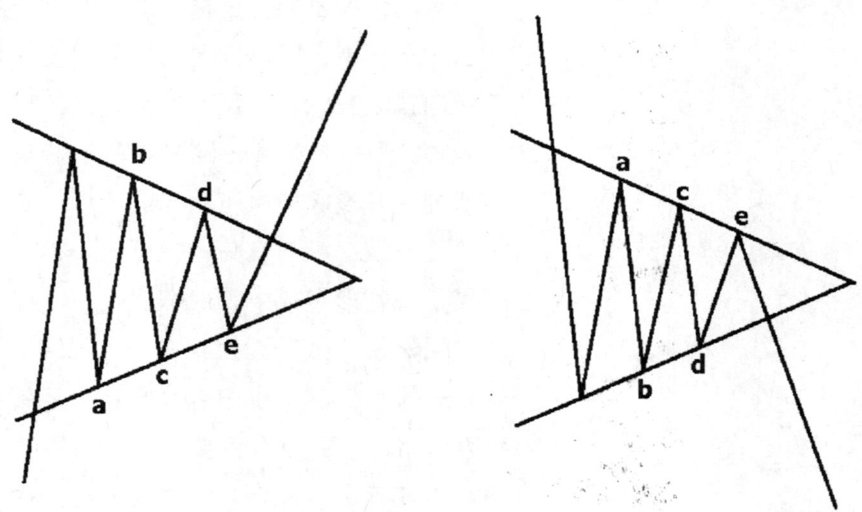

图 6.1 对称三角形

原先趋势向上（图 6.1 左侧），因而最终是以价格向上突破来了结这场三角形调整。如果原先趋势向下（图6.1右侧），那么对称三角形具有看跌的意义了。

值得注意的是，在三角形中，我们要求其中至少有4个转折点。也就是说，在对称三角形的内部，要有5波在三角形内部的震荡，我在图中用abcde来分别表示这5波震荡。还有，至少需要两个点才能画出一条趋势线。因此，为了得到两条聚拢的趋势线，在每根线上必须至少发生两次转折。在图6.1中，三角形实际上从最高点开始，这也就是上升趋势的调整，接着，价格回撤到点a，然后上冲到点b，点b低于前面上涨的最高点。仅当价格从点b再度回落之后，我们才能根据前期上涨的最高点与点b画出上边的趋势线。

价格回落到点c时，点c要高于点a，仅当价格从点c向上反弹之后，我们才能画出向下倾斜的下边的趋势线。正是从这一刻开始，我们可以开始揣测，眼前的这个形态可能是对称三角形。现在，我们得到了4个转折点，前期上涨的最高点、点a、点b、点c，以及上下两边的向内闭合的趋势线。

虽然三角形的最低要求是4个转折点，但是实际上，大部分三角形通常具有6个转折点，就像我前面所说一样，其实包含了3个波峰和3个波谷，一共在对称三角形内部形成了5个小的波浪，我们会在艾略特波浪理论中讲到。

对称三角形的形态完成了，那么突破了上边的趋势线后，会一直涨到什么时间呢？通常情况下，三角形形态的完结，具有时间极限，这就是两边线的交点，我们一般把它叫作顶点。价格的突破点是至关重要的，通常情况下突破点的位置在上边线的1/2或是3/4处，两条边线是倾角向内的，所以必定会在某一点相交，所以我们很容易找到顶点与突破边线的位置。如果价格一直在三角形内部震荡，而没有向边线突破，横向穿过了顶点，那么这个三角形就没有了三角形形态所具备的特质，换句话说，这已经不是一个成功的三角形形态了。

我们来看一下图6.2，对称三角形价格的向上突破的位置与完成时间。

这样，三角形构成了价格与时间的一种结合。第一，两条倾角向内的边线描绘出了三角形在某一价格区域内完成，可以根据理论上的目标价位测量方式测量到最近目标价位，这是对价格的描述。第二，通常三角形开始与到达顶点那一刻，测量到三角形横向时间跨度，如果其时间跨度为24周，那么突破边线的时间大致为12周处或18周处，这是对时间的描述。三角形价格形态可以将价格与时间完美地结合在一起。

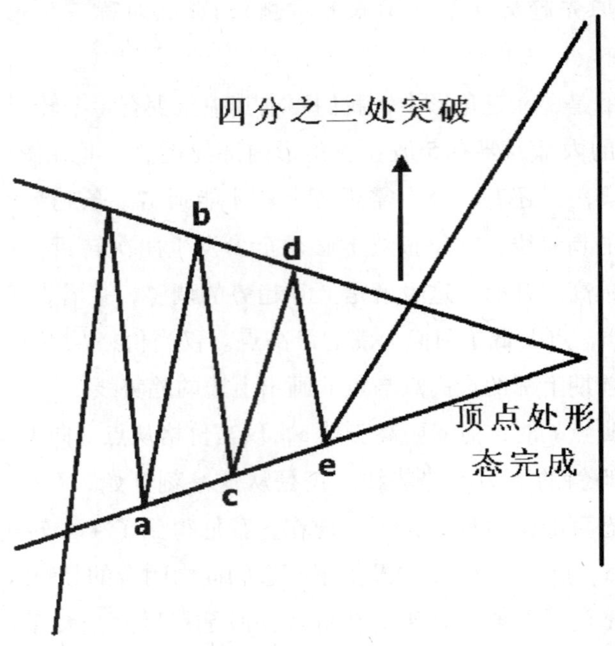

图 6.2　对称三角形突破位置与完成时间

实际的趋势性信号，是以收盘价格穿越某条趋势线为标志的。有时，价格突破后也会向这条趋势线反扑一下，在上升趋势中，上边的趋势线被突破后深化为支撑线。而在下降趋势中，下边线被突破后变成阻挡线。在突破后，顶点也构成重要的支撑或阻挡水平。最低穿越原则是市场以收盘价越过两条趋势线之一，而日内穿越则不作为验证条件。

从成交量上来看，在三角形内，价格的摆幅越来越小，成交量也应相应地越来越萎缩。这种成交量的收缩倾向，在所有的调整性形态中都普遍存在。但当趋势线被穿越，从而形态完成时，成交量应该明显放量。在随后的反扑回试中，成交量变小，再然后，当趋势恢复时，成交活动更为活跃。

同反转形态的情况一样，成交量在向上突破时比向下突破时，更具有重要意义。在持续形态中，成交量是至关重要的，具体体现在当价格向上边线突破时，或价格向下突破边线的时候，成交量放大，对形态的成功形成有着至关重要的影响。事实上，当价格向下突破时，如果成交量特别大，特别是在接近三角形顶点的情况下，反而是可能出现虚假看跌信号的警报。

虽然成交量在形态形成过程中逐渐萎缩，但如果我们仔细地观察成交量的变化，就会掌握较大的成交量到底是发生在上升运动中还是下降运动中的线索。上升趋势应当有个微弱的倾向，当价格向上时成交量较大，而在价格下跌时成交量较小。

那么如何针对这种持续形态进行测算呢？

第一种方法，先测出三角形最宽的部分的竖直线段的高度，然后从突破点或顶点起，顺势测出相等的距离。

第二种方法，从前期上涨的最高点出发，画出平行于下边趋势线的平行线。这条平行的类似于管道一样的两条线，就是上升趋势上方的目标价格。因为市场还有一种惯性，新的上升或下跌趋势与旧的上涨或下跌趋势通常会形成同样的一种角度或倾角。所以，当我们打出原趋势与新趋势的平行价格管道时，价格向上触到了价格管道的位置，便是价格的大致目标，同样也通常为形态完成时间的大致目标。该种测算方法如图6.3所示。

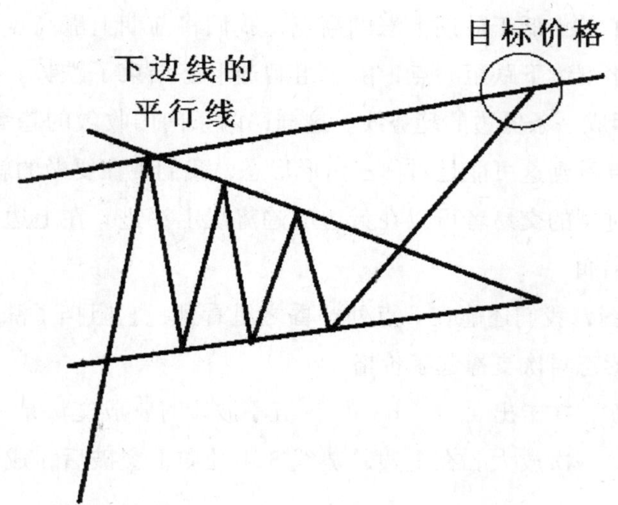

图6.3　对称三角形第二种测算技术

我们来看一下对称三角形在实战中是如何应用的。图6.4为金健米业（600127）的日K线走势图。

在图6.4中，价格一路高歌猛进，在第一个波峰处停顿，价格下冲到a点，由一根锤子线结束调整跌势，价格被向上推高，在b点处由一根流星线结束了

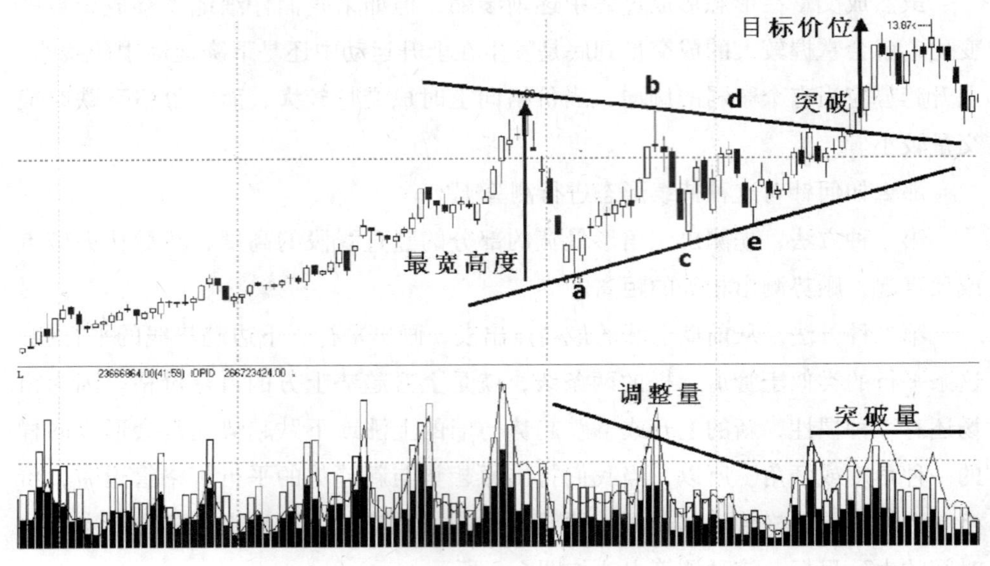

图 6.4　对称三角形　金健米业（600127）

涨势。我们看了 b 点低于前期上涨的高点，我们将前期上涨高点与 b 点连成一条趋势线。价格继续下跌至 c 点，由一组刺透形态结束了跌势。我们将 a 点与 c 点相连接，形成一条低边的趋势线。这样，两条向内收敛的趋势线就形成了，到此为止，可以看到这可能是对称三角形形态，我们现在要做的就是静观其变，如果有短线激进型的交易者可以在低边的趋势线上买进，在上边的趋势线中卖出，获取短线利润。

关于 K 线图，我们还能在 d 点处黄昏之星看到，它阻挡了涨势。在 e 点处又是一组刺透形态再次支撑起了价格。

成交量方面，在走出 a、b、c、d、e 五小波段时，成交量是一直向下滑的，除了在 b 点处的一次放大。在上边趋势线 3/4 处向上突破后，成交量开始持续放大。

我们来测算一下三角形的目标价格，由 a 点处向上到上边趋势线画一条竖直的线段，线段的长度为 4.7 元，突破价格约为 10.68 元，那么目标价格为 15.38 元（10.68 +4.7）。我们看到价格只涨到 13.87 元，没有达到我们预测的范围内，相差 1.51 元。

提示：我们可以将金健米业的图表向前再翻一下，在这里我们或许会看到原图形中有着水平压力或角度更平缓一些的下降趋势线的存在，所以广大的读者朋友们，一定不要拘泥于书本上的一成不变的计算方法，要学会灵活一些。

图6.5为华夏银行（600015）的日K线走势图。

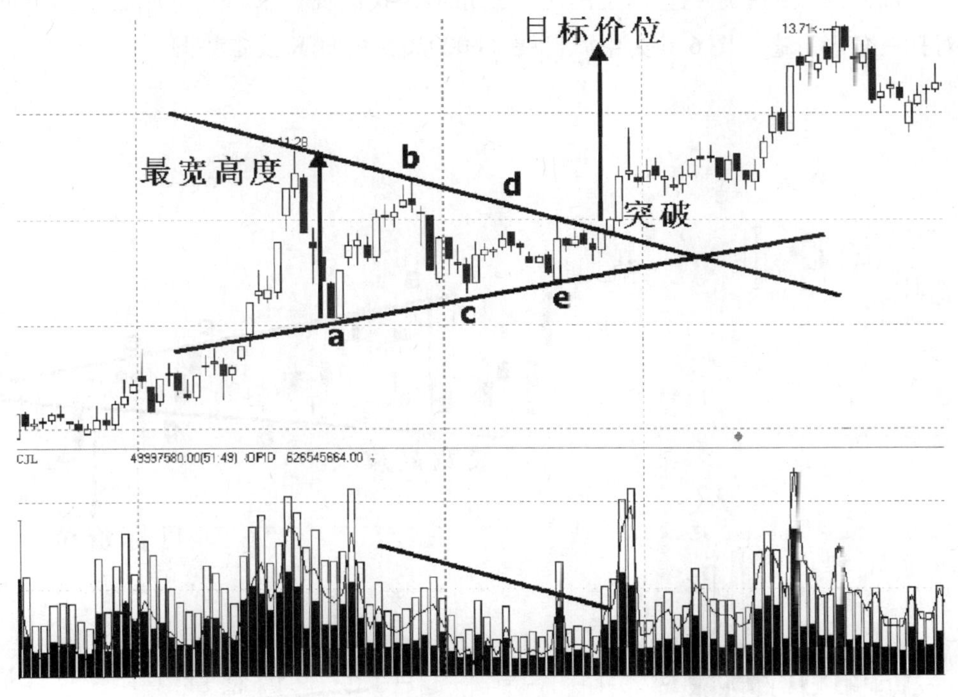

图6.5　对称三角形　华夏银行（600015）

在图6.5中，价格原为上升趋势，被一根流星线结束了涨势。价格下滑至a点，一组看涨抱线形态出现，将价格推高到b点，b点处又出现了两根流星线，再次将价格推向c点。我们将前期上涨高点与b点相连接，构成一条趋势线。将a点与c点连接，构成一条下边的趋势线，对称三角形的初级规模就出现了。

c点处为刺透形态，d点处为乌云盖顶形态，e点处为看涨抱线形态。它们都出现在趋势线上，所以短线交易者们可以根据趋势线与K线图形态来高抛低吸赚些短线价差。

在上边趋势线的3/4处，价格开始向上突破。在对称三角形内部五小波调整的时候，成交量相对于其他时刻是减少的，而在向上突破趋势线后，则开始放量。

从 a 点向上边的趋势线画一条竖直的线段，线段的高度为 2.93 元（11.06 - 8.13），突破价格约为 9.78 元，那么目标价格为 12.72 元（9.79 + 2.93）。我们看到价格涨到 13.71 元，超过了我们计算的最近目标价格。

前面两张图是原趋势向上的对称三角形，我们现在来看一下原趋势向下的对称三角形形态。图 6.6 为中海发展（600026）的日 K 线走势图。

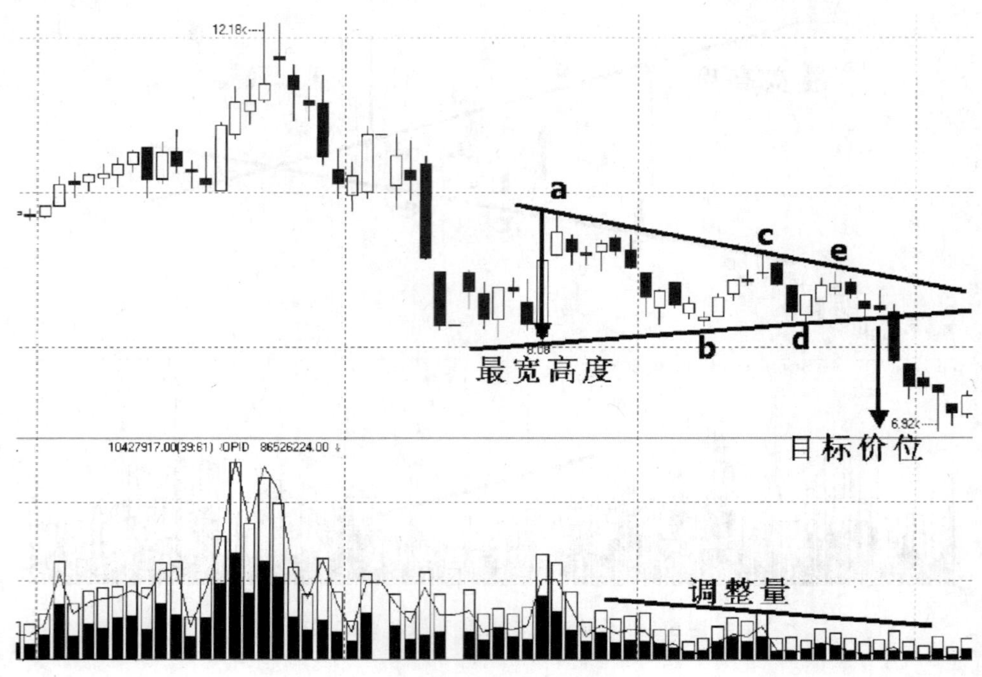

图 6.6 对称三角形 中海发展（600026）

在图 6.6 中，价格持续下跌，在低点处收出了一组看涨抱线形态结束了下跌，将价格推向 a 点，形成了新趋势的两个转折点。在逐渐收窄的震荡区间中，又出现了 b 点与 c 点两个转折点，这样我们就可以画出上下两条趋势线，点 d 和点 e 都在趋势线上受到了支撑与阻挡。

还是一样的，在三角形内部成交量还是偏低的。点 a 到下面趋势线的竖直距离为 1.64 元，突破位置约为 8.33 元，那么最近目标价格为 6.69 元（8.33 - 1.64）。我们看到价格最低跌到 6.92 元，与我们计算的最近目标价位相差无几。

图 6.7 为林海股份（600099）的日 K 线走势图。

在图 6.7 中，由于此次形态时间跨度长，所以图表上难以显示精细的 K 线

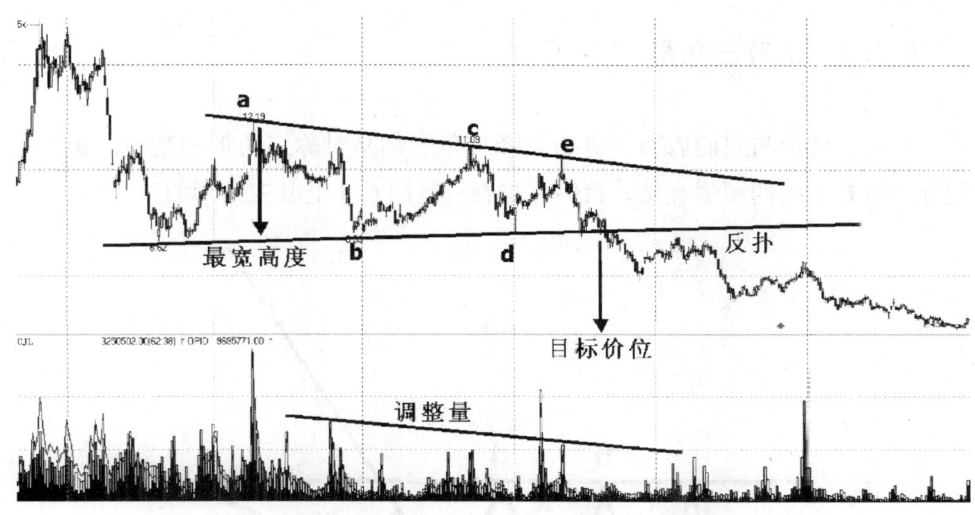

图 6.7　对称三角形　林海股份（600099）

图形态，如果有兴趣的朋友可以打开软件，看一下详细的图表，价格持续下跌中，价格在下跌低点处一根启明星结束了下跌行情，价格被推高到 a 点，被一组长上影线的乌云盖顶形态挡了回来，再次下跌到 b 点，又是一根启明星再次将价格推向 c 点。我们将 a 点与 c 点连接在一起，形成一条在区间上面的趋势线，将前期下跌与 b 点连接起来形成一条在区间下面的趋势线。做完这些工作后，再次静观其变，再仔细看 c 点处是一组乌云盖顶形态，d 点处为锤子线，e 点处没有 K 线图形态，是一根长上影线的小实体阳线，其后是一根收盘价低于这根阳线的阴线，说明空方已经占据了优势。所以在趋势线上，都会伴随着这样那样的反转形态。

在 e 点的高点后，价格直接下滑。突破了下边的趋势线，在趋势线下方组织了一次反扑，再次下跌，完成了对称三角形形态。从成交量上看，在对称三角形形态中，成交量一直处于低迷状态。a 点到上边的趋势线的竖直距离为 5. 32 元，突破价格约为 7. 36 元，那么最近目标价格为 2. 04 元（7. 36 - 5. 32）。我们将图表往后拉，可以看到价格跌到 2. 45 元，与我们计算的目标价格相差无几。

6.1.2 上升三角形

上升三角形与我们后面要讲的下降三角形都是对称三角形的变体，但是它们分别具有不同的预测意义。我们先来看一下图 6.8 上升三角形的示意图。

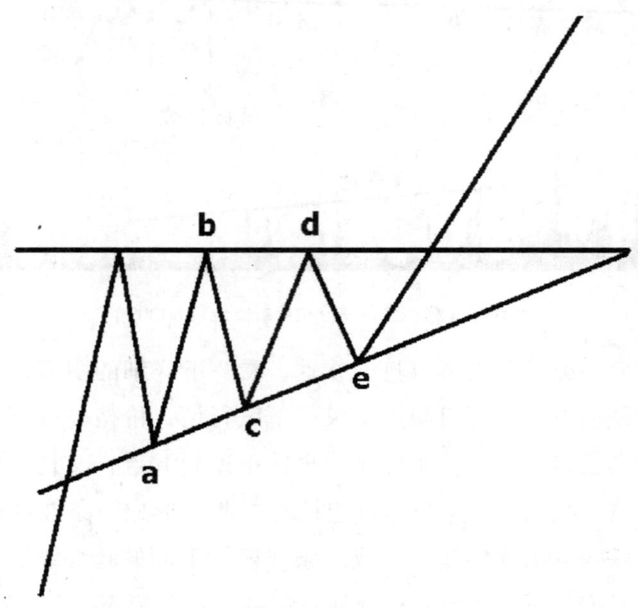

图 6.8 上升三角形

需要注意的是，其中上边趋势线持平，而下边线则是上升的，所以我们叫它为上升三角形形态。本形态显示，买方比卖方更为积极主动。它属于看涨形态，通常以向上的突破作为完结的标志。

注意：虽然说它属于看涨形态，但只是说它大多数是以这样的形态出现的。偶尔也会在下降趋势中，看到上升三角形形态。所以我们一定要注意！一定要注意！这点当时我在学习这个形态的时候，就发现了这种状况，那时才发现，尽信书不如无书，一定要灵活再灵活运用。

上升三角形和下降三角形均与对称三角形有着区别。上升三角形或下降三角形无论出现在趋势结构中的哪个部分，都具有明确的预测意义。看涨的通常为上升三角形，看跌的通常为下降三角形，而对称三角形我们可以看作中性形态。但不是说中性的对称三角形就没有看涨或看跌的预测价值。相反地，因为对称三角形是持续形态，所以，只要找出原有趋势的方向，然后假设该原有趋势即将恢复就够了。

如上所述，看涨的通常为上升三角形，当价格确定地收到了上边线以上的位置，看作有效突破。像其他所有价格形态一样，在突破的那一刻，成交量的增加是至关重要的。有效突破后的反扑也是正常的，但反扑的成交量一定是非常小的，这样通过成交量的配合，也有助于我们辨别这是否是一次常规的反扑。

上升三角形的测算技术相对简单，先量出该形态最宽处的高度，然后从突破点起，简单地向上投射出相等距离就行了。

6.1.3　下降三角形

对于对称三角形的变体，我们再来看一下下降三角形。下降三角形的图例如图 6.9 所示。

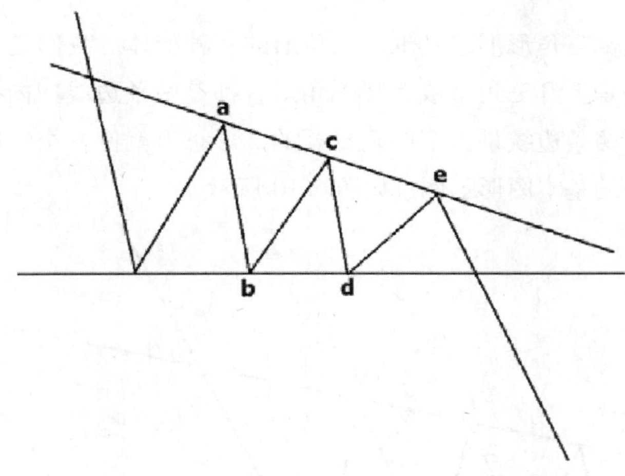

图 6.9　下降三角形

在下降三角形中，下边线是水平的，而上边线为逐渐下降的，因此将其称为下降三角形。在此形态中，卖方比买方的动能更强，所以会呈现反弹高点渐行渐低的状况。价格通常以向下突破作为此下降三角形形态的完结。

下降三角形经常是看跌的。其看跌的突破，以收盘价确定地超出下边水平趋势为标志。向下突破边线时，成交量也应当显著放大。同样，当有效突破后，也常会出现对下边线的反扑，此时的反扑应该被下边线所阻挡，成交量也应明显小于平常时期的成交量。

下降三角形的测算技术与上升三角形的测算技术相同，先量出该形态最宽处的高度，然后从突破点起，简单地向下投射出相等距离就行了。

上升三角形与下降三角形都是对称三角形的变体，我们详细介绍了对称三角形，上升三角形与下降三角形就不再详细说了。

6.2 喇叭形态

喇叭形也叫倒三角形形态，也是三角形的一种变体。我们之前讨论的不论是对称三角形还是上升三角形或下降三角形，都是两条边线向内聚合的。而喇叭形正好相反，两条边线是由窄向宽分开的，形态上就像一个喇叭。我们先来看一下喇叭形态的基本图形示例，如图 6.10 所示。

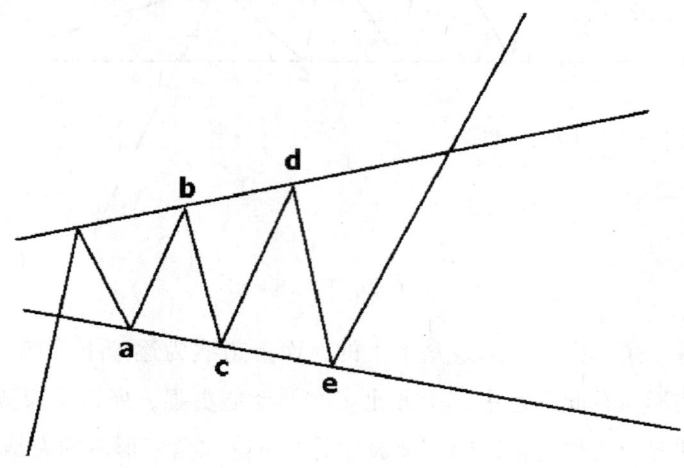

图 6.10　喇叭形态图例

关于成交量方面，与三角形也是不同的。在三角形形态中，随着两条边线的逐渐收敛，成交量也渐渐变小，直到向上或向下突破边线，成交量才会放大，而在喇叭形态中，随着两条边线的扩张，成交量会渐渐放大。

注意：喇叭形态所表现的市场是跳跃的、动荡的，显得极其情绪化。不断地破掉前面的高点与低点而不形成像样的上升或下降趋势，交易者一旦遇到这种状态，最好静观其变，直到其向某一方向突破边线。

我们也可以在形态初露端倪的时候，将两条边线按照刚出现的几点高点与低点画出来，一般地，数出5个在喇叭形态中的波浪后，便可以伺机寻找机会了。

来看一下关于喇叭形态的实际应用，如图6.11所示。

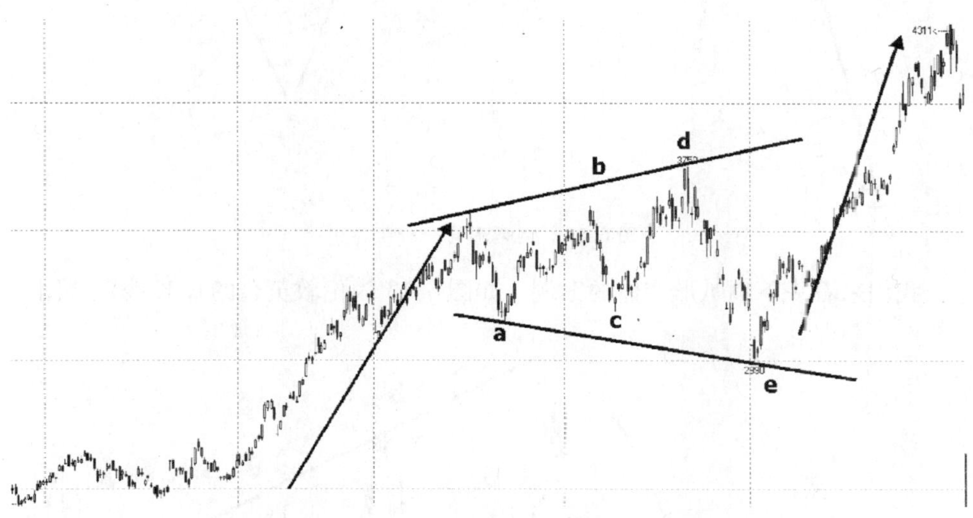

图6.11　大连豆粕指数喇叭形态示例（日K线）

在图6.11中可以看到，价格原来是上涨趋势，到达高点后，开始震荡。这种震荡与众不同，向上破高，向下破低。如果按照趋势操作，会给出无数的错误信号，直到在喇叭里面完成了5小波的震荡后，开始向原始方向突破。我们可以把原来的走势看成一杆大旗的长杆，把横向的宽幅震荡想象成一面旗帜，一杆大旗随风飘扬，价格随后向旗杆的方向继续运动。

关于买点，因为喇叭形态两条连线的扩张，所以，如果我们按照向上突破边线再买进，那会损失很多的利润。最佳买点是在震荡出现后的第五波，打到底边的边线后，K 线图出现了有效的买进信号后买进即可，可以在每五波的下破低点处止损。

图 6.12 为喇叭形的变体，经典的喇叭形是两条边线分别向上向下扩张的，而下图虽然是扩张的，但是同一方向，不影响喇叭形态的应用。

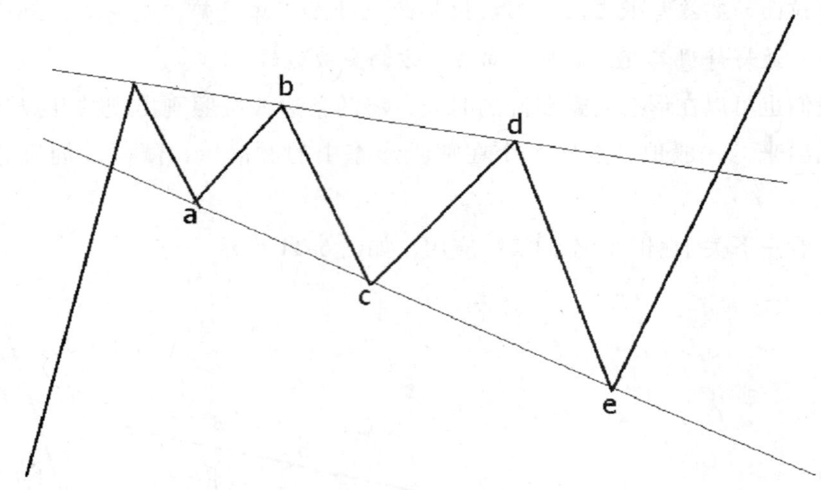

图 6.12　喇叭形的一种变体

我们来看一下喇叭形变体的案例，如图 6.13 为伦敦黄金的日 K 线走势图。

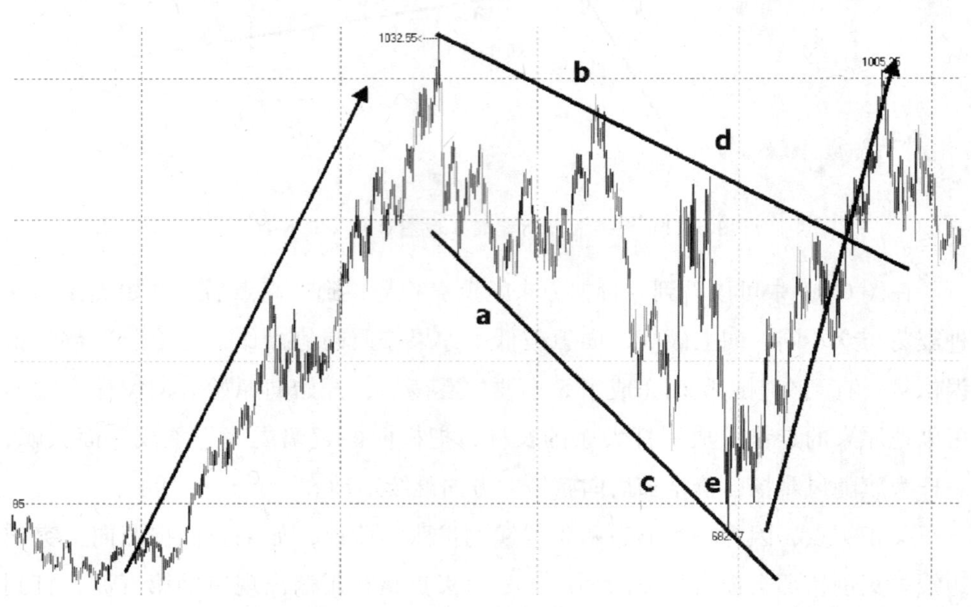

图 6.13　伦敦黄金喇叭形态示例（日 K 线）

在图6.13中，黄金价格原来的趋势是上涨的，到达阶段性高点后向下震荡。与普通喇叭形不同的是，虽然是扩大，但是同一方向，只是向下破低，而不向上破高中，波峰与波谷重叠。在震荡中，让交易者摸不到方向。其实我们有一个很好的办法，如果遇到这种震荡的情形，我们静观其变，等到数出五浪以后，再做交易决策就对了。在震荡期间，你要能看明白，就去做，看不明白，就等。

提示：在图6.13中，每次高点与低点都几乎被两条边线挡回，直到出现第五波后，出现了有效的买入点，此时便可买进。

6.3　钻石形态（顶部反转形态）

我们讲完了三角形形态与喇叭形态后，这两种形态可以组成另一种形态“钻石形态”，钻石形态其实是顶部形态，但为什么放到这里讲呢？因钻石形态是三角形形态与喇叭形态的组合，不讲这两种持续形态，就讲不了钻石形态，所以必须放在这一章内来讲。

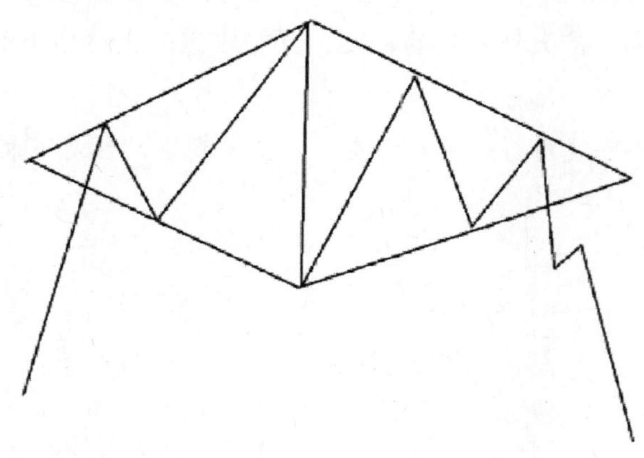

图6.14　钻石形态示例

钻石形态通常是顶部反转形态，前半部分类似喇叭形态，后半部分类似对称三角形。当下侧的向上倾斜的趋势线被向下突破后，钻石形态完成。钻石形态的测算技术与三角形形态类似，我们先测出该形态最宽部分的垂直距离，然后，从右侧下方的边线的突破点向下投射相同距离，有时候会出现对右侧下边线的反扑，价格向上反扑到边线后，遇到边线的压力，再次下跌。

我们来看一个钻石形态的应用，如图 6.15 所示。

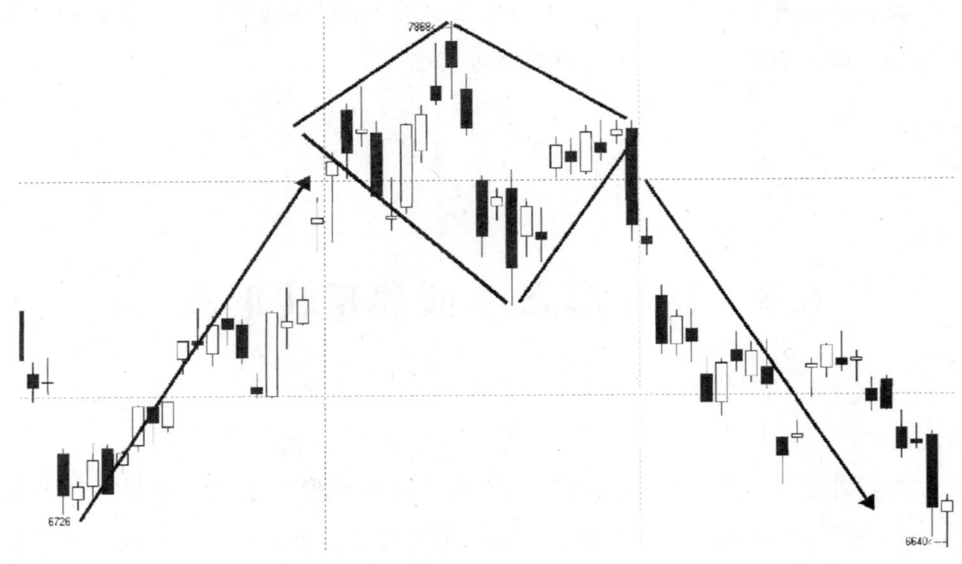

图 6.15　豆油 5 月合约（日 K 线）钻石形态

从图 6.15 中可以看到，形态的左半边类似喇叭形态，右半边类似三角形形态，左边不断扩大，扩大到一定的程度，开始收敛。当价格下破右侧下方边线后，价格还是下跌。

注意：钻石形态是难得一见的形态，即使见到了，也是不太规则。

6.4　旗形

相对于喇叭形态与钻石形态，旗形是非常常见的一种形态，旗形表示市场充满着原趋势的动能，暂时地处于调整状态，而后沿着原来的趋势继续发展。旗形形态通常出现在剧烈的快速市中，其之前的趋势不论是上涨还是下跌都是非常陡峭的。

我们在前面说过头肩形态是相对来说最可靠的顶部反转形态，而本节所讲的旗形形态也是相对来说最可靠的持续形态。我们先来看一下旗形形态的基本特征，如图6.16所示。

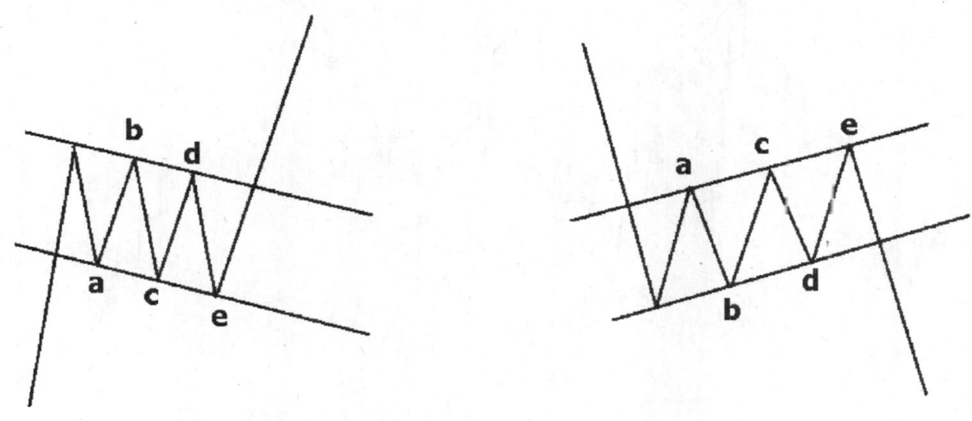

图6.16　旗形形态示例

旗形是由两条平行的趋势线包转而成的，在下降趋势中，旗形的角度是向上倾斜的，在上升趋势中，旗形的角度是向下倾斜的。当然在上升与下降趋势中，我们还可能看到角度呈水平的旗形。

旗形的形成时间一般在一到三周，是非常短暂的持续形态。旗形形态的完成标志是价格按原有趋势向上或向下突破平行的趋势线，继续按原有的趋势运行下去。

成交量方面，在原有的趋势中，成交量应该是逐渐放量的，而在旗形调整的过程中，成交量是逐渐萎缩的，而在完成旗形调整向边线突破的时候，成交量应该是放大的。

目标价格的测算是价格形态中独有的特质，关于旗形的价格测算，我们常说的一句话叫作“降半旗”，所以旗形形态一般处于上涨趋势或下跌趋势中的中点。再具体一点说，我们从原始的突破点计算出原来运动的距离，原始的突破点应当是当前的趋势发出信号的那一点，然后从旗形的突破点（在上升趋势中，为上边线的突破点。在下降趋势中，为下边线的突破点）顺着前面的趋势方向，映射出相等的垂直距离，就是旗形形态的目标价位了。

我们来看一下旗形调整的应用，如图 6.17 为上港集团（600018）的走势图。

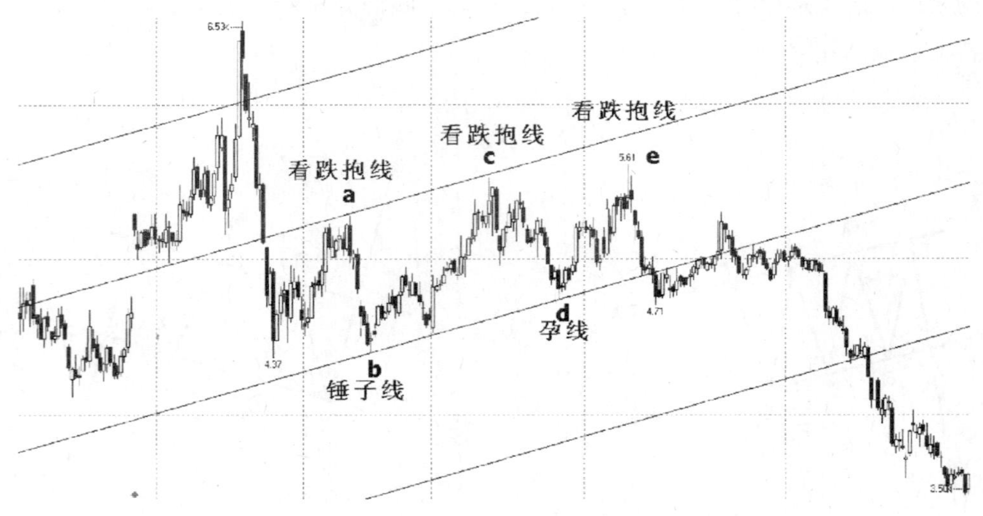

图 6.17　旗形形态　上港集团（600018）

我们看到在一连暴跌之后，价格在两条平行的趋势线中震荡。我们说过，旗形通常出现在极猛烈的快速市中，如图中所示，前面的下跌是一条直线下来的，而后面的下跌也是几乎没有阻碍的。

再回来看中间一共经历了五小浪，在a点处，以看跌抱线形态结束反弹，在b点以锤子线结束向下的震荡，在c点以看跌抱线再次向下，在d点以孕线形态继续向上震荡，在e点还是以看跌抱线形态结束了整个的旗形形态。从e点开始，价格开始回归到原有的下跌趋势中，在突破下边线后，组织了一次反扑，这次反扑的力量很大，甚至超过了下边线。只有几天时间又被下跌的动能占据了优势，价格继续下跌。

图6.18为华润万东（600055）日K线走势图，价格是在快速上涨后，呈角度向下倾斜震荡进行调整的，被两根平行的趋势线包围着。价格在原上涨趋势达到一定的高点后，开始向下调整：在a点以看涨抱线完成一小浪的调整，在b点以孕线方式再次向下，在c点以看涨抱线形态再次向上反弹，在d点以孕线加看跌抱线被上边线挡回，在e点还是以看涨抱线结束最后一波的震荡，价格沿着原有的趋势方向上涨。在e点出现有效的看涨抱线形态后为最佳买入点，以破坏了看涨抱线形态为止损点。

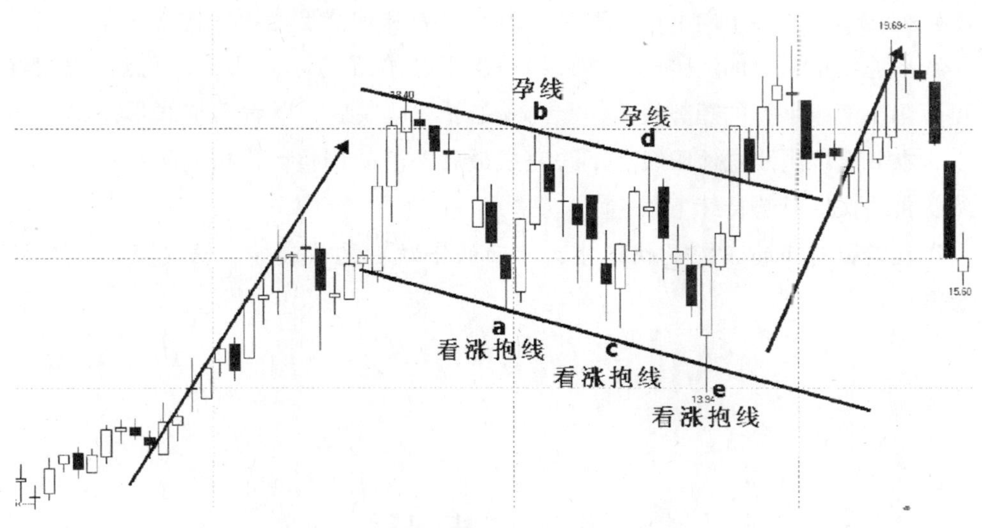

图6.18　旗形形态　华润万东（600055）

图6.19为青山纸业（600103）的旗形调整的图例。

在图6.19中，价格的原趋势是快速下跌的，到达第一个低点后，对快速市进行一次修正走势，呈角度向上倾斜的震荡走势，两条平行的趋势线中一样遵循着五小浪的调整，并且高点与低点都打在了两条平行的趋势线上。在a点以

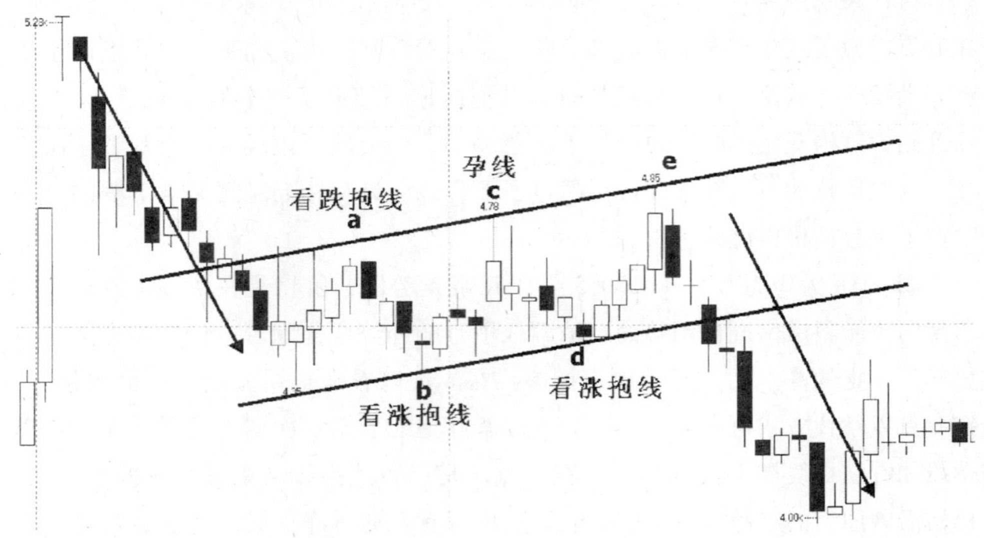

图 6.19　旗形形态　青山纸业（600103）

看跌抱线形态结束了向上的反弹，在 b 点以看涨抱线形态再次向上。在 c 点以孕线形态结束向上的反弹时，通过第一次下跌的顶点与 a、b、c 三点，我们就可以画出两条平行的趋势线来。d 点打在了下边线后，以看涨抱线形态继续向上，在 e 点以阴线吃透阳线后下跌完成最后一浪的调整，价格向下突破了下边线，价格按原趋势持续下跌。

提示：前面的下跌是快速市，后面的下跌也是快速市，这是旗形出现的特点。

6.5　楔形

本节所讨论的楔形也是三角形的一个变体，普通三角形的两条边线是从不同角度向内收敛的，而楔形虽然也是两条边线向内收敛的，但却是向同一个角度收敛的。在顶部反转形态中，楔形的两条边线是以向上的角度内敛的。在底部反转形态中，楔形的两条边线是以向下的角度内敛的。我们先来看一下楔形的基本图例，如图 6. 20 所示。

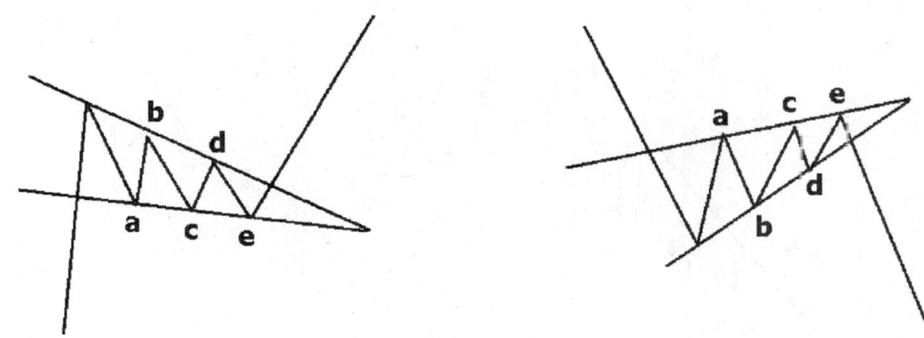

图 6. 20　楔形的图例

楔形形态完成的时间要比旗形时间长得多，属于比较大的调整走势。一般要持续一个月到三个月，它之所以区别于三角形就在于两条边线的倾角上，两条边线倾角向下内敛的叫作上升楔形，而两条边线向上内敛的叫作下降楔形。

关于楔形的成交量与三角形一样，在原趋势中成交量大，而在边线内敛的调整过程中，成交量逐渐缩小，而在突破边线的时候成交量放大。

楔形形态的目标价格测算与三角形形态也是一样的，从原趋势的起点算起，到第一阶段达到的最高点，计算出垂直距离，再从边线突破点算起，映射出同样的高度即可。我们来看一下楔形的应用，如图 6. 21 为金发科技（600143）走势图。

在图 6. 21 中，价格原有趋势为上涨趋势，到达阶段性高点后，开始进行震荡调整，高点越来越低，低点也越来越低，但价格震荡幅度却是越来越窄的，这样我们把高点与高点连接起来，低点与低点连接起来，形成两条倾角都向下的趋势线，价格在这两条倾角向下内敛的趋势线内震荡。

价格在 a 点以刺透形态开始向上反弹，在 b 点以孕线形态被压回，在 c 点以锤子线再次上扬。我们可以凭借阶段性高点与 a、b、c 三点画出这两条倾角向下内敛的趋势线了。在 d 点以上吊线结束向上的反弹，在 e 点以刺透形态结束整个楔形形态。而最佳的买入点也在此处，在 e 点的有效刺透形态发生后。止损点为 e 点处刺透形态的那根阳线，价格向上穿透上边线继续原有趋势向上

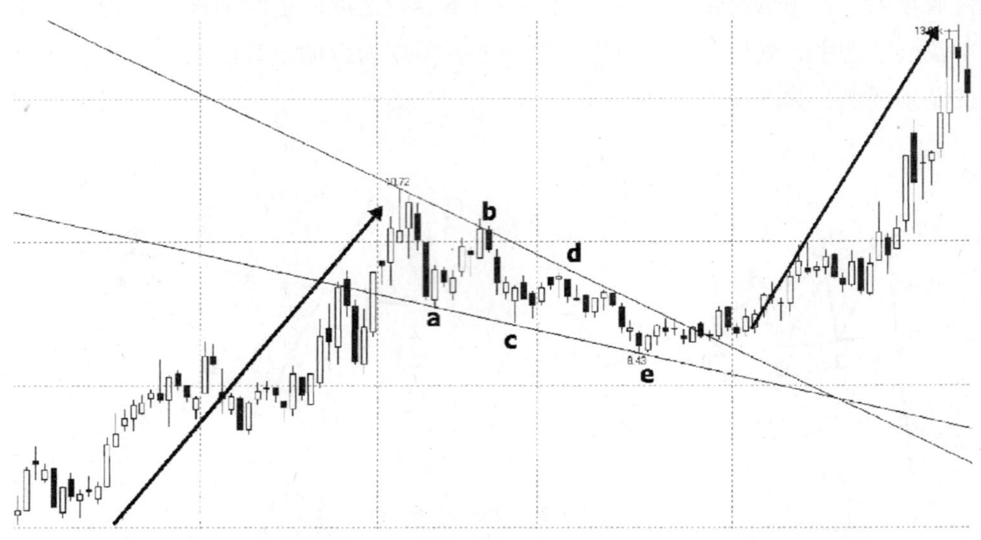

图 6.21　上升楔形　金发科技（600143）

运行。

图 6.22 为航天机电（600151）周 K 线的上升楔形形态。

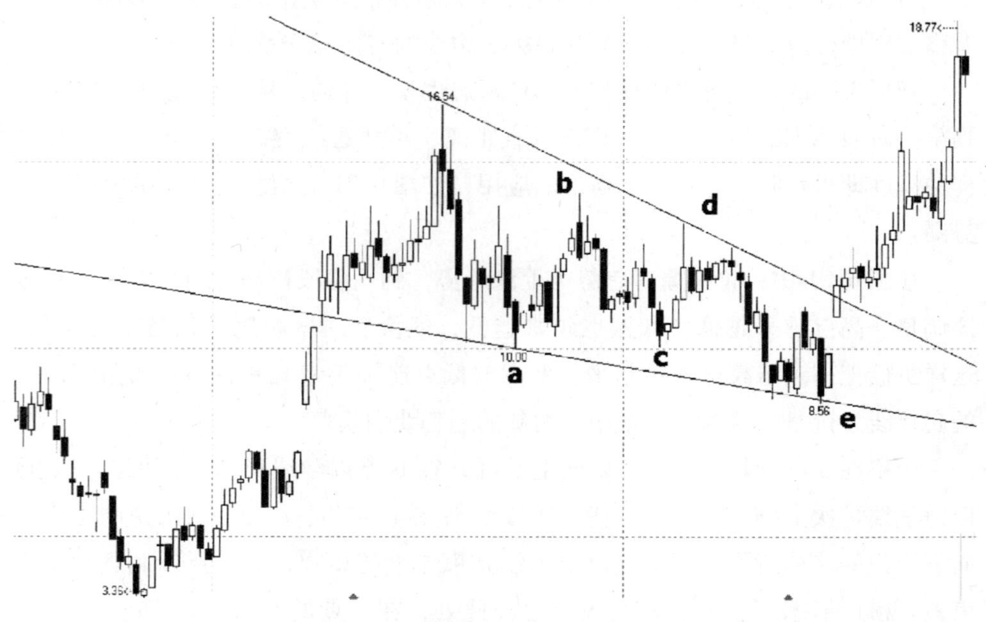

图 6.22　上升楔形　航天机电（600151）

在图6.22中，价格开始呈上升趋势，在到达第一个阶段性高点后，由一根有长上下影线的星线结束了这一波段的上涨，向下进行修正走势。在a点由孕线结束跌势并向上反弹，价格上涨但没有向上破掉前面的高点，在b点处出现了看跌抱线形态后价格再次向下，到达了c点处，我们可以由前期阶段性高点与a、b、c三点画出两条趋势线，发现这两条线的倾角都是向下的，但同时又是内敛的，所以我们基本可以判断这是一次楔形的调整。再看c点处又是孕线，价格再次向上到达d点，d点为流星线，向下再到达e点，e点还是孕线，再次向上，上涨破掉了上面的边线，楔形调整形态完成。最佳买入点为在e点处出现孕线形态时。

提示：其实在此次的案例中，e点出现孕线后，给孕线做出有效验证的是后一天向上跳空的阳线，这根阳线同时上穿了上边线。所以这是一次三重的验证，一为孕线验证，二为向上跳空缺口，三为向上突破上边线。因此，我们可以大胆买进。

6.6　矩形

矩形其实就是水平的旗形，是旗形的一种特殊形态。矩形形态也是持续形态，是处于单边市的一种修整阶段，在此形态中，价格在两条平行的趋势线中震荡。其中在平行线内也是呈现五浪结构！

当收盘价决定性地突破上边线或者突破下边线的时候，形态完成。再按照原来的方向继续运行。任何形态都有可能发生转换，包换我们前面讲的最可靠的反转形态头肩形态或是持续三角形形态等，都是可以相互转换的。持续形态转换成反转形态，反转形态转换成持续形态。我们把这些内容讲完以后，放到最后来讲价格形态的转换。

关于矩形的成交量方面，如果是在上升趋势中，在矩形形态中的震荡，向上冲时成交量应该是放大的，向下回撤时应该是较小的。如果是在下跌趋势中，在矩形形态中的震荡，向下冲的时候应该是放大的，向上反弹时应该是较小的。我们先来看一下矩形的基本形态示例，如图 6. 23 所示。

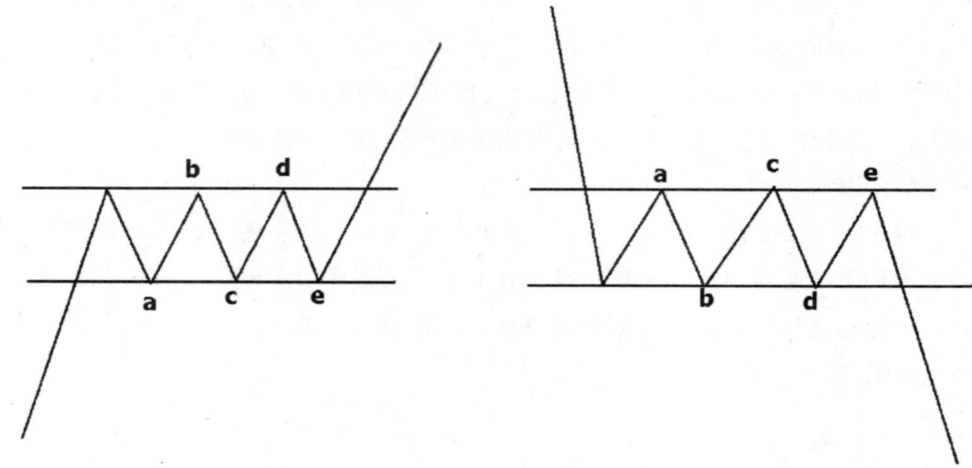

图 6. 23　矩形形态的基本形态示例

矩形形态一般持续时间比较长，在一个月到三个月，与三角形形态、楔形形态类似，都是比较大规模的调整形态。因为价格是在两条平行的趋势线内进行震荡的，所以我们会很好地把握其震荡的幅度与节奏，可以在两条平行线内，进行一些高抛低吸的操作。

目标价格测算方面，还是与旗形类似。从趋势的起点算起，到矩形的位置，算出垂直距离，然后再从突破边线的位置算起，再向原有的趋势方向投射出相同的长度即可。它与旗形一样，基本上都是位于一段趋势中点的位置。

提示：如果大家看书，说书上这么说的，就去追求那种完美形态，那就大错特错了。书上总结的，只是普遍性规律，而每个品种的走势都不会完全相同，所以大家要灵活一些。

我们找一些矩形形态的图例来分析一下，如图 6. 24 为上证综合指数走势图所示。

图 6. 24 是上证综合指数近期的走势。指数先是向上走了一小段，而后到达了第一个阶段性高点，向下调整，跌到了 a 点，在 a 点以看涨抱线形态结束了

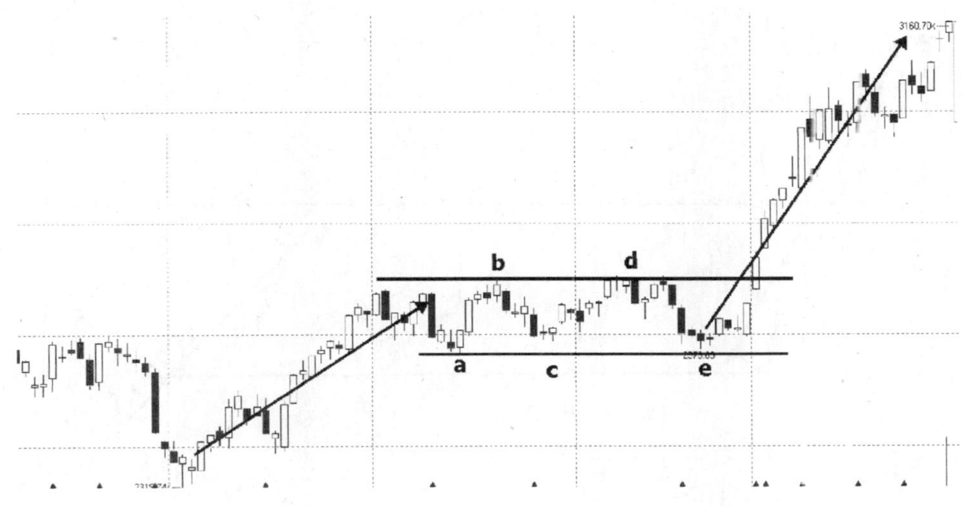

图 6.24　矩形形态　上证综合指数

短暂的下跌走势，价格被推高到 b 点。在 b 点达到了与前一个阶段高点相同的水平位置上后，再次下跌，到达 c 点，c 点以孕线形态再次将价格拉升，此时我们看到，这四个高点与低点，高点与高点在同一水平位置上，而低点与低点也在同一水平位置上。我们画出两条平行的水平趋势线，在 d 点处，还是达到了水平位置，以看跌抱线形态再次下跌，跌到 e 点，e 点还是在震荡的水平位置上，以启明星形态结束了整个矩形的震荡。这是一次中规中矩的走势，到达 e 点后向上突破了上边线，价格快速上涨，延续了之前的向上趋势。

图 6.25 还是上证综合指数的图例。

这是上证综合指数 2001—2005 年的走势。其中指数开始下跌，到达阶段性低点后，开始向上反弹，在 a 点处以孕线形态结束了向上的反弹，价格向下跌到 b 点。与前面阶段性低点在同一水平位置上，出现了看涨抱线形态后，向上反弹，将价格推高到了 c 点，c 点以看跌抱线形态结束了这一小波段的反弹。到此为止，我们有了 4 个点，前面的阶段性低点和 a、b、c 三点，共 4 点。将阶段性低点与 b 点相连是一条水平的线，而将 a 点与 c 点相连，就形成了下降三角形形态。当然还没走出来的时候，我们只能如此判断。

指数从 c 点跌到 d 点，d 点为启明星形态，将指数支撑于前面低点的水平位置上后，指数上涨。如果我们将 a 点与 c 点相连，上涨将突破 a 点与 c 点的

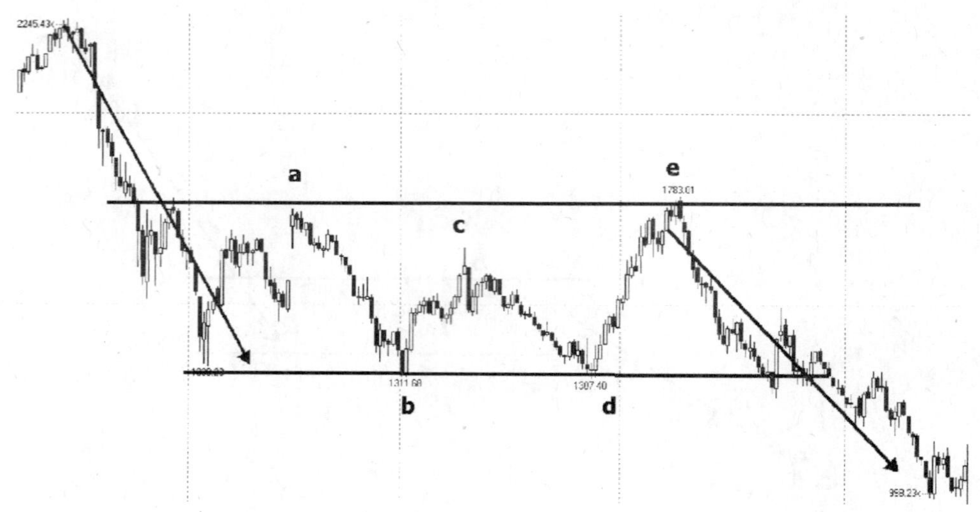

图 6.25　下降矩形　上证综合指数

连线，破坏了原来我们以为的下降三角形形态。这时，我们应该摈弃原来的看法，接着看指数的上涨，直到 e 点，在 a 点的水平位置上，出现了看跌抱线形态。我们这时才发现这是一个矩形。价格在到达 e 点后，快速下跌，跌穿下边线后继续原来的下跌趋势向下运行。

提示：从上面两个图例来看，上证综合指数还是比较钟爱矩形调整的。

6.7　持续形态中的头肩形态

我们在讲反转形态的时候说过，头肩形态是比较可靠的反转形态。那为什么还会有持续形态的头肩形态呢？关键在于出现的位置不一样。

6.7.1　持续形态头肩顶形态

我们在讲头肩顶形态中，说到它出现的位置一定是在一波涨势的顶部出现一个波峰，在这个波峰的右面出现了一个更高的波峰，再右面出现了一个与第一个波峰高度大致相同的波峰。将三个波峰所形成的两个波谷连成一条线，称之为颈线。价格下破颈线后，完成此形态。

持续形态中的头肩顶形态是出现在下跌的中继位置，而与我们之前讲的反转形态中的头肩顶形态是完全不同的。在下跌途中出现对前期下跌趋势的修正走势而走出的头肩顶形态我们称之为持续形态中的头肩顶形态，它的形态完成之后，将继续走与前面相同的下跌趋势。

我们来看一下持续形态头肩顶形态的示例图，并且与反转形态的头肩顶形态做一个对比，如图6.26所示。

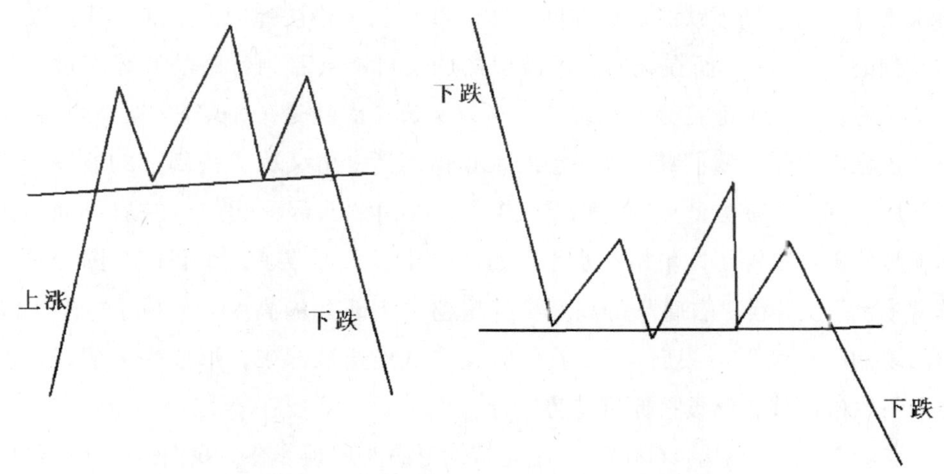

图6.26　反转形态头肩顶与持续形态头肩顶对比图例

从图6.26中可以看到，反转型的头肩顶是出现在一段上涨趋势顶端的价格形态，而持续形态中的头肩顶是在下跌后出现的。可以这样来区分：既然叫作头肩“顶”了，那一定先涨起来，转折，再下跌，那么这就是符合逻辑的反转型头肩顶；而本身叫作头肩“顶”，却是下跌后出现的，那就不是普通逻辑意义上的“顶”，所以这样出现的形态是持续形态中的头肩顶。

下面来看一下持续头肩顶的实际应用，如图 6. 27 为中江地产（600053）走势图所示。

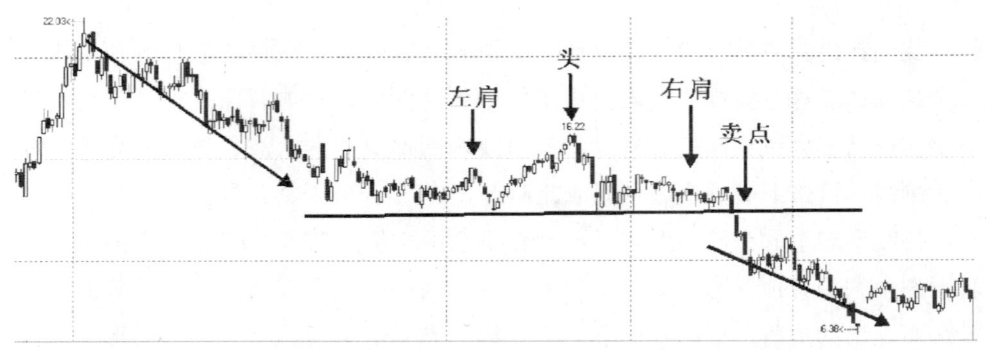

图 6. 27　持续形态头肩顶　中江地产（600053）

图 6. 27 中，价格开始的趋势是下跌的，到达一个阶段性低点后进入了一小段的平台整理中，形成了一个小小的波峰，就是我们在图中看到的“左肩”，再次下跌，与前期下跌的低点在同一水平线上。价格被弹回，形成了我们在图中看到的“头部”。而在此时，做波段的朋友可能会看到价格的波峰超过了前一个波峰，那么上涨趋势又恢复了。可以买进了。这是一个陷阱，当然，在这里买进也没有错，我们唯一要注意的是止损，当价格又从“头部”的波峰开始下跌后，到达了前方低点同一水平位置，这时由“头部”超越“左肩”而形成的上涨假象被揭穿了，价格在水平位置再度上扬，形成了一个我们在图中看到的“右肩”。当然“右肩”的高度没有超越“头部”的高度，形成了一个下跌中出现的“持续形态头肩顶”，我们将这些低点连接起来，形成一条颈线，价格向下跌破颈线，继续按原有趋势运行。

图 6. 28 * ST 钢构（600072）也是持续形态头肩顶形态，我们再来从头到尾分析一遍。价格从头部开始下跌，我们可能看到下跌时期的头部是“双重顶形态”，也可以叫作双头，价格一路下跌，到了阶段性的低点然后开始反弹，中间形成了一个小的波峰“左肩”。平台调整一段后，继续向上，这个高度就很好了。如果按照道氏理论来说，波峰超过了前一个波峰，我们可以买进，但我们看到了后面的图就说不可买进也是不对的。在这里当然可以买进，只是买进后，我们在哪里止盈呢？

第一，刚刚说过的整体下跌的位置是“双重顶形态”，而这个形态也有一个颈线，我们甚至可以把“头部”的这个波峰看成是对于前期双头对于颈线的一次反扑。在这里没有向上超越颈线，在这里可以止盈。

第二，可以在价格再次回落到“左肩”的波峰后面的时候，在这里止盈。我们接着看，价格从“头部”回落后，到达前期低点的水平位置，我们将这两个低点连成一条线，成为一条颈线。在这附近，价格再次回升到“右肩”的高度，此时的波峰不会超过头部的波峰，要不然也不会形成头肩顶了。一个小小的波峰后面，价格直接下破颈线，延续了前面下跌的走势。

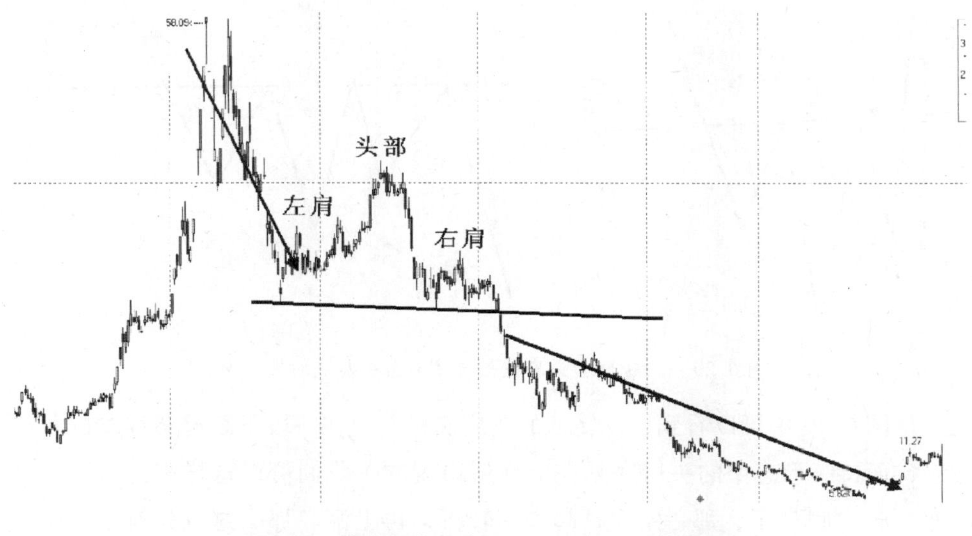

图 6.28　持续形态头肩顶　*ST 钢构（600072）

6.7.2　持续形态头肩底形态

与持续形态头肩顶形态相反的就是持续形态头肩底形态。我们在讲头肩底形态中，说到它出现的位置一定是在一波跌势的底部出现一个波谷，在这个波谷的右面出现一个更低的波谷，再右面出现一个与第一个波谷低度大致相同的波谷。将三个波谷所形成的两个波峰连成一条线，称之为颈线。价格下破颈线后，完成此形态。

持续形态中的头肩底形态是出现在上升的中继位置，而与我们之前讲的反转形态中的头肩底形态是完全不同的。在上升途中出现对前期上升趋势的修正走势而走出的头肩底形态我们称之为持续形态中的头肩底形态，它的形态完成之后，将继续走与前面相同的上升趋势。

我们来看一下持续形态头肩底形态的示例图，并且与反转形态的头肩底形态做一个对比，如图 6. 29 所示。

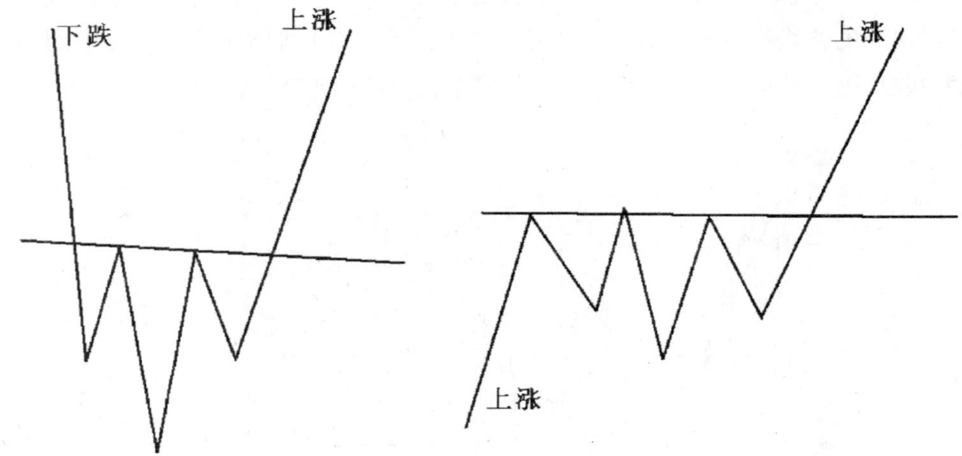

图 6. 29　反转形态头肩底与持续形态头肩底对比图例

从图 6. 29 中可以看到，反转型的头肩底是出现在一段下跌趋势顶端的价格形态，而持续形态中的头肩底是在上涨后出现的，我们可以这样来区分：既然叫作头肩“底”了，那一定先跌起来，转折，再上涨。那么这就是符合逻辑的反转型头肩底。而本身叫作头肩“底”，却是上涨后出现的，那就不是普通逻辑意义上的“底”，所以这样出现的形态是持续形态中的头肩底。

下面我们来看一下持续形态头肩底的应用，如图 6. 30 为东方能源（000958）走势图所示。

图 6. 30 中，价格开始为上涨趋势，到达一个阶段性高点后，以乌云盖顶形态暂时结束了涨势，开始向下调整，下跌了一小段后，又再次向上，形成一个小小的波谷，就是我们在图中标注出来的“左肩”的位置。形成左肩后，价格再次深度下跌。出现了锤子线阻挡了跌势。价格呈 V 形快速上扬，形成图中标注的“头部”，到达了前期阶段性的高点附近的位置，我们可以在“头部”的锤子线出现后，就开始买进。在到达阶段性高点的价位后，出现了流星线后，

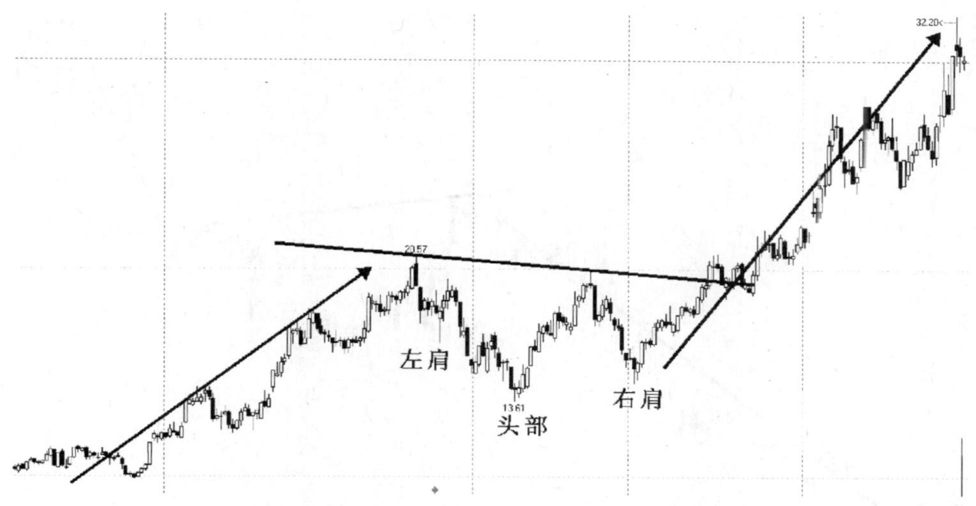

图 6.30　持续形态头肩底　东方能源（000958）

平仓止盈。价格再次下跌，到达了“左肩”与“头部”中间的位置，形成了图中标注的“右肩”，出现一组刺透形态后，又开始了上涨的趋势，这时我们可以明显地看出了，这是持续形态头肩底形态。

提示：我们将几次下跌所形成的波峰高点连接起来，形成一条颈线，当价格穿越颈线的时候，持续形态头肩底形态完成。在突破颈线的位置上，也是最佳的买入点。我们看到，在形态完成后，按原有趋势继续向上。

我们再来看一下持续形态头肩底的示例，如图 6. 31 为永泰能源（600157）走势图所示。

在图 6. 31 中，价格在一段上升趋势中到达了阶段性高点，以看跌抱线形态暂时结束了涨势。价格开始下跌，在快速连续的五根阴线下跌后，价格开始在最后一根阴线中做平台震荡，这样就形成了图中标注的“左肩”，平台震荡后价格开始下跌，由一组小的看涨抱线形态结束了跌势。在这里出现了有效的买进信号，激进的交易者可以在这里买入。在这儿就是我们图中标注的“头”的位置，价格快速向上，在上涨中途又出现了几天平台震荡，虽然是平台震荡走势，但都没有破坏上涨的形态。所以我们可以一直持有多单。在这里出现了图中标注的“右肩”。价格持续上涨，到达了比前期阶段性高点略低的水平位置，出现了压力，在此又进行了数天的平台震荡。

图 6.31 持续形态头肩底 永泰能源（600157）

注意：从我们图中标注的头部开始，一直都没有破坏上涨的形态。所以在这组图形中，我们可以一直持有多单。震荡后由一根长阳线向上穿越了两个波峰连成的颈线，形态得以顺利完成，价格按照原有趋势继续向上运行。

6.8 反转形态的三角形形态（反转形态）

价格形态独有的一种特征就是可以将反转形态变换成持续形态，持续形态还可以变换成反转形态，就看其中怎么变化。三角形形态我们前面讲过是典型的持续形态，在两条倾角相对内敛的趋势线中走出五浪的调整形态，然后按原有趋势向上或向下突破边线，而完成形态。那么没有按原有方向向两边突破边线怎么办？那就是我们要讲的反转形态的三角形形态了。

6.8.1　充当顶部的三角形形态

通常的三角形，如对称三角形或上升三角形，都是在走出五浪后向上突破边线，而在三角形内部走出五浪的调整后，价格无力再向上走出原上涨趋势，那么只能选择向下面的边线突破。这时所形成的三角形形态，就是充当顶部的三角形形态。我们来看这个形态的基本图例，如图 6.32 所示。

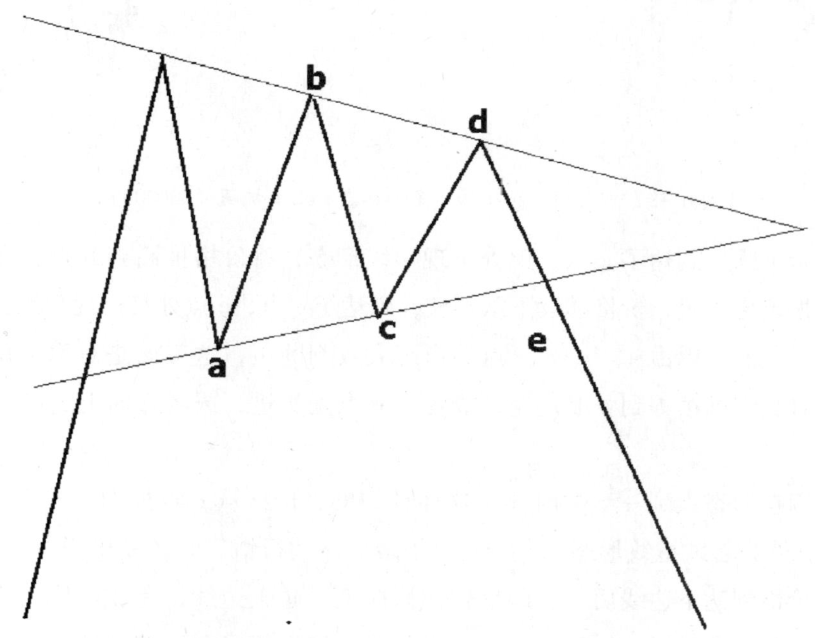

图 6.32　充当顶部的三角形形态基本图例

通常情况下，在三角形内部走完 e 浪的调整后，价格要向上突破上边的边线。而在此形态中，却是无力向上穿越边线，而选择了向下边线的突破，就形成了充当顶部的三角形形态。这种形态是常见的，我们来看一下这样的案例，如图 6.33 为上海机场（600009）走势图所示。

在图 6.33 中，我们看到价格在三角形左侧是向上攀升的上升趋势，到达高点后，出现一根上吊线，而且接下来的一根长阴线验证了这根上吊线的有效性，

图 6.33　充当顶部的反转三角形形态　上海机场（600009）

价格开始下跌，到达了 a 点，此处出现孕线形态，将价格推高到 b 点，在 b 点出现一根黄昏之星，价格继续下跌调整，到达了 c 点，c 点处又出现孕线，将价格推高，我们可以由 a、b、c 三点的形态大致判断出，这应该是对称三角形形态。所以我们继续等到 e 浪走完，或者在 e 点处买进，或者在向上突破上边线后买进。

我们在形态走到一半的时候是这样计划的，价格从 c 点处向上走，达到 d 点，d 点处为看跌抱线形态，向下走出了最后一波行情，问题就出现在这儿了，应该是价格到达下边线后，立即反弹而后向上穿越上边线，完成对称三角形形态才对。可是在最后一波行情时，一根阴线直接选择了向下穿越下边线，穿越后，又组织了一次短暂的反扑，被下边线挡了回来，价格一路向下。这就是充当顶部的三角形形态。

再来看一组充当顶部的反转三角形形态，如图 6.34 为包钢股份（600010）走势图所示。

在图 6.34 中，价格一路攀升，在最后一段快速市后，由一组孕线形态给这波快速的涨势踩了刹车，价格开始回落，下跌的趋势中价格到达了 a 点。此处还是由一组孕线形态阻止了下跌的势头，将价格挡回，价格升高至 b 点。此处

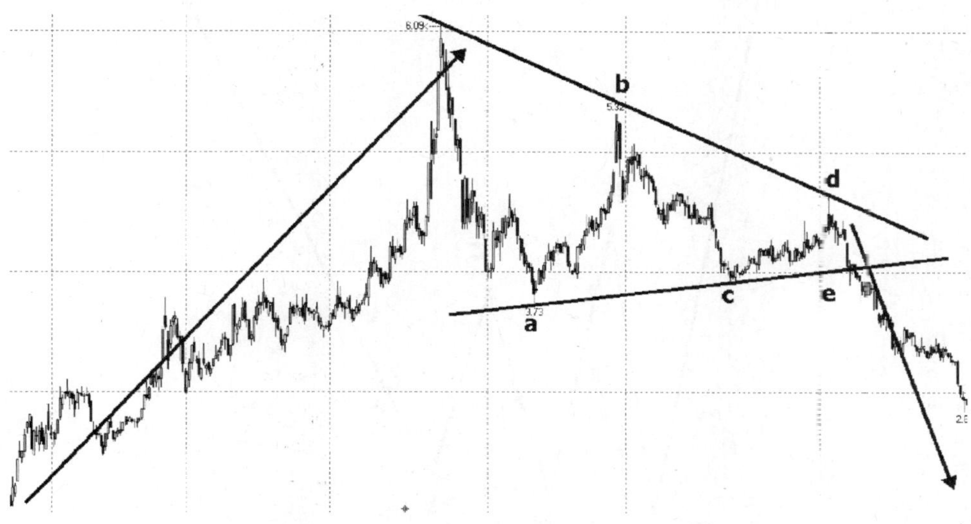

图 6.34 充当顶部的三角形形态 包钢股份（600010）

出现一组看跌抱线形态，向上的反弹结束，看跌抱线形态将价格压回至 c 点。一组看涨抱线形态在 c 点出现，再次推高价格，现在有了两个波峰、两个波谷，将两个波峰、两个波谷连接形成两条倾角相对内敛的趋势线，大致可以判断此处为三角形形态：价格从 c 点处起涨，到达 d 点，到达了上边线，出现一组孕线形态，再次向下，不出意外的话，最后一波下跌行情结束后，价格将快速向上穿越上边线。可是就在最后一波行情出现了意外，价格没有在下边线停止跌势并反弹向上，而是直接下穿了下边线。价格一路下行，持续形态三角形形态失败，形成了充当顶部的反转形态三角形形态。

提示：如果充当顶部的三角形形态的三个波峰的高度都相差无几的话，其实我们可以把它看成“三重顶”形态的翻版，这就是价格形态的互相转换。

6.8.2 充当底部的三角形形态

通常的三角形，如对称三角形或下降三角形，都是在走出五浪后向下突破边线，而在三角形内部走出五浪的调整后，价格无力再向下走出持续原下跌趋势，那么只能选择向上面的边线突破。这时所形成的三角形形态，就是充当底部的三角形形态。我们来看一下这个形态的基本图示，如图 6.35 所示。

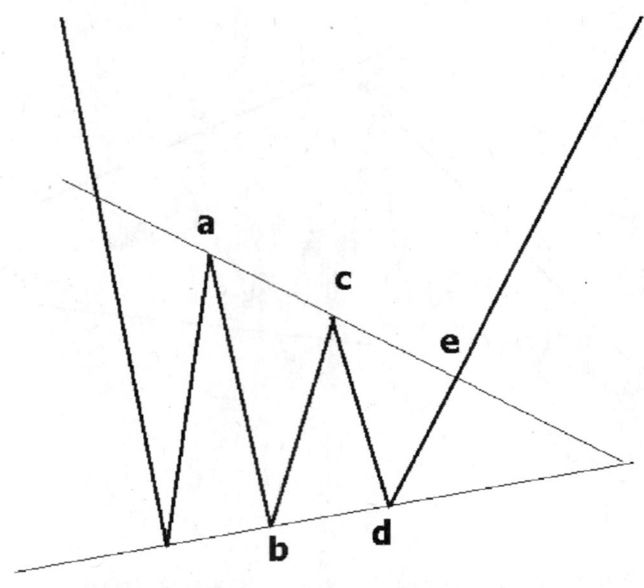

图 6.35　充当底部的反转三角形图示

通常情况下，在三角形内部走完 e 浪的调整后，价格要向下突破上边的边线，而在此形态中，却是无力向下穿越边线，而选择了向上边线的突破，就形成了充当底部的三角形形态。这种形态也是常见的，我们来看一组这样的案例，如图 6.36 为中信证券（600030）走势图所示。

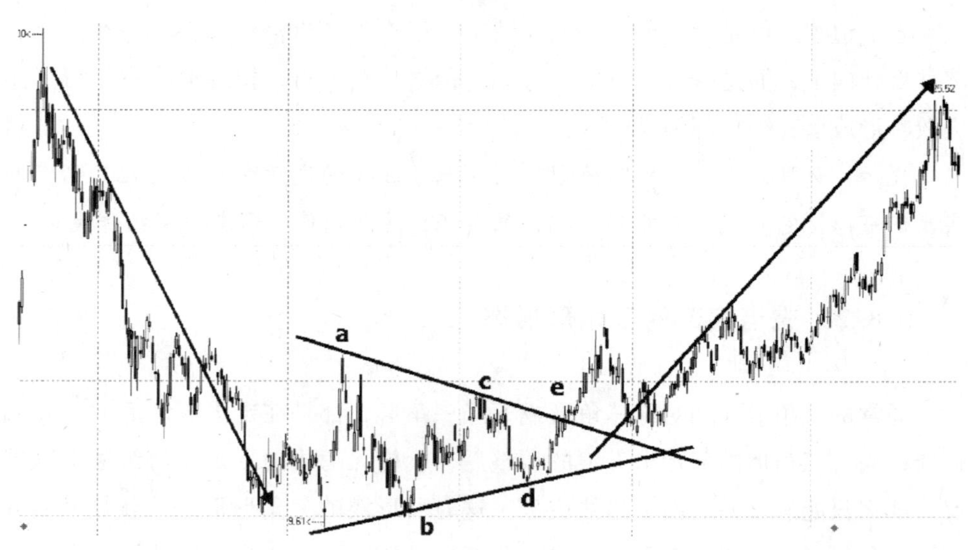

图 6.36　充当底部的三角形形态　中信证券（600030）

在图6.36中，价格在下降趋势中到达了低点，然后开始走出逐渐收窄幅度的震荡，形成了三个波谷、两个波峰。将波峰与波谷连接起来，就可以得到两条倾角相对向内收敛的趋势线，在第e波本应该在到达上边线后，按原下降趋势继续向下运行的，可是在e处，空方已经无力向下打压价格，所以，价格像水一样选择阻力最小的方向，向上突破上边线，形成了充当底部的三角形形态。在图中还可以看到，当价格向上穿越上边线上涨一段后，有一个向下的反扑，被上边线挡了回来，价格再次回升。

在图6.37招商银行（600036）走势图中，与上图我们所演示的充当底部的三角形形态一样，不详细说其演化过程了。值得注意的是，当我们得到了四个点来画出上下两条边线后，就会明晰在边线的压力与支撑下，K线图的变化。如果你参与了里面小震荡的波段操作，那么在价格到达边线时，虽然K线当时可能没有给出买进或卖出信号，我们也可以先一步采取行动，要灵活一些，在这种情况下不要墨守成规，那样会丧失很多机会。

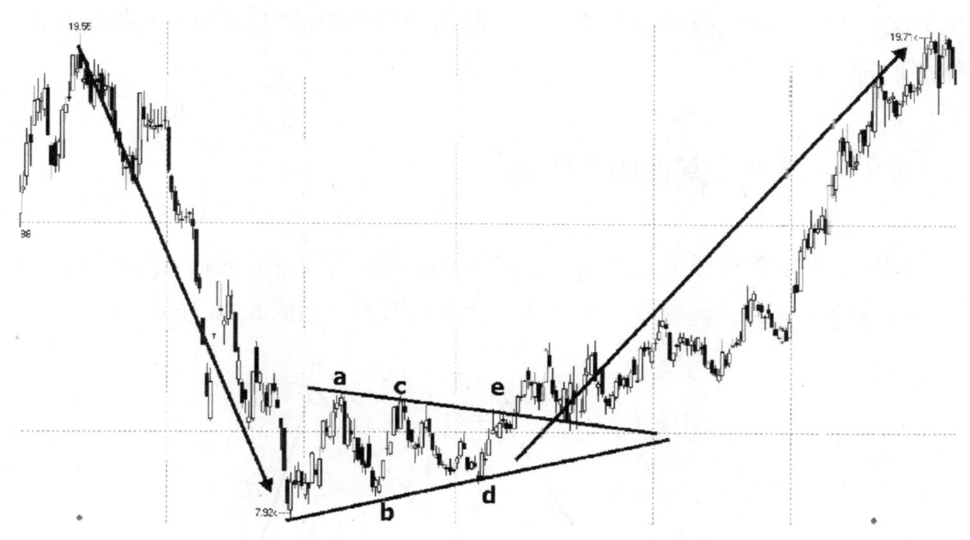

图6.37　充当底部的三角形形态　招商银行（600036）

在充当顶部的三角形形态中，第e波向下突破下边线后基本没有什么长时间大幅度的反扑，而在充当底部的三角形形态中，最后一波向上突破上边线，基本都会产生一些大规模的反扑现象，这就是在底部上涨的时候，需要更多的动能，需要更多的时间。在股票市场上来说，在底部需要反复吸筹，而在顶部只是一个释放的动作，所以底部更慢一些，顶部显得相对更快一些。

提示：如果充当底部的三角形形态下面的三个波谷的位置相对来说相差不大的话，其实就是“三重底”的翻版。

6.9 反转形态的喇叭形态

同样，任何的反转形态都可以变成持续形态，任何的持续形态也都可以变成反转形态。在喇叭形态中，也可以将持续形态变为反转形态。因为喇叭形态本身就是三角形形态的变体，所以当它变为反转形态的时候，也跟三角形形态变为反转形态一样，我们主要是关注其两条趋势线的倾角是向内收敛的还是向外扩张的。

6.9.1 充当顶部的喇叭形态

同样，在喇叭形态中，当最后一波调整后没有按原有方向向上突破上边线，而是选择向下突破，就形成了充当顶部的喇叭形态，如图 6.38 所示。

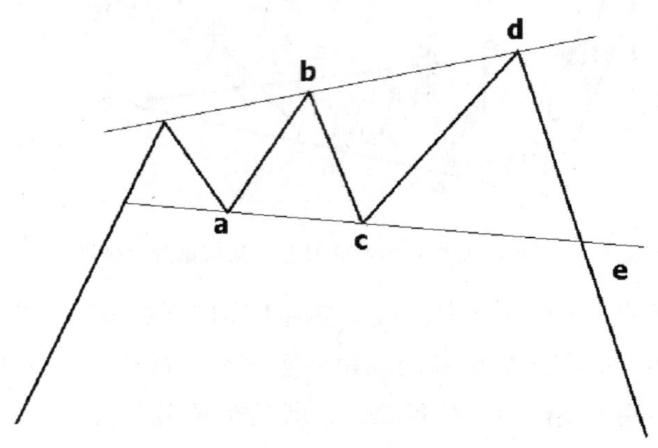

图 6.38 充当顶部的喇叭形态图示

提示：在喇叭形态当中，在开始的部分不能确定它要发展成反转形态还是持续形态。如果将它看成持续形态，而在整个五浪调整的过程中一直持有多单，那是很吃亏的。因为喇叭形态的上下两条边线是向外扩张的，一旦它不成为持续形态，而发展成反转形态，那么其震荡调整的跌幅会越来越大。当发现它是反转形态了，跌幅已经很大了，这样会损失很多的利润。所以，一旦发现将要形成喇叭形态，要么等形态彻底形成后，看清方向后再做，要么参与其短线的震荡，高抛低吸，不要长久持仓。

我们来看一下充当顶部的喇叭形态的案例，如图6.39为中视传媒（600088）走势图所示。

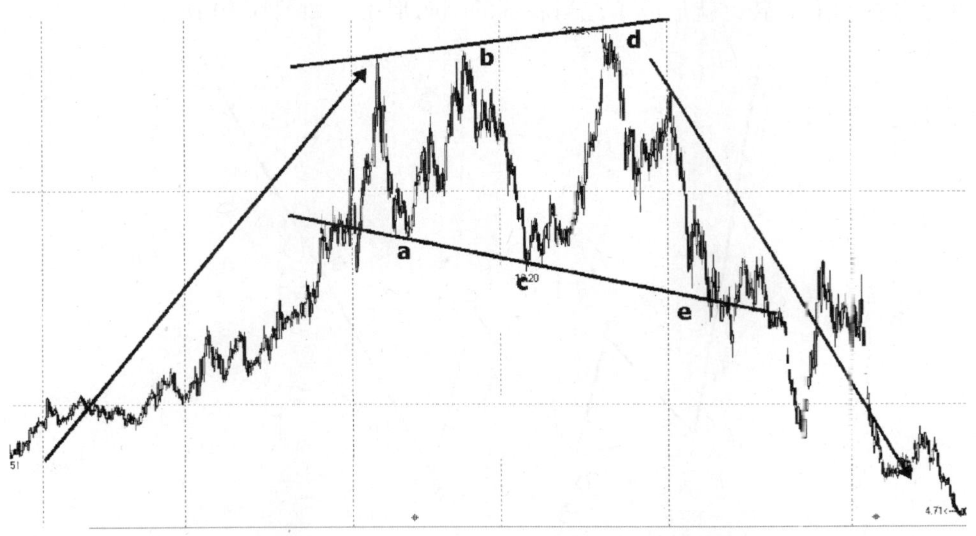

图6.39　充当顶部的喇叭形态　中视传媒（600088）

图6.39便是一个充当顶部的喇叭形态，过程与三角形形态是一样的，我们不再详细介绍其过程了，只研究一下我们应该如何操作。

当价格上涨到第一个顶点后，下跌到a点，再上涨到b点，b点高于前面的顶点，再跌到c点，c点低于a点，我们得到了4个点，两两相连，得到两条倾角向外扩张的趋势线。大致可以判断其为喇叭形，但是不知道这次的喇叭形态是持续形态还是反转形态，所以要在第一时间发现其为喇叭形态后，找一个高点平掉多单，有机会再找低点买进。到高点再平仓，直到确定它为持续形态喇叭形态以后，再长期持有多单。

如果不进行波段操作，而是一直长持的话，我们看到图中当第 e 波向下突破下边线的时候，确实形成了反转形态的喇叭形态后，我们平仓的点位，是前面涨幅的一半的位置。这样不仅丧失了利润，同时也丧失了时间，加大了机会成本。

提示：充当顶部的喇叭形态，其实也是“三重顶”的变体。

6.9.2 充当底部的喇叭形态

同样，在喇叭形态中，当最后一波调整后没有按原有方向向下突破下边线，而是选择向上突破，就形成了充当底部的喇叭形态，如图 6.40 所示。

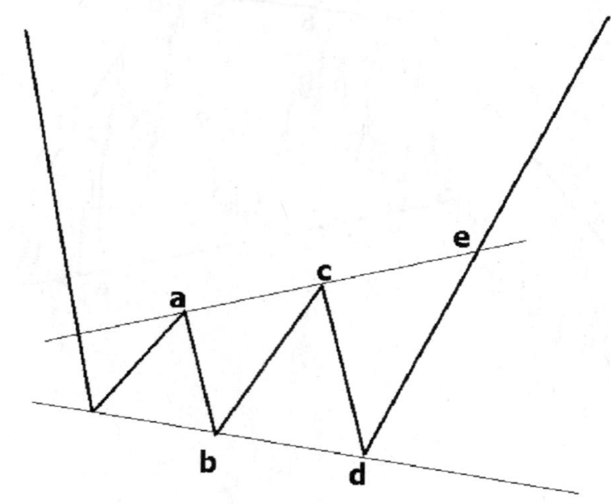

图 6.40 充当底部的喇叭形态图示

充当底部的喇叭形态与充当底部的三角形形态的特征与应用是相似的，除了充当底部的喇叭形态的两条倾角是相对向外扩张的。基本上这种底部的形成，是在一段大跌空头释放了能量，而酝酿新一轮涨势的时候，在底部吸筹，并且一边吸筹一边洗盘，向高拉破高，散户跟进，再回来破低，散户止损，来来回回进行几次，将散户手中的筹码都洗出来，自己吸足筹码后，再一飞冲天。

提示：我们在得到两个波峰与两个波谷的时候，画出两条趋势线，基本上就可以判断这是哪种形态的初级形态了。我们完全可以静观其变，待其成形后，再行动，不必身陷其中，反而乱了自己的阵脚，这也是“三重底”的一种变体。

6.10　反转形态的楔形形态

楔形作为反转形态的概率，要比作为持续形态的概率大得多。基本上，最后一波上涨，或最后一波下跌，出现缓慢前行的迹象，基本上都是反转楔形。

6.10.1　充当顶部的楔形形态

充当顶部的楔形形态是两条倾角向上的趋势线，在上涨趋势逼近尾声时，我们可以在图表上看到一个倾角向上的楔形。因为在上升趋势中，持续性楔形应当是原趋势的方向而倾斜向下的，所以，当原趋势向上，而又出现倾角向上这一个疑点的时候，就表明此种形态为看跌的充当顶部形态的楔形。图6.41为充当顶部的楔形图示。

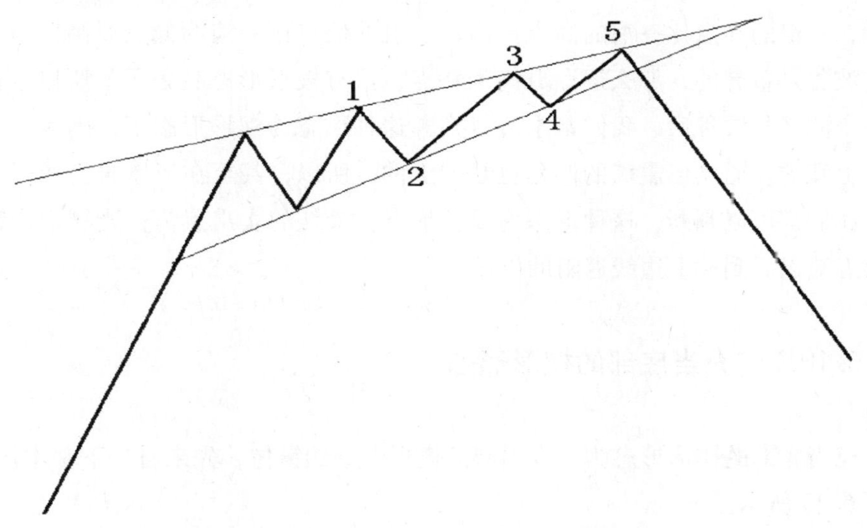

图6.41　充当底部的楔形图示

提示：相对来说，楔形形态是反转形态还是持续形态，都是很好判断的，如上图中，倾角的方向与趋势的方向为同一方向，则为反转形态。倾角的方向与趋势的方向相反，则为持续形态。

我们来看一下这种形态的应用，如图6.42为某期货合约的走势图所示。

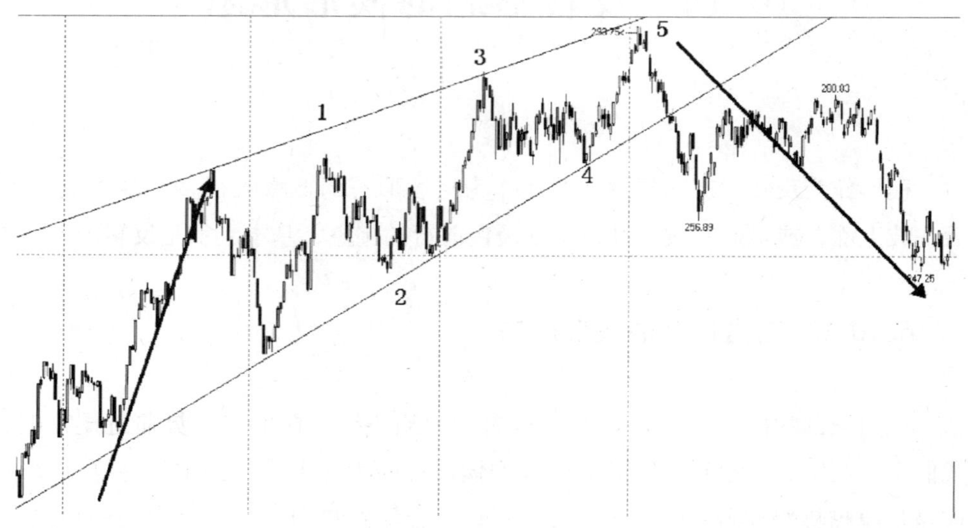

图6.42 充当顶部的楔形形态

在图6.42中，价格原为上涨的趋势，在快速上涨后开始了震荡上扬，其特点为，一浪的高点比一浪的高点要高，一浪的低点比一浪的低点要高，但是波峰与波谷是重叠的，那么逐渐升高的特点，只有楔形形态具备了。所以，在走出两个波峰与波谷后，我们基本可以判断这种形态为楔形形态了。因为其原趋势是上涨的，而楔形震荡的倾角也是向上的，所以，甚至在形态未完成的情况下，我们都可以判断，这种形态为反转形态。最佳的卖出点为，当楔形内部走完第五浪以后到达上边线遇阻的位置。

6.10.2 充当底部的楔形形态

充当底部的楔形形态为充当顶部的楔形形态的镜像，先来看一下基本图示，如图6.43所示。

同样，我们根据两条趋势线的倾角方向来判断什么时候为持续形态，什么

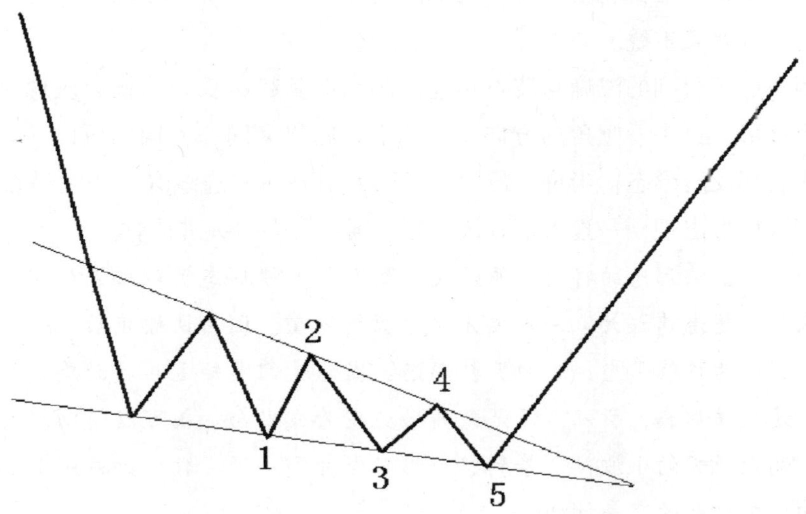

图 6.43　充当底部的楔形形态图示

时候为反转形态。在图 6.44 浙江东方（600120）走势图中，原始趋势方向为向下的，楔形内部的调整倾角也是向下的，所以方向相同，则为反转形态。在最后一浪第五浪打到下边线的，为最佳买入点。

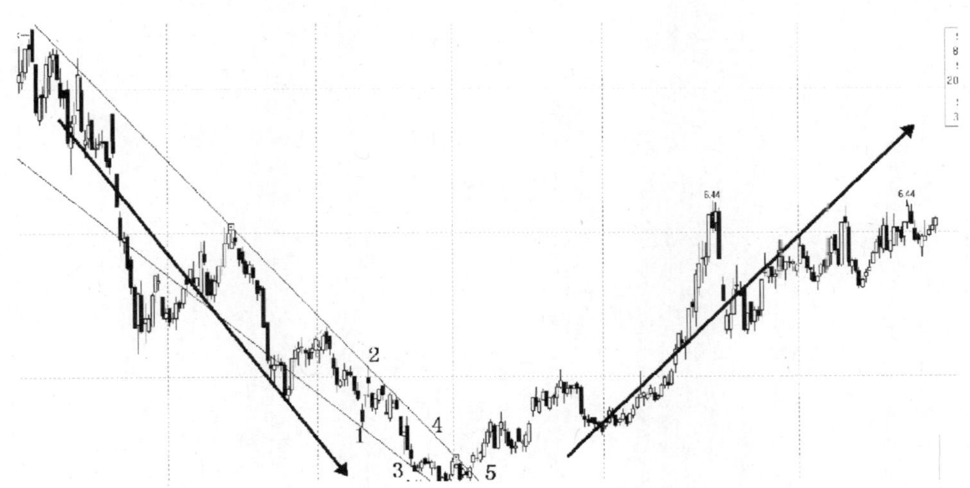

图 6.44　充当底部的楔形形态　浙江东方（600120）

图 6.44 中，价格原趋势为下跌趋势，在经过快速下跌后，进入了震荡下跌

的状态，价格一浪的低点低于一浪的低点，价格一浪的高点低于一浪的高点，波峰与波谷相互重叠。

当我们把得到的波峰与波谷相连接画出两条趋势线后，就会发现这种倾角是一个楔形，再来看倾角的方向，与原下跌趋势为同一方向。所以，我们可以判断为底部反转形态，当价格最后一浪第五浪到达下边线时，关注是否有K线图的买入信号出现，一旦出现有效信号，则可以大胆买进持有。

提示：价格形态的特质，便是反转形态与持续形态可以相互转换，一旦快速结束了，笔者建议大家一定要先平仓离场观望。因为快速市后，一定出现价格形态，或为持续形态，或为反转形态。因为我们不知道其后面要走的是持续形态还是反转形态，所以，还是先离场观望为最安全。或可以借助形态的特征做一下高抛低吸的小波段，等到整个形态全部形成了，我们再按照形态所给出的方向，制订新的交易计划。

第7章 移动平均线

对于短线交易来说，把握趋势是十分重要的。如果想要追寻趋势，不仅需要趋势线这一工具，而且需要均线这一工具。与趋势线不同的是，均线不需投资者手工绘制，炒股软件是可以自动生成的，因此就不会有太大的主观性。

7.1　移动平均线介绍

如果想利用均线进行短线交易，就必须了解移动平均线，并熟知移动平均线的一些优点和弊端，这样才能在使用时做到心中有数，为我所用。

7.1.1　什么是移动平均线

移动平均线又被简称为均线，是将一定周期内收盘价的平均值连成的曲线。从这个定义中可以得知，均线不像K线一样是矩形并带上下影线，也不是像成交量一样的柱状图，而是一种折线图，它是将每次收盘价的平均值用曲线连接而成的。

如图7.1所示为移动平均线的示意图，图中弯曲的多条趋势线就是不同周期的均线。

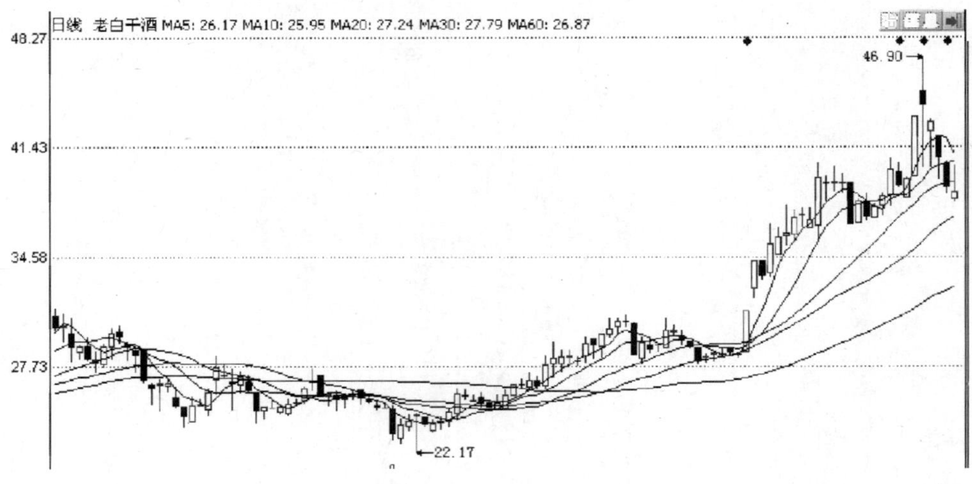

图7.1　移动平均线示意图

7.1.2 移动平均线怎么算

尽管投资者不用手工绘制移动平均线，电脑可以帮我们完全计算出来，但是投资者必须掌握移动平均线的计算方法，才能更深入了解移动平均线自身的优势和劣势。

作为移动平均线，它首先取的是一个平均值，也就是说计算移动平均线数值需要有一个周期参数。例如计算10日周期的移动平均线数值时，将当前这根K线的收盘价加上前9日K线的收盘价再除以10，就得到了当前这个交易日移动平均线的数值。依此类推，将每天的收盘价加上前9日的收盘价除以10，分别可以得出每一日的平均值，在图中将这些数值用曲线相连接，便形成了移动平均线。

提示：在计算过程中可以发现，由于时间是向前移动的，因此所取的样本也必然会向前推进，这就是移动平均线中“移动”二字的含义。

如图7.2所示为老白干酒（600559）日K线走势图。图中箭头指向的位置10日均线就是当天的收盘价加上前9日K线的收盘价再除以10得到的。而5日均线就是当天的收盘价加上前4日K线的收盘价除以5得到的。因为采用的样本和周期不同，因此得到的均线数值也不相同。

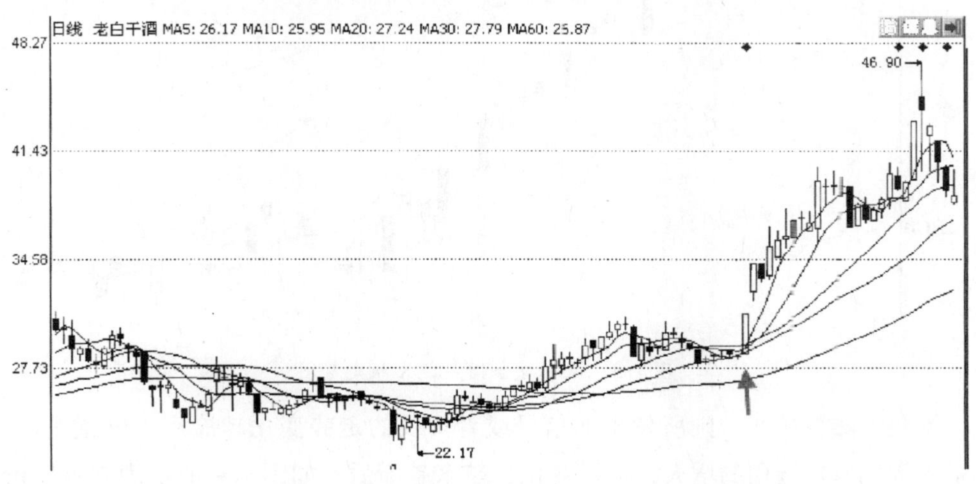

图7.2 老白干酒日K线走势图

7.1.3 移动平均线与短线交易

通过前面移动平均线的定义和计算方法可以发现，要计算移动平均线需要有一个周期。那么如何来选定这个周期呢？这就是根据投资者自身的偏好来决定的。如果周期参数选择得越大，则势必会将众多数据平均化，因此对当前价格的变化反应也就比较滞后；如果周期参数显得越小，则说明所取的样本较少，因此如果当前价格发生明显变化，均线的灵敏度也会较高。

作为短线交易来说，因为交易的时间很短，因此一般移动平均线所用的周期不会很长。大多数短线交易者采用的短线均线为 5 日或 10 日。中周期均线一般周期是 20 日和 10 日，长线均线一般周期为 30 日。

如图 7.3 所示为上证综合指数日 K 线走势图。图中绘制了 5 条均线，分别是 5 日均线、10 日均线、20 日均线、30 日均线、60 日均线。其中短线交易者常常用 5 日均线和 10 日均线来作为短期趋势的判断工具。20 日和 30 日均线作为判断中期趋势的依据。60 日均线则反映长期趋势。

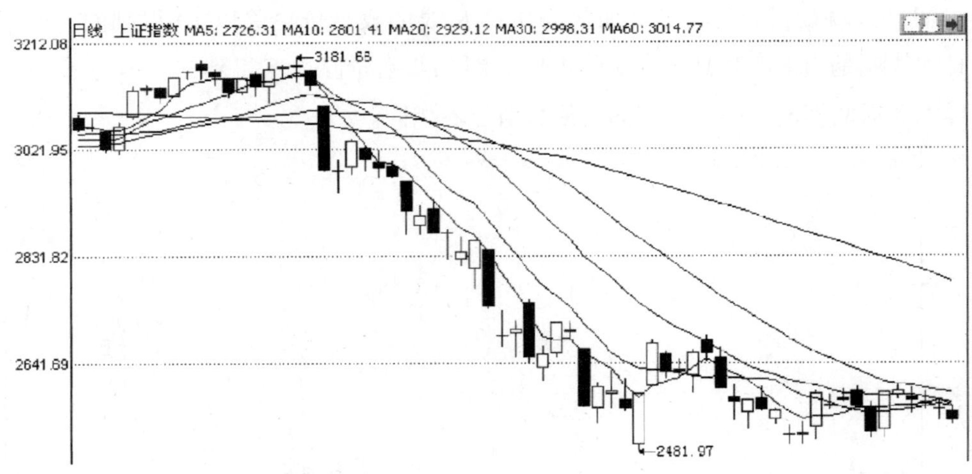

图 7.3 上证综合指数日 K 线走势图

均线参数越大，则所发出的信号或者均线的走势变化越滞后。也就是说，随着周期参数选用的增大，均线变化也越来越滞后。如图 7.4 所示为波导股份（600130）日 K 线走势图，从图中可以看到，股价从上涨状态转入下跌状态，最先变化的是短期均线。

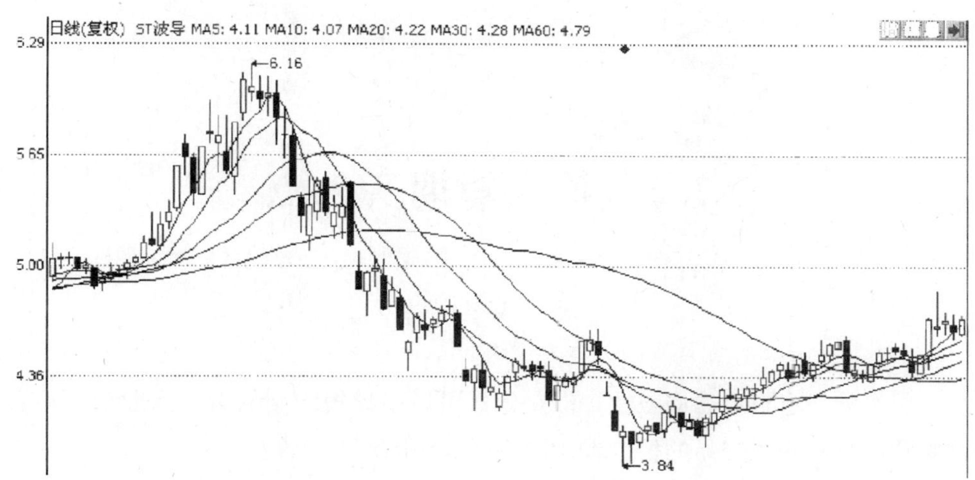

图 7.4　波导股份（600130）日 K 线走势图

注意：作为短线交易者必须明确一点，即使选用 3 日作为短周期的边界线，也是具有滞后性的。也就是说，无论参数选得多小，移动平均线也有滞后性，因为它毕竟是平均值，只是说它越大滞后性越大，参数越小，与大参数相比这种滞后性越小而已，但并不是不存在。

如图 7.5 所示为波导股份（600130）日 K 线走势图。从图中可以看到，5 日均线是短期均线，当它向下运行时，股价已经脱离了最高价 6.16 元。

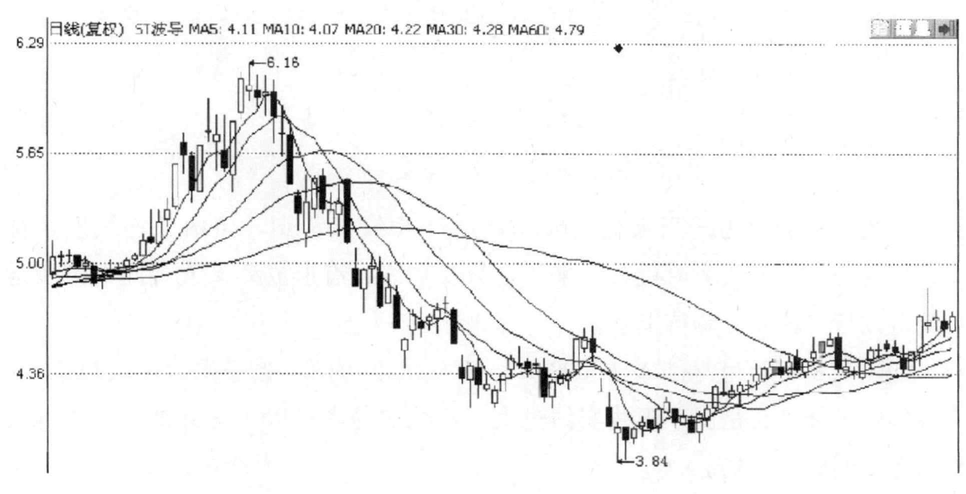

图 7.5　波导股份（600130）日 K 线走势图

7.2 均线短期买入点

尽管均线有自身的局限性，但是依然可以指导短线交易者买入股票。而且根据均线进行短线交易的投资者，往往可以获得不小的收益。

7.2.1 移动平均线的黄金交叉

在交易者的技术分析图表中，一般会选用两条以上的均线。那么当短期均线从下向上穿越长期均线之时，会形成一个交叉，此交叉称为黄金交叉。这个信号就标志着一个短期买入点。如图 7.6 所示为黄金交叉的形态示意图。

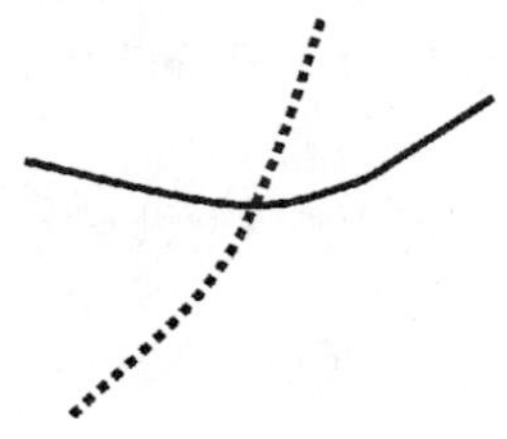

图 7.6 移动平均线黄金交叉示意图

如图 7.7 所示为沧州大化（600230）日 K 线走势图。当两条均线发生金叉，短线交易者的买入时机就到来了。只要均线没有形成死叉或者向下掉头运行就可以持有该股，等待上涨。

如图 7.8 所示为万科 A（000002）日 K 线走势图。当一根大阳线拉出后，均线形成了金叉，是由于阳线实体过大，短线交易者可以不必立即入场，等股价向下回调后再入场。

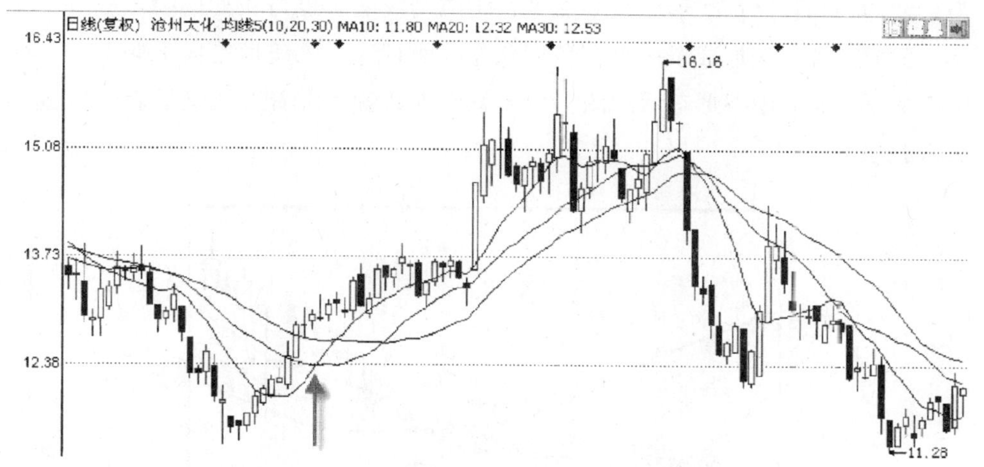

图 7.7　沧州大化（600230）日 K 线走势图

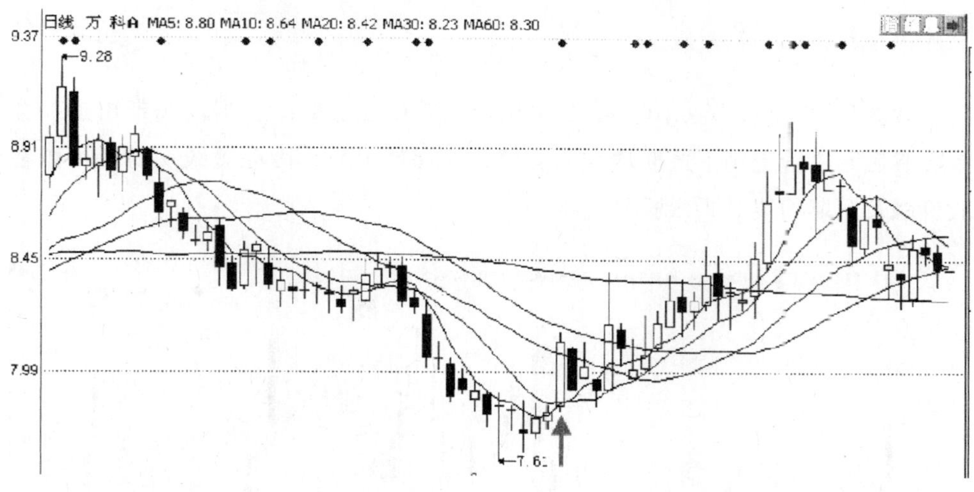

图 7.8　万科 A（000002）日 K 线走势图

7.2.2　银山谷

如果投资者在技术分析图表中选用了三条不同周期的移动平均线，这时就有可能会看到银山谷的均线组合。该组合一般出现在上涨的初期，短周期均线与中期均线和长期均线形成黄金交叉，中期均线随后也与长期均线形成一个交叉。此时三条均线形成了一个三角形状态，而且这个三角形是向上倾斜的。如图 7.9 所示为银山谷形态示意图，该形态出现后就标志着短线交易者可以进场买入股票了。

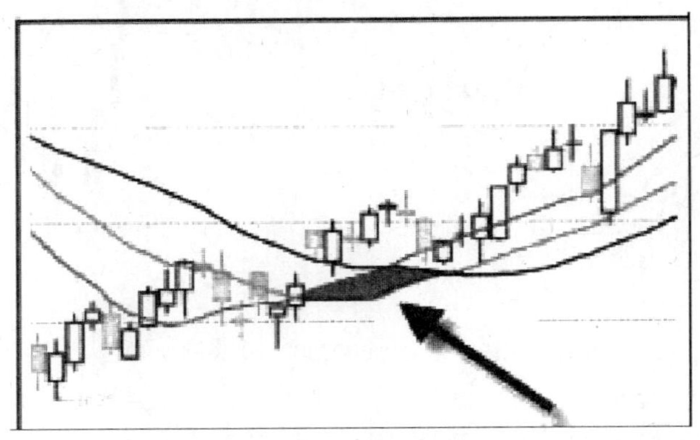

图 7.9 银山谷示意图

如图 7.10 所示为三木集团（000632）日 K 线走势图。当均线走出了一个银山谷后，股价受到了短期均线的支撑，而保持上行。因此短线交易者可以在股价触及短期均线时买入股票。

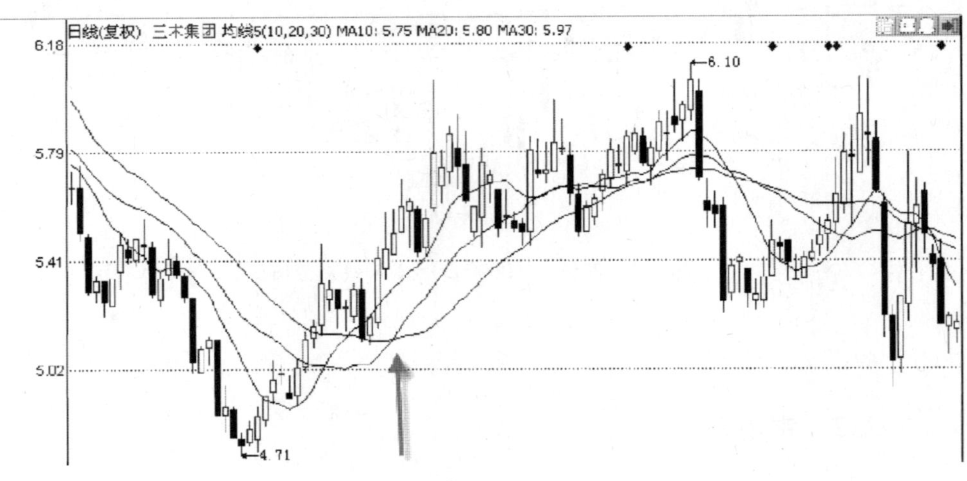

图 7.10 三木集团（000632）日 K 线走势图

如图 7.11 所示为太极集团（600129）日 K 线走势图。当银山谷出现后，股价有了一定的涨幅，所以投资者可以等待股价触及短期均线附近时再买入股票。

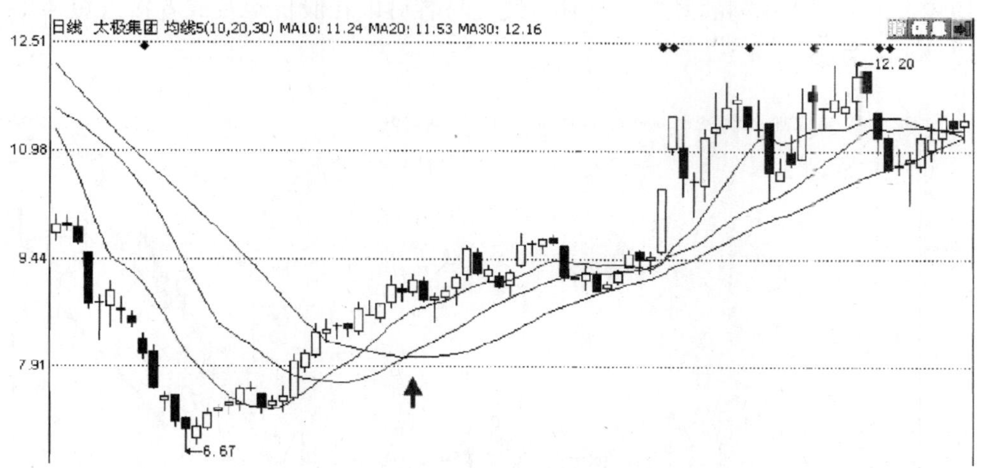

图 7.11　太极集团（600129）日 K 线走势图

7.2.3　多头排列

多头排列一般处于股价强势上涨中，它是指短期均线、中期均线和长期均线均向上以圆弧状运行，短期均线在最上方，长期均线在最下方，三条均线不相交。如图 7.12 所示为多头排列的形态示意图。

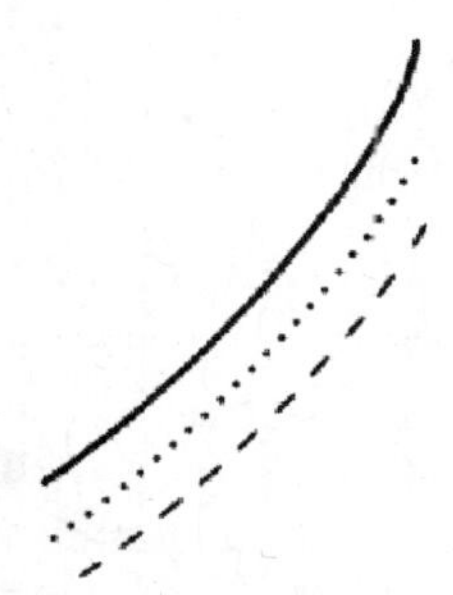

图 7.12　多头排列示意图

投资者如果看到多头排列，可以立即进场做多。尽管此时股价可能已经有了不小的涨幅，但是多头排列的出现意味着后市将会加速上涨，因此短线交易者完全可以利用这一形态来寻找低点进场。

如图7.13所示为海正药业（600267）日K线走势图。股价在强力上涨时，均线走出了多头排列的形态。此时短线交易者可以在股价触及或者接近短期均线时买入股票。

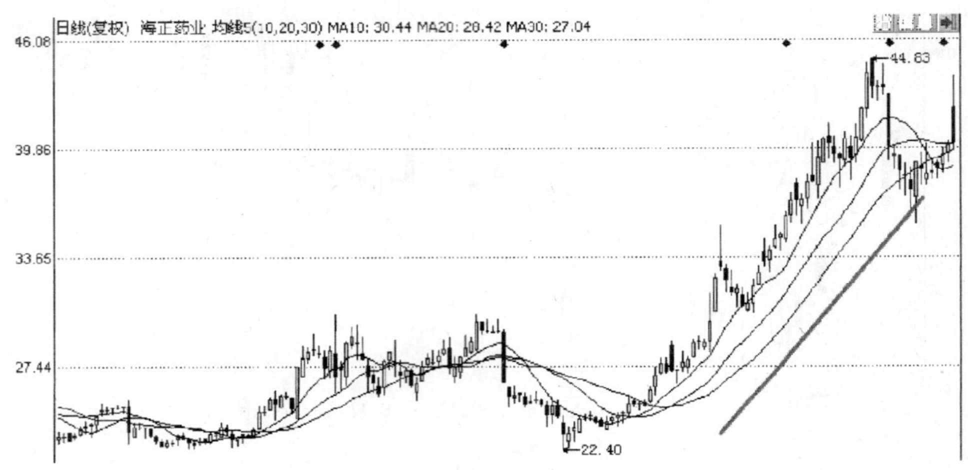

图7.13 海正药业（600267）日K线走势图

如图7.14所示为海信电器（600060）日K线走势图。短线交易者在均线出现多头排列后，应该寻找低点，例如在股价触及均线时买入股票。

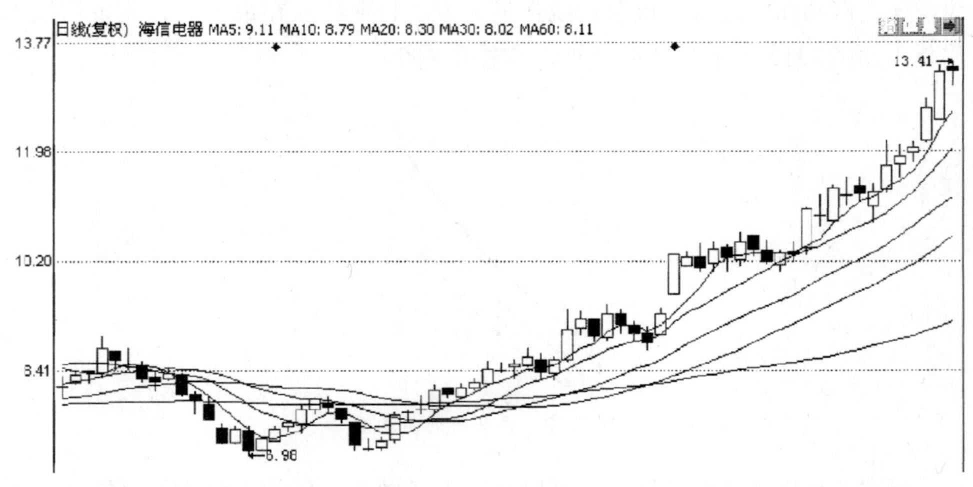

图7.14 海信电器（600060）日K线走势图

7.2.4　黏合向上发散

如图 7.15 所示为黏合向上发散示意图，它是指多条均线从黏合粘连的状态，开始向上发散运行。这说明股价从原有的盘整行情走出，并且将会向上运行。此时形态的出现，往往是行情刚刚开启之时，短线交易者可以在此时毫不犹豫地立即进场。

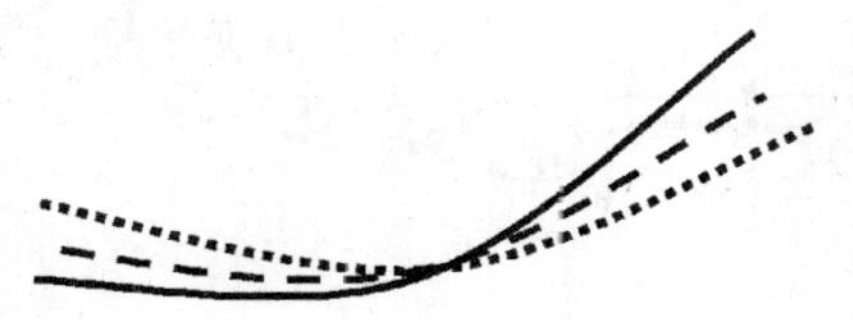

图 7.15　黏合向上发散示意图

如图 7.16 所示为广济药业（000952）日 K 线走势图。当均线开始黏合之时，就说明股价开始盘整。当均线从黏合开始向上发散时，说明行情将要启动，短线交易者应该迅速入场，抢占先机。

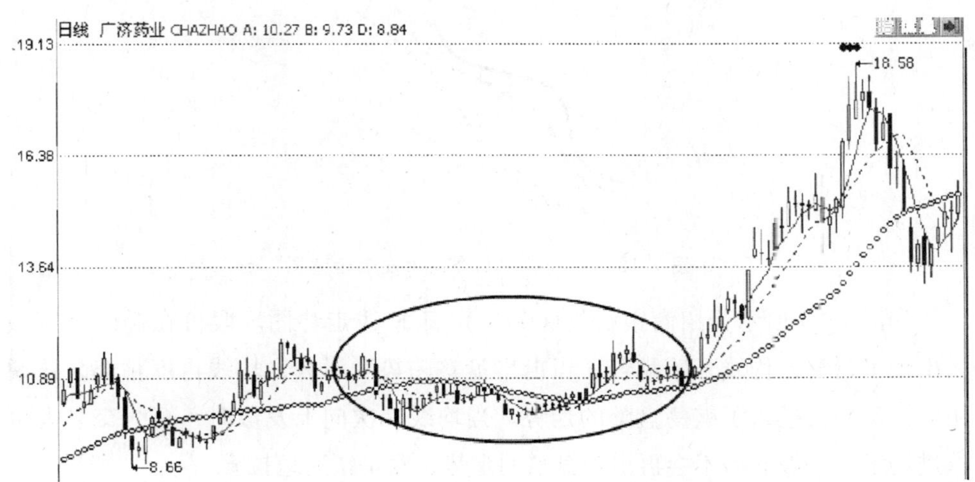

图 7.16　广济药业（000952）日 K 线走势图

如图 7.17 所示为老白干酒（600559）日 K 线走势图。图中箭头的位置就是均线从黏合向发散转化之时，也就是短线交易者应该进场的位置。

有时，均线黏合后开始发散，但是不久又再次黏合在一起，当均线二次向

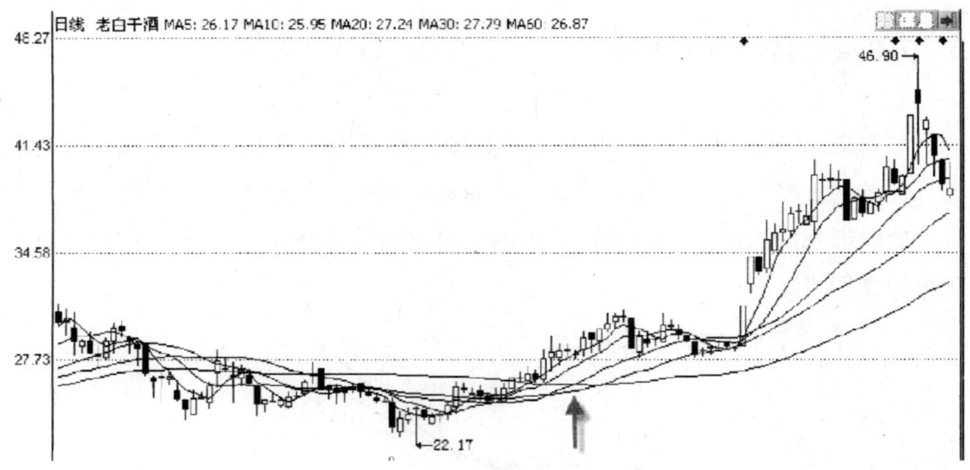

图 7.17 老白干酒（600559）日 K 线走势图

上发散后，依然具有买入的意义。如图 7.18 所示为均线二次黏合向上发散示意图。

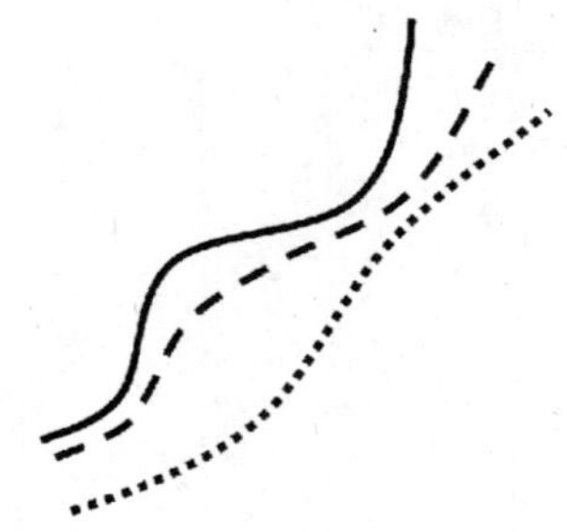

图 7.18 均线二次黏合向上发散示意图

如图 7.19 所示为招商银行（600036）日 K 线走势图。股价在椭圆形区域内出现了盘整，均线开始黏合。当走出盘整趋势后不久，均线再度粘连，这说明股价又一次进入了震荡盘整的走势。当均线二次向上发散时，短线交易者可以进场了，一般此后不会再出现盘整的走势，而是快速地拉升。

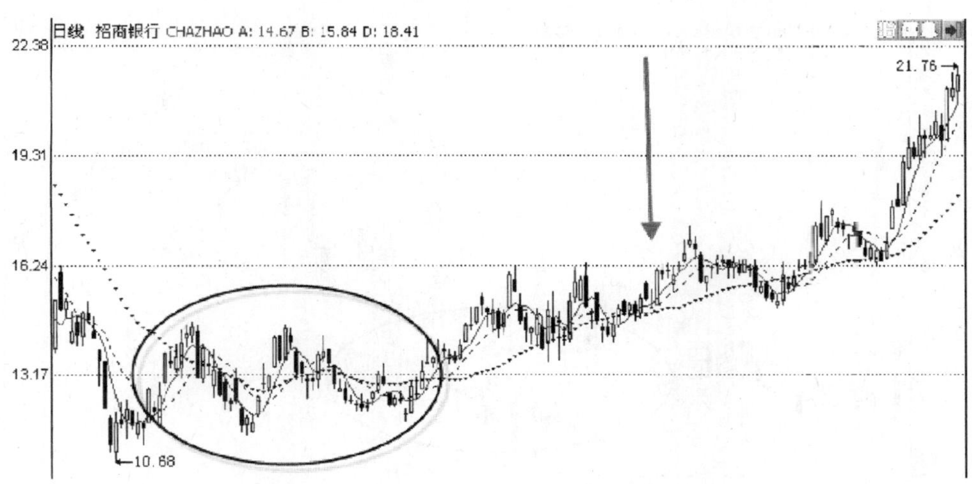

图 7.19 招商银行（600036）日 K 线走势图

7.2.5 交叉向上发展

如图 7.20 所示为交叉向上发展形态示意图。它是指短期均线、中期均线和长期均线从向下发散出现收敛并形成交叉，而后再向上运行。这一形态说明了股价从下跌到完成向上运行的一个行情转变。因此投资者可以在此时买入股票，基本上此时是市场的最低位附近。

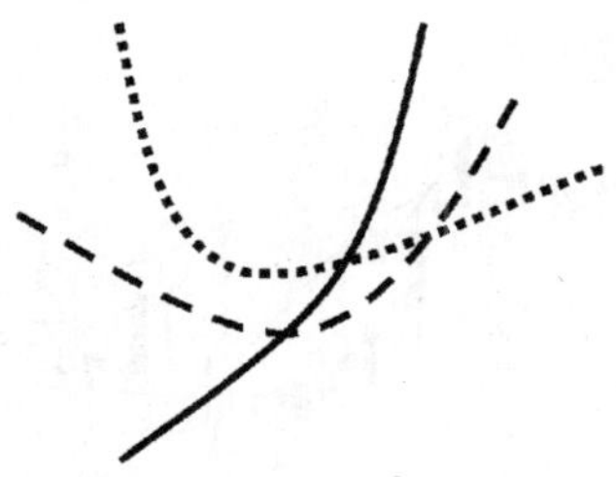

图 7.20 交叉向上发散示意图

如图 7.21 所示为中国玻钎（600176）日 K 线走势图。当均线完成了交叉向上发散后，就完成了下跌行情向上涨行情的转变。短线交易者应该进场做多，此时一般是在市场的底部附近。

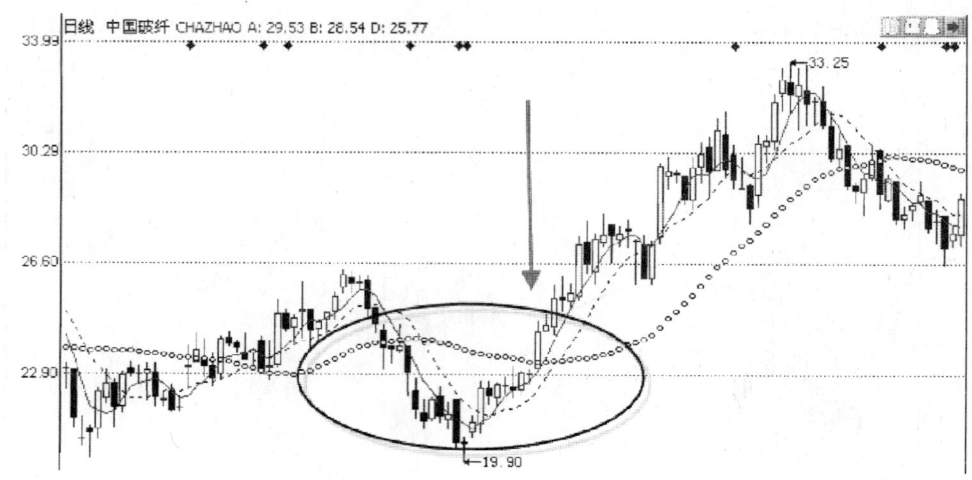

图 7.21 中国玻钎（600176）日 K 线走势图

如图 7.22 所示为万科 A（000002）日 K 线走势图。均线从向下发散交叉转化成向上发散，短线交易者的买入时机就到了。此时一般是在市场的底部附近，因此交易者可以稍微延长持股时间。

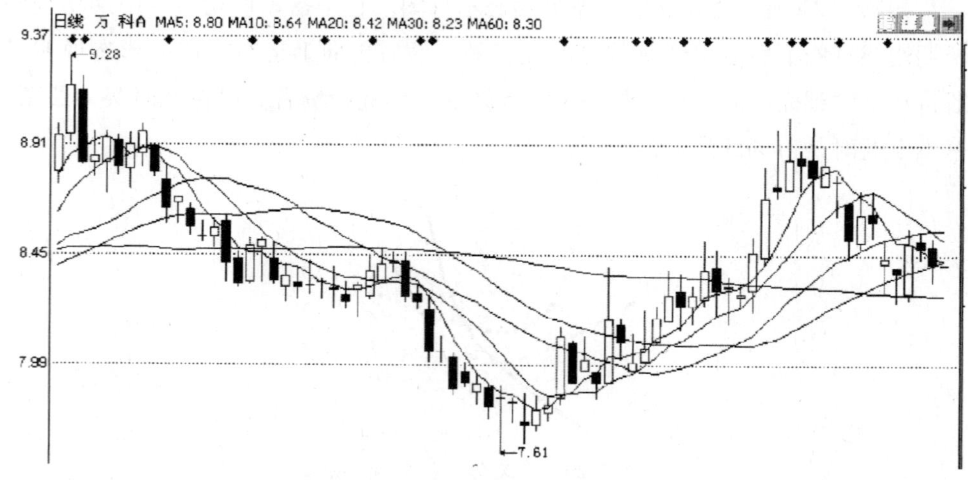

图 7.22 万科 A（000002）日 K 线走势图

有时长期均线、中期均线、短期均线曾经有过一次向上交叉发散，但是不久后均线开始收敛，此后三条均线开始又一次向上发散，这同样是买入的指示信号。如图 7.23 所示为二次向上交叉示意图。

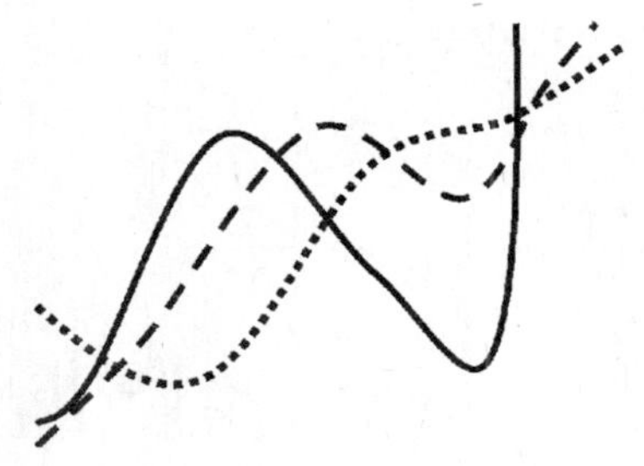

图 7.23　二次向上交叉示意图

如图 7.24 所示为50ETF 小时图。图中两个标注的位置就是均线的向上交叉形态。短线交易者在第一个位置买进股票后也不会产生亏损，而没有买入的交易者可以在第二次交叉时买入股票。

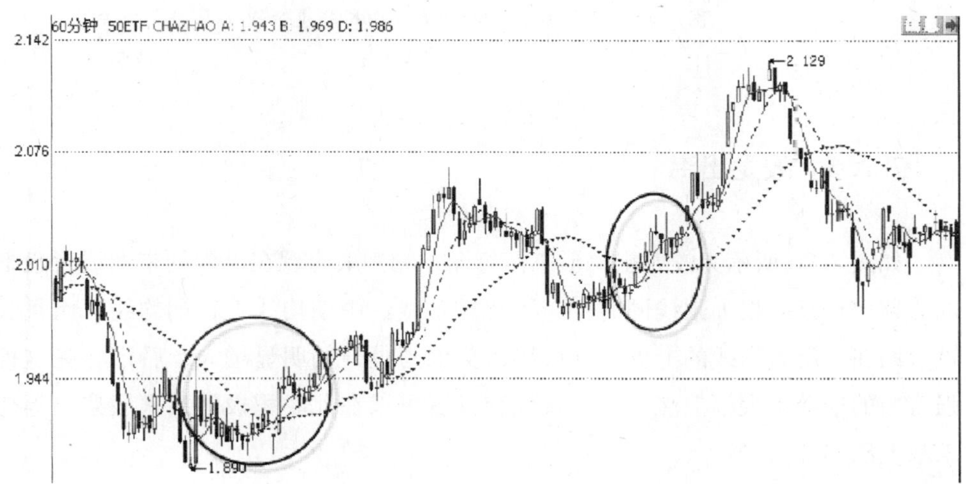

图 7.24　50ETF 小时图

如图 7.25 所示为烽火通信（600498）日 K 线走势图。图中两个箭头指向的位置就是两次均线的向上交叉。短线交易者完全可以在这两个交叉的位置进场做多。

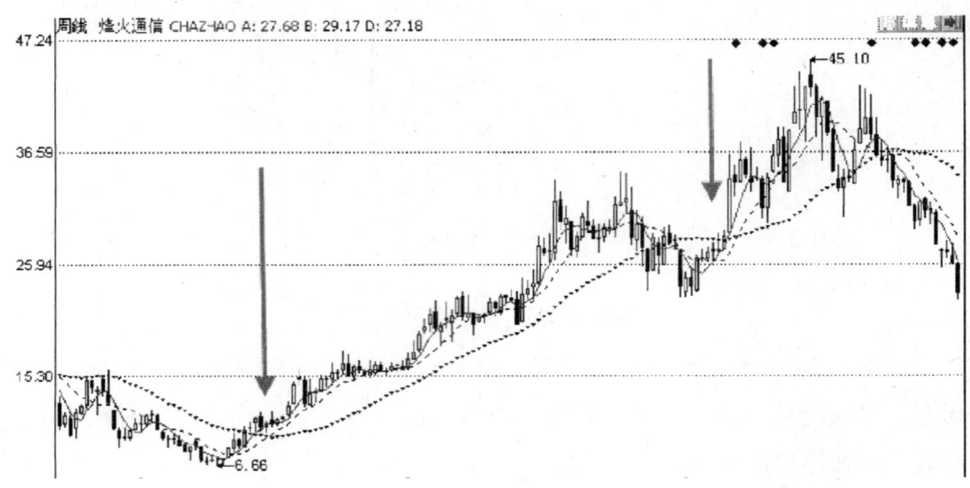

图 7.25 烽火通信（600498）日 K 线走势图

7.2.6 蛟龙出海

如图 7.26 所示为蛟龙出海形态示意图，它一般出现在下跌的末期或者盘整的后期。正是一根大阳线同时穿越了短期均线、中期均线、长期均线，而且收盘价站在了所有均线的上方。这说明多头的力量开始明显增大，后市将在这种强有力的推动下大幅上涨，因此短线交易者可以在此时积极地买入股票，等待未来上涨的开启。

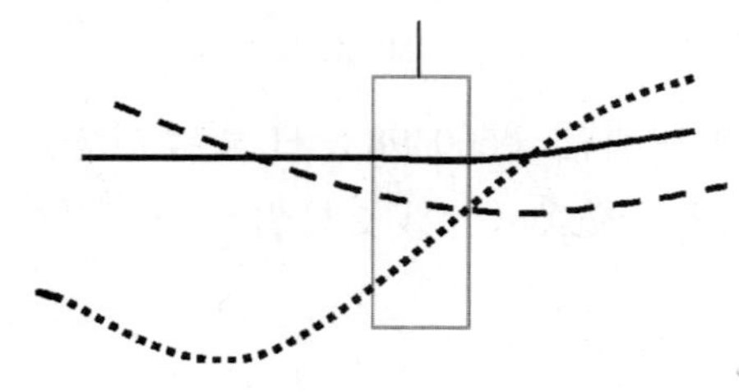

图 7.26 蛟龙出海示意图

如图 7.27 所示为英特集团（000411）日 K 线走势图。图中箭头指向的一根大阳线，同时穿越了三条均线，说明多头的实力十分强劲。因此小时图中就

给短线交易者提供了一个进场的信号。

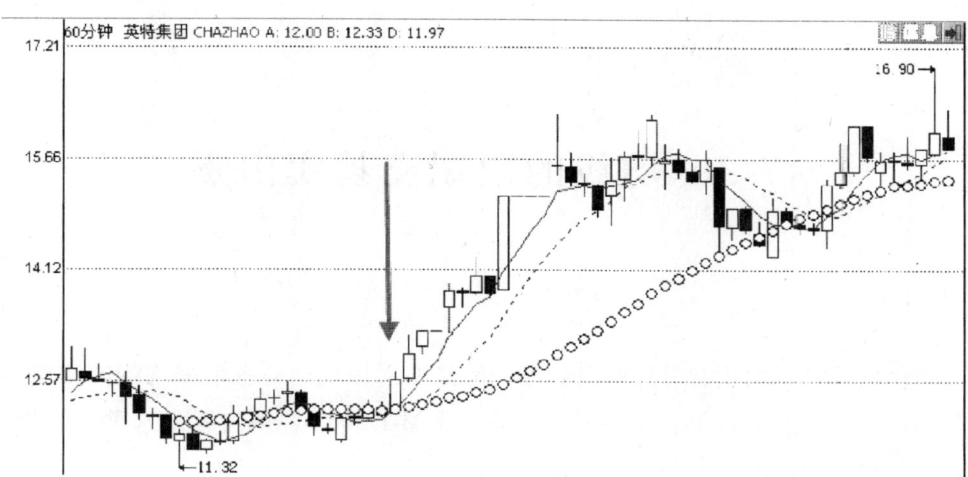

图 7.27 英特集团（000411）日 K 线走势图

如图 7.28 所示为南方航空（600029）日 K 线走势图。箭头指向的大阳线一举穿越了三条不同周期的均线，短线交易者完全可以据此来买入股票。只要股价不跌破这根阳线，就完全可以持有股票。

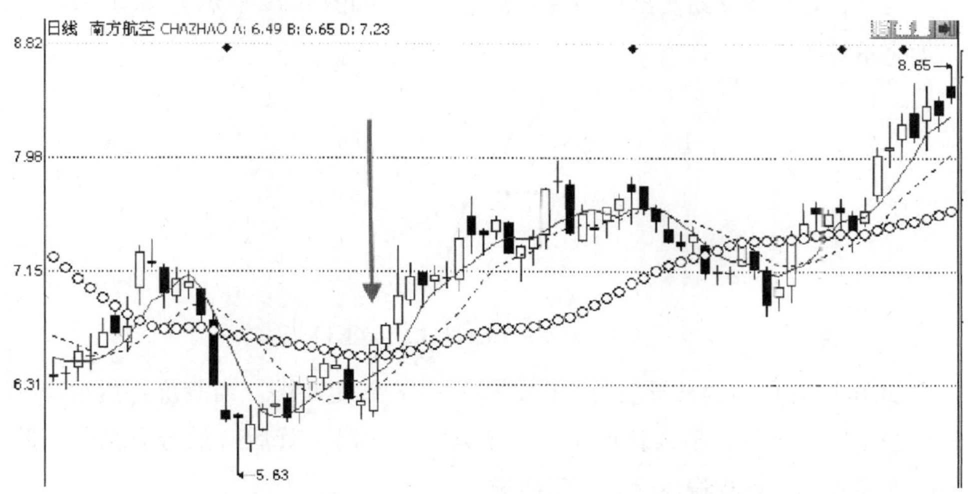

图 7.28 南方航空（600029）日 K 线走势图

7.3 均线的短期交易卖出点

尽管移动平均线有一定的滞后性，但是如果短线交易者根据均线的卖出信号来出场，依然可以保住大部分的利润。只要投资者了解均线的这种滞后性，是完全可以规避的。

7.3.1 移动平均线死叉

如果短期均线从上向下穿越长期均线，必定会形成一个交叉，这个交叉就称为死叉，是短线交易卖出点中最常见的一个。如图 7.29 所示为移动平均线死叉形态示意图。

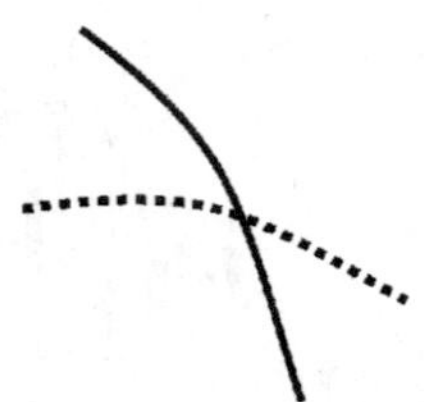

图 7.29 移动平均线死叉示意图

如图 7.30 所示为波导股份（600130）日 K 线走势图。当股价到达顶部后，均线开始向下运行，不久就产生了一个死叉。这时不管后市是否会剧烈下跌，短线交易者都应该规避风险，获利离场。

如图 7.31 所示为歌华有线（600037）日 K 线走势图。当股价从顶点下滑后，均线出现了一个死叉。尽管此后股价下跌的幅度不大，而且还有小幅的上涨趋势，但是因为短线交易者的交易对象就是波段交易，因此不参加任何高风

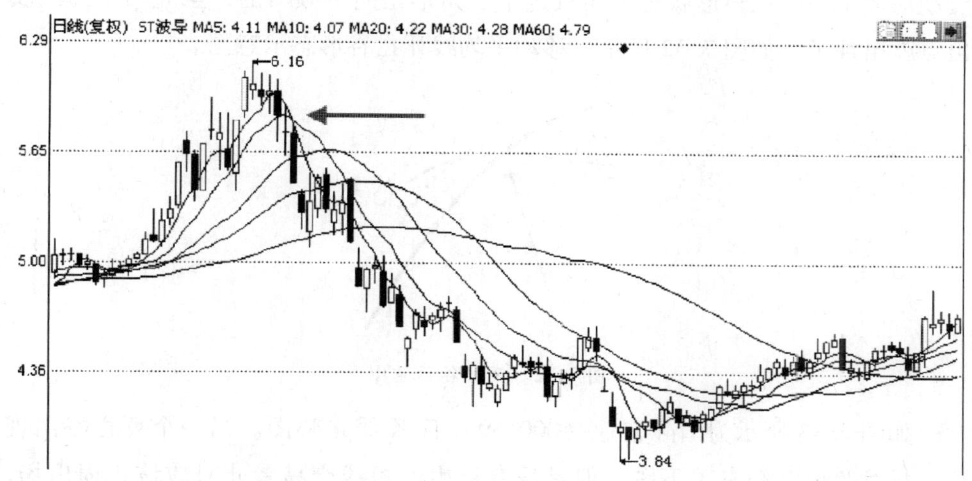

图 7.30　波导股份（600130）日 K 线走势图

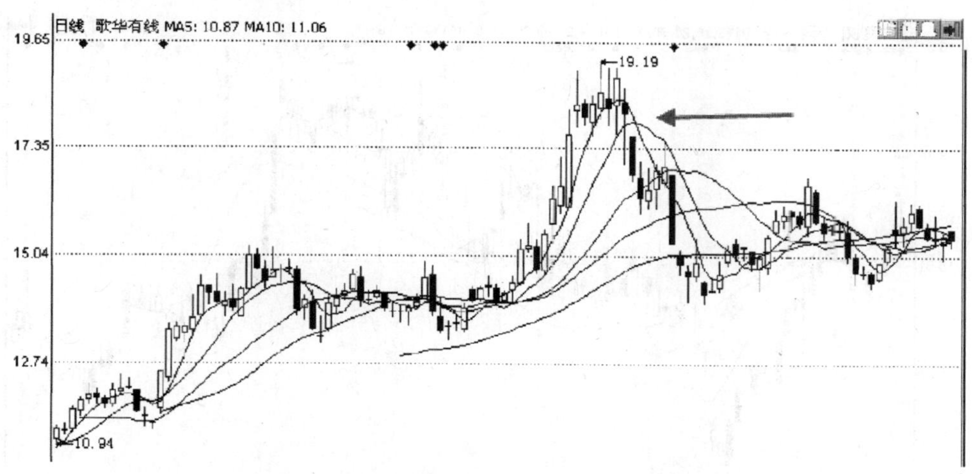

图 7.31　歌华有线（600037）日 K 线走势图

险的行情，只要死叉已经出现，就可以获利离场。

7.3.2　死亡谷

移动平均线死亡谷形态是由三条均线形成，它是指短期均线分别与长期均线和中期均线形成死叉，并且中期均线和长期均线也形成死叉。这样，三条均线就形成了一个三角形状态，而且这个三角形是向下倾斜的，至此一个短线卖出点就出现了。如图 7. 32 所示为移动平均线死亡谷形态示意图。

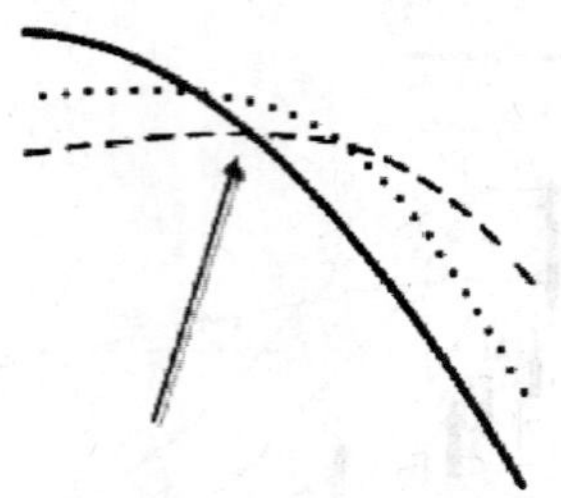

图 7. 32　死亡谷示意图

如图 7. 33 所示为国际实业（000159）日 K 线走势图。当一个死亡谷出现后，尽管股价已经有了下跌，但是没有逃生的短线交易者此时应该止损出场，否则亏损会增加。

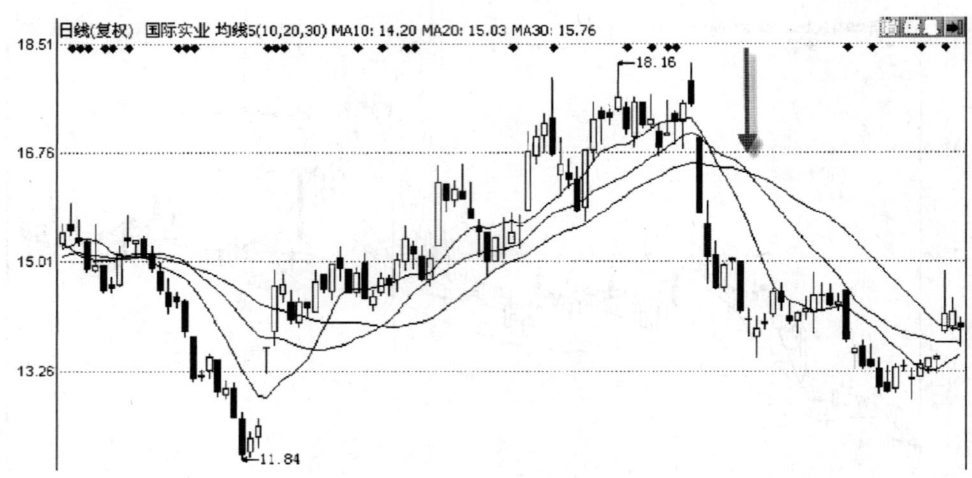

图 7. 33　国际实业（000159）日 K 线走势图

如图 7. 34 所示为波导股份（600130）日 K 线走势图。当死亡谷出现时，死叉的信号已经出现。尽管死亡谷出现的时间较晚，但是它的下跌意味更加强烈，因此遇到这个信号，短线交易者不能再在场中停留。

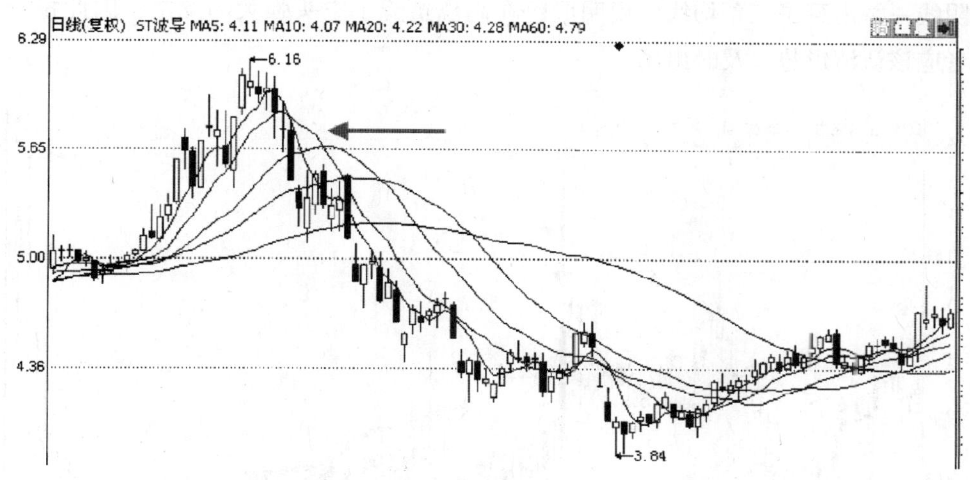

图 7.34　波导股份（600130）日 K 线走势图

7.3.3　移动平均线断头铡刀

移动平均线断头铡刀是与移动平均线蛟龙出海对应的一组形态。如图 7.35 所示为移动平均线断头铡刀形态示意图。它是指一根大阴线从上向下依次击穿了长期均线、中期均线和短期均线，而且收盘价位于三条均线之下。此形态一般出现在上涨行情的末期或者盘整的后期，长长的大阴线就说明空头的实力明显增强，后市将在大力的压制下暴跌。

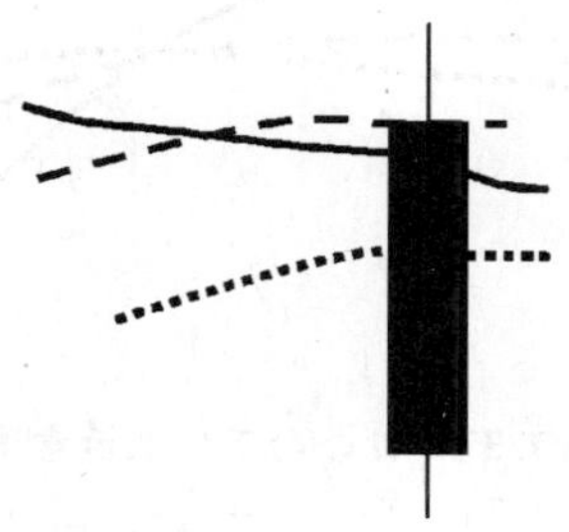

图 7.35　断头铡刀示意图

如图 7.36 所示为上海电力（600021）日 K 线走势图。图中箭头指向的大阴线一举击穿了三条均线，说明股价在高位遭受了空头强大的反击，因此投资者应该认清形势，及时出场。

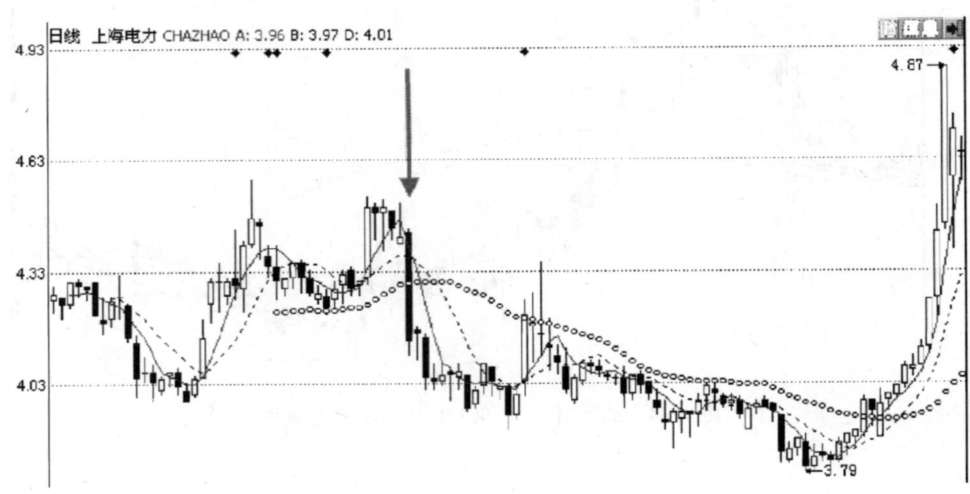

图 7.36　上海电力（600021）日 K 线走势图

7.3.4　黏合向下发散

如果均线从黏连的状态向下发散并运行，就说明股价已经从盘整行情走出，并显示空方占据了优势，未来股价将转入下跌行情。如图 7.37 所示为黏合向下发散形态示意图，此信号一出现交易者应该获利了结及时出场。

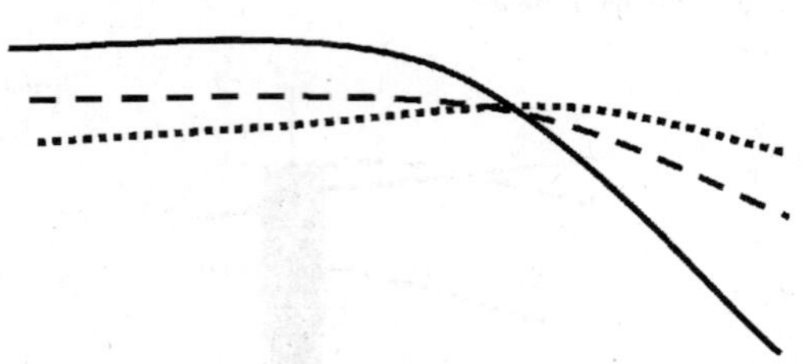

图 7.37　黏合向下发散示意图

如图 7.38 所示为上证综合指数日 K 线走势图。大盘指数在 3200 点左右开始徘徊，均线出现纠缠黏合的状态，此后一根大阴线出现了，它不仅使价格在均线下方运行，而且使得均线开始向下发散，因此标志着大盘指数将从盘整步入下跌的行情中。

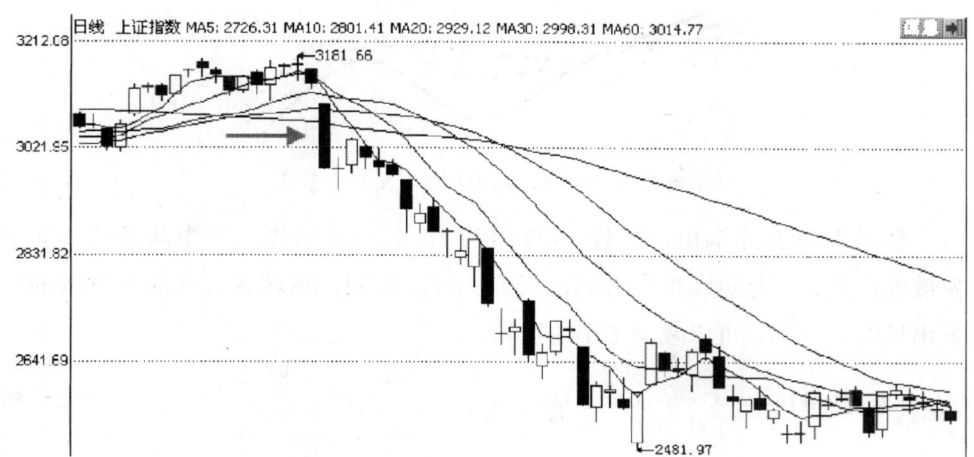

图 7.38 上证综合指数日 K 线走势图

如图 7.39 所示为山东黄金（600547）日 K 线走势图。图中箭头指向的位置是短线交易者的一个卖出点。因此均线在此处开始向下发散，而且 K 线图中是以一个向下跳空的形式走出了盘整的行情。

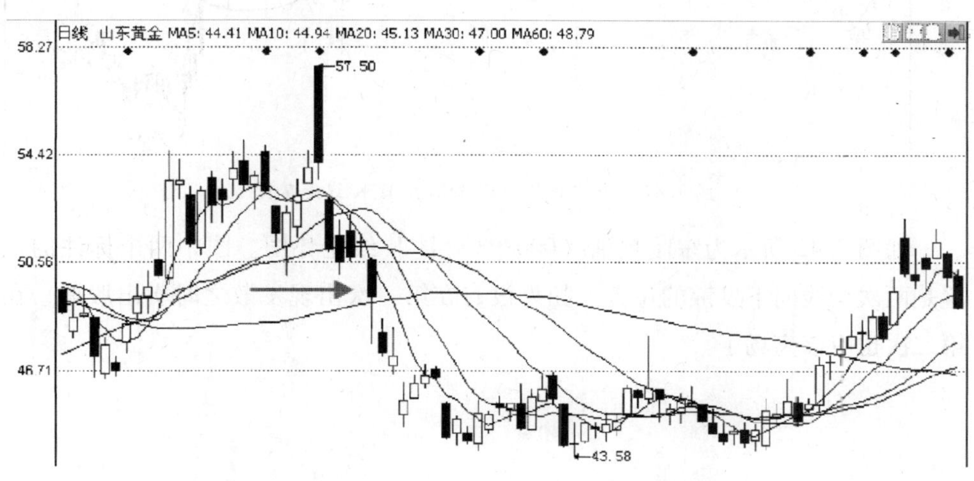

图 7.39 山东黄金（600547）日 K 线走势图

有时候，均线在黏合向下发散后不久还会进入盘整行情，说明多头有一定的承压能力，但是当均线二次向下发散时，说明还将延续原有的下跌行情。如

图 7. 40 所示为均线二次黏合向下发散示意图。

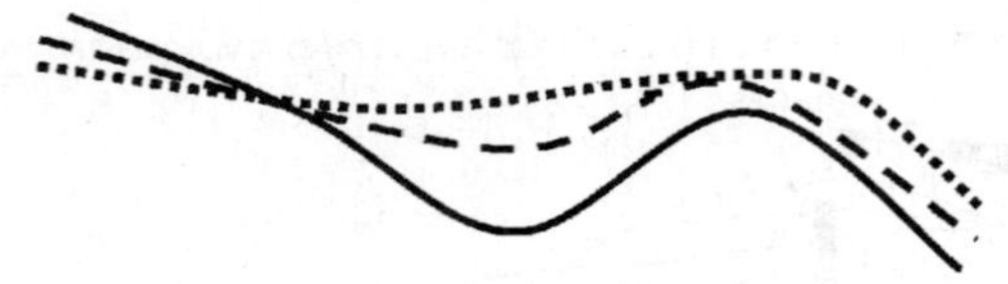

图 7. 40 均线二次黏合向下发散示意图

如图 7. 41 所示为电广传媒（000917）日 K 线走势图。图中两条均线向下发散的位置，就是短线投资者的出场点。可以看到，在均线首次向下发散的位置出场的交易者，可以减少不小的损失。

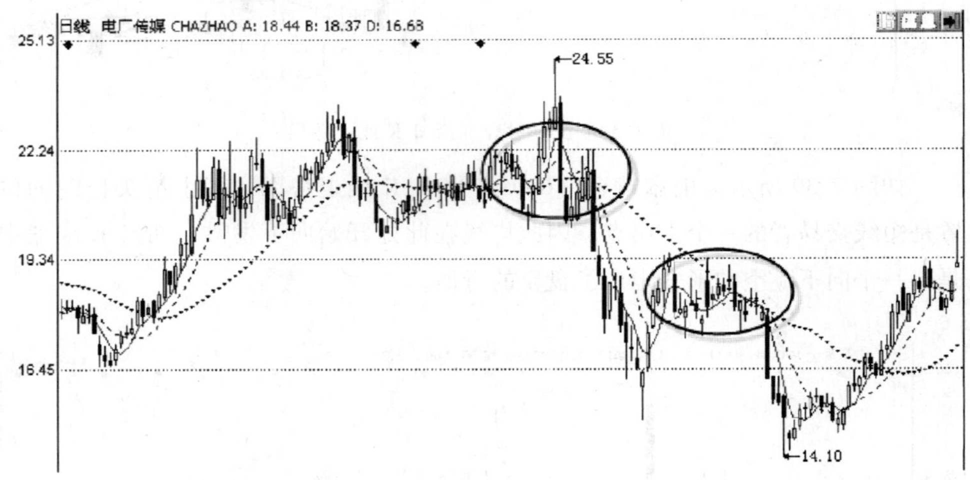

图 7. 41 电广传媒（000917）日 K 线走势图

如图 7. 42 所示为东陵粮油（000893）日 K 线走势图。图中两个标注的位置是两次均线向下发散的位置。如果没有在第一次出现发散之时卖出股票，在第二次也应该离场了。

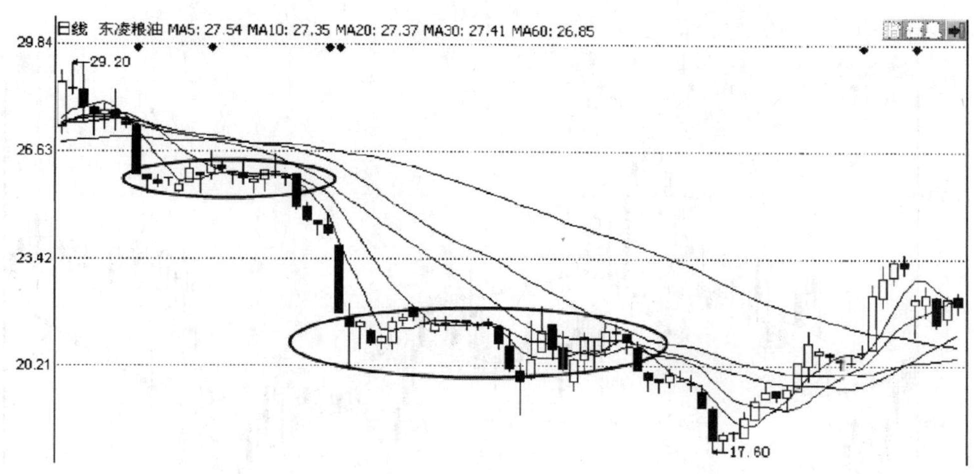

图 7.42　东陵粮油（000893）日 K 线走势图

7.3.5　交叉向下发散

当均线从向上发散的状态而逐渐形成交叉并开始向下发散时，就说明行情由上涨已经转变为下跌趋势。如图 7.43 所示为交叉向下发散形态示意图，此形态是投资者及时卖出股票的信号之一。

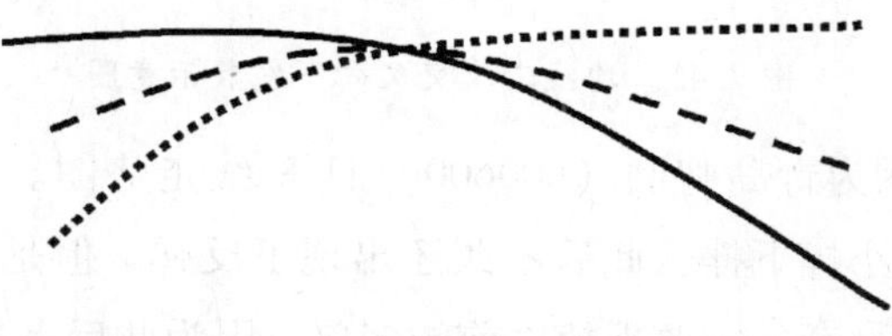

图 7.43　交叉向下发散示意图

如图 7.44 所示为北大荒（600598）日 K 线走势图。股价从 17.21 元转入下跌的行情中，均线也由向上发散转入到向下发散中，而均线交叉的位置就在 17 元附近，距离高点不远。这个位置就是市场为短线交易者提供的卖出点。

有时候，均线在交叉向下发散后，下跌幅度不是很大，就进入了一个向上的反弹行情，但是大多数情况下，反弹行情都是暂时的。当均线再次向下交叉发散的时候，就是一个暴跌的过程。如图 7.45 所示为均线二次交叉向下发散示意图。

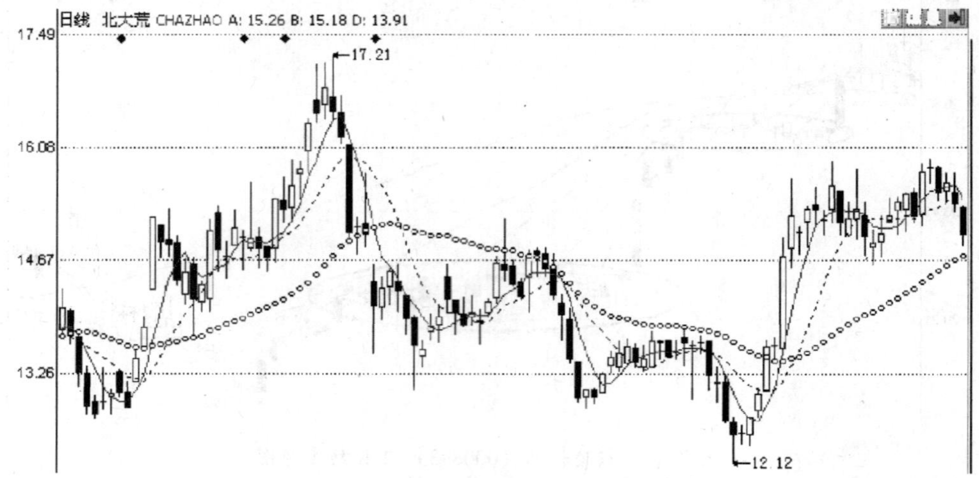

图 7.44 北大荒（600598）日 K 线走势图

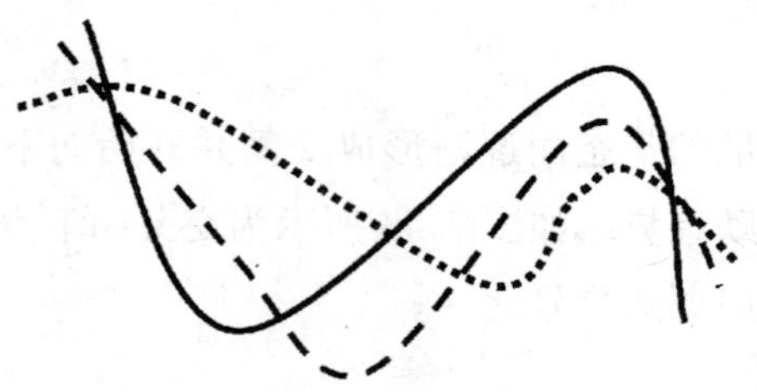

图 7.45 均线二次交叉向下发散示意图

如图 7.46 所示为青岛啤酒（600600）日 K 线走势图。当均线首次向下交叉后，股价仅仅是小幅下挫，此后不久还出现了反弹。但是当均线二次交叉发散的时候，短线交易者一定要平掉之前的多单，因为此后多是暴跌的行情。

如图 7.47 所示为招商地产（000024）日 K 线走势图。图中首次出现均线交叉后，股价仅仅小幅下跌，这是空头在试探性地打压股价。当股价向上反弹结束后不久，均线又一次出现向下交叉发散，这时候真正的下跌行情到来了，此时短线交易者必须保证空仓。

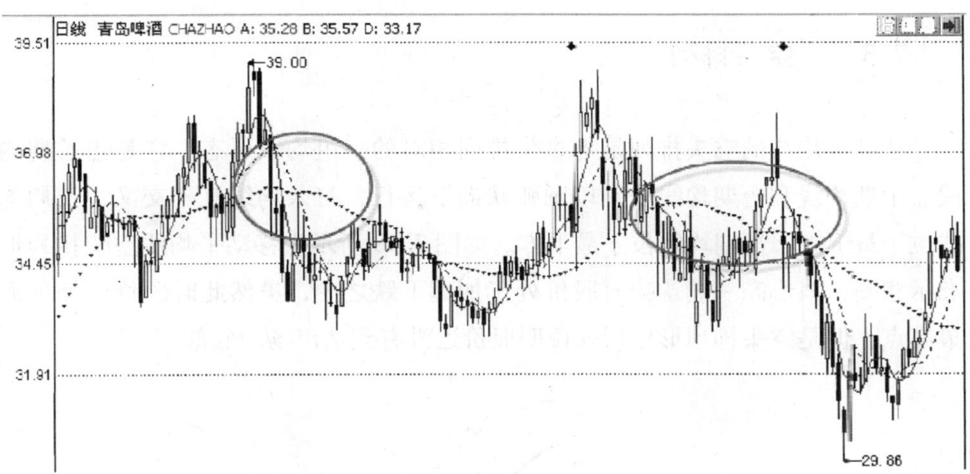

图 7.46　青岛啤酒（600600）日 K 线走势图

图 7.47　招商地产（000024）日 K 线走势图

7.3.6 空头排列

移动平均线的空头排列是与多头排列相对的一组均线形态，它是指长期均线、中期均线和短期均线分别以圆弧状向下运行，三条均线互不交叉，长期均线位于最上方，短期均线位于最下方。如图 7.48 所示为移动平均线空头排列形态示意图，该形态一般意味着股价处于加速下跌之中，虽然此时股价已经远离最高点，但是空头排列形成后就说明股价远没有到达市场的底部。

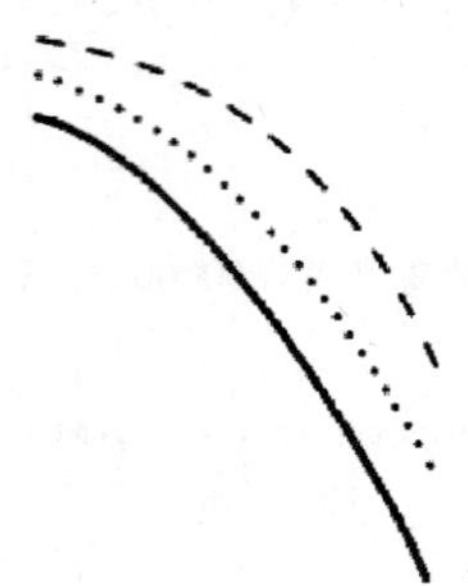

图 7.48 空头排列示意图

如图 7.49 所示为红星发展（600367）日 K 线走势图。股价在下跌的过程中基本上是直线向下的，而均线也呈空头排列形态。这时候，没有出场的交易

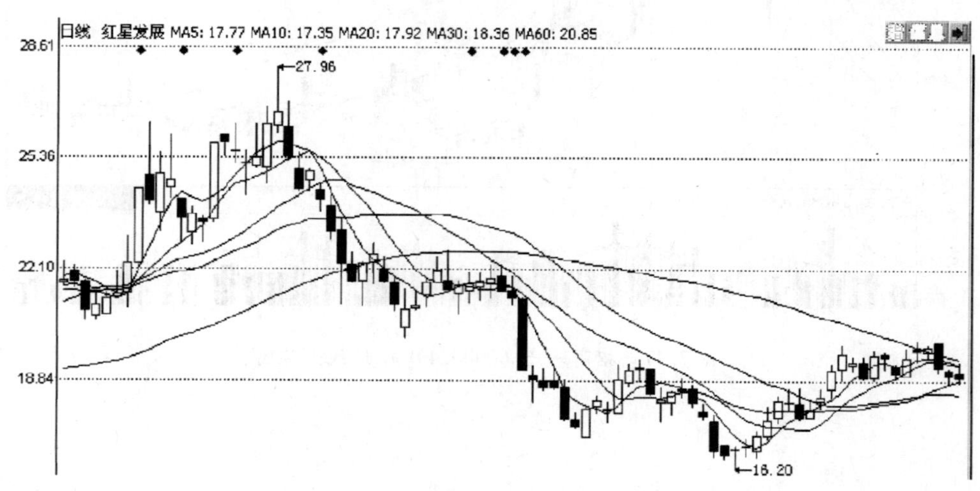

图 7.49 红星发展（600367）日 K 线走势图

者就应该在股价回调的时候，需找高位出场。例如，当股价触及短期均线的时候快速离场。

如图 7.50 所示为大亚科技（000910）日 K 线走势图。均线的空头排列就是股价大幅下挫的最好证明。短线交易者此时必须尽快出场，耽搁一个交易日就会损失大量的资金。

图 7.50　大亚科技（000910）日 K 线走势图

第8章 利用K线语言搜寻黑马

黑马在任何领域都是会让人眼前一亮的，特别是在股市中，如果把握得当并且驾驭得好，可以让你的资本在短时间内急剧增加。为什么这么说呢，因为黑马在股市中就是指价格可能超越过去的价位而在短时间内大幅上涨的股票。在牛市的行情中，很多人都会骑上黑马但都是半路而上，很难得到什么利润，稍有震荡就会被摔下来，等回头再看的时候黑马已经远去。为了避免这些情况的出现，大家就要利用K线传达给我们的信息，在黑马起跑之前就将其锁定并且骑上它。

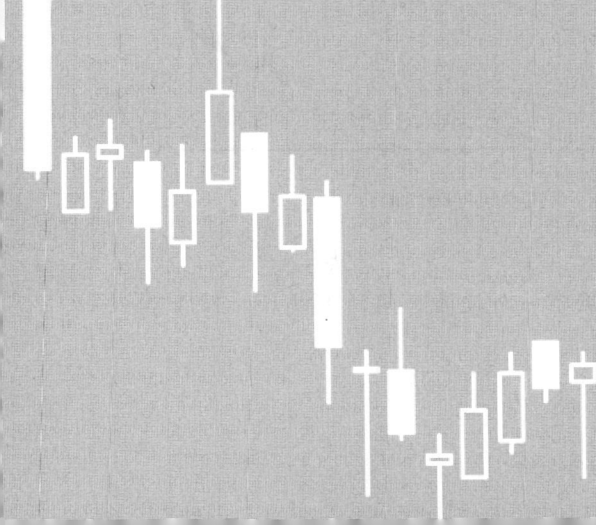

8.1 黑马形成的必要条件

黑马的形成有多方面的因素，本节将总结黑马形成的几个必要条件，供投资者在实际操作中参考。

8.1.1 黑马的点位通常相对较低

一般来说，形成黑马的点位通常是处于相对较低的位置，这就表示了股价在相对底部区域就像一根弹簧，压得多紧就会弹得多高。当然也有个别黑马不是在相对底部启动的，这类黑马是比较少的。所以说，黑马启动的条件第一位就是要在一个相对较低的位置。如图 8.1 为中国中铁（601390）2013 年 11 月 19 日至2014 年 12 月 30 日的走势图。

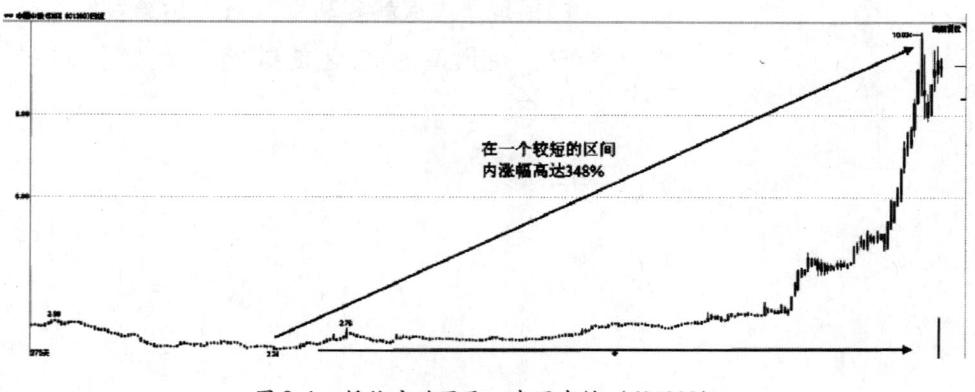

图 8.1　低位启动黑马　中国中铁（601390）

【案例分析】

由上图我们不难看出，当股价在经历了一个较长时间的下跌后，到达了一个相对较低的位置，从横盘处的不断放量也可以了解到那是主力最后疯狂扫货的过程，以至于在启动点的时候异军突起，一口气连续上攻，直至在一个较短的区间内涨幅达到348%。

8.1.2　有消息面的推波助澜

第二个条件当然也是比较重要的，这个重要是体现在消息面上，比如重组预期，这个消息面最好是比较大的，要给人们足够的想象空间，虽然在启动之前或者刚要启动的时候每股的盈余并不见得很好，但是只要人们对这个消息感兴趣，想进来碰运气的就会不在少数，特别是当主力提前布局后边放出消息边拉升，到了最后不需要自己来推动股价上涨，巨大的散兵就会推波助澜。如图8.2为东吴证券（601555）2014年2月11日至12月30日的走势图。

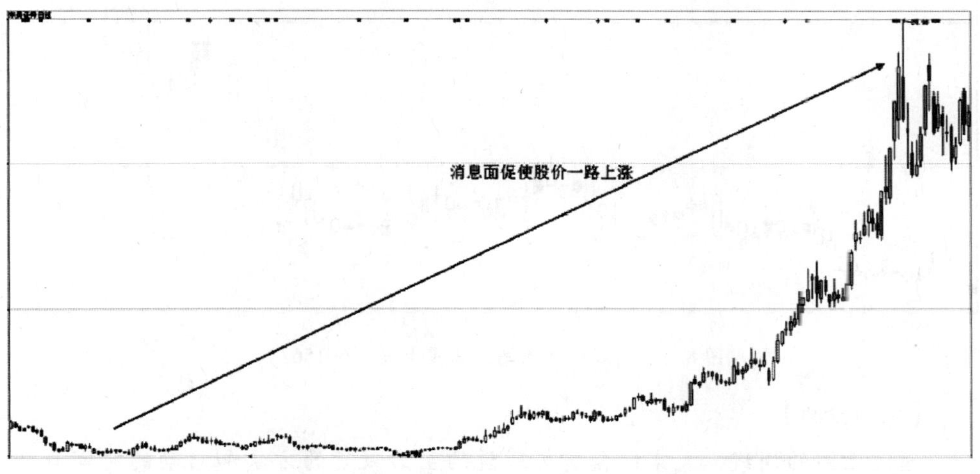

图8.2　消息催生黑马　东吴证券（601555）

【案例分析】

东吴证券在6.89元处启动，正是由于消息面的重组预期使得该股一路上扬，直至大涨将近3.6倍才算结束，所以说，黑马的形成并不是偶然的，这需要多方面条件来配合。

8.1.3 发现黑马还要懂得技术面

第三个条件也是技术面的条件，知道了黑马股通常会产生在底部，也知道消息面的影响会催生黑马，但知道了前两个条件我们如何去发现呢？要发现黑马股，我们就要放弃之前选股的日 K 线或者分时 K 线。因为这几种方法只适合于短线或者一个短的时间周期，并不适合一个中线的周期。所以要选择黑马股我们要从周线入手。只要把从日 K 线和分时线学到的技术用到周线即可。如图 8.3 为三星电气（601567）2013 年 6 月至 2014 年 12 月的周 K 线图。

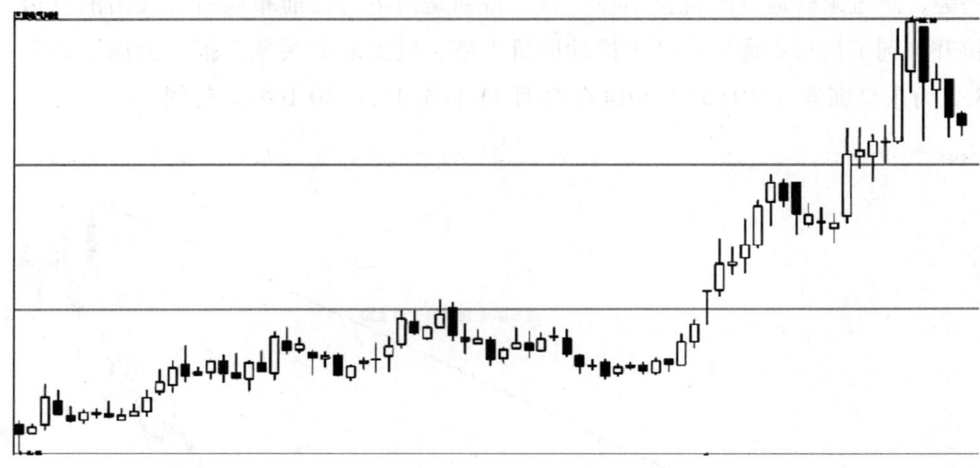

图 8.3 周线判断黑马 三星电气（601567）

【案例分析】

通过上图的周线，大家结合前文所说的主力吸货的方法和启动的时间点就不难判断出一个黑马的形成。当一段连续的下跌接近尾声的时候必定是缩量运行，因为股价已经跌无可跌，此时的价位也到了多头和空头共同的心理价位，既然卖出的和买入的都基本没有了，那量能也自然是缩量。多头通过几颗十字星来吸货，同时均线多头发散上攻，一波中期行情顺势展开，黑马也就诞生了。

8.1.4　黑马的特征

下面就给大家分析一下黑马的特征，以便在了解黑马形成的条件后更好地来发现和跟踪它。

第一，能够成为黑马的股票并不是随随便便就能成的，这是主力蓄谋已久的产物，在启动之前通常会遇到各种各样的利空的袭击，比如经营状况恶化，被监管部门调查或者在比较弱的行情中大比率的扩容等。虽然利空的形式是多种多样的，但其本质是相同的，就是利空消息一旦出现，就会导致投资者对公司的前景产生一种恐慌的心理，主力就会利用这种心理打压股价，使得普通投资者会不计成本地抛售自己手中的股票。

第二，正是因为普通投资者不计成本地止损才会导致股价不断下跌，并且连续击破重要的关口和均线，走势上呈现出破位的形态。正是因为这种走势很难看，通常会使得本来坚定的投资者也会放弃守住筹码，因为他们不知道下跌还会持续多久。这就是主力的心理战术，利用心理战术来动摇普通投资者的持股信心。

第三，黑马股在底部筑底的时候通常会有不自然的放量，这个量能来自杀跌的筹码和不坚定的投资者抛出的筹码，接盘者不言而喻，就是主力机构。利用狠毒的多方面震仓手法正说明这只股票有被操作的价值。所以说越是利空打压，股价狂跌，越能说明这类股票能在最后脱颖而出。所以普通投资者应该对这类的股票多加关注。

8.2 低位平台现黑马

利用日 K 线在短时间内找出黑马是比较容易的，当然这就需要比较高的技术含量，通常在这种情况下，一个时间段内的黑马会出现在第一轮上涨后的调整阶段。股票市场就是一个没有硝烟的战场，不但自己要掌握各种生存手法，而且对于主力的行为也必须做到心中有数。

之所以一个时间段内会出现黑马，那是因为主力往往会选择先进行一波佯攻，这个佯攻的过程是分散注意力和打松上方筹码的过程，然后再用大量的大阴线将筹码再次集中。如图 8.4 为中国铝业（601600）2014 年 7 月 31 日至 12 月30 日的走势图。

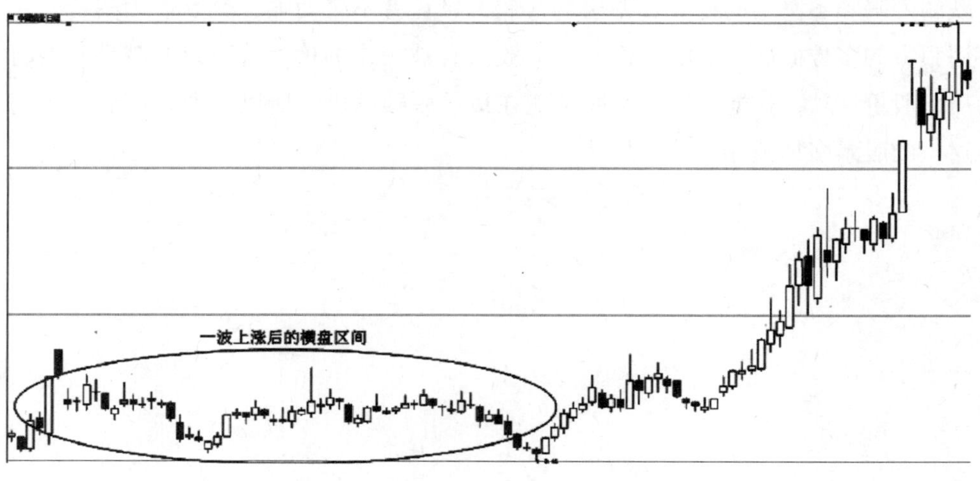

图 8.4　低位平台现黑马　中国铝业（601600）

8.2.1　二次下跌横盘

这里说的低位平台就是指主力在上攻之后平台整理过程中，二次下跌小横盘的过程，二次下跌的小横盘决定了后市主力的方向，也决定了上攻力度的大小。攻过后毕竟积累了部分浮筹，主力就是利用这个小箱体的横盘来震荡出浮筹和普通投资者手中的筹码，然后利用均线死叉的方法迫使技术派出局，这样方便自己积累更多的筹码，当主力准备再次上攻的时候却发现上方依然存有压力，于是就连收两颗十字星来迷惑普通投资者和技术派，迷惑之后连续阴线破位下跌。之所以说是破位下跌，是因为下方已经完全没有了均线支撑，股价很可能一泻千里。这个破位下跌也是在主力的计划之内，目的就是为了再次接纳筹码，使其向上拉升的时候减少压力。如图 8.5 为光大银行（601818）2014 年 7 月 29 日至 12 月 30 日的走势图。

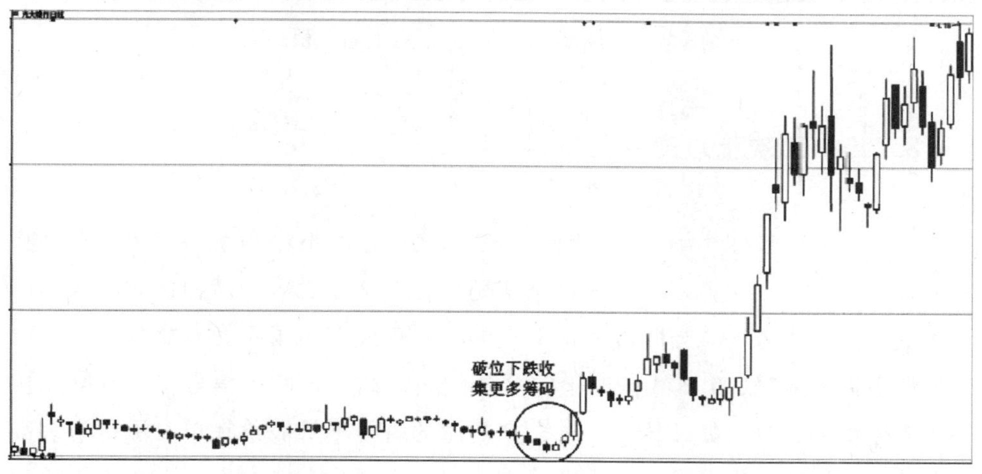

图 8.5　低位平台的阴谋　光大银行（601818）

8.2.2　二次上攻

虽然主力利用破位下跌的方式引发普通投资者抛售筹码，但是从量能上不难看出，到了下跌的后期抛售的筹码并不多了，主力也没有了继续砸盘的意思，毕竟筹码来之不易，主力机构不会轻易浪费。当股价出现了气吞山河的走势时，我们就可以重点关注，这是主力进行第二轮上攻的信号。如图 8.6 为光大银行同期走势图。

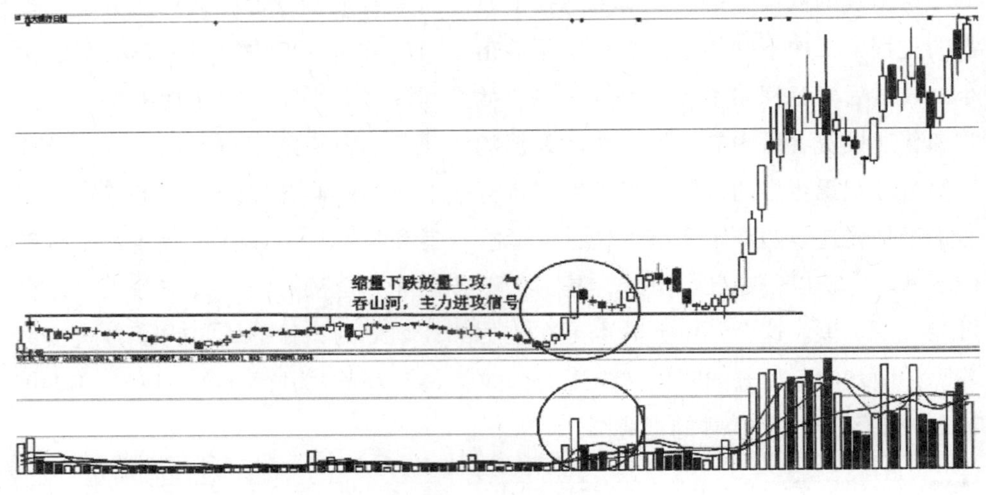

图 8.6　黑马启动信号　光大银行（601818）

8.2.3　二次上攻时的买入点

当我们利用这些小细节发现暗中的主力之后，就不难判断出二次上攻即将拉开序幕。那么二次上攻的买入点又在哪里呢？这还是需要借助量能的变化和二次握手的买入方法。当股价放量上攻的时候正式宣布了主力开始攻击，此时均线跟着向上发散，5 日线同时上穿多条均线，结合这两个信号足以判断出主力是有备而来并且势如破竹。此时大家要做的就是不管股价在单日涨得有多高有多快，只要是没有涨停，就可以买进，因为只要是在二次启动点买进的价格等回头看的时候仍然是个低点。如图 8.7 为光大银行同期走势图。

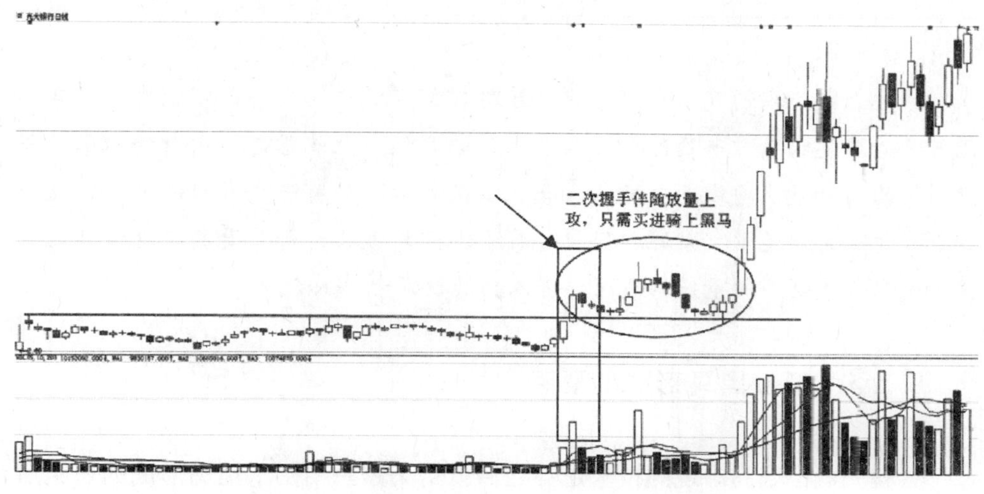

图8.7　骑上黑马　光大银行（601818）

8.2.4　利用技术指标辅助判断

除了根据K线、均线的走势来判断，大家还可以借助副图指标来进行辅助的判断，当主力开始上攻的时候，各项副图指标也会呈现金叉的走势掉头向上，比如MACD、量能线、KDJ，等等。虽然这些副图指标走势是根据量价来的，但这也在一定程度上给了普通投资者买入的信心。如图8.8为光大银行同期走势图。

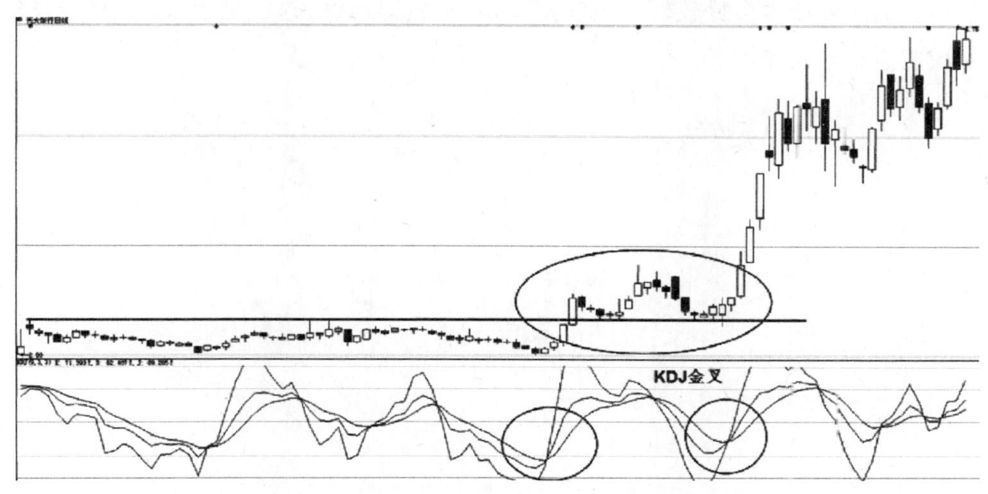

图8.8　副图KDJ金叉　光大银行（601818）

【案例分析】

通过上图，我们可以看出，不管前期 K 线在做一个怎样的窄幅震荡，其量能始终为缩量状态。当股价开始放量上行的时候，也就意味着买盘的增强，买盘增强的同时量能均线也会随之上扬，金叉之后就会有一个开口的过程，这个过程也是成交量逐步放大的过程，如果反映在 K 线上，那就是股价也会随之上涨。所以作为副图的量能均线同样可以辅助投资者对 K 线的判断。

8.2.5 低位黑马形成的要素

了解完低位黑马出现的技术走势之后就给大家总结一下黑马形成的要素所在，只有知道了其存在的要素，才能在最短时间内缩小搜寻的范围，方便利用技术手段将其找出。

第一，当市场中的浮动筹码减少并且股价的振幅变窄的时候，说明主力已经在行动了，如果主力没有动作的时候盘口会成交量极少，每日的振幅在1% ~2%，这也就呈现出连续多个交易日会出现地量的交易。

第二，股价的 30 日均线连续多个交易日慢慢走平或者上移，因为 30 日均线通常代表了市场的平均成本价格。如果一只股票的 30 日均线走平，则意味着多空双方都认为目前的价位是一个大家都能接受的价位。此时只要向上攻击，投资者就可以在短时间内得到利润，由于平均成本处于解套的状态，所以当向上攻击的时候压力会比较轻，也注定了走势会比较远。这也更能证明这个即将形成的黑马是没错的。

8.3　四线黏合一线金叉

四线黏合一线金叉，在股市的实战操作中往往会起到至关重要的作用，这种技术也是技术派常用的选股法宝之一，更是普通投资者得以制胜和取得收益的关键，如何熟练地运用和举一反三，仁者见仁智者见智，毕竟对于每一种不同的技术形态大家都会有不同的理解。

所谓的四线黏合一线金叉在实战中会有两种情况的分化，一种是 5 日均线、10 日均线、30 日均线、60 日均线黏合，另一种是 30 日均线、60 日均线、90 日均线和 120 日均线黏合。一线金叉则是指 30 日均线向上穿过其他黏合在一起的均线。为什么这么说呢？因为均线的黏合通常会表示主力在吸筹，而一线金叉则表示股价即将拉升。如图 8.9 为光大银行同期走势图。

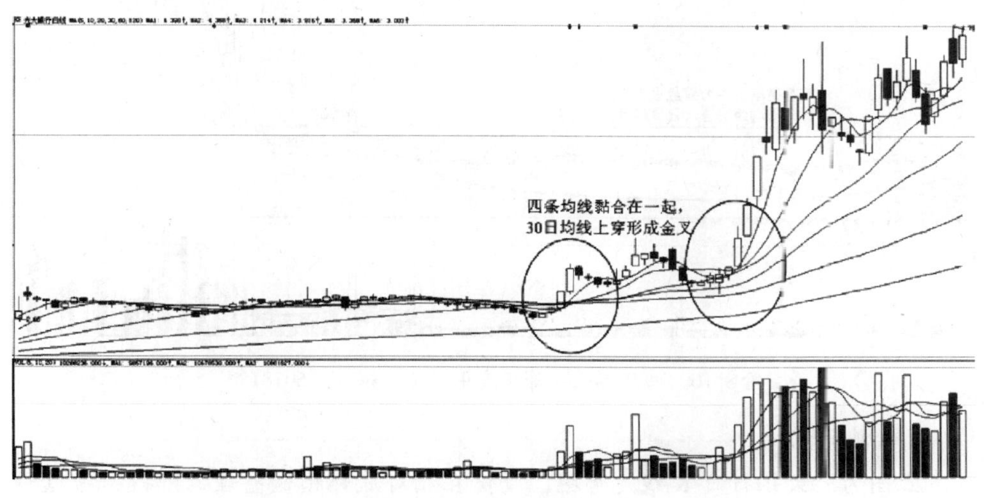

图 8.9　四线黏合一线金叉　光大银行（601818）

8.3.1 均线黏合过程中量能不能太大

四线黏合一线金叉若想成功还必须伴随另一个重要的条件，那就是在均线黏合的过程中量能不能放得太大，但阳 K 线的量能要始终高于阴 K 线的量能，股价当然也必须是在一个相对较低的位置来运行的。

具有均线黏合形态的股票一旦上涨便是一种势如破竹的趋势，为什么这么说呢？均线的黏合说到底就是由均线的自身因素决定的，因为均线是对价格的平均运算，不同时间的均线也代表了不同时间内价格的波动。股价在经过一段长时间的震荡整理后就会使得短期均线和长期均线的数值趋于接近，从均线的角度来看就形成了均线黏合的这种形态。如果从筹码分布的角度来看，则是筹码高度集中的表现之一。说到这里，相信不少朋友已经明白了其中的缘由，只有到了筹码高度集中的时候，才说明主力的高度控盘，主力高度控盘了，也就代表了主力随时会发动攻击，当主力发动攻击的时候，低级别的均线才会上翘从而上穿均线。如图 8.10 为光大银行同期走势图。

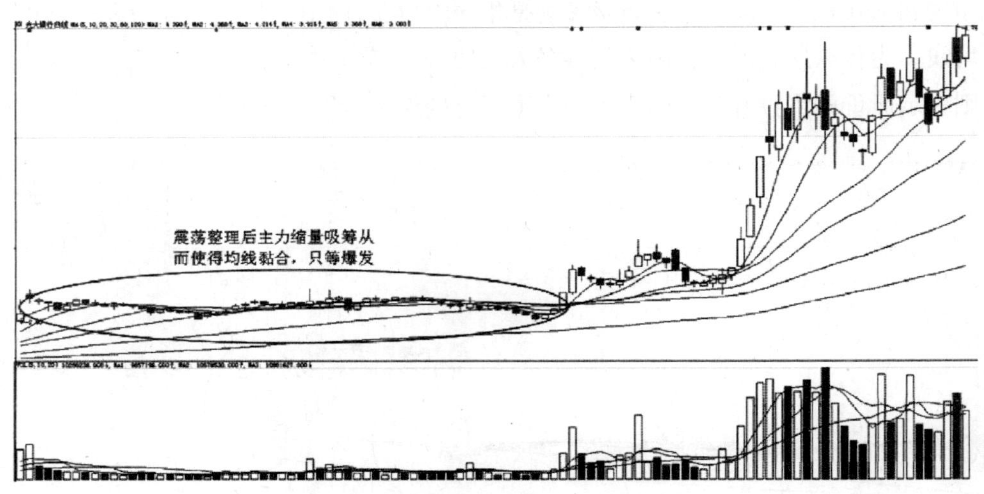

图 8.10　四线黏合，筹码集中　光大银行（601818）

【案例分析】

上图为光大银行日 K 线走势图，股价在相对底部横盘整理的阶段，通过量能我们可以看出，这是主力一个底部吸货行为，只有当均线完全黏合的时候，才能说明主力已经到了一个吸货的尾声，只待最后的均线金叉，当股价放量上攻伴随均线金叉的时候就是最佳买入点。

8.3.2 均线黏合时形成二次握手

说到这里，大家肯定会问，这种四线黏合的股票虽然是不错，但我们又该怎么去发现和寻找其踪迹呢？说实话，这个并没有捷径去同一时间发现，只有大家在收盘后一个一个地去寻找，手工翻阅所有股票，虽然这种方法比较耗时耗精力，但这却是一种最直观的判断方法。特别是均线黏合横盘之时由于主力震仓形成二次握手的股票。慢慢跟踪必有收获。如图8.11为中国石油（601857）2014年7月17日至12月30日走势图。

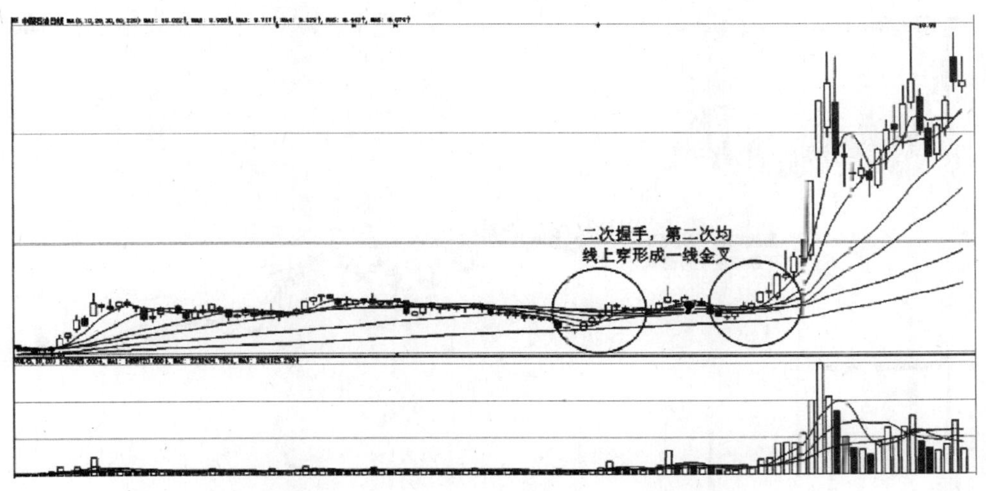

图8.11 二次握手一线金叉 中国石油（601857）

【案例分析】

二次握手一线金叉的股票通常是出现在相对底部区域，因为这一区域会是主力震仓的密集区，第一次的死叉走势就是主力震仓的信号，一旦在窄幅震荡区间内股价放量上攻并且伴随均线的金叉，就可放心地进场操作。

8.3.3 四线黏合一线死叉

均线黏合后向上发散的同时也是许多黑马股启动的征兆，而四线黏合一线金叉的出现，又是一个非常难得的捕捉黑马的机会。如果能从发现这类股票到骑上这只黑马，那说明你已经离高手不远了。但有一点希望大家一定要注意，四线黏合一定是要处于连续下跌后的相对较低的位置，不在一个比较高的位置。因为如果处在一个比较高的位置，一线金叉很可能会变成一线死叉。一线死叉的威力跟一线金叉的威力一样巨大，区别就在于一个是向下不知何处是底的下跌，另一个是向上不知何处是顶的大涨。图 8.12 中联重科（000157）2013 年 9 月 9 日至 2014 年 7 月 16 日走势图。

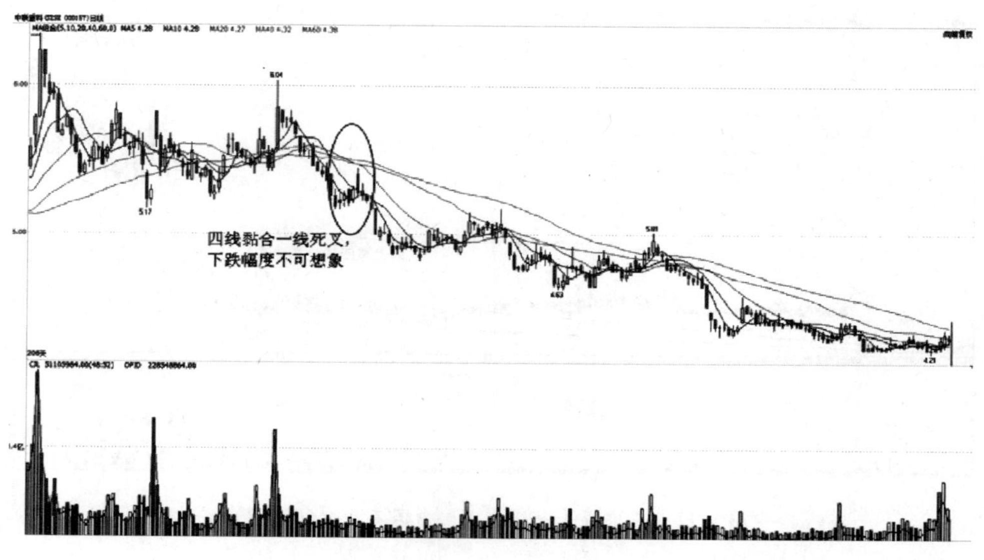

图 8.12　四线黏合一线死叉　中联重科（000157）

【案例分析】

通过上图我们可以看出，股价放量上攻未果的时候就开始了连续下跌走势，如果在这个下跌过程中阳线多为缩量、阴线多为放量的时候，那必然是主力出货的过程。所以一旦发现均线在高位出现死叉，就要及时清仓操作，避免不必要的损失。

8.4　单日异常放量需关注

单日异常放量的股票并不是随随便便就能被人抓住的，毕竟这是对普通投资者心理承受能力的考验，因为在普通投资者的思维定式里面，只要是单日放量的股票就必定是主力即将出货的股票或者是已经在出货的股票，这就意味着普通投资者从心底里是不敢介入这种类别的股票。主力往往就是利用了普通投资者的这种畏惧心理从而逆向操作，在普通投资者纷纷抛售筹码的同时，主力机构却在守株待兔。如图8.13为英特集团（000411）2014年4月17日至12月30日走势图。

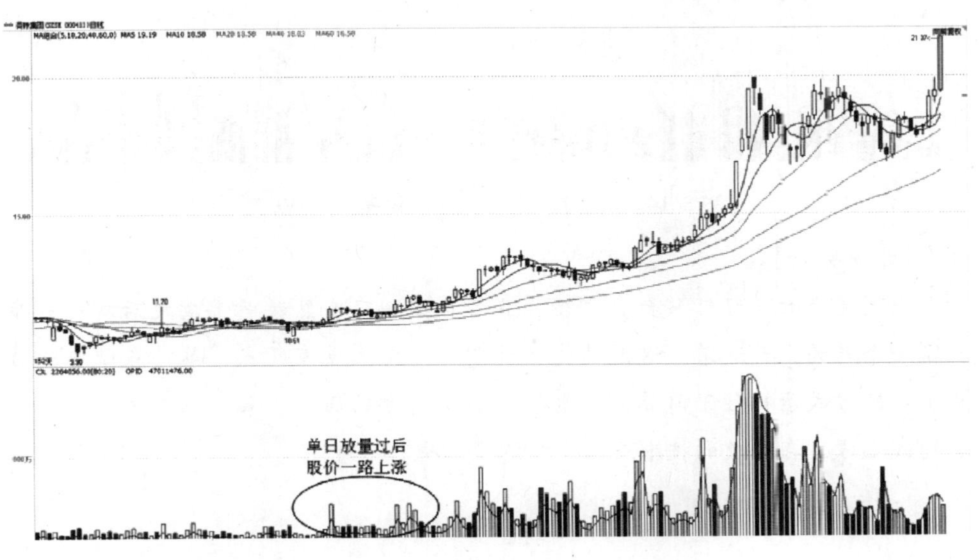

图8.13　单日异常放量　英特集团（000411）

8.4.1 低位出现单日异常放量

其实单日异常放量如果在相对比较低的位置出现，往往是主力具有强大资金实力的保证，特别是在一段底部刚开始上涨时的放量，说明了主力吸收筹码完毕，开始拉升股价，最重要的是均线要多头向上发散，在这个时候作为普通投资者来说，是一个比较好的买入点所在，但前提是不要被这种巨量吓倒。如图 8.14 为海虹控股（000503）2014 年 8 月 1 日至 12 月 30 日走势图。

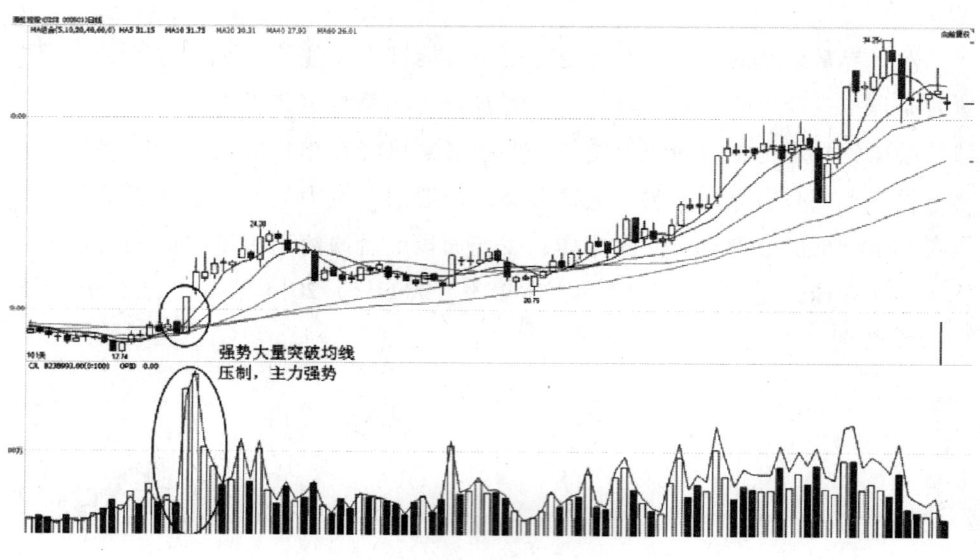

图 8.14　单日异常放量　海虹控股（000503）

【案例分析】

上图为海虹控股日 K 线走势图，股价在某一日突然放量上攻之后就开始步入了一个新的上升通道。这天的突然放量其含义主要有两点，第一点就是以放量上攻的方式承接住了前期套牢盘和顶住了上方的压力，第一点就是成功地站在均线上方，在上攻的技术层面上扫清了障碍。

8.4.2　趋势稳定时出现异常放量

如果是在一个大盘趋势比较稳定，或者是在一个没有起伏的熊市时，单日异常放量可以作为一个趋势买入点或是一个中线持股的标志，毕竟一个强势的主力不会让股价昙花一现。一旦出现在高位（股价连续上涨20%以上）或者是在连续下跌中出现单日异常放量的情况则要小心，不要盲目地进场，因为这两种情况会是主力出货的信号或者下跌中继的信号，一旦盲目进场会有被套的风险。如图8.15为中润资源（000506）2013年9月3日至2014年6月30日走势图。

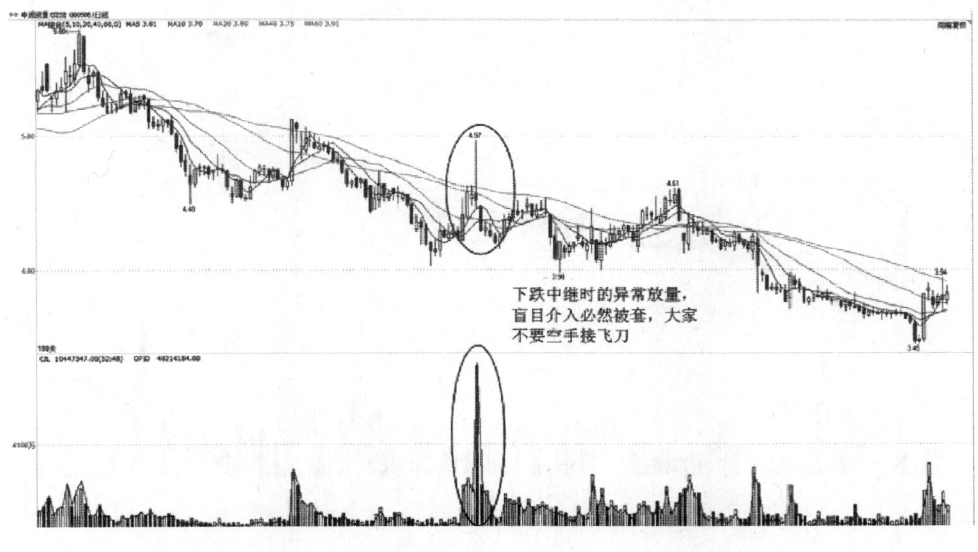

图8.15　高位异常放量　中润资源（000506）

【案例分析】

如上图中润资源日K线图所示，股价并没有一个明确的见底信号，只是在下跌途中突然出现放量上攻的走势，由于均线的反压作用，股价在收盘时价格回落至均线处。这就可以基本判断出是主力诱多行为。如果普通投资者还抱有一丝希望的话，就要等待次日K线的出现，如果次日K线的出现无法有效放量成功突破均线压制，就要坚决地出货。

8.4.3 底部异常放量以30日均线为支撑

综合以上几个例子，大家不难发现一个共同的特点，也是大家必须要注意的一点，那就是底部异常放量的个股通常是处于30日均线上方，不管后期趋势如何震荡，依旧不会跌破30日均线，大家也可以理解为这种形态的股票是以30日均线为支撑，在30日均线上方运行的时候是安全可靠的，一旦跌破30日均线就要结合前文中的技术仔细判别是震仓还是出货。如图8.16为开元投资（000516）2014年6月17日至12月30日走势图。

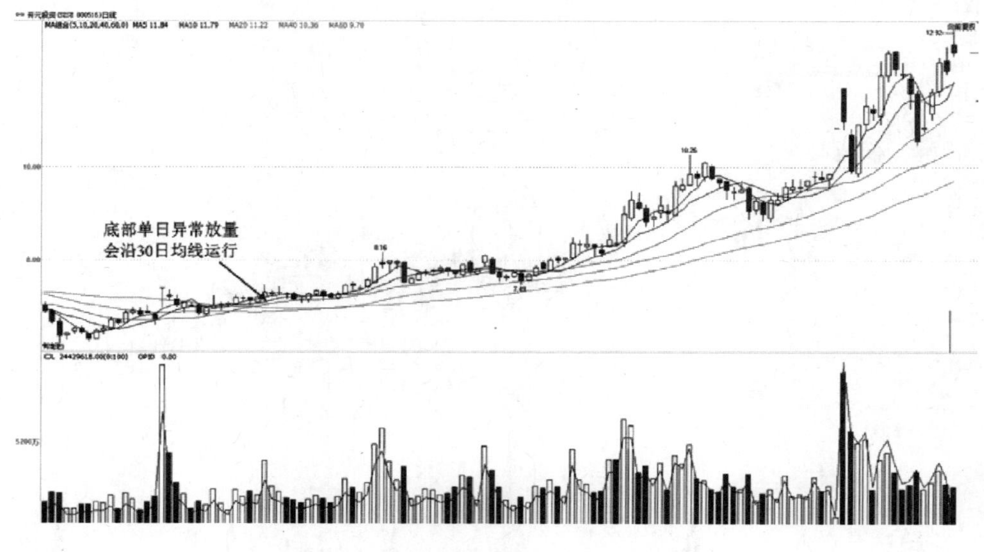

图8.16　单日异常放量　开元投资（000516）

8.5　万金难求散兵坑

散兵坑本来是作战时的术语，有作战经验的军人应该都知道这个散兵坑是比较安全的，因为敌人的炮弹基本不会第二次落在同一个坑内，所以第一次的弹坑往往会成为后期最佳躲藏之地。那么在股市中的散兵坑又该如何理解呢？其实道理都是相通的，股市中的万金难求散兵坑是指股价处于小幅震荡上行的时候或者处于上升中期时，成交量伴随换手率不断放大的过程突然出现股价快速下跌，但这种下跌维持的时间短，通常在10个交易日之内，之后股价再次回升，在图形上就会形成一个散兵坑的形态。

8.5.1　上升过程中的散兵坑

在一段上升的行情途中如果出现大坑，其实就是主力在大幅拉升之前强势震仓的行为，丢弃小卒来换取整个战事的胜利，用这种凶狠的操作方式把盘中大部分浮筹清理干净。这种操作对主力的操作要求非常高，从侧面也反映出了主力的高度控盘，因为只有当主力高度控盘的时候才能掌握全局，让趋势按照自己的操作进行。如图8.17为柳工（000528）2014年3月4日至12月30日走势图。

【案例分析】

上图为柳工日K线走势图，主力在初期经过一小段涨幅后开始了回落走势，让普通投资者误以为主力在进行出货，实则不然，通过K线的轨迹我们可以看出，它虽然是在进行回落，但回落幅度十分有限，并没有击破均线的支撑，并且回调时阴线量能多为缩量，上涨量能多为放量。说到这里就应该很明确了，这就是一个典型的主力上升途中的震仓行为。

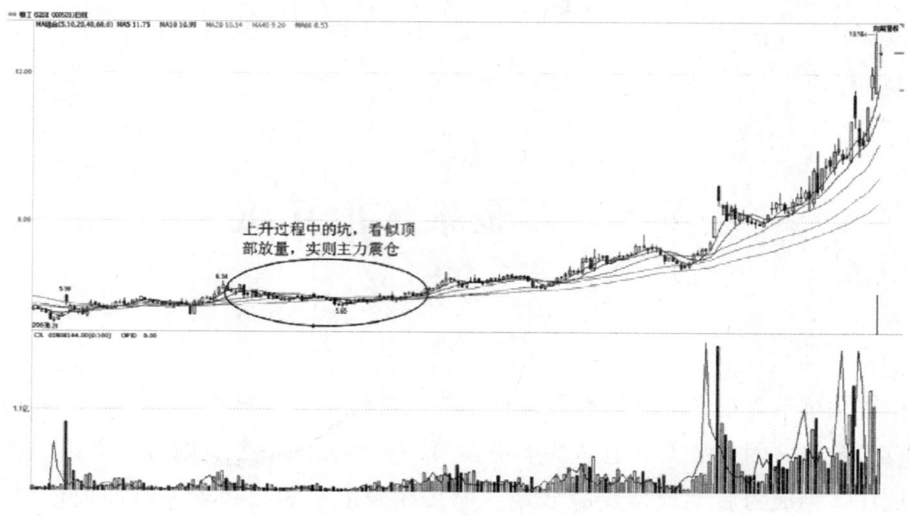

图 8.17　散兵坑　柳工（000528）

8.5.2　量能上的散兵坑

散兵坑不单纯是要在 K 线图上形成，在量能方面也同样要配合 K 线来看，就是指在筑底成功或者震仓完毕的时候其成交量往往也会形成一个大坑。如图 8.18 为柳工同期走势图所示。

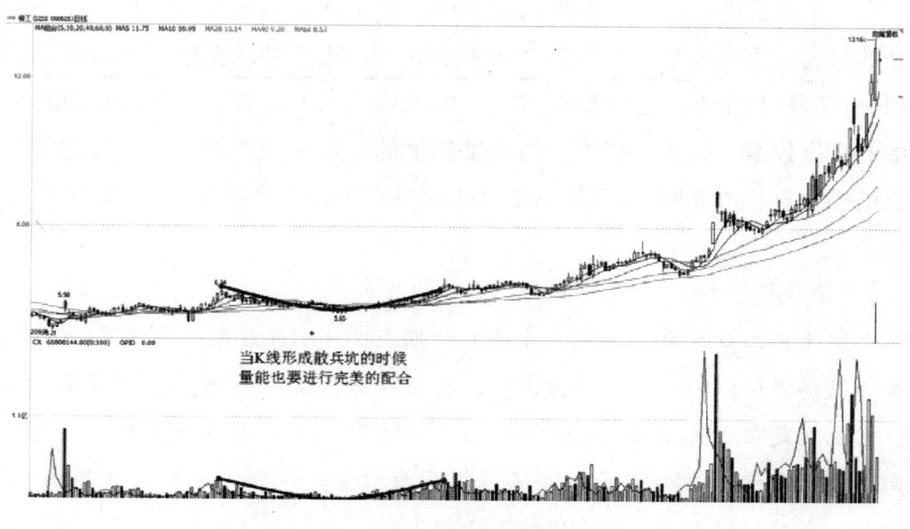

图 8.18　量能坑　柳工（000528）

【案例分析】

通过上图我们可以看出，股价出现散兵坑之后对应着量能也会出现一个量能坑，之后股价就开始了一段阶梯式上攻走势。之所以会出现散兵坑对应量能坑，就是主力高度控盘的结果，只有当主力高度控盘后才会有效地控制其走势。从侧面也会反映出该股后市必定会收益不小。

8.5.3　散兵坑中的最佳买入点

量价的完美配合也决定了后市上涨幅度，要想狙击这类的股票其实也并不是难事。由于主力的高度控盘和他们按部就班的操作很容易使我们发现其目的，只要在确立散兵坑形成后重拾升势的时候介入即可。因为这个时候不但在K线上是多头向上发散的，而且在量能线上也会放大形成金叉。如图8.19为柳工同期走势图。

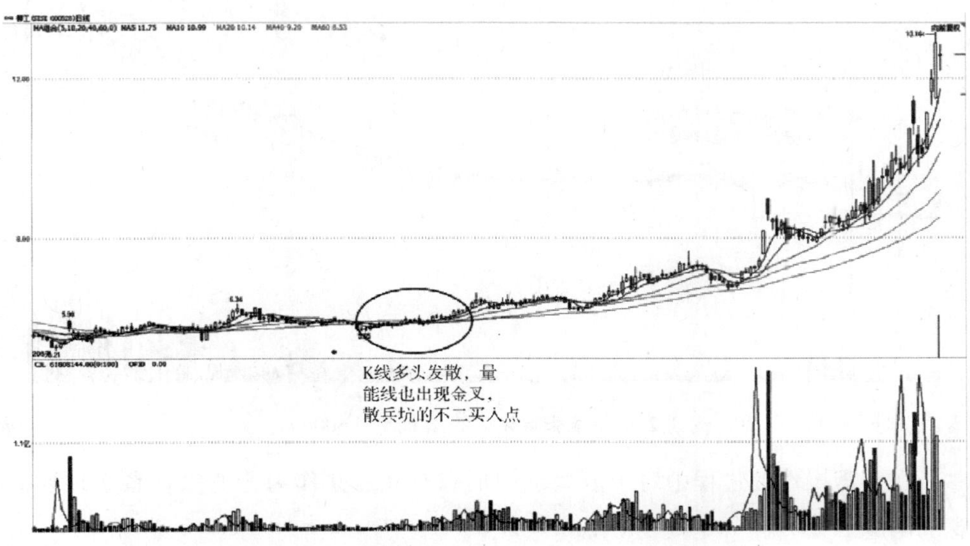

图8.19　散兵坑千金买入点　柳工（000528）

8.5.4 尖底散兵坑

散兵坑的形态是多样的，有圆底的有尖底的，上图为圆底的散兵坑。下面就为大家介绍一下尖底的散兵坑。其实不管是圆底还是尖底，其表达的内容实质是相同的，也具备了共同的特点。第一，下跌时是突发性的，破坏了原有的上升形态让人防不胜防引发恐慌。第二，股价在下跌之后能很快地收复失地，从走势上看虚惊一场。不要因为突发下跌就恐慌抛售筹码，结合分时线判断，就会发现这种突发下跌却是加仓机会。第三，做坑完毕就会重拾升势。如图8.20为白云机场（600004）2013年12月31日至2014年12月30日走势图。

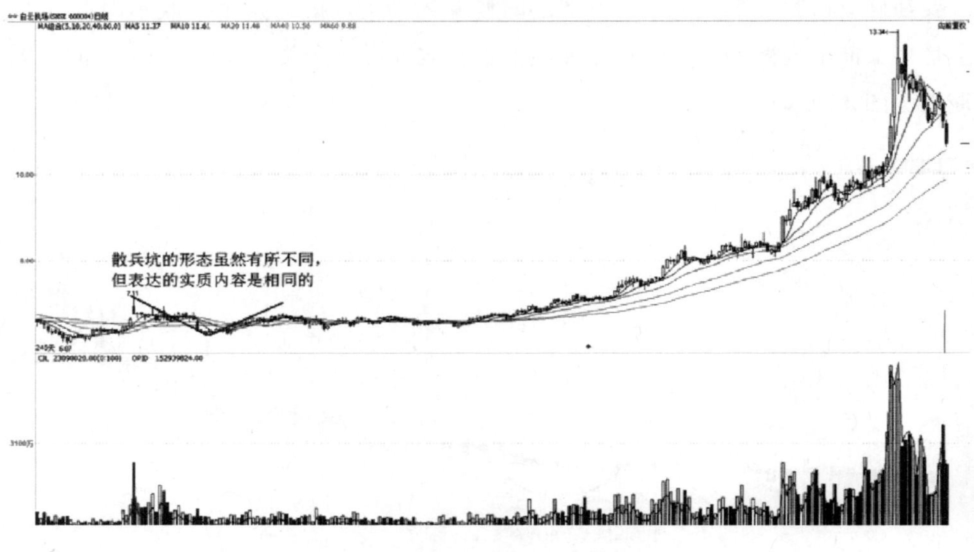

图8.20 尖底散兵坑 白云机场（600004）

在实盘操作的过程中对于散兵坑的形态有几点是作为普通投资者必须要注意的问题。

第一，股价最好是在相对比较低的位置，并且均价线多头向上发散，这是趋势确立的标志。

第二，股价突然下挫的过程是量能递减的过程，如果下跌过程量能紊乱则要注意。

第三，股价回落的幅度不能大于涨幅的30%，否则上攻力度会减弱。

第四，回落到回升的过程不能太长，最好在10~15个交易日内完成，时间一旦拖得太久，上攻幅度也会减弱。

第五，买入点的选择一定要在重拾升势的时候，保证资金安全的同时对于买入点的选择也要安全。

8.6　见底三金叉

所谓的见底三金叉并不是说在K线上形成三次金叉的现象，而是均线、量能线与MACD的金叉交叉点同时出现。股价在长期的下跌后开始筑底企稳，而后股价缓慢上升，这时往往会出现5日均线上穿10日均线形成金叉，量能线以及MACD同时出现金叉。见底三金叉通常是股价见底回升的重要信号之一。

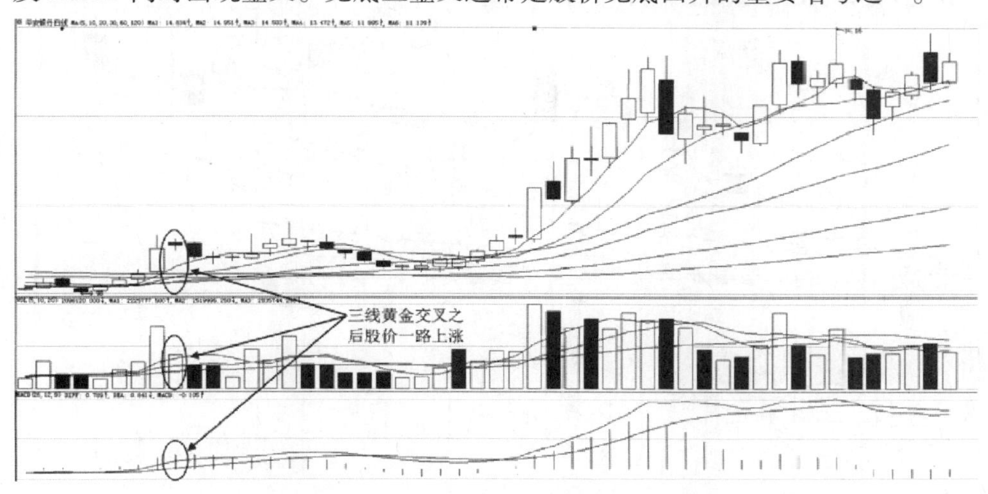

图8.21　三线金叉　平安银行（000001）

股价在长期下跌之后市场的购买情绪比较低迷，当跌无可跌的时候又开始进入底部的震荡区间，随着主力的逐渐建仓，股价开始有所回升。在开始的时候股价可能是以缓慢的速度上涨，也可能是突然爆发，但不管怎么上涨和爆发都会造成股价底部的抬高。当成交量继续放大促使股价上攻的时候，5 日均线、10 日均线，5 日量能线、10 日量能线以及 MACD，自然而然就会发生黄金交叉，这是强烈的底部信号之一。随着股价的不断推高，初期进场的投资者开始盈利，这种赚钱效应又会吸引更多的场外资金进场，从而爆发新一轮行情。如图 8. 21 为平安银行（000001）2014 年 10 月 22 日至 12 月 30 日走势图。

8. 6. 1 认识 MACD 技术指标

讲到这里大家可能会对 MACD 产生疑问，什么是 MACD 呢？MACD 称为指数平滑异同移动平均线，是从双移动平均线发展而来的，由快的移动平均线减去慢的移动平均线，MACD 的意义和双移动平均线基本相同。MACD 指标在0 轴以上金叉属于多头主导的市场，行情通常会有一个中期的上涨过程。MACD 指标在 0 轴以下金叉属于空头主导的市场，即便是金叉也属于短期反弹。如图 8. 22 为平安银行（000001）2014 年 11 月 20 日至 12 月 30 日走势图。

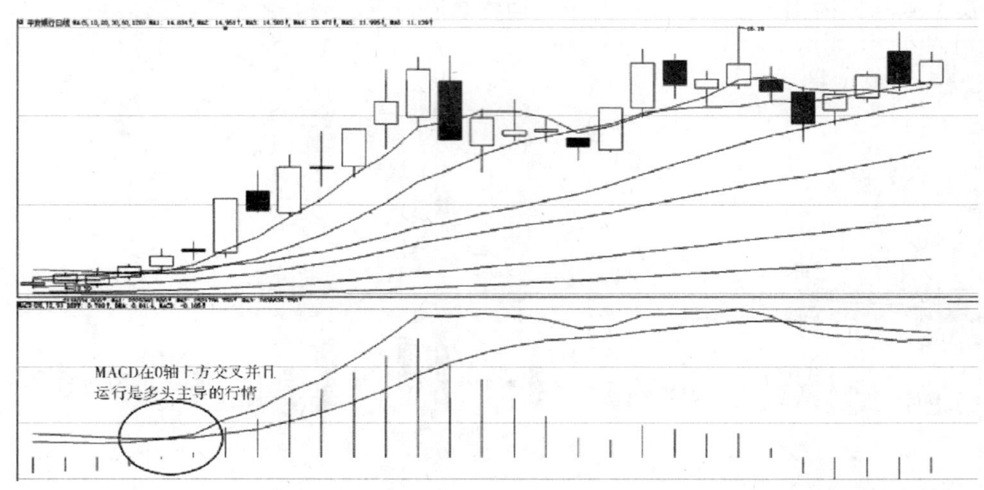

图 8. 22　MACD 在 0 轴上方多头主导　平安银行（000001）

若是移动均线在MACD下方死叉则是空头主导的行情，即便有金叉的存在也只能理解为下跌途中的弱势反弹。如图8.23为零七股份（000007）2013年5月20日至11月26日走势图。

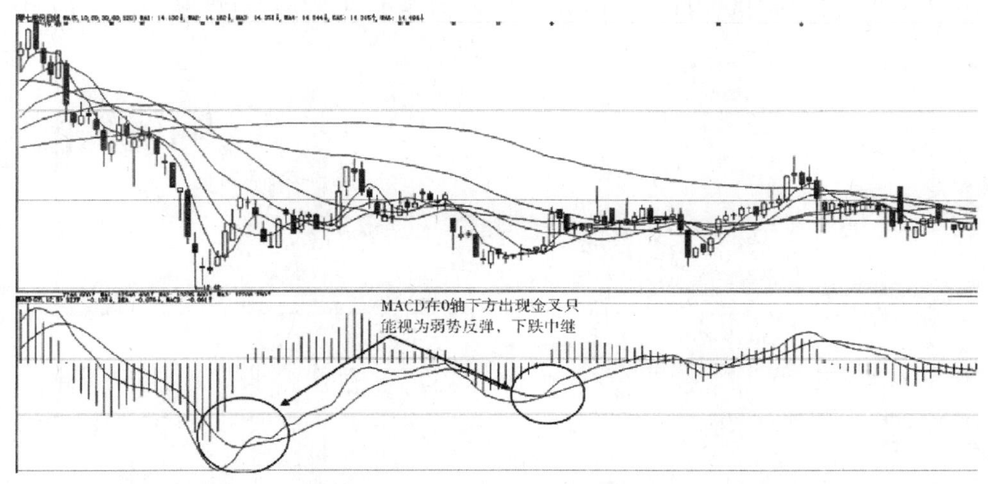

8.23　MACD在0轴下方为空头主导　零七股份（000007）

通过上面两幅K线图对MACD的表达，相信大家已经对MACD有了一定的了解。下面回到见底三金叉当中。从技术角度来看，底部三金叉的出现有几点比较重要的意义。

第一，短期和中期的金叉表明市场的平均持仓成本已经朝向有利于多头的方向发展，随着多头赚钱效应的不断扩大，将吸引更多的场外资金入市。

第二，短期和中期的均量线金叉表明了市场的人气得到了进一步的恢复，场外的新增资金在不断地进场，从而使得两者配合越来越理想。

第三，0轴线上的MACD金叉为比较好的中期买入点。

结合以上三点，足以证明底部三金叉是一个比较强烈的见底买入的信号。

8.6.2　见底金叉中的买入点

那么怎样来界定这个确切的买入点所在呢？对于见底三金叉有两个比较好的买入点可以供大家来选择。第一个买入点为三金叉发生的时候，当然了，三金叉并非要在同一天形成，在同一天形成的概率也是比较低的，这涉及副图指标的延时性问题，所以只要在几个交易日内发生的都可以视作三金叉。由于探底之前往往会有一个放量的过程，量能线的进场往往是第一个出现，三者当中最后一项发生金叉的时候就可当作短期或者中期的一个买入点来介入。如图 8.24 为深物业 A（000011）2014 年 6 月 18 日至 12 月 30 日走势图。

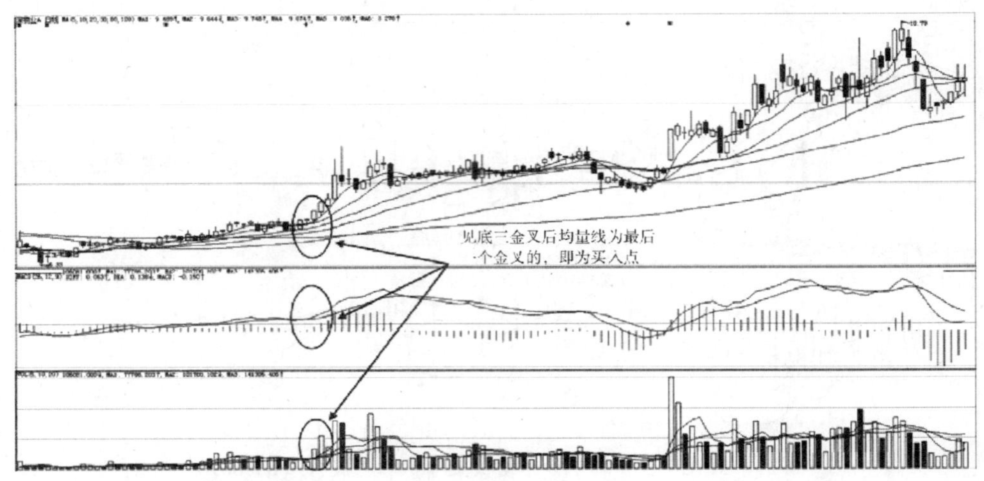

图 8.24　见底三金叉买入点　深物业 A（000011）

【案例分析】

上图为深物业 A 日 K 线走势图，当多重金叉信号出现的时候就意味着进场时机的到来。当最后一个 MACD 指标 0 轴线上方金叉出现的时候就可以作为一个最终确认买入点。因为 MACD 属于趋势指标，所以当一段行情趋势确立，就可跟随其进场操作。

第二买入点在三金叉发生后上攻途中回挡的时候。为什么说这是第二买入点呢？因为当三金叉发生的时候，大家很可能当时没有注意到这个极佳的短线买入点，但是在错过三金叉见底发生的买入信号后，大家仍然可等待股价回挡时的第二买入点。前提是股价要在一个上升通道中运行。如图 8.25 为深物业 A 同期走势图。

副图的技术指标是作为一种参考工具来运用的，不同的人对这种工具的理解也不同，普通投资者不应该单凭某一项指标带来的信号而做出判断，因为它所起到的是一种辅助而不是绝对作用。如果采用多种指标综合判断就可以增加信息的准确性。而见底三金叉又是其中最实用的一种。当然了，仁者见仁智者

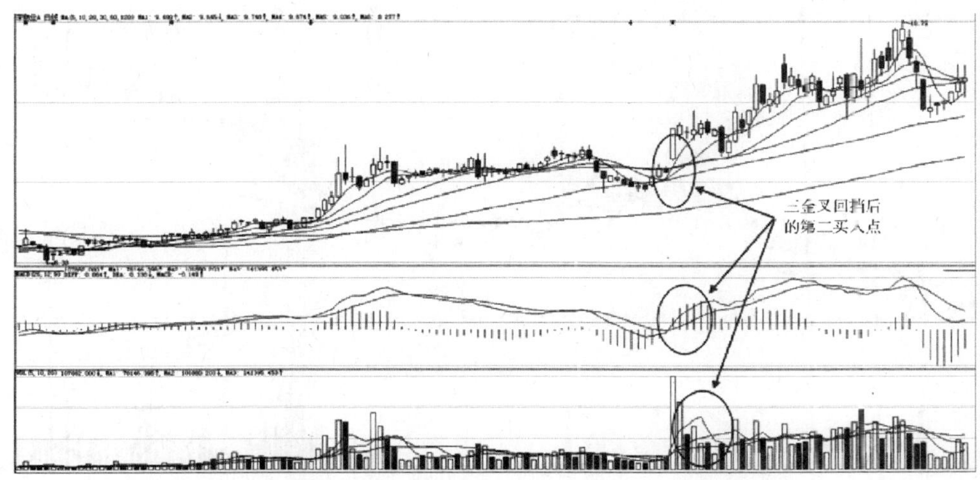

图8.25 见底三金叉第二买入点 深物业A（000011）

见智，同一种判定方法可以举一反三地运用，这就需要普通投资者在实战中来提升自己的技术水平了。

8.7 千金难得老鸭头

所谓的老鸭头就是因为K线图走势酷似鸭子的头部，从而以老鸭头命名。这是一种比较经典的上升走势的形态，当主力开始搜集筹码，股价缓步上升，5日均线、10日均线放量上穿60日均线形成鸭子的颈部。主力震仓回挡时股价的高点形成鸭的头部，当主力再次建仓搜集筹码的时候就形成了鸭子的嘴部，在这个过程中，主力完成了它要做的事情，所以这种形态的出现通常会代表一段中级行情的到来。如图8.26为北方国际（000065）2013年10月31日至2014年12月30日走势图。

通过上图我们完全可以将老鸭头的K线形态对号入座，这也能加深大家对这种K线形态的认识。第一，当5日均线和10日均线上穿30日均线的时候则

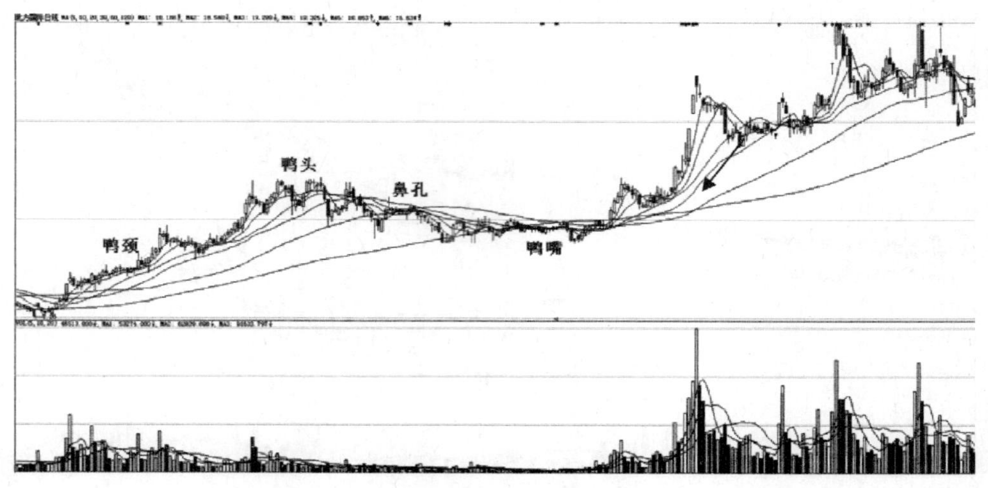

图 8.26　老鸭头　北方国际（000065）

形成鸭子的颈部。第二，股价回落时的高点形成了鸭子的头部。第三，股价回落经过整理再次出现金叉形成鸭子的嘴部。第四，鸭子的鼻孔则是二次握手中间的部分。

老鸭头这种技术形态由于拉伸的战线比较长，所以对其买入点的选择也是多样化的，不管买入点有多少，但都有一个共同的特点，那就是在黑马起跑之前骑上它。下面列举几个比较好的介入点供大家选择。

8.7.1　第一买入点：老鸭头嘴部

老鸭头的嘴部必须高于前期启动的点位，并且是放量上攻时，另外还要同时满足一个条件，那就是在嘴部附近 5 日均线要上穿 10 日均线和 30 日均线。如图 8.27 为北方国际同期走势图。

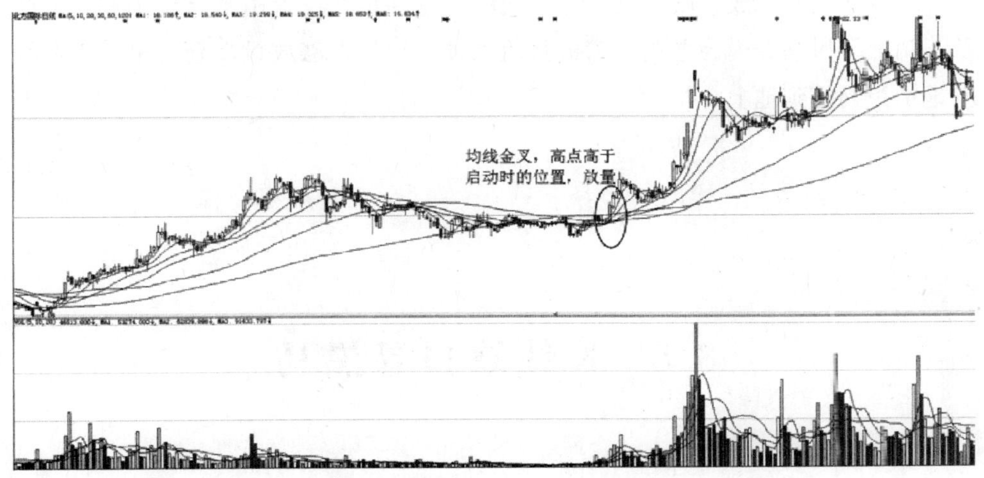

图8.27　老鸭头第一买入点　北方国际（000065）

8.7.2　第二买入点：三金叉时

当5日均线穿过10日均线，MACD形成金叉，量能线形成金叉时，意味着老鸭要张嘴，老鸭头形成，第二波上涨行情拉开序幕。如图8.28为北方国际同期走势图。

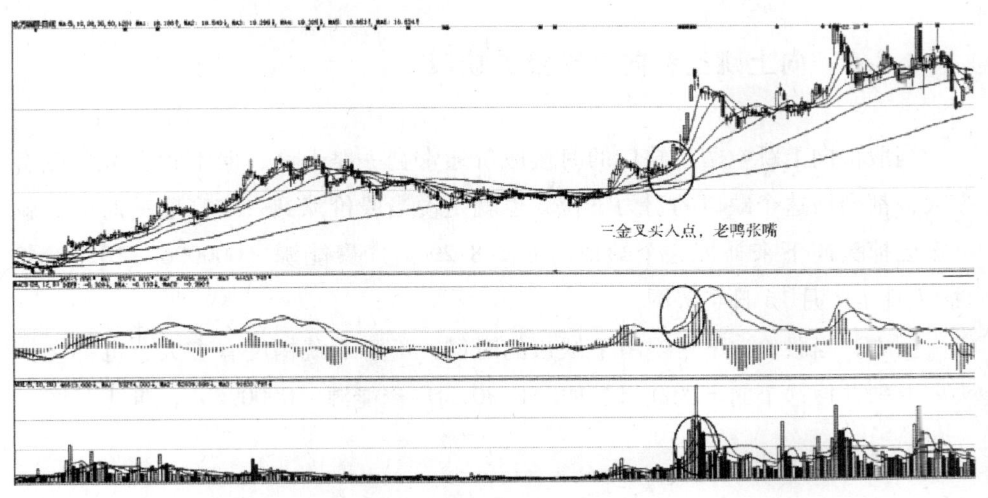

图8.28　老鸭头第二买入点　北方国际（000065）

一旦老鸭头形成，威力是不可小觑的，特别是在以上两个点位买进，那就等于骑上了黑马，因为老鸭张嘴极具攻击性。记住上涨放量震仓无量，不要轻易地被黑马摔到地上。

8.8 K线缺口寻黑马

要从K线的缺口中寻找黑马那首先就要明白什么叫K线缺口。所谓的K线缺口就是指股价在快速大幅变动中有一段价格没有任何交易，在K线图上就会显示一个真空区域，这个区域就叫作缺口，通常又被称作跳空。当股价出现缺口经过几天甚至更长时间的变动，然后反转过来回到缺口价位的时候叫作补缺。

K线缺口分为两种，一种是向上跳空留下的缺口，一种是向下跳空出现的缺口。

8.8.1 向上跳空和向下跳空的缺口

当股价向上跳空留下缺口的时候股价通常会一路上涨，但不管上涨幅度有多大，都会被这个缺口的引力下拉，也就是说当股价涨到一定高度的时候，就一定会掉头向下来补掉这个缺口。如图8.29为广聚能源（000096）2014年2月17日至7月16日走势图。

反之，当股价向下跳空留下缺口的时候，不管下跌幅度有多大，也都会掉头向上来补掉这个向下的缺口。如图8.30为广聚能源（000096）同期走势图。

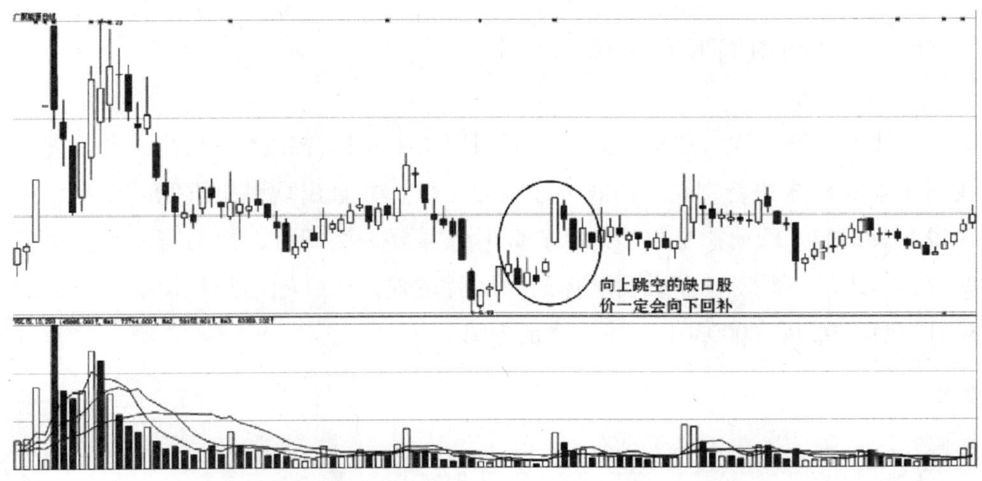

图 8.29 向上跳空缺口 广聚能源（000096）

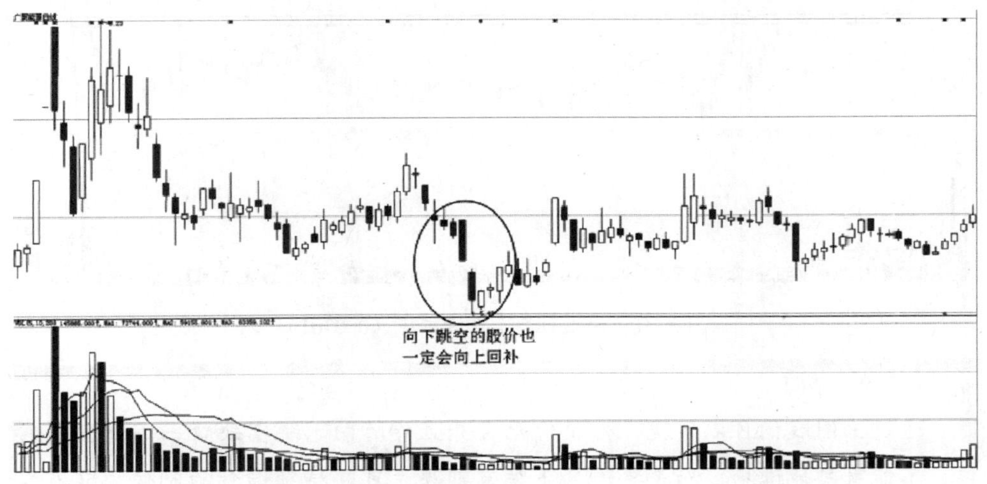

图 8.30 向下跳空缺口 广聚能源（000096）

不管是在股市中还是在期货汇市中，都会是这种情形，也不管是哪个国家的股市，只要有K线的地方，这条定律就不会被颠覆。作为普通投资者来说，只要多加观察和判断，这一条定律足以给我们带来不小的收益。

8.8.2 利用周K线判断黑马

当我们了解了这个缺口，又该如何利用这个缺口寻找黑马呢？这个就需要我们用周K线来进行判断。当股价连续地下跌，并且出现跳空下跌的情况，往往说明股价的下跌动能是很强劲的，此时只需要关注即可，并不需要看见缺口就盲目地进场，跌得越多说明反弹的力度就越强，就越能回头补掉缺口。如图8.31为东方市场（000301）周K线走势图。

图8.31 向上补缺 东方市场（000301）

【案例分析】

通过上图我们可以发现，当股价死叉并且伴随向下跳空缺口一泻千里的时候，不能盲目地进场，而是要等到下跌末期跌无可跌持续缩量的时候，只有在这个时候才能说明股价已经暂时见底。见底之后我们就可以利用均线、量能金叉的方法买进股票，而黑马往往会在这个时候形成。回头看看缺口的位置，也就是这一波下跌要达到的目标价位，理由只有一个，有缺必补，因为它已经脱离了技术面的要求，完全是以一种定律的形式存在。

8.8.3　把握卖出点

当股价补掉缺口之后，是不是应该马上抛出手中的股票呢？这个就要根据K线的走势来判断，因为一旦判断错误，很可能会从黑马上摔下，只能看着股价连续上涨而望尘莫及。缺口的位置通常是套牢盘密集的位置，因为跳空区间是没有价格成交的，这也就导致了普通投资者在第一时间无法按照预定价格卖出股票，伴随连续下跌又不舍得卖出股票，所以就会套牢在缺口的位置。既然主力选择补掉缺口，那就说明主力有意解放缺口处的套牢盘，这也就意味着，后市还有上涨的空间，因为主力是以盈利为目的，而不是以解放普通投资者为己任。所以说，一旦补掉缺口，随之而来的就是主力的一个震仓行为，在这个位置震仓的目的就是恐吓前方套牢盘抛出手中筹码，从而方便自己集中筹码，减轻后市拉升的压力。如图8.32为东方市场同期走势图。

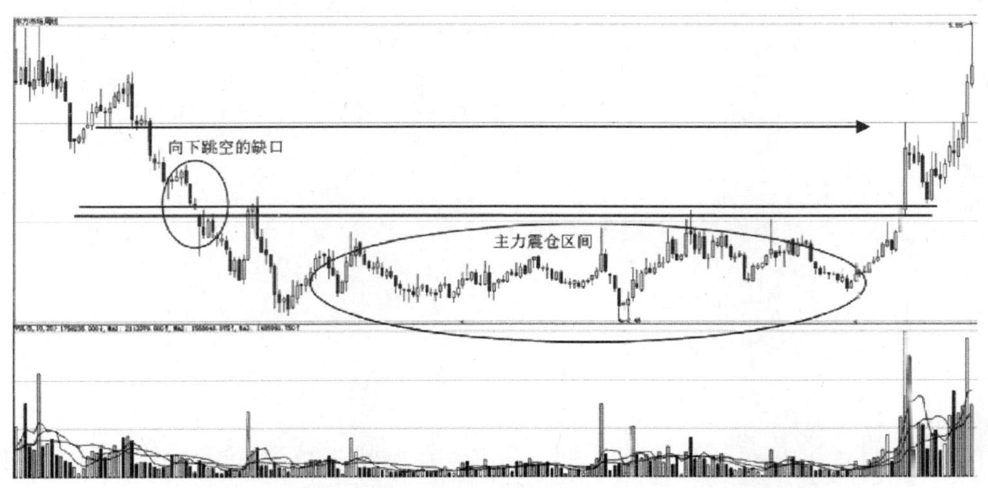

图8.32　补缺后继续拉升　东方市场（000301）

在下跌的过程中很多时候并不是只有一个缺口出现，也可能是连续的缺口，对待连续的缺口跟对待单一的缺口是一样的，当股价企稳回升的时候就会先回补下跌过程中最后一个缺口，回补完毕后如果有卖盘的配合就会进行第二缺口的回补。如果遭遇的抛压比较大，就会进行横盘整理或者震仓，这个时候普通投资者就可以利用前面所学的波段操作举一反三，主力不管如何操作，但最终会回补所有缺口。

对于这种补缺后继续上攻的个股我们就需要经常跟踪，并且结合前面所讲的卖出方式来判断其卖出点所在。如上图所示，当股价上升到一定高度的时候量能开始回落，股价也是在上攻后被空头打压，虽然在盘中创出了新高，但收盘 K 线却是吞没了前一根阳 K 线。其实无论收盘是否吞没前一根阳 K 线，只要盘中击破前一根阳 K 线时，就要及时出掉手中的股票。不要期望利益最大化，也没有人能完全做到让自己的利益最大化，这都是相对的。一个成功的投资者往往只食鱼身而放弃头尾。